2024

最具公众影响力品牌传播案例集

金旗奖编委会 编著

中国财富出版社有限公司

图书在版编目（CIP）数据

2024最具公众影响力品牌传播案例集 / 金旗奖编委会编著 . –– 北京 : 中国财富出版社有限公司 , 2025. 6. –– ISBN 978–7–5047–8433–9

Ⅰ . C912.31

中国国家版本馆 CIP 数据核字第 2025GX9167 号

| **策划编辑** | 谷秀莉 | **责任编辑** | 贾浩然 刘康格 马欣岳 | **版权编辑** | 武 玥 |
| **责任印制** | 苟 宁 | **责任校对** | 卓闪闪 | **责任发行** | 于 宁 |

出版发行	中国财富出版社有限公司		
社 址	北京市丰台区南四环西路 188 号 5 区 20 楼	**邮政编码**	100070
电 话	010-52227588 转 2098（发行部）	010-52227588 转 321（总编室）	
	010-52227566（24 小时读者服务）	010-52227588 转 305（质检部）	
网 址	http://www.cfpress.com.cn	**排 版**	宝蕾元
经 销	新华书店	**印 刷**	宝蕾元仁浩（天津）印刷有限公司
书 号	ISBN 978-7-5047-8433-9/C · 0248		
开 本	787mm×1092mm 1/16	**版 次**	2025 年 7 月第 1 版
印 张	32	**印 次**	2025 年 7 月第 1 次印刷
字 数	699 千字	**定 价**	168.00 元

2024

最具公众影响力
品牌传播案例集

China's Most Influential Brands

Communication Case Studies In 2024

| 编委会

主　编： 银小冬

编审委员会（按姓氏音序排列）：

龚妍奇　李国威　李　焱　王晓乐　杨美虹　张　蕾　张　莉　赵　晖

编　委（按姓氏音序排列）：

陈　曦　陈先红　陈小桃　陈永东　董　斌　董天策　樊传果　傅　悦　高　丹　顾杨丽
韩红星　何　辉　胡文娟　胡远珍　胡振宇　纪盈如　来向武　兰　嘉　李国训　李　玲
李　莎　李雪峰　李志军　刘　畅　刘　力　刘晓程　隆伟利　彭焕萍　曲佳钰　尚恒志
邵松岩　汪　珺　王洪波　王　虎　王晓晖　吴焕宇　吴志远　杨　秀　姚利权　姚　曦
叶文君　殷　俊　张殿元　张　辉　张　洁　张　宁　张文轩　郑素侠　郑　威　钟育赣
周朝霞　朱　琳　朱肖洁

前 言 CONTENTS

品牌向上 未来增长力

2024年，金旗奖迈入第15载。

2024年，也是金旗奖国际化发展重要的一年，中国－马来西亚国际品牌大会暨第15届金旗奖品牌大赏在马来西亚吉隆坡成功举办，150位马来西亚政商学界重要人士、40余家中国领军品牌代表共襄盛举。马来西亚科技与创新部、马来西亚－中国商务理事会、马来西亚中资企业总商会、东盟连锁企业联合会等政府机构及协会领导出席大会。

大会推动了两国企业进一步拓展对方市场及加强合作关系，搭建了富有成效的沟通渠道，为双方在新兴领域挖掘合作潜力、实现互利共赢奠定了坚实基础。

2024年，金旗奖明确了全球化发展战略，第15届金旗奖品牌大赏首次在海外成功举办，迈出了金旗奖助力全球品牌开展跨文化商业交流与合作进程的关键一步，标志着金旗奖在推动全球品牌跨文化交流与合作上取得了实质性进展。

立足全新起点，金旗奖深度聚焦品牌发展的未来动能。

2024年金旗奖的关键词是"未来增长力"，倡导品牌致力于新制造、新服务、新业态的品牌创新，以品牌力赋能新质生产力，培育未来增长极。

2024年金旗奖共揭晓七大单元、32个提报方向的奖项，这些获奖案例揭示了全球知名品牌在探寻"未来增长力"方面取得的积极成果，也反映了中国市场品牌建设的六大趋势。

一是品牌建设更聚焦实效，回归价值本质。

企业品牌传播更关注如何切实有效提升企业声誉，对业务增长产生助力。这种趋势体现了品牌建设开始追求真正的价值，以支撑品牌向上成长，激发未来增长力。实践中，头部企业高管亲自参与品牌传播，直接传递企业愿景与价值观，强化公众信任，实现了企业声誉与业务增长的良性互动。

二是品牌更加关注可持续发展和社会责任，重视技术创新与社会责任的深度融合。消费者对环保和可持续发展关注度的不断提升，给品牌竞争带来新的焦点。

各行业头部企业在环境保护、公益传播、企业社会责任等方向上贡献了大量案例，无论是推动可持续发展的环保举措，还是支持社区发展的公益项目，这些品牌案例都展现了企业公民的责任感，证明了商业成功与社会责任可以并行不悖，将激励更多企业和非营利部门通过自己的行动为社会带来积极变化。

三是企业更加重视品牌长期主义。

本年度提报的案例中，不乏持续三年以上甚至十余年的品牌营销传播项目。企业凭借长期主义视野和笃定务实的信念来应对当前充满不确定性的市场环境。这些长期主义案例体现了品牌在市场中持续沟通与深度对话的能力，这些企业通过品牌资产积累与用户信任培养，形成了稳定的品牌竞争力。

四是外资品牌加速本土化，营销更贴近中国消费者。

外企加速布局中国市场，加大营销创新力度，优化战略布局，更加注重本土化战略，通过深入了解中国市场和消费者需求，推出更加符合中国市场特点的线上线下营销矩阵的搭配策略。在实践中，一些国际领先品牌围绕春节等中国重要节点开展本土化创意营销，将中国传统文化元素融入全球品牌理念，引发中国消费者强烈共鸣并取得显著成效。这些品牌通过定制化内容与渠道创新，不仅增强了与中国市场的适配性，也提升了消费者对品牌的认同感和忠诚度。

五是人工智能正在重塑品牌与消费者的沟通方式。

以 AIGC（生成式人工智能）为代表的人工智能技术已经在企业品牌营销推广中得到广泛应用，成为企业与消费者沟通互动、提升营销效率的关键手段。先行企业运用 AIGC 技术生成个性化的视频内容，极大拓展了创意边界并提高了传播效率。这表明 AI（人工智能）驱动的内容创作正从概念走向落地实践。

六是新媒体平台成为品牌传播和营销的重要渠道。

内容电商模式（含直播、短视频、图文等）正在成为影响中国消费者决策的重要因素，形成了兴趣"种草"、下单、分享的网络购物路径。小红书、B 站（哔哩哔哩）、抖音、微信等目前流行的移动应用成为品牌传播和营销的重要渠道。从 2024 年金旗奖获奖案例来看，品牌营销不但紧密贴合德国欧洲杯、巴黎奥运会等国际重大赛事的热点，而且敏锐捕捉并积极响应国内新质生产力传播需求，准确反映当下品牌传播的新风向，从而新媒体平台成为品牌传播和营销的重要渠道。

2024 年涌现出的低投入、高成效优秀品牌传播案例，彰显了在当前充满不确定性的市场环境下企业积极采取创新策略的传播智慧。

尤其令人欣喜的是，越来越多的企业回归品牌初心，将可持续发展纳入品牌核心价值，涌现出众多弘扬企业大爱、诠释品牌社会价值的获奖案例。企业更加专注未来增长力打造，致力于为未来发展积蓄能量。这与金旗奖的主张不谋而合。

2024年，金旗奖坚持推动品牌产学结合、助力品牌人才培养的发展愿景，持续拓展与高校的深度合作，取得丰硕成果。

一、更多优秀金旗奖案例入选高校教材。截至2024年年底，金旗奖共有53个获奖案例被收录进复旦大学、浙江大学、浙江工业大学、浙大城市学院、浙江传媒学院高校教材，以及浙江省高校"十三五"新形态教材、"十四五"重点立项教材和中国品牌案例研究系列丛书，在品牌教育教学资源建设方面持续贡献力量。

二、金旗"业界导师进校园"公益授课项目不断拓展。2024年，金旗"业界导师进校园"公益授课项目共走进9所高校，吸引来自百威中国、高灯科技、赫力昂等企业的30位资深导师参与，共举办33场高质量讲座，参与者覆盖新闻传播、广告、公关等相关专业的在校本科生及研究生。

自2022年启动以来，金旗"业界导师进校园"公益授课项目已邀请来自麦当劳、亿滋、玛氏、东软医疗、国投瑞银、赛默飞、奥美等49家企业的导师走进复旦大学、浙江大学、华南理工大学、兰州大学、重庆大学、浙大城市学院、浙江工业大学、浙江传媒学院、海南大学、贵州师范学院、南昌大学11所高校，累计授课77节（截至2024年12月）。导师团队由在各专业领域有着15年以上深厚实践经验的专家构成，不仅为高校人才培养、就业及职业发展赋能，也显著提升了企业及品牌对年轻一代的积极影响力。

作为倡导长期价值的品牌奖项，金旗奖不断吸引更多重视品牌长期价值打造、持续沉淀品牌资产、以优秀品牌力驱动品牌永续增长的优秀品牌参与，同时，持续助力品牌打造长期价值，赋能品牌未来增长力。

金旗奖始终怀揣着向世界展示中国商业文明的美好愿景，致力于将中国优秀品牌故事传播至世界各个角落，积极促进全球品牌深度对话与协同创新。展望未来，金旗奖将在全球范围内持续倡导品牌长期主义，以品牌向上带动社会向上！

最后，特别感谢2024年金旗奖赛事全体评委的辛勤付出，也感谢各企业在本案例集出版过程中给予的鼎力支持。

金旗奖创始人

目 录 | CONTENTS

GOLDEN
FLAG
AWARD
金 旗 奖

2024

金旗奖最具公众影响力

全场大奖

2023亚马逊广告开箱盛典

执行时间：2023年8月22日—23日
企业名称：亚马逊广告
品牌名称：亚马逊广告团队
代理公司：北京阶承传播顾问有限公司
获奖类别：2024金旗奖最具公众影响力全场大奖

项目概述

2023亚马逊广告开箱盛典是年度品牌盛会，旨在阐述对中国市场的特别支持，帮助客户在经济低迷时期和逆境中取得成功，增强业务信心，展示亚马逊广告助力中国品牌海外成功的承诺。通过从中国到全球的独特跨境视角，亚马逊广告与现有的、潜在的广告商及行业利益相关者互动，满足中国客户的特定需求，分享跨境广告洞察并展示亚马逊广告方案。

活动KV（关键视觉）

项目策划

充分利用有限的空间，从听、看、说、触、动多个维度打造来宾互动触点，致力于让来宾通过"探索精彩的亚马逊广告世界"提升品牌认知度和信任度。

1.全球化的视野，本土化的沟通

基于亚马逊广告"赋能品牌主从中国到全球"的战略愿景，考虑到中国企业面临的特殊挑战——新冠疫情后开启新征程，既需要拨云见日梳理方向，也需要重整旗鼓树立信心，项目组将"Navigating a path forward：Build Brands with Amazon Ads"作为本次活动的主题口号，并设计了中文口号"再出发·成就世界品牌"，阐释了中国企业在从中国到全球的征程中也许会经历迷雾但也满载机遇的现实，凝练了亚马逊广告陪伴、赋能广告主不懈前行、铸就世界品牌的使命和信心。

项目组坚守亚马逊广告品牌核心价值，同时注重从目标受众最关心的4个议题——"触达·应有尽有""创新·得心应手""效果·积流成海""联结·相得益彰"，构建品牌信息沟通体验，并根据本土文化设计最准确的沟通内容。

2.50多名海内外专家，拆解热点话题

高管对谈，详细阐释亚马逊广告将通过哪些重要资源赋能中国本土市场的行业生态，从而发挥行业领导者作用，帮助目标受众提升品牌认知度和信任度。从"以客户为中心"的视角出发，结合品牌的核心价值维度，深挖企业最关心的业务难题，设计圆桌沙龙，让品牌能力系统在互动讨论的沉浸体验中得以生动呈现；邀请国内外的意见领袖、行业专家，分享最新研究成果，话题涵盖全球贸易洞察、商业模式创新、营销技术创新等多个维度，用"以终为始"的理念，启发品牌主洞察前沿知识。

3.加入"水手计划"，找到出海路径

项目组为不同规模、不同发展阶段的企业创造对话、合作、结盟的机会。通过圆桌对话、广告技术实战训练营、广告诊所、战略工作坊等多种形式，让领军出海企业或新手卖家都可以从中获益，从而提升品牌曝光度，收获营销打法。

"水手计划"

撬动、整合更多赋能广告主提升世界影响力的资源，亚马逊广告和其他部门联合推广项目等，战略性地将"水手计划"第三季首映礼安排在开箱盛典首日上午的最后环节，显著提高了观众参与度并调动了受众对出海的积极心态。

4.全渠道矩阵，全流程造势

以微信小程序和活动官网为核心，布局微信视频号、抖音、微博等社交平台，共同发挥媒体矩阵作用。在活动前期，设计了倒计时1个月、倒计时1周、倒计时3天的预热活动，通过全平台沟通渠道，发布品牌创意内容，包括活动预热视频、预告长图文、嘉宾与话题海报等。活动当天，全平台推送内容，制造话题热点，鼓励内容分享。活动结束后，继续推送嘉宾金句总结视频、收官战报、活动精彩画面集锦等内容，持续造势。

项目执行

根据企业的战略目标和业务挑战，提供创新解决方案和沉浸式体验，帮助各品牌树立跨境营销的信心，形成营销策略，打造积极的品牌认知：引领前进的道路，与亚马逊广告共同构建品牌，通过触达全球数亿活跃用户，建立全球知名度。

1.最大化预算回报

市场进入（GTM）秉持"少而精"原则，注重受众细分。线下空间用于精确定位目标受众，线上混合形式覆盖更广泛的观众。此外，顶级专家围绕热点话题展开讨论，在最短的时间内分享最有价值的经验。

2.最大化场地利用

配备了可预订的灵活移动桌椅，设计了软装和办公设备的私人会谈空间。这些空间具有多种功能，适用于一对一商务咨询、多方谈判、公共讨论、团队面试、广告展示等多种场景。

3.高效协作与风险控制

由中国的领先代理机构担任总管角色，通过精心设计的路线图、关键里程碑和风险控制计划降低不确定性。当现场观众数量远超预期时，发挥紧急预案作用。

4.数字化旅程与卓越效果

为了触达更广泛的观众，基于媒体矩阵构建多渠道数字旅程。嘉宾通过扫描微信二维码便捷访问和体验。直播过程中，直播助手通过对话框有效引导观众参与互动。数字手段帮助提升品牌曝光率、增强互动效果，最终直播和虚拟观众满意度达到4.5/5。

项目评估

2023亚马逊广告开箱盛典在全网赢得1668条媒体和社交报道（同比增长280%），全网访问量超过240万次。具有较大影响力的《人民日报》、《中国日报》、《经济参考报》、中国新闻网及彭博社、《21世纪经济报道》等商业权威媒体，所有的报道都是正面的、积极的。

2023亚马逊广告开箱盛典不仅吸引了1245名现场观众，还吸引了4489280名直播观众，总点击量超过1亿次。

在开箱盛典之后，88.4%的与会者表示，他们或在未来6个月内通过亚马逊广告增加广告支出。

中国广告协会副秘书长代表行业对亚马逊广告的战略与品牌实践给予了高度肯定。

亲历者说 付燕君　北京阶承传播顾问有限公司客户总监

2023年8月22日，亚马逊广告专为中国出海企业打造的年度品牌盛会"2023亚马逊广告开箱盛典"在深圳开幕，该活动聚焦出海领域关注的热点话题，赋能中国出海企业以更前瞻的视野提升营销力，打造全球品牌。这是亚马逊广告首次于线下举办该大型盛典。作为本次活动的承办方，阶承传播非常荣幸地从创意阶段、脑暴阶段到执行阶段全程深度参与，通过沉浸式的线下展区、圆桌论坛、实战训练营等方式，全方位展示亚马逊广告为品牌主以及卖家提供的一站式出海解决方案。我们期待未来有更多机会与亚马逊广告团队一起帮助中国企业讲好出海品牌故事，有效提升中国企业国际传播效能、助力业务成长。

案例点评

点评专家：王虎　哲基数字科技执行董事

2023亚马逊广告开箱盛典打破了传统品牌营销会议单向说教的模式，通过"知识+资源"的双重供给，让参与者由"听众"转变为"行动者"。

盛典以"再出发·成就世界品牌"为叙事主线，将目标受众最关心的4个议题转化为品牌信息沟通体验的4个维度——"触达·应有尽有""创新·得心应手""效果·积流成海""联结·相得益彰"，积极"探索精彩的亚马逊广告世界"，从而有效提升了品牌的认知度和信任度，巩固了行业的枢纽地位。

该案例证明，B2B营销需以"价值共建"替代功能推销，"水手计划"第三季首映礼是该盛典的一个高光时刻，将品牌出海升华为时代叙事，有效激发了参会者的时代使命感。

2023亚马逊广告开箱盛典通过在"战略"上派"定心丸"，在"实战"上发"工具箱"，在"情感"上找"共鸣点"，加深了人们对亚马逊广告——全球化引航者这一定位的认知，塑造了一个出海"战略合伙人"的伙伴形象，是一个有效激发信心、能力、行动的标杆案例。

◆ E起上场：捷豹TCS车队在上海

执行时间： 2024年4月1日—5月31日
企业名称： 捷豹路虎（中国）投资有限公司
品牌名称： JLR
代理公司： Publicis Influence
获奖类别： 2024金旗奖最具公众影响力全场大奖

项目概述

参与Formula E（简称FE）赛事是捷豹路虎全球战略——"重塑未来"指引下的核心计划，作为Formula E官方厂商车队之一，捷豹TCS车队已连续多年参赛。

1.目标

激发员工成为FE赛事的传播者和支持者。

2.挑战

FE赛事常规只传播比赛2天的内容，如何实现为期两周的持续传播？大多数中国员工对FE赛事和捷豹TCS车队了解有限，如何激发员工的兴趣和热情，让员工了解赛事并参与活动体验？

E起上场：捷豹TCS车队上海之行内部传播

项目策划

（1）在 FE 赛事上海站期间，项目组在公司内部打造"赛事月"主题活动。

（2）传播主题：E 起上场。号召员工积极参与赛事活动，为捷豹 TCS 车队聚力助威。

（3）双向策略：线上传播 + 线下体验。从横向和纵向两个维度扩大活动的影响力，由点及面，强化员工对赛事的认知，增强员工"主人翁"意识，使其深入参与赛事各环节。线上传播主阵地——My Workhub（JLR 中国员工 App）；线下传播主阵地——JLR 上海办公室。

（4）传播规划。

①第一步：占领眼球。

在线上核心传播平台 My Workhub 全方位、多角度地呈现 FE 赛事的魅力。项目组精心策划并发布一系列深度内容，涵盖赛事历史、车队故事、车手风采等，全方位加深员工对 FE 赛事及车队的了解和认知；充分利用 My Workhub 的各项功能，如开屏弹窗、活动预告、一键报名等，提供丰富的内容，鼓励员工积极参与互动，深化对 FE 赛事的了解和兴趣；进行赛事主题办公室装饰，公共区域的屏幕循环播放 FE 赛事的精彩瞬间、捷豹 TCS 车队的辉煌历程和赛车介绍等，同时配以精美的 FE 挂墙海报，让员工仿佛置身于赛事现场，多触点、全方位地对员工进行信息渗透；推出捷豹 TCS 车队"上海站限定版"实体赛事杂志，详细介绍 FE 赛事、捷豹 TCS 车队的参赛历程、车手及捷豹 I-TYPE 6 赛车等。

②第二步：占领心智。

在上海办公室举办赛事主题活动——捷豹 TCS 车队见面会，JLR 高管、捷豹 TCS 车队领队与车手出席，为员工创造面对面交流机会。

JLR 高管演讲，强调赛事对企业发展的重要意义，让员工从更高维度理解赛事；车队领队与车手亲临现场，与员工分享比赛进度与上海站比赛策略；特邀赛车媒体人为员工带来一场生动的赛事科普分享，利用趣味内容提升员工认知，激发员工对比赛的兴趣和热情；车队领队与车手亲自为员工签名赛事杂志，增强亲切感。

③第三步：占领观众席。

招募"JLR 粉丝团"，一同见证捷豹 TCS 车队比赛的辉煌时刻。My Workhub 平台开设上海站观赛报名通道，让员工亲临现场。

员工可以在 My Workhub 快速完成报名登记；提供详细的赛前观赛指导须知，鼓励员工积极利用个人社交媒体平台，自发收集赛事素材并分享，共同为捷豹 TCS 车队造势宣传；统一发放观赛制服、精心设计的手持横幅和小旗帜，展现团队凝聚力，激发员工热情，为捷豹 TCS 车队加油助威。

项目执行

项目组突破了传统的工作界限，与企业内部团队携手合作，共同完成各环节，包括传播方案制订、内容制作与执行、活动预算的合理分配、现场设计与搭建执行、观赛素材的精准收录与后续传播，将原本两天的赛事传播打造成了横跨两周的完整传播。

提前部署，总部沟通，提前两个月与捷豹路虎英国总部（FE项目的核心负责部门）沟通，妥善安排车队行程、赛事内容输出以及活动流程等细节。

最大限度利用全球素材和资源并进行本土化调整，确保信息的统一性和适用性。

协作完成内部沟通，项目组与HR部门一起细致协调了员工观赛活动的每一个细节，包括观赛名单统计、赛前组织员工参与观赛指导会议，比赛当日安排员工合影、分发物料等。

项目评估

在 My Workhub 上发布的首篇推文阅读量为往期推文阅读量平均值的265%。上海站观赛活动的信息一经发布便引发了热烈反响，员工活跃度创历史新高，3小时报名超300人。车队见面会盛况空前，员工参与人数高达200余人，参与人数较公司同类活动激增150%。员工在朋友圈、小红书等个人社交媒体账号自主发布100多篇有关赛事活动的内容，成为赛事传播的"自来水"，扩大了活动的影响力。作为唯一车企观赛团，比赛现场"JLR粉丝团"彰显了企业强大的凝聚力和影响力。

捷豹路虎员工助威团

亲历者说 唐思　明思力中国副总裁

　　随着越来越多的"Z世代"步入职场，企业内部沟通已成为企业管理和企业效率提升的关键议题。作为捷豹路虎中国的企业数字化传播代理服务商，能够通过FE上海站助力客户完成了一次有趣、有料、有意义的企业内部整合沟通项目，我们深感荣幸。我们深入挖掘捷豹的赛车精神、TCS Racing车队的故事以及FE赛事背后的深层含义，策划并实施了一系列富有创意的员工科普活动和互动体验。我们将两天的FE赛事传播升级为一场旨在深化捷豹路虎内部员工沟通的活动，不仅显著提升了员工对企业车队文化的认同感和荣誉感，还激发了他们的主动性，使他们成为企业文化的积极传播者。这不仅增强了员工的归属感、提升了其忠诚度，还有效提升了捷豹赛车的社会竞争力和认知度。

案例点评

　　点评专家：王晓晖　国际关系学院文化与传播系副教授，中国国际公关协会学术委员

　　随着越来越多的"00后"步入并"整顿"职场，开展有效的内部沟通已经成为企业管理者不容回避且必须重视的关键议题。捷豹路虎中国"电动方程式上海站"内部沟通项目，通过一系列有趣、有料、有意义的活动，完成了一次入眼、入耳、更入心的内部整合沟通，不仅成功动员员工积极参与赛事活动，为捷豹TCS车队助威，还提升了员工对企业文化的认同感和荣誉感，增强了员工的归属感和主人翁意识。项目的成功离不开富有创意的策划，同时彰显了项目团队卓越的协调能力。

"感动 始于肌肤"三江源黑土滩生态修复公益项目

执行时间：2023年5月—2024年8月

企业名称：科医国际贸易（上海）有限公司（公益项目捐赠方）

品牌名称：高德美中国

代理公司：上海慧涧联信息科技有限公司（YEO China）

获奖类别：2024金旗奖最具公众影响力全场大奖

项目概述

2023—2024"感动 始于肌肤"三江源黑土滩生态修复公益项目由永续全球环境研究所（GEI）主办，高德美捐赠支持。项目致力于帮助修复三江源生态环境，并招募各方志愿者，参与土壤治理、植被培育、高原护肤科普。

2024年项目主视觉设计

项目策划

1.调研与洞察

位于青海的三江源是长江、黄河和澜沧江的源头汇水区，是中国和东南亚地区10亿人的生命之源，也是高原生物多样性最集中的区域之一，对全球气候具有重要影响。近年来，气候变暖和过度放牧等因素导致该地区生态环境恶化，形成大面积的重度退化草原（黑土滩）。为应对这一挑战，《全国重要生态系统保护和修复重大工程总体规划（2021—2035年）》提出加大黑土滩型退化草原和沙化草原治理力度。在政策框架下，推进环境治理和保护，需要从承载环境的"基底"和"肌理"——土壤着手，这离不开社会各界的持续努力。

高德美致力于成为专注皮肤学领域的全球领导者，提供创新、科学、优质的产品组合和解决方案。高德美希望让人们注意到人类肌肤与地球肌肤的对照关系，由此决定捐赠支持三江源生态环境的修复项目。

2.项目目标

GEI基于科学经验，在青海果洛藏族自治州久治县白玉乡退化的黑土滩进行草原修复推广试点，为恢复草原找到可行的解决途径，提高牧民生计可持续性及社区组织管理能力，以及社区对环境变化的应对能力，形成三江源退化草原修复示范样板。项目积极作为，践行国家关于高原生态保护和高质量发展的战略，实现生态保护、民生改善、绿色发展的统一，以及企业形象价值和社会价值的双赢。

3.项目创意

（1）核心创意：GEI"感动 始于肌肤"这一传播构建于"地球×人类"肌肤联想，将人类护肤这一概念推广至地表环境保护与生态修复，体现了"皮肤是人生故事"的人文叙事，兼具科普意义、公益传播价值、企业形象价值与社会效益。

（2）科学组织：GEI分阶段进行调查、种植、草场管理，定期监测治理进展。GEI的宗旨与专业性为项目目标的科学有效实现提供了坚实的保障，确保环境保护公益目的落到实处。

（3）多方参与：多方志愿者人士共同参与土壤治理、植被培育、巡护队支持、《高原护肤图鉴》共创和科普交流等活动，为守护三江源这个中华生态文明高地和水系福祉源头贡献力量。

（4）多维传播：线上线下同步进行。线上权威媒体参与，结合直播、纪录片和专访等形式记录治理过程，强化品牌与生态修复的联系；制作系列原生内容，包括志愿者手记、项目进展视频、公益活动回顾等，多种渠道传播。线下组织实地考察、高原护肤科普和启动及验收仪式等，提升影响力。

4.媒介策略

（1）多管齐下：通过概念先导视频、纪实快剪、直播和专题纪录片等多种类型视频的结合传播，确保信息内容层层递进、覆盖广泛且深入。

（2）多方合作：与企业、社会组织及知名媒体深度合作，积极利用权威媒体、社交媒体、垂类媒体和自有媒体等多元渠道，形成矩阵传播效应，强化在社会责任领域的正面形象。《时尚芭莎》、《南方日报》、界面、搜狐健康、《ELLE》和《南方都市报》等多家全国主流媒体全程参与报道。

5.传播规划

（1）内容规划：鼓励参与各方的内容创作，与志愿者共创"高原一家人"卡通人物形象及汉藏双语《高原护肤图鉴》，在社交媒体围绕人物形象进行护肤科普图文传播，邀请志愿者分享心得，制作并发布志愿者海报，拍摄项目纪录片等，形成协同的传播效应，生动讲述项目故事，传递环保理念。

（2）节奏规划：在项目启动阶段，线上线下结合，举办启动仪式，吸引外界关注；在项目执行过程中，鼓励志愿者记录和分享，积极动员共创《高原护肤图鉴》，进行人物形象和插图绘制、内容编撰等；在项目完成阶段，组织进行实地探访，展示项目成果。

项目执行

1.项目第一期：2023年5—7月

2023年，项目正式启动，在青海果洛藏族自治州三江源年保玉则周边的黑土滩地区展开，针对退化的草原进行生态修复，通过浅刨沟、广松土、优化配比和本地草种混播等措施，促进了植被多样性的健康恢复，成功修复300余亩退化的黑土滩。

验收仪式大合照

2.项目第二期：2024年4—8月

2024年，高德美中国捐赠支持GEI的"感动 始于肌肤"黑土滩修复项目，GEI通过该项目负责补种加固已修复的300余亩黑土滩，并扩展了200余亩新区域。此外，高德美向"高原仙女"巡护队捐赠巡护服装，帮助巡护人员在恶劣的高原气候中保护皮肤、提升巡护效率。此外，项目组织志愿者编撰汉藏双语《高原护肤图鉴》，宣传皮肤健康知识。

项目评估

1.效果综述

（1）环境与保护：项目共修复500余亩黑土滩，并通过多种措施恢复退化的草原生态系统，帮助实现"双碳"目标，减轻气候变化对当地生态环境的影响，如减缓雪山融化、保持水土等。

（2）生物多样性：草原恢复后，据牧民观察，野生动物出没次数增多，实现了显著的生物多样性效益。未来待草原逐步稳固后，还可为更多大型动物提供觅食地，进一步巩固生物多样性。此外，二期项目支持了"高原仙女"巡护队，有利于更好地保护国家一级保护野生动物黑颈鹤。

（3）经济可持续：项目与社区牧民深入合作，提供了近300人次的就业机会，帮助当地家庭获得了额外收入，并通过引入可持续放牧和草原管理经验促进了牧民生活的可持续发展，为绘就青藏高原人与自然和谐共生的美好图景做出了切实的贡献。

2.受众反馈

参与项目者均对项目给予了积极评价和反馈，并得到了当地牧民和社区居民的热烈欢迎与高度评价。

3.媒体统计

项目自启动以来，吸引了媒体的广泛关注，共获得超130篇报道和2730万次浏览量。《人民日报》健康客户端连同多家转播平台，连续两年在海拔4200米的高原进行"肌肤的力量"圆桌对话直播，观看人次破百万，触达观众280万人，"保护地球肌肤与保护人类肌肤同样重要"的理念深入人心。

亲历者说 彭奎 永续全球环境研究所项目负责人

环境保护是为了人类的可持续生存，是为了我们所有的系统能够永续发展。在这个项目中，我们采用生态友好的方法，依托自然的力量，协助自然完成自我修复，这是非常尊重自然的方式。我们特别希望让更多人看到，我们这样的方法可以让草场变得更好、让人民生活变得更好。我们特别高兴，也特别感谢高德美作为社会力量能够支持三江源黑土滩生态修复的持续行动，这是生物多样性在商业中非常好的示范。

案例点评

点评专家：陈曦　金斯瑞生物科技股份有限公司副总裁

"感动 始于肌肤"三江源黑土滩生态修复公益项目是企业社会责任（CSR）与 ESG（环境、社会、公司治理）战略深度融合的典范。项目以"地球皮肤"为隐喻，将生态修复与皮肤健康关联起来，既凸显了专业性，又赋予公益行动情感共鸣，形成差异化的叙事逻辑。

从利益相关方管理来看，项目构建了多元参与网络：环境治理专家提供科学评估，牧民社区实现经济赋能，志愿者强化公益认同，媒体传播扩大社会影响力。这种"专业+在地+传播"的多维协作，增强了项目可信度与可持续性。此外，捐赠巡护装备、发布汉藏双语护肤指南等举措，进一步强化了"在地化"关怀，将单向援助转为双向价值共创，强化社区信任。

传播策略上，项目以"数据+故事"双线驱动：以修复面积、就业人次等量化成果彰显实效，同时借助"高原仙女"巡护队等具象符号传递人文温度，形成公众记忆点。媒体报道与志愿者参与的深度结合，则帮助实现了企业形象由"商业主体"向"公益伙伴"的跃迁。

总体而言，该项目通过精准议题绑定、多方资源整合及创新传播，成功塑造了兼具社会公益价值与企业价值的标杆案例，为"战略性公益"提供了可复制的范本。

回响·AI方言艺术展

执行时间：2023年8月19日—10月8日

企业名称：科大讯飞（苏州）科技有限公司（讯飞苏州研究院）

品牌名称：讯飞苏州

获奖类别：2024金旗奖最具公众影响力全场大奖

项目概述

苏州话作为吴语方言的主要代表之一，承载了苏州悠久的文化。为了吸引更多年轻人接触、感受、认同、宣传苏州方言和文化，充分发挥线下宣传作用，讯飞苏州研究院借助自身苏州方言AI技术的积累，联合INSPUMP直觉泵、苏州博物馆、广州美术学院举办"回响·AI方言艺术展"，以年轻群体喜闻乐见的AI技术＋新媒体艺术形式，焕新苏州传统文化呈现方式，以苏州方言的听、看、说为互动媒介，触发姑苏文化元素场景，打造能听、能看、能玩的沉浸式科技艺术展。

回响·AI方言艺术展现场

项目策划

AI方言艺术展以年轻群体喜闻乐见的艺术形式，焕新传统文化的创意表达，引发年轻人对方言的共振。内容策划更聚焦"90后""00后""10后"新生群体，通过与年轻创作团队合作，进行内容创作。

AI技术落地＋精美艺术创作，深入探索方言传承与地域文化生命力。在初期调研基础上，与创作艺术家、策展团队多次沟通，确认展览紧扣"苏州文化""苏州方言""人工智能技术"三大要点，致力于打造听觉与视觉并举、地域边界消弭、趣味性与教育性共存的科技艺术展览。同时，坚持艺术创作及呈现质量，怀抱热忱与责任呈现展览，唤起大众对传统文化的热爱和对方言的新感知。

聚焦科技与艺术创新融合，打造全民互动展览。为给苏州方言注入新活力，让听觉与视觉串联，传播须具备"创新之美""趣味互动""播撒种子"特点，锁定新媒体艺术领域。AI方言＋通感艺术＋传统美学，以线上传播吸引大众现场体验，以线下精良展项引发观众自发线上推荐，促成线上线下跨界破圈。

1.内容规划

项目创意初期旨在将方言声音与通感艺术关联，调动观众感官体验，让其在互动中感受方言文化底蕴。策划展览需解决AI方言与艺术融合、艺术作品呈现、吸引观众学习苏州话、呈现苏州文化之美等创意挑战。

（1）以AI方言为技术底座，赋能艺术作品交互体验。艺术展览以方言传承与文化之美为核心，让观众聆听吴侬软语，激发观众对方言的关注，引导观众"听与说"苏州方言，使其在趣味活动中感受方言的魅力并习得部分方言。

（2）苏州方言结合苏州文化，从生活细节中窥探文化之美。艺术家选取苏州文化意象作为作品核心元素，唤醒本地市民的文化记忆与情感共鸣。作品融入童谣、俗语等交互语料素材，让观众快速习得并感受方言韵味。

（3）与年轻一代共振。来自广州美术学院和中国美术学院的艺术家，从苏州文化出发，运用新媒体技术，将桥、文徵明、山水、昆曲等元素重新创作编排，共创作11件作品，打造了一场具有文化底蕴，迎合现代社交、互动、新潮需求的展览。

2.媒介策略

（1）媒介渠道

主要推广阵营标定圈层及"种草"属性较强的小红书。把握小红书特性，邀约本地头部KOL（关键意见领袖），以"1带8"的策略打造流量聚集池，聚焦AI方言艺术展关键词，实现线上互动用户到线下观众的高效转化。

充分利用自有媒介，形成联动矩阵。苏州博物馆利用自有媒体账号，在微博、微信等平台高频发布内容，充分发挥其苏州文化地标IP（知识产权）的号召力，吸引众多圈层媒介联动，主动安利展览，助力展览在艺术圈层传播。

（2）公关传播

聚焦"科技艺术展览"主题，重点突出技术与艺术的跨界融合，强调方言文化保护与传承，央视新闻、《人民日报》、中国科技网等联动造势，省级政务号主动推荐，多家圈层媒体渗透传播，从上至下、由内向外破圈推广，形成全网方言艺术热，吸引观众线下逛展。

项目执行

展览以方言保护及创新开发运用为始，集结各方力量，为方言保护创造新形式、打造新样本。

项目整体分为5个阶段。

（1）创意策划（2022年3—12月）：制定项目方案，与广州美术学院合作，评选出7件作品，进行技术摸底。

（2）落地场景接洽（2023年3—5月）：确定合作模式，敲定展览地点——苏州博物馆，解决展项适配场馆问题，制作方言交互系统。

（3）合作资源接洽（2023年6月）：与策展公司合作，制定完整的策展方案，引入中国美术学院青年艺术家作品，优化广州美术学院7件作品。

（4）策展落地（2023年7—8月）：调试设备，测试展项效果，搭建现场，完善展项，设计与制作物料，接入营销资源，举办开幕式。

（5）运维管理（2023年9—10月）：实施营销计划，进行现场运维管理，开展现场活动，撤展与复盘。

项目评估

1.效果综述

"回响·AI方言艺术展"项目落地在苏州博物馆，展览期间（42天）累计接待40万到场观众。线上以小红书、微信为主要宣发平台，项目聚焦于传统文化及艺术与AI方言的创新融合，整体曝光量超1亿次，参与互动超30万人次。在传播过程中，无成本覆盖众多圈层媒体，引发全网对AI方言艺术展的热议，掀起一股方言潮。

2.受众反应

"回响·AI方言艺术展"自开展以来取得显著成效。累计参展观众达40万人次，小红书上近200位用户安利，单篇"种草"笔记获超10万次观看、超6000次点赞和超3000次分享收藏。展览在微博、微信、抖音、B站等多个平台得到艺术博主及方言博主推荐，单日最高吸引近2万人次观众逛展。

市场反应积极，获多个政务媒介主动推荐。项目荣获第15届金鼠标数字营销大赛数字媒体整合类金奖、第24届IAI传鉴国际广告奖社会化营销金奖，入选中国数字城市品牌杭州论坛（2023）"城市品牌传播十大案例"。

3.项目亮点

由科技公司主办的艺术展览，在国内可谓罕见，该展览集AI技术与新媒体艺术于一身，兼具科技感与美感，两者势能完美融合。展览期间接待了众多其他博物馆相关负责人、艺术家、专家学者等，推动科技、艺术、文化结合的创新方案被更多城市及博物馆了解并认可，为项目延续创造了可能。

亲历者说 于馥源　科大讯飞（苏州）科技有限公司市场部总监

2018年，讯飞输入法上线苏州方言的识别功能，但极少的调用量告诉我们，只有技术难以让大家爱上苏州方言。2022年，通过与广州美术学院沟通，我们开启了方言+通感艺术的互动探索。数月的高强度筹备，只为让观众获得沉浸式的互动体验，因为美好的互动是最好的传播载体。展览名中的"回响"，是希望能唤起观展人的兴趣、热忱及更多未到场观众的期待。

案例点评

点评专家：朱琳　英飞凌科技大中华区企业传播部负责人

"回响·AI方言艺术展"是一个极具创新性和社会价值的文化传播项目，成功地将科技、艺术与传统文化结合起来，为苏州方言的传承注入了新活力。

1.创新融合，焕新传统文化

项目以AI技术与新媒体艺术的结合，打破了传统文化传播的固有模式，以"听觉+视觉"的沉浸式体验吸引年轻群体。

2.精准定位，激发年轻群体共鸣

项目以"Z世代"为目标受众，通过年轻艺术家创作和社交媒体"种草"策略，成功吸引了大量年轻人参与。

3.跨界合作，扩大影响力

项目联合了科大讯飞、苏州博物馆、广州美术学院等多方资源，形成了强大的跨界合作网络。这种合作模式不仅增强了展览的专业性和影响力，也为其他城市文化传播项目提供了可复制的经验。

4.社会价值与传播效果显著

本次展览成功引发了全社会对方言保护的关注，充分体现了其在文化传承与创新传播方面的标杆意义。

潘多拉南京华为项目

执行时间：2015年4月1日—2024年9月1日
企业名称：山东潘多拉酒店管理有限公司
品牌名称：潘多拉饮食集团
获奖类别：2024金旗奖最具公众影响力全场大奖

项目概述

潘多拉饮食集团（以下简称"潘多拉"）南京华为项目于2015年正式入驻华为南京研究所，这标志着潘多拉与华为深度合作的开始。作为潘多拉进军团餐市场的示范性标杆项目，该项目自落地以来迅速崭露头角，潘多拉也因此被誉为行业"潜力新星"。潘多拉南京华为项目不断改进用餐环境与服务流程，以提高服务效率和品质，致力于打造卓越的品牌形象，同时，持续为华为员工提供更优质的就餐体验。

华为南京研究所潘多拉餐厅内景

该项目从根本上重构传统团餐业务模型，采取创新的生产要素配置策略，吸纳并融合商业综合体中美食广场的理念，将其移植到企业员工餐饮服务板块，以此激发品牌活力与行业发展潜力。创新团餐业务模型，需要整合众多小微餐饮品牌，构筑一站式美食聚合平台，解决员工可能因餐饮选择匮乏产生的厌倦情绪问题，提高员工就餐满意度与食堂运营效能。

项目策划

1.洞察

日常的运营管理中，必须深入思考如何实现"以用户为中心，持续不断地为用户带来高品质的就餐体验"。

潘多拉从基础线和提升线两个维度进行策略性思考。

（1）基础线：确保食品安全与供应链稳定，着重于食品安全管理、多样化膳食提供，并致力于提供成本效益优化的餐饮解决方案。

（2）提升线：专注于拓展用户饮食体验的深度与广度，强调通过美食的探索与享受带来情感的富足及生活品质的提升，旨在以食悦心、以餐会友，带来高级感官享受与情感共鸣，传递"全球分享　美好生活"的品牌理念。

潘多拉品牌理念

2.创新

潘多拉颠覆了传统食堂固有的形象，采取了精细化设计策略，旨在构建一个融合高端质感与社交互动功能的餐饮空间。

（1）服务模式创新：多元化品牌矩阵与精细化策略。

潘多拉南京华为项目颠覆了传统团体餐饮定时制与大规模集中供餐的模式，转而采纳了一种更为精细且富有弹性的餐饮解决方案。

在日常运维层面，潘多拉创新实施了一套全面而严谨的评估体系，该体系涵盖了档口的经营理念新颖性、食品安全控制能力、服务品质、财务绩效以及日常协作的默契度等多个核心维度，并以此作为评级依据，保证华为南京研究所（南研所）餐饮服务的品牌定位、丰富多样性以及卓越的服务效率。

（2）品牌产品创新：确保消费者不但能够满足基本的饮食需求，而且能够享受高质量的餐饮体验，进而提升用餐幸福感。

落地实践产品"1+1+1"模式：第一个"1"代表主营业态中的一款特色单品或新品；

第二个"1"代表大分量餐品或适合多人共享的餐品；第三个"1"代表辅助性加点类产品。同时，推出"百变餐车3.0"，该模式颠覆了传统限制，集移动性、灵活性及多功能性于一体，依托模块化设计与智能管理系统，能够实现服务内容与形式的即时适应性调整，满足市场多样化需求与消费者偏好，此外，还实现了视觉重塑，通过设计美学的巧妙融入，餐车不再仅仅是销售的物理站点，而转化为吸引消费者的视觉焦点。项目组采取从微观到宏观的场景构建方法，使外部环境与餐车内部体验建立起和谐共生的关系，创造出类似旅游景点的沉浸式体验，让顾客享受超越传统餐饮消费的环境美学。

潘多拉百变餐车

（3）迭代性场景优化，采纳先进的美食广场设计理念。

开放式布局策略，巧妙地界定了各个美食档口的边界，既确保了各区域的功能独立性，又促进了空间的流畅互联，为员工提供了丰富多样的餐饮选择，构筑了一种灵动而充满活力的就餐环境。

氛围营造方面，融入休闲与娱乐，色彩运用上秉承高雅明亮的原则，选取清新悦目的色系组合，旨在创造一个视觉上令人放松、心理上令人愉悦的用餐体验。

"品味探索，乐享互动"：活动营销策略与互动体验创新融合，高频率部署多样化的主题活动及互动式娱乐项目，紧密贴合时事热点，强化员工的参与意识与团队凝聚力。

针对年度营销规划，潘多拉采用了一种综合性的"营销活动沙盘模拟"方法，紧密协同品牌管理中心设定的全年营销日历，确保线上线下的活动策略无缝对接，旨在全方位优化员工的餐饮体验并增进其职场幸福感。

项目执行

2015年4月，华为南京研究所重大项目落成，随即启动首场大规模市场推广活动——"万人宴享"。

2015年—2024年9月，华为南京研究所项目紧贴集团品牌营销战略蓝图，巧妙融合线上线下多元化活动策略，确保每年实施不少于20场品牌活动，持续强化品牌影响力。

2022年11月，项目针对产品矩阵实施了"1+1+1"模式的深度优化策略，以增强员工餐饮选择的多样性。

2023年5月，项目实施二次空间升级工程，升级后的第三生活空间，展现了一个集现代性、时尚感与简约美学于一体的用餐环境。

2024年9月，基于过去数年卓越服务表现所积累的深厚经验与良好市场声誉，项目团队正式启动2025年合作协议续订筹备流程，全新里程开启。

项目评估

1.市场响应分析

通过一系列策略的成功部署，潘多拉成功塑造了"高品质餐饮结合趣味体验"的差异化市场定位，从而在园区内高度竞争的餐饮市场格局中实现了显著的差异化优势，持续保持用餐市场份额的领先地位。

2.受众响应分析

本次产品与服务优化举措取得了显著成效，不仅赢得了甲方的高度认可，还广泛收获了多方合作伙伴及特定群体客户的赞誉。

3.项目核心价值

潘多拉依托两大服务主线，实现了从基本需求到情感体验的全方位深化与拓展。

·基础服务路径：聚焦"食品供给的稳定性""食品安全性的确保""饮食体验的多样化创新""成本效益比的最优化"，为消费者构建起一个既安全又经济实惠的餐饮基础生态。

·进阶体验轨迹：进一步升华至"美食种类的广度拓展""就餐愉悦的氛围营造""通过美食传递幸福感的深度挖掘"。这一路径旨在通过精致多样的菜品选择、愉悦的就餐环境以及情感共鸣的创造，引领顾客步入超越单纯味觉享受的餐食体验新境界。

两大战略的精细实施，不仅满足了消费者对食品安全和性价比的基本诉求，更深层次地触动了其对生活品质和情感满足的追求，从而让潘多拉在餐饮行业树立了差异化的品牌价值定位。

4.项目亮点

鉴于员工群体的广泛性和对餐饮的高要求，项目组采取了一套高度定制化的服务模式来应对"众口难调"的挑战。通过产品创新和空间规划，潘多拉成功在员工群体中构建起了深层次的情感纽带。

此外，潘多拉高度重视顾客的直接体验与反馈，将其作为指导后续研发方向调整的宝贵资源。这种以用户为中心的方法论，不断推动服务创新与品质提升，确保每一次改进都能精准对接用户需求，进一步强化了潘多拉对卓越就餐体验承诺的践行。

潘多拉不断提升其核心价值观的认知度、扩展其接纳范围，旨在让用户获得由衷的喜悦与福祉。一系列精心规划的战略性部署，成功促使潘多拉品牌在行业中脱颖而出，蜕变为一匹备受瞩目的"行业黑马"。

亲历者说　田慧　山东潘多拉酒店管理有限公司区域总监

在这个意义非凡的旅程中，我们团队像家人一般，用心倾听，细细琢磨，只为将美食广场打造得多彩多姿，让每一次用餐不仅是味蕾的盛宴，更是心灵的小憩。

我们知道，美食的背后，食品安全永远是第一位的。为此，我们精心编织了一张"健全的"食品安全守护网，就像为家人的餐桌上一把安心锁，确保每一份食材都纯净健康，让每一位华为小伙伴都吃得放心、笑得开心。

这一路走来，无数个日夜的精雕细琢、无数次的尝试与调整，都凝聚着我们对完美的不懈追求。我们乐此不疲，因为每一次的进步，都能让平凡的餐点时间闪耀不平凡的光芒。

案例点评

点评专家：杨美虹　福特汽车中国副总裁

我国是餐饮业极其发达的国家，餐饮业属于传统行业，在品牌传播方面，有自己策略的企业很少，做出创新是较为艰辛的。作为一个十分年轻的创业型企业，潘多拉充满勇闯新天地的勇气和朝气，它在营销方面的特色如下：

产品创新，确保员工不但能够满足基本的饮食需求，而且能够享受高质量的餐饮体验，进而提升用餐的幸福感。特别是百变餐车，让员工深深爱上了特色美食服务。

从员工出发，不断开拓个性化特色美食，丰富产品种类，拓展就餐人群，满足不同消费需求，提高员工平均消费额，提高单品毛利率，提供更加多样化的就餐选择，用亮点产品吸引员工。

◼️ QQ星奶粉"伊利营养2030·燃梦的雏鹰"

执行时间：2024年5月1日—5月31日
企业名称：内蒙古伊利实业集团股份有限公司金山分公司
品牌名称：伊利QQ星奶粉
代理公司：北京壹策营销顾问有限公司
获奖类别：2024金旗奖最具公众影响力全场大奖

项目概述

在"健康中国"和乡村振兴背景下，伊利QQ星奶粉联合中国红十字基金会于2022年发起"伊利营养2030·燃梦的雏鹰"公益行动，聚焦山区儿童成长，为四川、云南、贵州等西部地区小学、幼教点送去营养支持，持续关爱处于成长黄金期的孩子们，并通过成立篮球校队、组织参与篮球夏令营和研学旅行等，助力雏鹰们勇敢逐梦。

2024年，伊利QQ星奶粉将目光聚焦在贵州山区，这里是"村BA"发源地，篮球文化浓郁，孩子们对篮球的热情很高。品牌希望通过公益活动，让社会对于孩子们的篮球梦想和长高愿望有更多的关注。

项目策划

1.公益实效

以公益行动切实帮助山区儿童健康成长，助力乡村振兴，持续提高西部地区处于成长黄金期儿童的身体素养。

2.企业声誉

落实集团"全面价值领先"理念，建设企业声誉和雇主品牌形象，带动品牌员工参与公益行动。

3.IP打造

打造长线公益项目，沉淀品牌资产，提升"伊利营养2030·燃梦的雏鹰"公益IP影响力。

4.产品功效

围绕篮球运动和成长愿望，将QQ星榛高系列奶粉"长高"产品属性标签以公益化的方式传递给消费者。

数据显示，篮球是儿童最喜爱的运动之一，并且在乡村中有较好的发展基础。在中国，每10个男孩和每10个女孩中分别约有7个人和5个人有篮球运动的习惯，且女孩参与篮球运动的比例明显上升，但女孩相关梦想却很少被关注，尤其是少数民族女孩，她们的发展往往被限制。

QQ星奶粉把目光放在了这些需要发声的群体上，聚焦女性和民族，找到贵州贵定县盘江小学的女孩，通过多次交心交谈，挖掘出"因个子小无法上场的小可""靠篮球获得友谊的留守儿童""渴望打出名堂的女篮队长"3个典型故事，精心打造了《金海雪山上的篮球女孩》纪录片。通过新华社、贵州本地媒体报道以及KOL传播，让社会对于女孩子们的篮球梦想有更多关注。

项目执行

（1）聚焦山区女孩的篮球梦想，打造专题纪录片《金海雪山上的篮球女孩》，通过3个篇章诠释3个女孩的梦想。

（2）邀请中国篮球职业联赛首位女性主教练、篮球名人堂成员李昕老师与女街球手茶丽，为山区女孩分享自己的篮球之路，指导她们提升球技。

（3）新华社在官方抖音与App上发布纪录片，抢占儿童节热点流量。

（4）邀请QQ星奶粉梦想大使、前男篮国手马健作为品牌一日主播开启直播，现场指导山区孩子们提升篮球技能，线上线下同步进行教学与讲解。

（5）邀请篮球、绘画、公益类KOL组建燃梦的雏鹰公益小分队，以Vlog、手绘漫画、公益纪实等形式记录公益活动。

篮球名人堂成员李昕老师、女街球手茶丽给孩子们分享故事

马健老师为孩子们指导球技

项目评估

总曝光量3亿多次，#燃梦的雏鹰#微博话题阅读量增长3407.2万次，#成长快人一步#微博话题阅读量增长3177.1万次，公益纪录片及相关视频播放量总计超3367万次。

新华社抖音和App发布纪录片，因内容优质，权益升级。免费从地方频道（刊例30万/天）升级为社会频道（刊例70万/天），并增加在线时长（原时长24小时，免费增加8小时）。

零成本撬动贵州本地媒体报道，贵州电视台、《贵州日报》、《贵阳晚报》、贵州网、多彩贵州网、活力贵定6家当地媒体对公益活动进行报道，其中，贵州电视台对活动内容高度认可，采编团队多次沟通内容，最终在新闻资讯栏目以3分52秒的时长对活动进行详尽报道；《贵阳晚报》将活动以图文形式刊登于报纸通栏。

球星阿不都沙拉木在儿童节免费为品牌发布公益视频。

（亲历者说）程敏杰　伊利集团婴幼儿营养品事业部公关经理

在"伊利营养2030·燃梦的雏鹰"公益行动中，我们看到了很多热爱篮球的女孩的故事，她们每个人都让我们看到了梦想的可贵，QQ星奶粉希望帮助每一个孩子成长，助力他们勇敢追梦。

案例点评

点评专家：陈曦　金斯瑞生物科技股份有限公司副总裁

QQ星奶粉"伊利营养2030·燃梦的雏鹰"公益项目以"健康中国"与乡村振兴政策为锚点，深度融合品牌社会责任（CSR）与儿童营养、体育教育，构建了兼具社会价值与品牌声量的战略性公益模型。

1.策略精准性

项目紧扣"营养＋篮球"双主线，巧妙关联奶粉产品的"长高"功能属性与山区儿童体能发展需求，实现公益议题与品牌核心价值的强绑定。聚焦"村BA"发源地贵州，借势地域篮球文化热度，将公益活动转化为情感共鸣载体，强化品牌"成长守护者"形象。

2.传播创新性

采用"故事化＋场景化"传播策略，打造《金海雪山上的篮球女孩》纪录片，以真实人物叙事共情公众，消解公益传播的说教感。整合名人资源、权威媒体及KOL矩阵，形成"专业背书＋流量破圈＋多元内容"的立体传播网络。儿童节热点借势直播、Vlog等年轻化形式，精准触达泛公益人群，实现公益话题由圈层渗透到大众关注的跃迁。

3.利益相关方协同

联动中国红十字基金会提升公信力，邀请职业教练与KOL增强活动专业性与传播力，同时，组织篮球夏令营、研学等长效行动，强化受助群体参与感，构建"赋能—互动—反馈"的公益闭环。

4.优化建议

未来可追踪受助儿童成长数据（如体质改善、篮球技能提升等），强化项目实效性，可引入企业员工志愿者或消费者互动机制（如"一罐奶粉＝一次篮球课"），增强公众参与黏性。

总体而言，项目通过议题精准卡位、资源高效整合及情感化叙事，成功将品牌CSR转化为社会认同资产，为快消行业公益营销提供了"品效合一"的参考范式。

奇瑞梦启巴黎项目

执行时间：2024年6月28日—8月3日

企业名称：奇瑞汽车股份有限公司

品牌名称：奇瑞汽车

代理公司：北京墨马市场顾问有限公司

获奖类别：2024金旗奖最具公众影响力全场大奖

项目概述

2024年奥林匹克运动会使巴黎成为全球品牌的竞技场。此次"Chery梦启巴黎"项目，以"Dreams open, Chery up！"为核心概念，在巴黎奥运期间开展城市巡游、主题快闪等系列活动，将"欧洲消费者""Chery Tiggo系车型优势特征""巴黎&奥运赛事"相结合，最大化释放奇瑞的品牌能量，让奇瑞在巴黎奥运期间脱颖而出，快速建立欧洲乃至全球用户对奇瑞的品牌认知，进一步推动奇瑞在国际市场的渗透。

项目策划

1.项目洞察

作为全球五大国际都市之一，巴黎凭借浪漫氛围、深厚的历史和文化底蕴，吸引着世界目光。与此同时，欧洲汽车市场长期由传统品牌主导，这些品牌凭借悠久历史和文化背景赢得用户青睐，欧洲消费者普遍注重品质与生活方式。奇瑞Tiggo系列城市SUV动感与活力的基因、卓越的动力表现、智能化的空间体验和强大的安全守护，恰好契合欧洲消费者对品质与驾驶体验的高要求。此外，奥运会作为全球体育盛事，代表着人类社会的进步与文化交融。奥运会的精神内核，也为品牌提供了与全球消费者共鸣的机会。

2.项目策略

（1）核心策略：浪漫至上＋时尚活力。

在奥运盛事的大背景下，将城市的独特风采与奇瑞品牌&车型的精髓完美融合，让品牌&车型的每一次亮相都成为一场视觉与文化的盛宴。

（2）核心创意概念："Dreams open, Chery up"。

用浪漫和梦想的力量，秉承着自由与开放的态度，和奇瑞一同打开新世界，奇瑞为全球消费者提供更高品质的产品和服务，与奥运追求卓越和不断进取的精神高度契合。

Tiggo 8 预热 CG 视频画面

3.项目策划

（1）"燃"巴黎——"Tiggo 冠军巡游"＆"Tiggo 南法巡游"。

设计一条贯穿巴黎著名景点的冠军巡游路线，为奥运健儿加油，以奇瑞汽车的视角体验法国风情。以南法之美呼应车型之美，体现奇瑞汽车的卓越性能与现代美学。

（2）"恋"巴黎——"巴黎地标点亮"。

巴黎奥运会开幕前夕，在巴黎著名建筑前点亮巨幅活动海报，使其与建筑巧妙融合。通过独特的方式点燃人们对奥运的热爱，一起为运动赛事喝彩。

（3）"聚"巴黎——"品牌晚宴＆赛事观赏＆城市共乘"。

邀请 KOL 和全球 Tiggo 用户参加"品牌晚宴""赛事观赏""城市共乘"活动，通过"品美食""观赛事""游街头"，让他们感受奥运氛围下真实的巴黎生活。

巴黎巡游视频画面

（4）"悦"巴黎——"尼斯快闪"。

基于不同城市快闪现场，用分屏的多彩镜头多角度呈现车型、车元素、巴黎奥运场馆、城市地标、浪漫艺术，和奇瑞共同打开梦想，进入全新世界。

4.传播规划

线上线下联动传播，线下打造热点事件，为线上传播造势，线上反哺线下，引流聚流。

（1）预热期。线上以#Hello, Paris #Come on, athletes！为话题，在奇瑞官方社媒平台发布预热海报。

（2）执行期。打造巴黎地标点亮事件，线上以#Illuminate for Victory！#Victory Moment To Shine为话题，鼓励用户拍照并发布话题，邀请KOL参与话题并做二次发酵。线下开启冠军巡游+南法巡游。举办"Chery Paris Brand Night"，邀请参加晚宴的KOL和用户线上带话题，分享晚宴动态。奥运观赛的同时，邀请线下观赛的嘉宾拍照，带#Ignite Your Passion话题，分享观赛感悟。邀请参与线下快闪项目的用户以#Chery In Nice为话题，在个人社交媒体平台分享快闪体验。

（3）收尾期。将"冠军巡游+南法巡游""Chery Paris Brand Night""奥运观赛""尼斯快闪"制成快剪视频，由奇瑞海外官方账号发布，为系列线下活动做二次传播。

5.媒介策略

（1）线上：由旅游、摄影、Vlog等生活方式类KOL破圈传播，以更加视觉化的方式传递奇瑞梦启巴黎之旅，扩大信息覆盖面，吸引公众广泛关注。

（2）线下：在最能体现巴黎城市特点的户外进行广告投放，利用知名地标+炫丽视觉，强化品牌记忆，提升品牌形象。

项目执行

7月20日，点亮巴黎地标。

7月28日—8月3日，开启冠军巡游+南法巡游。

7月28日，开启"Chery Paris Brand Night"，全球的车主用户、KOL及知名人士齐聚巴黎，以"Chery Honorary Partner"的身份共度美好一夜，畅谈汽车、奥运、巴黎艺术。

7月30日，奥运观赛，为奥运健儿加油助威。

7月30日—8月3日，开启尼斯线下快闪，以尼斯地标为背景，让用户近距离感受Tiggo系车型亮点。

项目评估

此次小成本、大效果的营销策划，不仅获得奇瑞国际、KOL、全球车主用户的一致好评，更使奇瑞在巴黎奥运会期间成为行业焦点，品牌国际声量迅速增长。

奇瑞Tiggo7&Tiggo8亮相、法国巴黎亮灯晚宴与南法巡游快闪等系列创意活动，累计实现全球曝光量过百亿次，为奇瑞品牌的国际化进程注入了强劲动力。

线上线下联动，增加曝光频次：在巴黎奥运会期间，奇瑞汽车通过线上与线下联动，成功吸引了大量关注，提升了品牌知名度。特别是地标点亮活动，现场吸引了大量人员关注，还通过社交媒体的传播，进一步扩大了奇瑞国际影响力。

创意互动策划，增强用户体验，增进用户认知。通过策划一系列富有创意的互动体验，提升了用户对奇瑞品牌及其车型的认知。这些互动活动，助力奇瑞在全球用户心中建立起立体形象。

"Chery Paris Brand Night"晚宴及观赛活动，近距离向全球客户、合作伙伴及KOL传递了品牌价值，使其感受到奇瑞"Dreams Open，Chery Up！"的品牌倡议。

二次传播，扩大效应。用户自发分享及在社交媒体上讨论，实现二次传播，进一步扩大了活动影响力，为奇瑞在国际上带来更多曝光机会。

亲历者说 李楠 墨马国际董事会成员兼首席运营官

为了让奇瑞品牌和Tiggo车型在巴黎奥运会期间以别具一格的形象脱颖而出，我们寻找能够联结"巴黎文化""奥运精神""Chery品牌&Tiggo车型产品"的方式，经过多轮考察与研讨，最终选定巴黎标志性建筑、经典的巴黎街景、传统老式咖啡馆以及充满风情的法国南部作为四大核心场景。与当地艺术家合作，精心设计了一系列富有创意的互动体验环节，使观众在领略奇瑞汽车魅力的同时能够静心感受法国文化的独特魅力。借奥运盛会之机，奇瑞汽车之美与法国印象完美融合，与观众完成了一次跨越文化的美丽邂逅。

案例点评

点评专家：傅悦 赫力昂（中国）有限公司副总裁

奥运会是全球高度聚焦的盛会，赛场上激烈竞技，赛场外各大品牌也各显神通，利用这个机会塑造品牌形象，提升品牌实力。奇瑞利用这个契机，与世界知名品牌同台竞争且独树一帜地彰显了勇气和实力。整个策划和活动执行背后蕴含着"巧"：品牌价值定位巧妙结合奥运活力和运动主题；沟通主题巧妙结合梦想和奇瑞的品牌名称；活动场景精巧地贴合法国地标场景；品牌活动和策划借奥运之势又技巧性地避开了国际奥委会对奥运品牌的各种严格限制。正是所有的"巧"获得了成绩的"妙"，牢牢地把握了节奏，稳稳地突出了个性。

◼ 星巴克 × 费翔：这一杯开启节日快乐！

执行时间：2023年11月1日—2024年2月29日
企业名称：上海星巴克咖啡经营有限公司
品牌名称：星巴克
代理公司：上海乐智广告传播有限公司
获奖类别：2024金旗奖最具公众影响力全场大奖

项目概述

2023年年末，星巴克官宣费翔为节日快乐大使。一杯杯满载祝福与快乐的星巴克咖啡，联结起相聚于此的每一个人，传递出星巴克品牌的人文精神。

项目策划

1.传播策略

（1）线上传播：充分利用各大线上平台进行传播，一方面，通过各大媒介端口呈现活动内容，如通过网易、搜狐、界面新闻等传统新闻媒介发布新闻通稿；另一方面，通过各领域知名KOL进行多维阐释，如在微博、微信、抖音、小红书等社交平台发布图文、短视频等互动内容，激发更大范围内的内容共创，推动传播持续前移。

（2）线下传播：邀请艺人在线下门店与顾客近距离互动，设置拍照打卡点，增加门店节日布置等，吸引互动拍照，配合社交平台，联动线上传播，进一步扩大传播范围。

2.内容策略

星巴克红杯咖啡传递着冬日的温暖及新年将至的美好期待，是岁末节日氛围感的重要组成部分。因此，抓住"红"这一色彩上、情感上的核心，将之运用到视觉效果、艺人选择、产品内容、活动内容等各个方面，全方位呈现红红火火气氛，助燃岁末热情。

3.活动策略

（1）明星到店活动：邀请星巴克节日快乐大使费翔亲临门店，穿上具有节日气氛的红围裙，现场点单、分发饮品，为用户送上节日快乐惊喜。

（2）节日特别饮品：特别推出红富士拿铁、红富士摩卡两款饮品，包装、命名都突出"红"的概念，营造"苹苹暖冬"的节日氛围感。

（3）节日周边赠送：线下门店购买红富士拿铁或红富士摩卡，赠送费翔节日快乐贴纸一份，指定门店还赠送苹果图案红袜子，叠加节日快乐 BUFF，传递红红火火的节日喜气。

（4）门店拍照打卡：门店布置以"红"为主要元素，突出节日气氛，到店消费者可与费翔 1：1 立牌合影，沉浸式感受冬天里最热情的一把火。

项目执行

（1）筹备阶段

确定合作艺人。根据星巴克的品牌形象与此次活动的传播目的，选定费翔为节日快乐大使。2023 年由费翔等主演的电影《封神》轰动一时，费翔火出圈，其粉丝群体涵盖老、中、青年龄段，同时，费翔的个人特质也与星巴克品牌格调相符，基于流量＋人群＋特质三方面的考虑，项目组推荐费翔作为星巴克此次年末节日营销的合作艺人。

（2）启动阶段

与艺人、品牌方沟通合作内容。结合艺人与品牌的实际情况，沟通确认相关权益，包含线上宣传、广告片录制、线下门店活动等。

（3）实施阶段

门店活动现场执行。费翔按星巴克店员必备的就业标准，在活动前完成严格的身体检查，取得健康证。活动当天，费翔以"一日店员"身份穿上红围裙，为顾客分发红富士限定系列饮品，并与现场顾客温暖互动，充分展现个人温柔绅士的气质及星巴克历久弥新、充满人文关怀、富有温度、优质、与时俱进的品牌个性。

项目评估

1.传播效果

此次费翔到店活动在社交平台的传播声量大爆发。据统计，活动当日，#费翔 星巴克点单#话题热搜排名第 5，#星巴克节日快乐大使费翔#、#费翔 星巴克点单#等相关话题各平台阅读量超 1.2 亿次，讨论量超 10 万次，并引发大量二次传播。巨大的传播影响力为此次活动带来了大批"自来水"粉丝，星巴克与费翔的此次合作也因此被评为 2023 年度百大创意案例之十佳明星营销案例。

2.市场反馈

活动当天，大量粉丝和消费者到店，新品红富士拿铁与红富士摩卡广受欢迎，销量显著上升，也带动了其他饮品与周边产品的销售；活动之后，影响力持续在线，红富士系列咖啡成为 2023 年冬季星巴克最受欢迎饮品，限定设计的红杯遍布街头巷尾，整个冬季里与用户温暖相伴。

3.项目亮点

（1）精确把握艺人与品牌的共性。

费翔具有极高的国民度和亲和力，这与星巴克的品牌形象高度契合。星巴克品牌致力于激发人文联结的无限可能，注重在现代社会中创造人与人之间的联结感，由费翔出任星巴克节日快乐大使，通过费翔的影响力联结喜爱星巴克的消费者，让大家通过一杯咖啡聚在一起，通过咖啡传递人文精神与品牌温度。

（2）及时签约，最大程度转化流量。

（3）借助艺人热度，进行品牌节日推广。

岁末佳节是品牌营销的重要时机。星巴克每年岁末推出的红杯包装极具节日氛围，此次活动又创造性地运用娱乐营销的方式，通过官宣节日快乐大使费翔，将节日氛围感推至高潮。费翔亲临线下门店，明显提升了节日期间星巴克新品的销量，星巴克借助费翔的热度在社交平台创造了多个讨论话题，赚足了消费者好感。

亲历者说 Romanda　上海乐智广告传播有限公司艺人部总监
　　　　　　 Vanessa 　上海乐智广告传播有限公司O2O部门总监

星巴克在进入中国市场后鲜少与明星合作，在选择合作明星上非常谨慎。考虑到与品牌调性、公众形象上的高度契合（"星爸爸"和"互联网Daddy"），以及年末节日营销这一重要的时间节点（"红"杯/"红富士"系列与冬天里的一把"火"），我们推荐费翔作为合作明星，二者的携手无疑是最合适的。

费翔在演艺事业中一直秉持认真、敬业的态度，这与星巴克追求卓越、不断创新的企业精神相呼应。他作为代言人，可以更好地传递星巴克的品牌价值观和文化内涵，助力星巴克赢取更多中国消费者的喜爱，提升品牌好感度。

对此次活动的重视，使品牌和艺人与消费者建立起了亲密的情感联系。

案例点评

点评专家：傅悦　赫力昂（中国）有限公司副总裁

最好的节日氛围是热烈和温暖——情感上的浓烈温暖，文化上的喜庆热烈，场景上的聚会热闹，人物互动的贴心和舒适。令人欣喜的是，在星巴克这个案例中，各要素相辅相成。项目策划和执行过程中重点突出，星巴克的独特气质、品牌诉求、人群定位及情感纽带结合得既贴切又到位。

中国媒体人研修院

执行时间：2023年6月1日—2024年7月31日
企业名称：百威投资（中国）有限公司
品牌名称：百威中国
获奖类别：2024金旗奖最具公众影响力全场大奖

项目概述

作为行业可持续发展的引领者，百威中国联合权威媒体成立中国媒体人研修院（简称研修院），推出国内首个专为媒体人定制的可持续发展培训课程，旨在培育和提升媒体人关于可持续发展的认知和实践能力，助力可持续发展成为社会各界共识，推动全社会经济绿色低碳转型与可持续发展。

项目策划

1.背景洞察

随着国内"双碳"目标的提出和可持续发展相关企业环境信息披露制度的逐步建立，媒体日渐聚焦可持续发展话题报道，这对中国媒体人在可持续发展领域的洞察能力和专业知识提出了更高要求。

可持续发展是一个涉及环境科学、社会学、管理学等多学科的领域，其相关准则和评价体系不断完善，媒体人只有具备一定的专业知识，真正了解企业在环境、社会和治理方面的机遇和风险，才能有效应对当今社会面临的可持续发展挑战。

2.项目目标

百威中国联合专业机构推出了专为媒体人定制的可持续发展系统课程，旨在打造中国媒体人第一堂"可持续发展课程"，联动可持续发展领域顶尖专家，结合百威中国优秀的可持续实践案例，培育和提升媒体人关于可持续发展的认知和实践能力，助力可持续发展成为社会各界的共识，从而更好地服务于国家大局，推动全社会经济绿色低碳转型与可持续发展。

3.媒介策略

（1）将研修院学员公开招募作为新闻事件：吸引致力于在可持续领域发展的媒体学员，提高项目在媒体圈的影响力。

（2）公开招募与定向邀约相结合：利用百威中国自身媒体资源，邀请权威媒体，从核心财经媒体到具有影响力的自媒体，实现项目的全媒体覆盖。

（3）高频次深互动的社群运营：通过定期、深入的社群互动，与群内媒体学员持续在可持续发展领域交流、共创，实现项目传播的长尾效应。

（4）与政府部门深度联动：打造明星项目，获取政府支持，以实现项目多维路径传播。

项目执行

1.课程设计

百威中国联合第一财经，围绕"如何产出高质量可持续领域报道"这一核心命题，设计了逻辑清晰、主题鲜明、内容丰富全面的系列课程。课程覆盖评级、实践、投资三大板块，着重解决媒体传播亟须解决的问题。

2.学员招募与项目宣传

通过第一财经的线上、线下渠道，以新闻事件的形式发布学员招募信息，向选定的媒体专业人士发送定制邀请，引发媒体圈的热议。

3.需求调研与课程打磨

面向广大媒体进行深度调研，挖掘其在可持续领域传播中的需求和挑战，围绕"如何产出高质量可持续报道"这一核心命题，精心打磨丰富、全面的研修院课程。

4.线下培训与实践研究

每一期研修院培训课程都有一个可持续发展主题，特设"可持续聚焦"环节，带领媒体走进工厂，深入了解企业围绕该议题从标准制定到实践落地的全过程行为。通过课程及实地调研，媒体人亲身体会百威中国作为行业领军企业通过自身业务和平台联动产业链上下游进行价值共创、引领行业未来高质量发展的作为。

百威中国工厂走访调研

5.媒体跟进与长效传播

百威中国媒体中心负责社群运营，定期进行群内互动，日常分享可持续领域相关的新闻和信息，以增强与媒体人的信息共享和深度联动，从而实现对百威中国声誉传播的长期赋能。

6.专业水准的研修院培训

特邀培训师：Sustainalytics（全球评级和指数权威机构）、CSI（中国领先的市场指数提供商）、DNV（全球知名的风险管理服务机构）、第一财经可持续商业研究中心（中国首家由媒体发起的可持续商业发展研究咨询机构）、全球报告倡议组织、国际可持续发展标准委员会、中欧国际工商学院、法国巴黎银行（亚洲）资产管理公司、兴业证券全球基金。

项目评估

1.受众反应

截至第五期，共有1000多位媒体专业人士报名参加媒体人研修院项目，涵盖国内超过400家主要媒体，经过筛选，近200人受邀并完成了培训。其中，30%的研修院学员为管理层人员，未来这些研修院学员可能对中国商业领域的企业价值产生重要影响。

2.市场反应

百威中国媒体人研修院已成为媒体圈的明星项目，获得了媒体记者、政府协会、业界同人等多方好评，斩获了2024亚太史蒂夫国际知名传播大奖金奖。百威亚太作为可持续发展领域领先者，获得更多行业论坛分享机会。

3.媒体统计

该项目媒体曝光量超4亿次，相关可持续发展实践内容在《中国日报》、《人民日报》、新华社、中央电视台、CGTN等很有影响力的媒体上进行了报道，其重要性得以彰显。

百威中国媒体人研修院项目荣获2024亚太史蒂夫金奖

4.项目亮点

彰显公司可持续使命：中国媒体人研修院项目，赋能媒体，有利于提高社会公众对可持续发展的认知，创造更为积极的外部环境，助推国家"双碳"目标高质量达成，彰显了百威公司作为行业领军企业的使命与担当。

助力企业可持续发展实践：作为行业领导者之一，百威公司积极打造绿色新质生产力，推进全行业绿色低碳转型，在可持续发展方面有许多先进经验，可以在中国媒体研修院的课程中帮助媒体更好地了解企业在可持续发展方面的实践。

亲历者说 朱江柳　百威中国企业事务副总裁

2023年年初，百威中国联合专业机构推出了国内首个以可持续发展为主题的中国媒体人研修院，打造出可持续发展的又一创新标杆案例，这离不开百威中国敢为人先、开拓创新的先锋精神一脉相承。作为全球领先的啤酒制造商，百威集团将继续在中国探索更多的创新形式，践行企业社会责任，助力国家战略实施。

案例点评

点评专家：何辉　北京外国语大学教授、博士生导师，校图书馆党组织书记，中国国际公共关系协会常务理事，中国作家协会会员

该案例可谓深谙公共关系精髓。策划者对于项目目标有着非常明确的认识，精准锁定利益相关者，深入挖掘其需求，从而使公共关系活动的内容很好地满足了利益相关者的需求。百威中国携手国内权威财经媒体第一财经，组织ESG领域顶尖专家资源，结合百威亚太可持续发展优秀实践案例，为媒体定制其专属的ESG系统课程，使受培训的媒体人直接受益，通过媒体赋能，进一步提高公众对可持续发展的认识，从而创造宣传国家绿色政策主要成果的媒体环境。通过这一活动，百威中国让媒体与社会进一步了解了其在社会可持续发展方面做出的贡献，由此进一步赢得了媒体的尊敬、政府的认可，提高了企业声誉。这一案例是企业践行社会责任、进行价值共创的典范，值得企业界与公共关系界深入学习和研究。

GOLDEN
FLAG
AWARD
金 旗 奖

2024
—
金旗奖最具公众影响力
新质生产力传播金奖

霍尼韦尔可持续航空燃料工艺技术传播项目

执行时间： 2023年1月1日—2024年8月26日
企业名称： 霍尼韦尔（中国）有限公司
品牌名称： 霍尼韦尔中国
获奖类别： 2024金旗奖最具公众影响力新质生产力传播金奖

项目概述

在航空业的节能减排领域，霍尼韦尔拥有先进的SAF（可持续航空燃料）工艺技术及解决方案，并致力于将SAF工艺技术引入中国，携手本地合作伙伴共同推动SAF工艺技术的落地应用，助力航空业可持续发展，支持中国"双碳"目标的实现。

项目策划

1. 项目洞察

2020年9月，中国明确提出"双碳"目标。航空业作为全球经济的重要推动力，在实现"双碳"目标过程中面临着巨大的减排挑战。

在此背景下，中国出台了一系列政策，旨在引导航空业积极行动，以确保其保持增长的同时能够有效控制并逐步减少碳排放。

霍尼韦尔的SAF工艺技术，整合了旗下能源与可持续技术、航空航天科技两大业务集团的优势。这项技术不仅彰显了霍尼韦尔在科技创新和可持续发展领域的深厚底蕴，更是对环境保护和可持续发展承诺的有力证明。

2. 传播策略

（1）线上

霍尼韦尔通过社交媒体平台，采取多元化的内容策略，以图文、视频等形式，有效吸引和扩大受众群体。这些内容不仅有关于SAF的教育性信息，解释其技术优势和环境效益，还有新闻事件、案例研究，展示SAF在实际应用中的成效和潜力。

发布白皮书与行业报告，深化行业洞察，扩大品牌影响力。利用数字化平台和传统媒体渠道的协同效应，确保专业文档能够触及目标受众，从而推动行业对话和塑造公众认知。

积极投身于一系列有影响力的行业奖项评选活动，展现霍尼韦尔在SAF工艺技术方面的创新成就，以及对环境保护和社会责任的坚定承诺，提升霍尼韦尔行业声誉，增强其影响力，同时，激发更广泛群体对可持续航空燃料重要性的共鸣。

（2）线下

借助夏季达沃斯论坛、进博会、链博会等国际性大型活动的广泛影响力和交流平台，展示霍尼韦尔在SAF领域的先进工艺技术和解决方案，吸引CCTV、《人民日报》、新华社、第一财经、澎湃新闻等媒体广泛报道。

举办峰会和论坛，汇聚行业精英、政策制定者、学术专家，为参与者提供一个交流思想、建立联系和推动合作的平台，提升霍尼韦尔品牌知名度和行业影响力。

建立合作伙伴关系，与多家中国合作伙伴签署战略合作备忘录，共同推动可持续航空燃料生产基地的建设和商业化应用。

积极接受新华社、《人民日报》等国家级权威媒体，财联社、每日经济新闻、界面新闻、财新网等商业财经及行业媒体的采访，并与之建立合作，发布高管专访或深度报道，介绍霍尼韦尔SAF的环境效益，强调霍尼韦尔在SAF研发和生产方面的创新技术，以及其对航空业可持续发展所做出的贡献。

项目执行

1.日常传播

针对新的工艺技术、客户合作案例实时发布新闻稿，确保SAF工艺技术持续曝光，巩固行业领先地位。

2.项目传播

2023年4月20日，霍尼韦尔在天津举办"全新'碳'路——霍尼韦尔绿色发展峰会"，发布《为可持续航空加油》行业白皮书，宣布在中国市场推出SAF新型工艺技术和全新排放管理解决方案。同时，霍尼韦尔与天津港保税区、浙江嘉澳环保科技股份有限公司、内蒙古久泰新材料科技股份有限公司签约，推进SAF基地建设、连云港第二套装置打造及可持续解决方案。

霍尼韦尔邀请了包含新华社、《经济日报》等在内的23家媒体参与活动，安排业务领导及技术专家参与采访。同时，发布配套新闻稿。截至2023年4月24日，总计收获413篇媒体报道，其中，141篇新闻稿报道、272篇采访稿报道。

2023年11月，在第六届中国国际进口博览会上，霍尼韦尔展台以沙盘形式呈现SAF解决方案，吸引了包括《人民日报》、第一财经、澎湃新闻等在内的多家媒体前来展台了解并广泛报道。同期，《财新周刊》对相关可持续发展业务负责人进行专访，探讨航空绿色燃料面临的供给难题。此外，霍尼韦尔也进行了多项签约，如与中能携手打造可持续航空燃料示范工厂。

2023年12月，在首届中国国际供应链促进博览会上，霍尼韦尔再次以沙盘形式呈现了SAF解决方案，并得到CCTV、中新社等媒体报道。

项目评估

1.媒体统计

霍尼韦尔在SAF工艺技术方面的宣传已经获得了巨大的声量和影响力，相关媒体累计报道超1200篇，这些报道涵盖了从主流媒体到财经媒体再到专业垂直媒体的各个层面，包括但不限于新华社、中新社、《人民日报》、《经济观察报》、界面新闻、《中国化工报》等，它们对霍尼韦尔的SAF工艺技术进行了深度解读和广泛传播，媒体曝光总量超27亿，这一令人瞩目的成绩不仅代表了公众对SAF工艺技术的高度关注，也体现了霍尼韦尔在塑造公众意识和推动行业发展方面所取得的显著成就。

同时，霍尼韦尔SAF工艺技术入选第二届新华信用金兰杯ESG案例征集活动中的绿色低碳技术创新优秀案例，在第七届中国能源产业发展年会上获评典范环境贡献TOP10和典范创新贡献TOP10，入选ESG榜典范案例TOP100。

随着宣传力度的不断加大，越来越多的媒体对这一领域表现出浓厚的兴趣。2024年6月，在夏季达沃斯论坛上，中新社专访霍尼韦尔高管，探讨SAF领域的未来趋势和发展潜力。知名科普自媒体博主引用霍尼韦尔高管在接受媒体专访时提出的"地沟油为什么不能限制出口"的观点，就"地沟油从人人喊打，到战略资源"进行了科普传播，展示了霍尼韦尔在SAF工艺技术方面的创新领导力。

2.受众反应

霍尼韦尔对SAF工艺技术的持续宣传，不但提升了公众和媒体对这一创新技术的认识，而且促成了行业内的广泛合作。通过多渠道传播，包括行业论坛、专业会议、在线研讨会及与媒体的紧密合作，霍尼韦尔有效地传递了SAF工艺技术的价值和潜力。这些活动不仅吸引了行业内的合作伙伴，也激发了政策制定者、投资者及航空业客户的兴趣，不仅助力公司增强了与现有合作伙伴的关系，还拓展了新的合作机会，共同探索SAF工艺技术的创新应用和市场潜力。

在具体合作实践方面，霍尼韦尔积极行动，携手嘉澳环保在连云港打造大型可持续航空燃料生产基地。同时，与金尚环保合作，在中国西部打造大型可持续航空燃料产业基地。此外，霍尼韦尔助力内蒙古久泰打造全球领先的甲醇制可持续航空燃料项目。

3.项目总结

霍尼韦尔的SAF工艺技术，是霍尼韦尔能源与可持续技术、航空航天科技集团两大业务集团技术力量的结晶，这一创新成果根植于石化行业的深厚技术基础，实现了传统炼油技术的革命性飞跃。SAF工艺技术不仅显著提升了航空燃料的环保性能，也为航空业的减排目标提供了创新解决方案。它更是石化行业转型升级的催化剂，为整个能源产业链的技术革新和产业升级注入了新动能。它超越了单一行业的界限，成为推动多个产业可持续发展的关键力量，彰显了霍尼韦尔在能源和环境领域的领导地位，体现了霍尼韦尔对社会责任和环境保护的坚定承诺。

随着SAF工艺技术的不断成熟和广泛应用，霍尼韦尔坚信其将成为全球能源结构转型的重要推动力，为实现可持续发展目标提供强有力的支持。

亲历者说 **罗超　霍尼韦尔能源与可持续技术集团亚太区战略市场与创新业务总经理兼低碳中心主任**

SAF工艺技术是霍尼韦尔能源与可持续技术、航空航天科技两大业务集团的优势结合，也是我们长期践行可持续发展承诺的体现。这项技术不但推动了航空业的能源转型，而且促进了石化行业的技术优势向更广泛产业领域的延伸，带动了整个产业链的升级。我们的传播策略专注于清晰传达SAF工艺技术的核心价值与巨大潜力，通过精心策划的线上线下多渠道推广活动，深化目标受众对这一突破性技术的理解和认可，共同为航空、石油炼化等行业的能源转型铺就稳健的路径。

案例点评

点评专家：钟育赣　广东外语外贸大学教授

霍尼韦尔敏锐抓住中国推进"双碳"目标的契机，集中力量推广其可持续航空燃料工艺技术，巧妙地将政策导向与技术优势相结合，搭建起有力的传播网络。项目以线上线下融合矩阵精准发力——线上利用微信公众号等平台进行多元化科普，发布深度白皮书内容并参与权威奖项评选；线下借势进博会、链博会、达沃斯论坛等高规格平台进行沙盘演示与技术讲解，并积极举办行业峰会，深化交流。同时，紧密联动新华社、《人民日报》等央媒及财经类、行业类媒体，通过高管专访和深度报道，强化公信力与行业领导者形象。

未来需关注政策延续性、原料供应链稳定性并持续加强公众科普，以突破认知壁垒，巩固长期市场优势。整体而言，该项目可谓将技术优势转化为品牌领导力与商业实力的典范。

"蛟龙"特种绳缆装备 新质生产力创新驱动之索

执行时间：2023年1月1日—2024年9月6日
企业名称：青岛海丽雅集团有限公司
品牌名称：蛟龙
获奖类别：2024金旗奖最具公众影响力新质生产力传播金奖

项目概述

海丽雅集团在100余年制绳经验的基础上，坚持走专精特新发展之路，不断深耕特种绳缆装备技术研发，为"天问一号"火星探测器、"雪龙"号极地考察船等大国重器提供关键部件，实现了航天用特种绳缆从原材料到成品的国内自主化生产，摆脱了原材料依赖进口的困境。海丽雅集团以新质生产力推动产业升级，赋能海洋、安全应急产业高质量发展。

海丽雅集团为"天问一号"火星探测器研发提供着陆伞绳连接技术及特种弹性绳索装备

项目策划

1.洞察

随着综合国力的迅速上升，我国对重要民生领域的高端技术与装备需求不断增长，然而，特种绳缆装备与技术长期被国外垄断，阻碍了我国相关领域的发展，因此，研发高性能特种编织物编织技术与装备迫在眉睫。这为有着100余年制绳历史的海丽雅带来了很好的品牌传播时机。

2.策略

（1）参与国家科研项目及国之重器特种绳缆装备的配套研发，提升企业核心技术实力，奠定品牌行业地位。

（2）联合行业权威机构开展行业技术装备研讨会，邀请行业顶流专家出席，提升品牌公信力。通过学术技术交流、新产品展示、实践技能演练等多个维度，展示公司技术实力，直接与客户沟通。

（3）与行业内顶尖专家合作研发，不断提高新产品的附加值，提升品牌价值。

（4）对客户进行面对面技术培训，加深客户对产品的体验感，实现品牌与客户的近距离沟通与互动。

（5）借媒体传播公司产品与技术成功案例，提升国产化制造品牌的影响力。

3.创意

与国内外顶尖专家合作，为国家重大科研项目及"蛟龙"号等国之重器研发配套特种绳缆装备，实现国化替代，打破长期以来欧美绳索称霸世界的局面，正向引导客户对特种绳缆装备国产化的认知转变，提升客户对公司技术与产品的认可与信赖。

同时，将装备应用于国内赈灾救灾公益事业，展现企业的社会责任感，树立企业和品牌的良好社会形象。

海丽雅集团研发生产的"蛟龙"海洋特种绳缆连续多年配套我国载人潜水器"蛟龙"号
完成深潜科考任务

4.媒介策略

（1）线上媒介

·官方网站：展示公司最新产品、技术、服务和品牌形象，为客户提供便捷的信息查询等在线服务。

·社交媒体平台：利用微信公众号、微博、抖音、视频号等社交媒体平台，与全球客户进行沟通，提升品牌知名度和影响力，挖掘潜在客户。

·主流媒体：提高企业公信力，为企业及产品形象背书。

·垂直媒体：圈定特定领域的客户群。

（2）线下媒介

·行业展会：参加国内外知名行业展会，在精准目标市场增加品牌曝光率的同时开拓新的应用领域。

·杂志广告：在行业的权威杂志上展示公司在相关领域的应用案例和技术优势，塑造企业专业影响力，持续提升品牌行业影响力。

5.传播规划

（1）品牌唤醒阶段：重点提升"蛟龙"国产化特种绳缆装备的行业认知度。在服务于原有国之重器基础上，继续加大在航空航天、海洋等国家重点科研攻关项目上的应用，在行业内制造国产化品牌应用的引爆点，最大限度地使客户感知到"蛟龙"绳缆装备的影响力，确立"蛟龙"在相关领域的行业领先者的专业形象。此阶段通过全媒体进行传播。

（2）品牌强化阶段：借助成功应用案例所积淀的企业和品牌影响力，联合国字号行业学会或协会开展行业专业技术装备研讨会，邀请行业顶尖专家、研发机构、相关产业链上下游企业等共同参与；与更多的行业顶尖专家合作研发，不断提高新产品附加值；参加国内外行业内知名专业展会等，以此提升品牌的行业公信力。通过学术技术交流、新产品展示、实践技能现场演练等形式，展示公司原创技术实力，吸引更多相关领域客户持续关注并产生信赖、达成传播。此阶段主要通过行业媒介进行传播。

（3）品牌营销阶段：通过前两个阶段抓取潜在客户，对其进行面对面技术培训，加深其对产品的体验感，为其解决实际应用中的难点问题，使其转变为忠诚客户。

项目执行

（1）立项：根据特种绳缆装备的行业特殊性及客户群体所属行业的不同，确定传播方案、传播重点等，确立提升品牌知名度、增强品牌忠诚度、拓展市场份额的目标。

（2）筹备：成立项目专组，根据品牌定位和目标受众，制订详细的品牌策略。确定品牌的核心价值和差异化优势，准备宣传物料，确保宣传物料与品牌形象、品牌策略一致。

（3）实施：通过为精准客户进行场景化实践模拟培训、参加行业专业展会、举办行业论坛及交流活动、参与赈灾救灾、外部媒体与企业自媒体宣传等方式，以先进的创新技术实力、行业难点问题的破解、整体解决方案的提供、核心产品的成功应用等作为企业品牌的传播重点，提升企业在业内的口碑和品牌知名度。

海丽雅集团自主研发生产的"蛟龙"绳索救援装备亮相中国国际消防展

项目评估

1. 传播效果综述

在航空航天领域，蛟龙垂挂吊索全国产化项目通过航天科技集团认证，纤维垂挂吊索从原材料到成品实现国内自主化生产，摆脱了原材料依赖进口的困境，对长远视野下航天工程的战略布局具有重要意义。

在海洋工程领域，助力"雪龙"号40次南极科考完成了在南极布放首套深水生态潜标以及布放回收10套基础型潜标的重要任务，可在−40℃~360℃的巨大温差范围内正常工作，并使缆绳的使用寿命延长30%。

在安全应急领域，为多支消防救援队伍进行高空、山岳、水域等方面绳索救援技术培训，提高了国内专业救援队伍救援技能，拓宽了蛟龙绳索救援业务国内市场。

同时，开拓空调等高空作业绳索技术培训及装备市场，成立海尔空调服务安全技能实训基地，并成为海尔集团装备平台指定供货商。公司产业发展紧紧围绕新质生产力的核心向"新"而兴。

参加国内外知名行业展会，展示公司的产品和技术，20余个国家的2000余名客户莅临展位洽谈，签约国内外代理商、渠道商30余个，开发畜牧业、狩猎业等新应用场景，研发自动投料系统、野外打猎安全套装等绳缆装备，拓展新的市场领域。

2.媒体统计

中国新闻网、人民网等权威媒体，以及风口财经等行业垂直媒体等超过30家媒体对公司新质生产力发展情况进行了报道和宣传。权威期刊和自媒体平台进行了宣传报道。网络新媒体阅读量突破数千万次。

3.项目亮点

海丽雅集团结合新的产品与市场情况，探索出更加适用于特定领域的产品宣传推广模式，并得到成功应用，树立了领域内行业专家的品牌形象。

亲历者说 张旭明　青岛海丽雅集团有限公司董事长

海丽雅以一根绳为起点，一次次试验改进，打破国外技术垄断，破解救援装备轻量化的世界难题，通过持续的科技创新，解决了"卡脖子"问题，最终成为助力"蛟龙"号、"雪龙"号等国之重器的关键装备，并且相关领域绳索装备从原材料到成品实现了国内自主化生产。这不仅是一个民营企业对科技创新的执着追求，更是新质生产力对我国民族制造业增强"向新力"的具体表现。

案例点评

点评专家：钟育赣　广东外语外贸大学教授

有着100多年制绳历史的海丽雅，所要解决的公关问题是提升品牌知名度，以增加公众认可。本项目思路清晰、目标明确，通过参与国家科研项目、与高端技术项目合作等，展示了企业的技术实力和品牌形象。传播方面，通过官方网站、社交媒体等与客户进行线上互动，提升品牌知名度；通过行业展会和专业研讨会等线下活动，增强专业性和影响力，并将产品用于公益事业如灾害救援，不仅增加了品牌曝光机会，还巩固了企业的社会责任形象，赢得了公众更广泛的喜爱。传播规划分为3个阶段，步骤合理。该案例是一个成功的公关案例。

与客户互动方面，建议进一步优化将客户反馈用于产品改进和服务提升的机制，以更好地确保客户满意度和忠诚度。在参与国际展会方面，建议结合全球战略，进行国外市场的品牌推广。

万物皆有 yuán—— 一个终于把 ESG 整明白了的公关传播案例

执行时间：2024年4月22日—8月31日

企业名称：康师傅控股有限公司

品牌名称：康师傅

代理公司：北京维万文化发展有限公司

获奖类别：2024金旗奖最具公众影响力新质生产力传播金奖

项目概述

长期深耕 ESG 的康师傅于2024年推出了"万物皆有 yuán"项目，在 ESG 领域全面升级企业实践：从源头种植到数智化生产，从物流运转到消费者教育及终端循环利用，康师傅以融合创新的生产方式，联合利益相关方，深度赋能全产业链，推动绿色增长，为行业可持续发展开辟新路径。

康师傅"万物皆有 yuán"项目宣传海报

项目策划

1.目标

除了在传播层面实现曝光，还要触达 ESG 链条上的各利益相关方，让利益相关方切实感知康师傅ESG行动的成果和价值。在增进对康师傅品牌的信赖与偏好的同时，让更多人了解ESG，认同康师傅在ESG领域的示范效应。

2.项目主题："万物皆有yuán"

康师傅ESG实践全面升级："yuán"是溯源，是食物原色，是因美食而链接起来的千千万万的缘分，也是可持续发展带来的循环和圆满，归根结底，是康师傅捍卫"家园常青，健康是福"的企业发展理念。

3.整体策略

（1）以小见大，以线带面：寻找不同的切入点，以小见大地讲述康师傅ESG实践之路，让ESG产业链上的每一方都感知ESG，尤其是让普通消费者更容易理解和走进ESG。

（2）矩阵传播，多维覆盖：策划不同的媒介组合和多角度内容，多维度覆盖不同传播对象，既有To G/B（政府/行业）端的严肃传播，也有To C端的和年轻人玩在一起的趣味传播。

（3）公关牵头，资源联动：以公关创意联动集团内部品牌、市场、电商、大客户等业务部门及外部合作伙伴、政府、媒体资源，高效整合内外部资源，形成强大合力和传播效果。

4.传播策略/内容

（1）Expert（专业的）：以终为始，从在上游种植源头建立"环境友好蔬菜基地"到运用数智化工厂项目，从"企业＋基地＋农户"的产业链合作模式到跨界构建eESG生态，康师傅通过一系列权威媒体，翔实、深入的报道，客观和专业地呈现了ESG成果，并为行业绿色发展贡献了诸多可行的科学减碳经验。

（2）Storytelling（有故事性的）：动之以情，以方便面中的小小蔬菜包为切入口，讲述陕北胡萝卜长大和莲花白扎根新疆的故事，以小见大，带出4000万农民与康师傅合作并受益的故事，让一个个有温度的故事感染和引领ESG产业链上的各利益相关方去感知和践行ESG。

（3）Groovy（有趣的）：以点带面，从康师傅方便面中的9种食材和原产地出发，挖掘每一种食材对应的职场角色和特点，创意设计食材谐音梗海报，采用AI创作说唱神曲《职场教科"蔬"》，一波波有趣有料的ESG传播，引发年轻人共鸣。

项目执行

高权重媒体定调，多维度深度报道：运用不同的素材，结合不同的媒体和形式，形成和而不同、广而不散的传播矩阵，有效触达各利益相关方。

（1）To权威媒体：《人民日报》、新华网等核心媒体报道"发展新质生产力，践行绿色经济"。

（2）To合作伙伴＋消费者：具有广泛影响力的《南方周末》深度挖掘康师傅"助力乡村振兴，产业兴农"的故事。

（3）To行业：财经杂志《哈佛商业评论》等以行业观察视角解读康师傅作为一个传统食品企业是如何打造"新质生产力"的。

（4）To员工：打造"万物皆有yuán"ESG启动仪式、花式演唱《职场教科"蔬"》等一系列企业内宣活动，通过趣味方式让员工对企业自身的ESG实践有更切身的感知。

系列专题纪录片，让优质食材自己说话：新华社寻源康师傅环境友好蔬菜基地，赴新疆喀什、陕西神木等地拍摄纪录片《万物皆有yuán》，并创作趣味短片《胡萝卜变形记》，这些作品以蔬菜的视角，讲述康师傅如何通过ESG提供优质食材、改善自然环境，同时，为上游种植农户带来更好的生活。

与年轻人玩起来，让社交媒体嗨起来：社交媒体火爆传播"食材谐音梗海报"、《职场教科"蔬"》神曲，吸引网友的关注和分享，小红书KOL主动进行二次创作，演绎职场表情包；设计潮酷视觉Icon"万物皆有yuán"，制作衍生周边（徽章、T恤）。

本轮主题传播覆盖各个利益相关方，打通了政府、合作伙伴、消费者、行业伙伴、员工等链条并协同、助力上游伙伴改善当地政企关系。康师傅还积极开展跨界合作，联合高科技企业开展ESG实践，将康师傅产品生产过程中的废茶渣（来自茶饮品）、废弃油（来自方便面）等转化为高分子材料的原料，携黑科技亮相上海碳博会。此外，还参与GDI for SDG试点项目，致力于海洋生态保护，为渔民定制了低碳易回收的无标签包装，并创新推出空瓶回收奖励计划，既减少了海洋塑料污染，又促进了新的商业循环，实现了政府、渔民、企业、合作伙伴及海洋环境的共赢，形成了五方协同的绿色可持续发展模式。

项目评估

1.影响力

权威媒体＋社交媒体＋电商平台，全网曝光量超4000万次；微博话题阅读量超1919万次，全网主动转载量达900篇以上。

2.跨界力

康师傅的生产过程废料如废油、茶渣变身环保材料，成为其他行业的生产原材料。康师傅不懈努力，切实联合各行业头部企业，跨界共建ESG新生态。

3.产业价值

本项目发布后，康师傅环境友好蔬菜基地种植技术被写入相关政府政策文件进行推广；康师傅上游供应商（脱水蔬菜企业）成功获得当地政府财政扶持。

4.生意机会

电商渠道成功引入和转化品牌公关制造的流量，并拉动产品销售，吸引头部达人合作意愿。仅2024年6月5日当天，方便面品类直播间销量就超过100万元。

5.获得各界嘉奖

康师傅"万物皆有yuán"案例入选联合国全球契约组织"二十年二十佳"企业可持续发展案例，人民日报社2024年环境、社会及治理（ESG）年度案例，中国经济信息社《中国企业ESG发展调研报告》，上海市政府2024年上海市节能宣传周"绿色低碳合作伙伴"，南方周末"2024年度低碳先锋"等。

2024年8月，康师傅作为唯一中国食品企业代表，受邀赴马来西亚参加联合国全球契约组织亚太可持续旗舰活动，向全球伙伴分享"万物皆有yuán"项目。9月，康师傅再添殊荣，获联合国"可持续粮食系统指导委员会创始成员"称号，这标志着康师傅在促进全球可持续发展方面的努力得到了国际社会的广泛认可。

亲历者说 王世琦 康师傅控股有限公司幕僚长

康师傅在ESG领域深耕多年，努力从探路者向引领者转变。对我们来说，ESG不是成本而是投资，它是企业与大自然关系的投资，是品牌与消费者关系的投资，它让我们赢得更深厚的信赖，让企业发展为社会带来更多长期价值。"万物皆有yuán"，是康师傅对可持续发展的美好期盼。未来，我们将连接起百万伙伴，带给亿万消费者欢乐饮食与美好生活，并恒久守护"家园常青、健康是福"的责任与承诺！

案例点评

点评专家：张殿元 复旦大学国家文化创新研究中心秘书长

该项目构建了"产业革新＋传播升维"的双重新质生产力范式，为传统消费品行业探索可持续发展提供了兼具战略高度与大众感知度的创新样本。若能在长期战略叙事中完善利益相关方参与机制，或将催生更可持续的范式影响力。该项目创造性地解构了ESG的专业壁垒，以"蔬菜包"为叙事原点，以"谐音梗海报＋AI说唱＋食材纪录片"构建年轻化传播体系，实现严肃议题的柔性表达。通过"E/S/G"三维解码，既以权威媒体背书强化产业权威性，又以《胡萝卜变形记》等IP化内容促成大众情感共鸣，更以"职场教科'蔬'"等社会化营销触发UGC共创，让新质生产力理念在千万级传播中完成"从认知到认同"的跃迁。该项目打破了行业边界，政府、农户、科技企业联动构建eESG生态，将企业ESG行动转化为了跨界协作平台。上海碳博会的黑科技展示、电商直播的百万销量转化，验证了"传播—信任—商业"的正向循环，凸显了新质生产力对品牌价值与市场效益的双重提振。

扬子江药业集团中药"智"造探访之旅

执行时间：2024年3月1日—4月30日
企业名称：扬子江药业集团有限公司
品牌名称：扬子江药业集团
获奖类别：2024金旗奖最具公众影响力新质生产力传播金奖

项目概述

为了进一步展示扬子江药业集团在高质量发展中的生动实践和显著成效，企业邀请媒体到集团进行参观和深度探访，旨在借助媒体的镜头和笔触，全方位、多角度地展现扬子江药业集团在高质量发展、科技创新、产业升级、绿色发展等方面的积极探索和显著成果，进一步激发社会各界对扬子江药业集团高质量发展的关注和认同。

项目策划

1.目标

展现扬子江药业集团紧扣高质量发展要求和现代化建设使命，主动适应产业变革需要，加快培育和发展新质生产力，在努力成为世界一流健康产业集团的进程中感恩奋进、努力争先的精神风貌。

2.受众

政府、扬子江药业集团的利益相关方、公众。

3.整体策略

以深度洞察、用户体验、影响力和数据驱动四大原则为指导，通过媒体探厂直播，全方位展示企业在高质量发展、科技创新、产业升级、绿色发展等方面的积极探索和显著成果，提升品牌形象和消费者信任度。同时，通过精准的目标受众定位、多样化的传播渠道选择和丰富的互动环节设置，实现传播效果的最大化，为企业发展注入新的动力。

（1）深度洞察原则

深入行业洞察：在策划探厂直播前，进行深入的行业研究，掌握行业动态及目标受众的偏好和需求，为直播内容提供精准定位。

企业价值挖掘：深入挖掘企业自身的独特价值、技术创新、生产流程中的亮点等，借直播向外界展示企业的核心竞争力。

（2）用户体验原则

·优化观看体验：确保直播时画面清晰、流畅，音效良好，同时，设置多机位拍摄，全方位展示现场，优化观众的观看体验。

·增强参与感：设置互动环节，如实时问答、抽奖等，让观众积极参与直播过程，增强其参与感、归属感。

（3）影响力原则

除直播平台外，利用社交媒体、企业内部宣发平台、行业媒体等多种渠道进行直播预告、直播中的实时分享及直播后的精彩回顾，形成多渠道传播矩阵，放大直播效果。

（4）数据驱动原则

·数据收集与分析：在直播过程中及直播后，收集观众数据、互动数据等关键指标并进行深入分析，了解直播效果及观众反馈。

·策略优化：根据数据分析结果及时调整传播策略，优化传播内容及传播渠道，确保媒介投入能够带来最大化回报。

4.媒介策略

（1）跨领域深度布局：整合权威媒体、综合媒体、行业媒体、地方媒体以及科技媒体等多元领域内的全国媒体资源，形成全面覆盖的媒体矩阵，确保信息精准触达目标受众。

（2）新媒体融合传播：在依托视频号直播的基础上，直播预约采取内宣+外宣的模式，结合当下热点，联合共创多条预热视频，显著扩大品牌传播声量与影响力。

项目执行

4月1日，新华每日电讯以"中药'智'造——探秘中药制剂背后的智慧'黑科技'"为主题，到龙凤堂进行探厂直播。直播期间，对龙凤堂相关负责人进行采访，多方面了解龙凤堂在现代中药产业中智能化、数字化技术的应用以及在高质量发展中取得的显著成效。

3月31日—4月10日，不同平台的媒体对本次探厂直播活动进行全面且多角度的报道。

项目评估

1.效果综述

龙凤堂探厂直播期间，充分利用权威媒体的平台优势，借助互联网传播力量，紧扣"中药'智造'——探秘中药制剂背后的智慧'黑科技'"主题，从权威视角出发，全面呈现了龙凤堂在现代中药产业领域对于智能化、数字化技术的探索与实践，通过数智赋能，推动中医药高质量发展，助力中药产业新质生产力加速形成。

2.现场效果

探厂直播期间，深入且全面地剖析龙凤堂在智能化、数字化领域的布局与实践，邀请多元嘉宾积极参与，从不同视角深入解读新质生产力，产出一批具有广泛影响力的优质内容。

（1）直播预约采取内宣＋外宣模式，通过集团内部宣发海报，直接吸引6335名员工关注，根据后台统计，此次直播共28830人预约，突破新华每日电讯预约人数纪录。

（2）直播数据：直播观看数据达50.9万人次，点赞次数达8.2万次，实现突破。

3.受众反应

群众反应：通过设置直播互动、抽奖等环节，群众深入地了解了企业的品牌故事、企业文化以及企业的智能数字化，建立了群众对企业的信任。

探访嘉宾表示，扬子江药业集团工厂在整个生产链条中展现出的高度智能化与数字化水平令人震撼。这种先进技术的应用，不仅提升了生产效率，缩短了生产周期，更实现了产品质量的精准控制。

4.媒体统计

邀请央视财经、新华每日电讯、《人民日报》健康客户端等国家级媒体、医药类行业媒体，前往龙凤堂现场进行拍摄、直播、报道。

共计产出视频2个，预告海报2个，直播3场，深度稿件1篇；全网传播平台包含电视（CCTV 2）、抖音、视频号、新浪微博、快手等，视频总播放量569.3万次，点赞量4.2万次，文章总阅读量85.3万次，直播观看人数2462.13万人次。

亲历者说 薄海铭 扬子江药业集团有限公司品牌策划

作为项目的主要负责人，在整个探厂过程中我感受到了中药"智"造。从中药材到中药丸、颗粒与片剂等，无不彰显着扬子江药业对人与自然和谐共生的深刻理解，以及对传统工艺与现代科技相结合的深入实践。

案例点评

点评专家：樊传果 江苏师范大学教授，文化创意产业研究院院长，国家级一流本科广告学专业负责人

该案例是一个成功的企业形象媒体公关传播案例，其成功之处主要有以下两点：整体策划比较全面，目标明确，策略精准。以深度洞察原则、用户体验原则、影响力原则和数据驱动原则为指导，以探厂直播的方式，揭秘扬子江中药制剂的"黑科

技"，传播扬子江药业集团的科技创新能力与突出成果，深度展示中药"智"造的新质生产力。

媒体策略与运用较好。整合了众多国家级与省级媒体，对本次探厂直播进行全面且多角度的报道，形成全面覆盖的媒体矩阵，全方位、多角度展现扬子江药业在现代中药产业领域对智能化、数字化技术的探索与实践，产生了较好的传播效果。

中科曙光"立体计算·全国行"传播项目

执行时间：2024年3月29日—8月31日

企业名称：曙光信息产业股份有限公司

品牌名称：中科曙光

代理公司：北京洞见广告有限公司

获奖类别：2024金旗奖最具公众影响力新质生产力传播金奖

项目概述

1.项目背景

"新质生产力"已成为数字经济时代产业发展的新方向与经济发展的新动能。算力作为科技创新、应用拓展的必要保障和动力引擎，不仅是新质生产力的重要组成部分，也是推动新质生产力发展的关键要素。然而，如何让算力转化为生产力并真正成为新质生产力引擎，面临着"建、用、生态"三方面难题。在此背景下，中科曙光正式提出"立体计算"概念。

2.目标描述

（1）概念解读与价值传递：结合国家政策导向与行业发展趋势，多维度解读"立体计算"体系的先进理念及应用价值，确保目标群体快速且深入地理解"立体计算"概念。

（2）树立行业领军者形象：展示中科曙光在高端计算、算力基础设施等领域的先进技术实力和领先市场地位。

（3）目标群体精准触达：在全国范围内推广"立体计算"理念，与地方政府、企业等单位构建多方共赢的生态链，共同推进算力基础设施的优化升级。

项目策划

1.项目洞察

算力已成为数字经济时代的新质生产力。然而，算力转化为生产力是一个复杂的过程，传统的计算模式在向数字化生产力转化过程中面临着多重难点。从"建、用、生态"3个维度来看，存在以下问题：规模优先，架构单一；重硬轻软，技术与场景需求割裂；兼容性与协同性不足等。

2.价值主张

中科曙光提出"立体计算"概念，着力释放发展潜力。

（1）算力建设：中科曙光拥有多样化算力供应、全局性算力服务与跨壁垒算力调用的算力三维能力，可实现计算资源多维布局与拓展。

（2）应用赋能：中科曙光可实现广度（全行业）、宽度（全场景）、深度（全周期）三维赋能，针对应用开发进行全流程支持与全场景渗透。

（3）生态共生：中科曙光着力推进数实融合、产学研融合与商业模式融合的生态三维发展，完成生态伙伴的角色互补与价值融合。

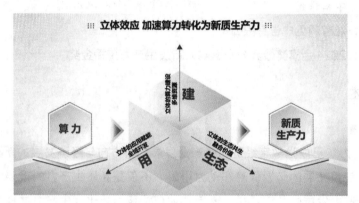

"立体计算"概念价值主张

3.传播策略

以"立体化"传播模式，实现"立体计算"概念的逐圈层、逐区域渗透。

（1）紧抓热点，洞察挑战：新质生产力自提出以来受到全社会广泛关注。算力既是新质生产力的组成部分，也是激发新质生产力的引擎，中科曙光紧抓该热点话题，洞察算力赋能新质生产力过程中的严峻挑战，引发圈层关注。

（2）整合优势，创新概念：中科曙光开行业先河，创新性地把算力建设、应用和生态融合起来，创造出"立体计算"全新概念，将中科曙光多年来在计算、建设、应用和生态等方面的深厚优势融入其中，走出了一条算力赋能新质生产力的发展新路径。

（3）结合案例，传递价值：选择最佳实践城市作为先头示范案例进行解读和传播，传递"立体计算"在实际应用中的显著成效。

（4）由点及面，渗透全国：在全国重点城市进行长线推广，实现由点到面的渗透，最终形成覆盖全国的"立体计算"网络。

4.传播规划

多角度、多渠道、多形式讲透"立体计算"。

（1）塑造案例点，夯实新理念。内容上，"中科曙光5A级智算中心"是"立体计算"

理念的最佳实践，将其塑造为标杆案例，讲透"立体计算"这个业界开先河的新概念。渠道上，利用权威媒体发布原创内容，树立算力基础设施榜样。配合创意长图、探厂视频等多形式内容进行广泛传播，全方位建立目标群体认知。

（2）推广案例点，渗透产业链。内容上，依托成功案例，深化产业链各方对"立体计算"的理解和应用。渠道上，邀请客户、行业专家等站台，力证立体计算释放算力，赋能新质生产力，结合专家观点，垂直行业媒体进行多角度深入解读，辐射专业人群。

（3）开展全国行，覆盖区域面。内容上，逐步在重点城市开展"立体计算·全国行"活动，基于实践成果进行宣传。渠道上，利用区域媒体、地方行业媒体、区域营销投放、融媒体矩阵等形式进行广泛传播，吸引区域潜在客户合作。

项目执行

1.筹备期

（1）阶段目标：内容上，规划"立体计算"体系的内涵及传播角度，让目标群体有深刻感知；线下活动上，邀请权威媒体、区域媒体、行业媒体和KOL参加启动仪式。

（2）传播内容：制作"立体计算"概念宣传片，解析"立体计算"核心理念及其对产业升级的意义。

2.爆发期

（1）阶段目标：4月2日，在湖南省长沙市举办"立体计算·全国行"启动仪式，现场提出并解读"立体计算"体系，通过立体计算的重要实践案例——"中科曙光5A级智算中心"，展示立体计算的价值。

（2）传播内容：发布长沙5A级智算中心探厂视频，从概念到实践展现"立体计算"，通过长沙智算中心和孵化应用，展现立体计算落地成果。以中科曙光各线业务佐证立体计算能力。借势业界各领域关注重点，侧面展现各业务线成绩。

3.延续期

（1）阶段目标：正式推广中科曙光"立体计算"理念，媒体与行业都对该理念有较为深刻的认知，针对该活动进行全面报道和解读，在媒体和公众中获取高曝光率和认可度。

（2）传播内容：权威媒体、行业媒体深度解读，总结嘉宾在发布会的核心观点和立体计算的实践案例，从多个角度全面解读"立体计算"理念的优势、价值；发布创意长图，以一张图的形式让公众读懂"立体计算"。

项目评估

1.最大化传播声量

全网累计曝光量达3839万次，吸引了20多家媒体参与线下活动。会后，共发布了100

余篇高质量的文章、视频等内容,引发行业广泛关注和讨论。

2.赢得权威媒体赞誉

人民网、光明网、中国新闻社等权威媒体的高度赞扬。这些媒体一致肯定了中科曙光通过全新计算体系赋能新质生产力发展的产业价值并通过原创及转载发布了相关观点文章。其中,高度评价中科曙光及"立体计算"体系的文章"登陆"学习强国平台。

3.高质量内容创作

《中国科学报》、钛媒体、脑极体等行业知名媒体和行业KOL撰写了多篇高质量的原创内容,深度解读中科曙光的"立体计算"理念及其在推动新质生产力发展方面的作用。

亲历者说 黄娟　北京洞见广告有限公司高级客户经理

作为项目组的一员,我见证了"立体计算"这一创新体系从构想到现实的全过程。在"立体计算·全国行"项目中,不论是媒体还是行业、产业伙伴,都对这一新理念给予了高度肯定,这也充分表现了业界对于算力及新质生产力的高度关注。有幸参与这次活动,我也因此再次体会到科技创新的力量。

案例点评

点评专家:胡振宇　天津师范大学新闻传播学院副院长

算力是新质生产力的重要体现,如何将这个既看不见也摸不着的事物与目标受众关联起来并有效提升品牌形象?中科曙光的传播项目为我们提供了精彩的学习范本。这个项目有以下突出亮点。

其一,以"立体计算"构建品牌认知新高度。项目以"立体计算"为核心概念,将中科曙光在高性能计算、人工智能、大数据等领域的领先技术和解决方案以通俗易懂的方式传递给目标受众,成功构建了品牌在计算领域的专业形象和认知高度。

其二,以"全国行"打造沉浸式体验新场景。项目采用"全国行"的形式,深度融合品牌传播与线下活动,通过技术讲座、产品展示、互动体验等方式,让目标受众亲身感受"立体计算"的魅力,增强了品牌体验感和参与感。

其三,以"全媒体矩阵"构建传播生态新格局。项目整合线上线下资源,构建了覆盖官网、社交媒体等多渠道的全媒体传播矩阵,实现了传播内容的多维度触达和精准投放,有效提升了品牌知名度和影响力。

GOLDEN
FLAG
AWARD
金 旗 奖

2024
—
金旗奖最具公众影响力
AIGC营销金奖

◗ 《两弹城 铸国魂》AIGC宣传片

执行时间：2024年5月1日—9月25日
政府机构：绵阳市梓潼县
代理公司：优格微度公关顾问（北京）有限公司
获奖类别：2024金旗奖最具公众影响力AIGC营销金奖

项目概述

2024年6月，绵阳市梓潼县举行了四川两弹城博物馆的开馆仪式，开展了以纪念两弹功勋与文旅推广为主题的活动。根据活动基调，项目组为梓潼制作了一支以AIGC为内核的创意主题宣传片，用AI还原了我国第一颗原子弹爆发现场，突出展现了邓稼先等23位两弹功勋科学家为我国科技和国防事业做出的卓越贡献，对现代绵阳的自然人文与科技基因进行了宣传。宣传片不仅致敬了老一辈科学家的家国情怀，还鼓励年轻一代继承其艰苦奋斗的精神，勇于创新、攀登科技高峰。

项目策划

1.项目目标

（1）弘扬两弹精神：通过还原两弹科学家的艰苦奋斗史，传递自力更生、无私奉献的家国情怀，激励年轻一代继承并发扬这一精神。

（2）宣传绵阳文旅：通过展示现代绵阳文化和旅游资源，推动当地文旅品牌的形象建设，增强文化软实力。

（3）技术创新：利用AI技术进行历史还原、创作专属音乐等，赋予宣传片强烈的视听冲击，形成独特的项目差异化优势。

2.项目规划

策略方向：宣传片时长2分30秒，植入三大故事看点，贯穿一条主线、一条暗线。主线为邓稼先为两弹一星事业奉献的发展经历，暗线为老一辈科学家与新一代年轻人奋斗精神的传承。各部分利用不同的技术手段和叙事策略，形成深度融合的视觉体验。

宣传片的主题为"梓潼城 铸国魂 扬民韵"。这部宣传片旨在体现梓潼承载的科学精神和人文精神。"梓潼城，铸国魂"是科学和人文共同铸就的新时代精神。

宣传片分为3个篇章。

第一篇章"奋进篇",从历史切入,讲述在艰难的国际环境下,中国启动"两弹一星"工程,重点介绍邓稼先等科学家的背景,用黑白画面,以AI模拟旧时代的质感。借用AI技术,重现邓稼先等23位功勋科学家隐姓埋名、默默奉献的工作场景。

第二篇章"成就篇",以AI模拟第一颗原子弹"邱小姐"爆炸场景为核心,参考来源为《人民日报》等媒体刊载的史实照片,展示科学家们的喜悦表情和他们对国家无悔付出的精神。

第三篇章"传承篇",1969年年底,九院等单位陆续从青海迁至四川山区,梓潼承担着重要科研任务。如今梓潼有崭新的自然人文与科技风貌,宣传片文旅部分用一首由AI创作、虚拟歌手演唱的歌曲,展现当代梓潼城的特色。

项目执行

1. 项目执行阶段

前期筹备阶段,项目团队收集相关历史资料,精准还原两弹科学家形象及历史画面,并与AI技术团队制订爆炸场景模拟方案;AI制作阶段,借助八大AI技术完成全视频AI制作;后期制作阶段,对影片进行剪辑及效果优化。

2. 项目控制与管理

项目的控制通过周进度汇报及节点审核的方式进行。各阶段成果需通过项目经理审核并在每周团队会议上汇报进展,确保各环节按计划推进。特别是AI技术的研发和实现,将根据预定技术标准分阶段测试,以确保最终呈现效果符合预期。项目管理团队采用项目管理软件实时跟踪任务进展,设立风险应对机制,确保项目顺利完成并按时交付。

项目评估

绵阳市梓潼县首部AI文旅主题宣传片以其创新的技术、深刻的内容和独特的表现形式,成功地将历史还原与现代文旅宣传紧密结合起来,获得了极佳的受众反应与广泛好评。项目中的多个技术首创和应用亮点,展示了AI在文化传播与文旅发展中的巨大潜力,为未来类似项目提供了强有力的参考范例。

亲历者说 张丽锦　优格微度公关顾问(北京)有限公司CEO

作为绵阳梓潼首部AI文旅主题宣传片的亲历者,我深感该项目时间之紧迫、任务之艰巨。从接到任务到最终呈现,我们仅有短短几周的时间,却要完成脚本策划、历史事件AI还原、9位两弹功勋科学家复现、原创古风AI音乐创作等多维度工作。技术团队与创意团队紧密协作,克服了诸多挑战,特别是在AI还原核爆炸场景时,视觉效果和历史精准度的把控要求极高。虽然任务紧急，压力巨大，但是团队还是凭借专业的执行力，高效完成了这一复杂项目，最终呈现出一部兼具历史厚重感与现代科技感的优秀作品。

案例点评

点评专家：来向武　西北大学新闻传播学院教授、博士生导师

　　本案例的典型意义和启发性在于通过AI技术将历史与现代、外在表现与精神内涵这种宣传中常见的表现内容和难点创新性地统一在一起。本案例的成功表现，既有对于极具震撼力的、成为国家民族发展里程碑的历史瞬间的精准"重现"，还有AI创作演唱的乐曲、AI生成的文旅景观，这些都极大地增强了宣传片的感染力。在具体内容表现方面，创作者在2分30秒的时间里巧妙而逻辑化地展现了极为丰富的画面形象和内在意义，这是难能可贵的匠心所在。从此案例中我们也可以总结出此类宣传片创作的辩证统一关系：契合当下受众习惯，充分开发AI技术，创意出新是灵魂。

伊利奥运倒计时 100 天传播《伊起向巴黎》

执行时间：2024年4月1日—30日

企业名称：内蒙古伊利实业集团股份有限公司

品牌名称：伊利

代理公司：飞扬博远（北京）公关顾问有限公司

获奖类别：2024金旗奖最具公众影响力 AIGC 营销金奖

项目概述

作为国家体育总局指定的训练备战保障牛奶，在奥运倒计时 100 天之际，品牌方希望聚焦伊利纯牛奶PET（常见塑料材料）奥运运动员上瓶身的包装设计，打造母品牌奥运定制包装事件热点，并以全新的玩法，将体育精神与产品理念结合起来，撬动粉丝圈层，助力营收增长。

项目策划

1.洞察

（1）品牌 —— 梦的同行者：伊利持续赞助奥运盛会，坚持助力国家体育事业，体现了大厂品牌实力。巴黎奥运，伊利大厂蓄势待发！

（2）产品 —— 梦的守护者：作为国家体育总局指定的训练备战保障产品，伊利牛奶为国家运动健儿保驾护航。

（3）赛事 —— 更远的世界：作为奥运会举办地，巴黎成为奥运焦点，巴黎还是时尚潮流之都，巴黎，是梦的起点而不是终点！

2.策略

打造奥运倒计时 100 天主题 AIGC 瞬息全宇宙包装视频，上线运动员奥运限定包装产品；内外同宣，掀起奥运定制包装热点话题，见证品牌大厂实力，沉淀品牌资产。

3.创意

以奥运插画风格打造热点海报，开启巴黎奥运运动员 AIGC 实录。

从中国到法国巴黎，伊利纯牛奶陪你走向更远的世界；从训练到上场，伊利作为国家体育总局指定的训练备战保障牛奶，为国家健儿保驾护航；每一刻逐梦的瞬间，都有伊利相伴！

项目执行

以微博为核心传播阵地，以AIGC视频为核心视觉传播物料，上线AIGC瞬息全宇宙包装视频，打通运动员粉丝圈层，引爆话题#伊起向巴黎#。

老品新装：上线首款运动员定制PET瓶装纯牛奶。

视觉革新：奥运会主视觉，打造瞬息全宇宙AI视频。

刷新好感度：借势奥运热点，打通用户圈层，引爆话题。

项目评估

视频播放量超100万次，视频号互动量突破10万次；#伊起向巴黎#单日话题阅读量超8747万次；数字品牌榜TOP5案例自然收录；4月13日—19日，全网好感度高达97.37%，位列第一；打造运动员限定IP款，产品提前2天上架预约，预约人数超2万人；16日0点开放售卖，3秒内售空。

亲历者说 叶雪晨 飞扬博远（北京）公关顾问有限公司客户总监

整个视频从脚本确定到制作完成仅用了不到20天的时间，这对整个团队而言无疑是一次严峻的挑战。AIGC新技术的运用存在诸多不稳定因素，要想达到理想的瞬息效果，需要反复测试、校准、调整。从最后的结果来看，整个视频大气磅礴、新颖流畅，用户的反馈也非常正向，传播效果出色。我为能参与到本项目中感到自豪。

案例点评

点评专家：董天策 重庆大学新闻学院教授，重庆大学数字媒体与传播研究院院长

伊利新品牌宣传，善于洞察形势，把握机会，借势传播。活动名称"伊起向巴黎"谐音双关，贴切自然。最富创意的核心内容是聚焦伊利纯牛奶PET奥运运动员上瓶身的包装设计，打造母品牌奥运定制包装事件热点，将体育精神与产品理念相结合，撬动粉丝圈层助力生意增长。AIGC的运用，不但节约了制作成本，而且把AIGC视频、视觉cos做得浑然天成，获得了广大网友和消费者的高度认可，收获了相当理想的品牌传播效应。

GOLDEN
FLAG
AWARD
金 旗 奖

2024
—
金旗奖最具公众影响力
智能营销金奖

华为云盘古媒体大模型《无尽攀登》整合传播

执行时间：2024年3月29日—8月31日

企业名称：华为云计算技术有限公司

品牌名称：华为云

代理公司：智者同行品牌管理顾问（北京）股份有限公司（智者品牌 WISEWAY）

获奖类别：2024金旗奖最具公众影响力智能营销金奖

2024金旗奖最具公众影响力 To B 行业案例金奖

项目概述

1.项目背景

AI正在为影视产业带来全新的生产力变革，这种变革为影视出海注入了强大的动力。它使影视制作能够实现高效生产，给语音生成、视频生成等带来技术革新，大大缩短了制作周期，提高了制作效率。借助AI的力量，更多的中国故事、中国精神能够更广泛地传播到世界各地，能够让世界更了解中国的文化和价值观。

2.项目目标

（1）技术层面：打造华为云盘古媒体大模型，助力影视工业变革，支撑媒资行业内容生产更高效，加速媒资行业智能化，带来更优和创新的体验。

（2）精神层面：夏伯渝先生积极向上、永不言弃的精神与华为精神高度契合，象征华为云不断向上攀登科技最高峰的追求；同时，践行华为云"Cloud for Good"的行动理念，将优秀的中国精神、中国文化、中国力量传递到全世界。

项目策划

1.策略

（1）提高大众认知：邀请名人夏伯渝，破圈跨界合作。夏伯渝，一位具有传奇色彩的登山家，凭借着顽强的毅力和坚定的信念，在69岁时成功登顶珠峰。他的故事激励着无数人，具有广泛的影响力和号召力。此次，华为开发者大会邀请夏伯渝先生登台演讲，通过他勇攀珠峰的精神，引发共鸣，提高大众对华为云盘古媒体大模型的认知。

华为云 × 无尽攀登官方海报

（2）强化技术契合：《无尽攀登》是一部展现夏伯渝登山精神的电影，其中的片段蕴含着丰富的情感和力量。此次华为云将盘古媒体大模型的AI译制能力融入其中，实现了情怀与技术的完美融合。通过AI技术，不仅可以保留原片的情感和氛围，还能准确地将台词翻译成其他语言，使更多观众理解和感受影片所传达的精神。

（3）达成精神共鸣：夏伯渝积极向上、永不言弃的精神与华为精神高度契合。他多次挑战珠峰的经历，展现了无畏困难、坚定追求的品质，这正与华为云不断向上攀登科技最高峰的信念一致。

2.洞察

（1）音视频行业出海洞察：随着全球化的发展，音视频行业的出海需求日益增长。然而，这一过程中，面临着诸多挑战，如语言障碍、文化差异等。AI技术的应用可以为音视频行业带来新的机遇，通过智能翻译、语音识别等技术，打破语言壁垒，使内容更好地传播到世界各地。此外，AI还可以根据不同地区的文化特点和用户需求，对内容进行个性化推荐和定制，提高用户体验，增强市场竞争力。

（2）中国文化输出洞察：我国拥有悠久的历史和深厚的文化底蕴，但在国际上的传播力和影响力还有待提高，我们需要借助创新的方式和手段，更有效地将中国故事和中国精神推向世界。AI技术在这方面能够提供强大的支持，它可以对中国文化元素进行数字化处理和创新性呈现，使更多的人深入了解并喜爱中国文化。这样的创新举措，有助于打破文化传播壁垒，让中国文化在全球范围内产生更广泛的影响，让更多的中国故事、中国精神走向世界。

3.创意及传播

项目组围绕夏伯渝在华为开发者大会上的演讲内容及《无尽攀登》电影片段，借盘古媒体大模型在AI翻译等方面的技术创新，传递华为云盘古媒体大模型重塑内容生产和应用的新模式，展现华为云盘古媒体大模型解难题、做难事，重塑千行万业的作为。

《无尽攀登》译制片画面

（1）华为云 ×《无尽攀登》官方案例片释出，全面展示华为云盘古媒体大模型的技术优势，以及华为云是如何攻克技术难关，将其应用于《无尽攀登》影片处理，实现影片的多语言译制和风格转化的。

（2）邀请影视区百大 UP 主拍摄解读视频。他们从行业角度和技术角度出发，畅聊 AI 对影视产业的影响，巧妙"带货"盘古媒体大模型强大能力；实测盘古媒体大模型，译制多语种片段，"种草"数字内容生产与应用核心能力。

（3）撬动权威媒体新华社影视栏目，解读华为云盘古媒体大模型，指出善用 AI 的创作者将在未来创作中获得更有力的辅助和更创新的影像创作模式，影视行业将迎来智变时刻；科技垂直类 KOL 解读盘古媒体大模型进阶，AI 技术将赋能数字内容生产和应用，数字内容继续"造梦"大众；时尚类媒体时尚芭莎跨界解读华为云盘古媒体大模型核心优势。

（4）邀请科技类视频 KOL 二剪华为云媒体大模型案例素材及夏伯渝先生演讲内容，展现华为云盘古媒体大模型攻克技术难关，重塑 AI 媒体创作新体验，为影视行业带来的颠覆性变革。

项目执行

1.阶段1：项目策划

借华为云盘古媒体大模型 AI 视频翻译能力在影视级电影中的应用，将技术与情怀联系起来，展示华为云盘古媒体大模型对影视行业数字化转型的助力，传递"Cloud for Good"理念。

2.阶段2：与夏伯渝团队达成合作意向

《无尽攀登》素材授权、拍摄华为云 ×《无尽攀登》案例视频；邀请夏伯渝在 HDC（华为开发者大会）现场演讲。

3.阶段3：邀请百大UP主及影视行业媒体、KOL解读华为云盘古媒体大模型

盘古媒体大模型关键技术点及案例视频；采访技术专家，挖掘技术背后的故事。

4.阶段4：演讲反响热烈，好评如潮

夏伯渝无尽攀登的精神感动全场，引发广泛讨论；华为云AI技术将会把更多中国文化输出海外，引发热议。

项目评估

项目总阅读量超400万次，总曝光量超1500万次。

（1）撬动权威新闻机构新华社解读华为云媒体大模型，阅读量超101万次。

（2）B站影视区百大知名UP主畅聊AI对影视产业的影响，巧妙"带货"盘古媒体大模型，播放量超30万次。

（3）新浪微博CEO（首席执行官）主动转发盘古媒体大模型视频，曝光量超50万次。

（4）抖音影视产业百万粉丝博主上手实测盘古媒体大模型，"种草"数字内容生产与应用核心能力，播放量超28万次。

（5）夏伯渝演讲视频二次发酵，环球网、财经网、夏伯渝个人视频号等自发转载发布，播放量超56万次。

（6）视频号知名科技自媒体快氪科技、了不起科技君、2023年度优秀互联网自媒体未来触点等KOL进行视频素材二剪，总播放量超80万次。

（7）微信科技互联网榜单TOP10知名账号智能相对论解读盘古媒体大模型进阶，AI技术赋能数字内容生产和应用，数字内容继续"造梦"大众，阅读量超3万次。

此次传播，华为云盘古媒体大模型在影视垂直及科技圈中广泛传播，引发了热烈的讨论和积极的反响。

亲历者说 王艳平　华为云计算技术有限公司市场营销经理

团队第一次看到《无尽攀登》这部纪录片时，深受震撼，大家希望用华为云盘古媒体大模型的AI技术来弥补该片没有英文版的遗憾。有别于普通电影，该纪录片为现场实拍、现场收音，存在大量复杂的场景，如爬珠峰过程中的暴风、雪崩及环境中各类杂音，导致人声和环境杂音无法分离，且人物台词情感非常丰富、情绪很复杂，想用AI将原声情感保留并翻译成英文，难度非常大。但华为云技术团队每每为夏伯渝先生永不言弃、向上攀登的精神而激励，整个项目组不断攻坚克难、优化技术，将问题一一化解，最终实现了"原声说英文"的AI译制版。华为云盘古媒体大模型致力于将优秀的中国影视文化输出到全世界，让世界看到中国精神、中国力量！

案例点评

点评专家：胡振宇　天津师范大学新闻传播学院副院长

华为云盘古媒体大模型携手《无尽攀登》，用AI赋能电影宣发，实现了科技与情感的"双向奔赴"，堪称整合营销的典范之作。

科技赋能，精准触达。盘古大模型深度分析影片情感内核，精准锁定目标受众，最大化实现情感共鸣。从社交媒体话题引爆到线上线下联动推广，每一步都精准"踩"在了观众心坎上，让影片未映先火。

情感共鸣，深度连接。以"攀登精神"为情感纽带，华为云携手《无尽攀登》打造了一系列感人至深的营销事件。无论是真实登山队员的倾情出演还是AI技术还原的壮丽山河，都让观众如同身临其境般感受攀登的艰辛与荣耀，引发强烈的情感共鸣。

品牌共赢，价值升华。此次合作不仅助力影片票房、口碑双丰收，更彰显了华为云盘古媒体大模型的技术实力和人文关怀，成功将科技品牌与人文精神深度融合起来，实现了品牌价值的双重升华。

华为云盘古媒体大模型《无尽攀登》整合传播案例，以科技为笔、情感为墨，绘就了一幅科技与人文交相辉映的精彩画卷，为未来电影宣发提供了全新思路。

霍尼韦尔全链数营：用户旅程全视图，数据驱动营销新纪元

执行时间：2023年1月1日—2024年3月31日
企业名称：霍尼韦尔能源与可持续技术集团
品牌名称：霍尼韦尔
获奖类别：2024金旗奖最具公众影响力智能营销金奖

项目概述

行业背景：顺应时代的发展转型。

霍尼韦尔能源与可持续技术集团（ESS）致力于为各行各业客户开发并提供推动能源转型、温室气体减排及可持续材料应用的领先技术和解决方案。霍尼韦尔始终以客户为中心，同时，专注短期和长期的增长目标，积极推动企业数字化转型。

基于项目营销目标，霍尼韦尔制订了全链数字营销整合计划，旨在以数字化手段提升客户体验并加速业务增长。

项目策划

霍尼韦尔规划打造科学的一站式数字化营销平台，通过高质量营销内容，吸引目标客户进入私域流量池并与客户进行个性化互动，形成客户360度画像；搭建完整的营销自动化流程，实现营销活动的实时、精准触达及市场销售全链路数据的可追踪、可视化；围绕微信社交环境，推进个性化的数字化营销，精准影响不同类型的目标客户；集成营销自动化平台与Salesforce平台，完成销售线索转化的"最后一公里"，实现市场销售全链路数据的可追踪和可视化。

霍尼韦尔以用户生命周期为维度，将一站式营销平台的构建设计为3个旅程，其规划与构想如下。

1.旅程一：构建全域用户互动与留资平台

（1）个性化菜单栏：不仅提升了用户体验，还通过集成的底层数据追踪技术，实时捕捉用户互动行为。这种设计使用户偏好得到快速识别，并据此定制出更符合用户期待的访问路径，同时，高效的互动监测机制确保了用户信息的即时记录与分析。

（2）"微官网"：利用致趣百川无代码技术，以在微信环境内快速搭建的"微官网"为核心中台，整合霍尼韦尔集团各业务通道及业务资讯，为用户提供一个可以无缝访问和探索内容的平台。用户行为分析与个性化推荐机制的引入，不仅丰富了用户体验，也极大地提升了内容的相关性和吸引力，进而激发用户留资意愿。

（3）会议与资料中心：霍尼韦尔将营销内容、活动管理和服务全面数字化，为用户提供了一站式的资源获取平台。这些内容不仅对外凸显了霍尼韦尔行业领先的地位，更有效地吸引了访客参与并转化为注册线索，同时，便捷的数字化操作流程大大降低了用户留资门槛，方便用户长期交互。

（4）线上线下互联：霍尼韦尔创新性地搭建了云展厅，实现了线下活动与线上平台的无缝对接，将线下流量有效转化为线上用户资产。云资源案例库的建立，不仅丰富了客户的线上交互体验，也为用户提供了更多留资触点和动机。

通过这一系列的数字化建设，霍尼韦尔不仅扩大了获客漏斗前端开口，还极大地简化了用户留资过程，使客户信息更容易被捕捉和记录，从而为后续营销活动和客户关系管理打下了坚实的基础。

2.旅程二：沉淀客户画像，精准运营孵化

（1）深度用户行为分析：在霍尼韦尔全域用户互动与留资平台基础上，进一步强化对用户行为数据的捕捉。通过细致的行为跟踪和分析，霍尼韦尔能够精确记录用户在平台上的每一步互动，从而构建出更为详尽的客户行为档案。

（2）智能客户分层：利用捕捉到的行为数据，结合致趣百川的技术支持，霍尼韦尔根据业务需求构建了独属的标签体系。标签体系基于用户的行为特征、偏好和需求，将用户划分为不同的群体，为实施差异化营销策略提供了依据。

（3）个性化线索打分：霍尼韦尔运用致趣百川的多因子打分系统，对每个潜在客户的价值进行综合评估。这种数据驱动的线索打分机制，不仅帮助霍尼韦尔快速识别出高价值用户，也为实现精细化运营提供了强有力的数据支撑。

（4）AI智能客服系统：借助该系统自动分析访客意图和需要，在提升客服满意度的同时，更好地识别高价值销售线索。对每一位进线访客进行自动化分组管理，以更好地进行后期孵化培育。自动识别的高价值线索，经由智能客服—SCRM营销平台—Salesforce销售管理平台的无缝集成，实现了营销孵化链路的闭环。

（5）自动化营销孵化流程：基于丰富的客户行为数据和精准的客户分层，霍尼韦尔设计并实施了多条自动化营销孵化流程。这些流程能够根据用户的具体行为和所属群体自动触发相应的营销动作，实现内容的精准推送和个性化互动。

3.旅程三：构建CDP（客户数据平台）中台，完成数据闭环

（1）统一数据集成与管理：霍尼韦尔整合营销平台拥有很强的数据整合能力，实现了

前端第三方投放数据（例如，第三方广告数据、ABM营销数据）、网站数据、微信数据、AI智能客服系统数据、致趣百川SCRM平台及Salesforce CRM数据的全面集成，确保了销售线索在整个全生命周期内拥有完整的数据轨迹，实现了全营销链路的可追踪和可视化。

（2）构建综合BI数据看板：霍尼韦尔建立了一个全面的BI数据看板体系，涵盖粉丝数据、市场活动、微信数据等多个维度。关键业务数据的实时可视化，为市场部提供了即时的数据洞察，使策略调整和路径优化更加迅速和精准。

（3）CRM整合与销售线索加速：通过与CRM系统的无缝连接，霍尼韦尔市场部能够及时捕捉并传递有效的销售线索，加速业务转化流程。这一数据闭环的构建，不仅提升了销售效率，也为霍尼韦尔市场部和销售部提供了一致的数据视图和协同工作平台。

项目执行

项目团队采用了敏捷管理方法，确保了项目的灵活性和响应速度。霍尼韦尔与致趣百川均成立了专门的对接团队，从日常的运营对接到迭代开发的技术对接，双方通过定期的会议和迭代开发，不断分割目标，采用小项目周期制验收与大项目长期探讨共创的管理模式，保证双方的健康合作能够快速适应变化，及时调整项目方向。

项目评估

霍尼韦尔的数字化营销项目取得了显著成效。通过构建科学的一站式数字化营销平台，实现了全链路数字营销闭环，提升了品牌曝光度，精准定位了目标客户，增强了客户黏性并对业务成交带来极大助力。

1.受众反应

个性化的菜单栏和"微官网"为用户提供了无缝访问和个性化体验，用户能够更便捷地获取所需信息，留资意愿增强，其中，个性化菜单栏内问询表单提交量占比高达40%。构建的会议与资料中心，数字化资源丰富，满足了用户需求，促进了用户与平台的长期交互，资料中心下载量激增。

2.市场反应

霍尼韦尔通过高质量的营销内容和精准的营销策略，凸显了其在行业内的领先地位，吸引了更多潜在客户关注。市场资源库的丰富内容和线上线下互联的模式，有效扩大了获客漏斗前端开口，为业务增长带来了新的机遇。

3.媒体统计

数字化营销平台的建设使品牌曝光度得到显著提升。微信公众号的粉丝数量每年保持20%~30%的增长。同时，云展厅的搭建和云资源案例库的建立，丰富了客户的线上交互体验，增加了客户与品牌的互动次数，2022年霍尼韦尔可持续峰会线上云展厅访客量超11万次。

4.项目成绩

2023年全年销售线索数量较2022年增长22%，线索转化率达25%，2024年MGP业务销售机会较2023年提升20%。

亲历者说 吴翀 霍尼韦尔能源与可持续技术亚太区市场营销及企业传播总监

霍尼韦尔能源与可持续技术集团制订全链数字营销整合计划的初衷是希望通过数字化手段提升客户体验并加速业务增长。

在构建全链路数字营销闭环的过程中，通过与Salesforce、致趣百川等国内外领先的技术伙伴合作，我们成功打造了一站式数字化营销平台。这个平台利用先进的数字化工具构建了完整的客户旅程，涵盖了从获客、促活孵化到业务转化的各个环节，实现了营销活动的实时、精准触达，以及市场销售全链路数据的可追踪和可视化，并实现了提高品牌曝光度、加速客户孵化、助力业务增长的具体目标。

案例点评

点评专家：韩红星 华南理工大学新闻与传播学院教授、博士生导师

霍尼韦尔全链数营案例是B2B领域数字化营销的标杆实践，展现了数据驱动与客户旅程深度融合的创新价值。面对能源转型与可持续技术推广的行业趋势，霍尼韦尔以"用户旅程全视图"为核心，构建私域数字化平台，打通获客、孵化、转化全链路，实现了从流量运营到价值交付的跨越。

该案例创新性突出，在技术整合层面，通过联动Salesforce、致趣百川等MarTech工具，搭建了覆盖微信生态的"微官网"、智能客服与CDP中台，形成数据闭环；在客户运营层面，独创L1~L4四级标签体系与多因子线索评分模型，实现86.3%用户的精准分层，结合自动化营销流程，突破微信公众号推送限制，提升触达率；在组织协同层面，整合BI数据看板与CRM系统，构建了市场与销售部门的数据协同平台，推动线索转化率提升至25%。该案例不仅为传统工业企业的数字化转型提供了可复用的"技术+策略"双引擎模型，更通过私域生态的精细化运营重新定义了B2B客户关系管理的边界，成为智能营销时代下"品效合一"的典范。

GOLDEN
FLAG
AWARD
金 旗 奖

2024
—
金旗奖最具公众影响力
品牌焕新金奖

彩云之上的咖啡奇遇 —— 雀巢咖啡品牌焕新传播项目

执行时间：2024年4月10日—4月12日

企业名称：雀巢（中国）有限公司

品牌名称：雀巢咖啡

代理公司：北京简声公关顾问有限公司

获奖类别：2024金旗奖最具公众影响力品牌焕新金奖

项目概述

雀巢咖啡进行品牌形象焕新，于2024年4月在中国"咖啡之都"云南普洱举行"品牌焕新暨新品发布会"，官宣全新品牌形象，将所有子品牌整合为"雀巢咖啡"母品牌，同时，发布多款系列新品，在夯实品牌价值主张的同时将"产品包装焕新以及产品升级"与"消费者利益"进行强关联，将"雀巢咖啡的品牌行为"转化为"消费者的咖啡体验"。

项目通过发布会的各个环节体现焕新，让焕新变得可感知、可参与，以沉浸式的体验给嘉宾带来前所未有的焕新感受。

雀巢咖啡全家族产品包装焕新和产品升级

项目策划

1.传播策略：不是简单地告知改变，而是告知雀巢咖啡"为什么变了"

咖啡消费已经进入"3.0产品体验驱动时代"，对于新一代咖啡，消费者更关注产品本身的口味、品质、功能、健康及场景消费体验，青睐饮用方便、能满足个人体验需求、能带来情绪价值并具备社交属性的产品。雀巢咖啡的品牌焕新，正是基于这一深刻的市场洞察。

此次品牌焕新，还传达出雀巢咖啡产品理念从"产品"到"人"的视角变化：每一杯雀巢咖啡，每一次在品质、口味、形态上的创新与精进，都是为了更好地走进每一个人的生活，让每一位中国消费者都能享受到符合自己生活方式的高品质咖啡。

此外，雀巢咖啡推出的多款新品，和品牌互为有力背书。将"产品包装焕新以及产品升级"与"消费者利益"进行强关联，将"雀巢咖啡的品牌行为"转化为"消费者的咖啡体验"，依托产品体验，更为生动地演绎"提醒每一天"的品牌主张。

2.媒体策略：多渠道覆盖，实现信息破圈

（1）优化媒体组合：在都市/生活方式、食品快消/吃喝玩乐及咖啡垂直类自媒体中筛选合作对象时，精准选取高曝光、引话题、优内容的媒体。

（2）创新的媒体内容采编方式：积极沟通测评类自媒体博主，以线上内容预策划+新品拍摄前置的方式产出高质量图文。

（3）发掘新渠道，实现信息跨界扩展：通过与标志/包装设计类媒体共创内容，成功吸引同行关注，多家设计营销类和行业垂类媒体自发二创/转载内容，有效助力微信指数的攀升及品牌关键词SEO[①]。

3.内容策略：不同视角挖掘，多元内容叠加

从品牌焕新、新品上市等不同角度切入，新闻内容层层叠加，传递更多元、更丰富、更立体的品牌故事。其中，品牌焕新通过统一的视觉元素和品牌信息、更加现代和简洁的品牌ICON，提高了品牌在市场中的可识别度，吸引了更年轻的消费者群体，也能更灵活地应对市场趋势和消费者行为的变化。

新品上市响应了市场变化，从功能性饮品到愉悦身心的全方位饮品体验，代表雀巢咖啡对消费者口味、健康趋势以及品质生活的全方位考量，反映了雀巢对市场趋势的敏锐洞察和对消费者需求的深刻理解。

---

① SEO：Search Engine Optimization，搜索引擎优化。

雀巢咖啡升级后的新标识更年轻现代

通过新闻内容的相互背书和补充，品牌焕新为新品的推出提供了坚实的基础和方向指引，新品的成功推广又能够进一步巩固品牌焕新的效果，从而进一步放大项目效果并形成传播层面的良性循环。

4.活动策略：提供全方位的感官体验，打造一场别具风格的咖啡奇遇

活动场地的选择贯穿咖啡主题。地点定在"咖啡之都"一座咖啡庄园内的咖啡馆。嘉宾们望向窗外是咖啡山，走到窗边是咖啡树，桌前有咖啡果，手边是咖啡杯。

场地布置呼应品牌主张。项目组根据雀巢对消费者持久提神、沉浸体验、融合风味、健康自律四大产品体验偏好的洞察，将现场布置成办公、悦己、休闲和户外4个模拟消费场景，让嘉宾在进入会场后就能沉浸式地体验雀巢此次品牌焕新的重要变化。

为了让大家更好地走进雀巢咖啡，品牌焕新和新品上市信息的传达以与嘉宾互动的形式进行，嘉宾不仅是听众，也是新闻制造者和发声者。活动还邀请嘉宾前往咖啡加工厂和雀巢咖啡中心（NCC）参观并和当地咖农互动，让嘉宾了解到此次品牌焕新是雀巢咖啡对自身品牌主动进行迭代和自我蜕变的缩影，是坚持通过绿色创新来推动咖啡产业在中国可持续发展的又一次承诺，从而成功地将产品、产业和文化链接在一起。

项目执行

1.筹备阶段：2024年3月

2024年是雀巢咖啡进入中国的第36年，在此期间，雀巢咖啡将关怀融入每一杯咖啡，以不断丰富的创新产品来回应消费者的期待，并将重心从产品转移到消费者体验上，追求并创造与消费者更深层次的情感联系，让咖啡迸发出更"缤纷"的可能。

在品牌视觉上，雀巢咖啡继续致力于以更加年轻、现代的视觉符号与消费者沟通，升级后的"雀巢咖啡"品牌名称更大、更醒目，并辅以标志性的雀巢咖啡元素符号，有利于提升品牌在中国消费市场的辨识度，迎合年轻化的视觉"姿态"，传递积极向上的品牌态度。

2.实施阶段：2024年4月10日—12日

雀巢咖啡于4月11日在云南普洱重磅宣布品牌焕新与产品升级。在"提醒每一天"的品牌主张基础上，由更关注产品转为更关注消费者体验。雀巢咖啡此次推出全新产品布局，以更沉浸式的咖啡消费场景为重心，围绕持久提神、沉浸体验、融合风味及健康自律四大产品体验，带消费者探索更有趣的咖啡旅程，力求将消费者的咖啡体验推向全新高度。

项目评估

1.受众反应

此次活动，让消费者和媒体对雀巢咖啡有了更多的了解，看到了雀巢咖啡多年来不断自我蜕变，根据行业趋势调整发展策略，践行"以消费者为中心，以创新为驱动力"的根本策略。大家在近距离感受新品及品牌焕新的同时，也深入了解了企业在产业链上的深耕，切身体会到了雀巢咖啡在可持续发展上的投入。

2.市场反应

雀巢咖啡凭借其对市场信号的敏感捕捉及对消费者需求的深刻了解，响应从功能性饮品到愉悦身心的全方位饮品体验的市场变化，新品上市后广受市场欢迎和认可。

3.媒体统计

本次传播涵盖商业财经、都市/生活方式、食品快消/吃喝玩乐及咖啡垂类账号，共有20余家媒体、自媒体、KOL出席活动，其中40%为主编、总监、创始人，全网产出不同角度的新闻稿件报道2000余篇，曝光量超50000万次。

亲历者说 赵雪玫　雀巢咖啡中国传播及创新总监

品牌焕新的背后，是中国咖啡市场的显著增长和多样化趋势。随着"咖啡＋万物"趋势的兴起，中国正在形成自己独特且不断更新的咖啡消费趋势，消费者口味需求、饮用场景变得更加多元。基于提神醒脑的功能属性、精致生活的文化属性及"第三空间"的社交属性，咖啡消费背后连接的是情绪价值需求。中国消费者对于咖啡，已然从为功能性买单走向为精神愉悦支付，"放松舒缓"成为消费者购买咖啡的最主要因素。

此次雀巢咖啡的品牌焕新传达出一种生活态度，即在享受优质咖啡的同时探索有趣且高能量的生活方式。这也响应了市场变化，代表着雀巢咖啡对消费者口味、健康趋势及品质生活的全方位考量。

雀巢咖啡新品的推出离不开与消费者的良性互动，真正意义上实现了以消费者为中心，力求通过全新升级的产品，让消费者在不同场景都能享受到符合自己生活方式的品质咖啡，以活力和热情迎接全新的每一天。

张颖　北京简声公关顾问有限公司客户总监

雀巢咖啡是一个历史悠久的经典品牌，承载着深厚的品牌印象与广泛的消费者认知。在品牌焕新的征途上，我们面临的最大挑战是如何赋予其新的记忆点，让经典焕发新生。通过与客户的深入沟通和团队的精心策划，我们将整个活动巧妙地打造成一场别开生面的"咖啡奇遇"。活动从邀请媒体进行咖啡因测试小程序的体验，到沉浸式活动体验区的设计，嘉宾共同参与新品上市环节，以及深入云南咖农家庭、咖啡加工厂，整个过程中积累了媒体对雀巢咖啡的理解，从情感上自发完成了一次全新的品牌叙事。在此期间，我们不仅为媒体提供了丰富的内容素材，更以一种立体、生动的方式，展现了这场"咖啡奇遇"背后的新品牌故事，让每一位参与者都能深刻感受到雀巢咖啡的创新精神和品牌魅力，从而在后期内容传播中收获了超出预期的效果和反馈。

案例点评

点评专家：龚妍奇　劲霸男装董事

统一整合子品牌＋推出全新品牌价值主张＋品牌视觉升级，就意味着这是一场战略级别的品牌动作。进入我国多年的雀巢，基于咖啡消费市场分析和对我国消费者的洞察，将这一战略性大动作策划成一场接地气的沉浸式体验——"咖啡奇遇"，一改很多品牌惯常高举高打发布战略的形式，聚焦在"人"上做文章，同时，一次性推出6大系列新品，实实在在地落地以消费者为导向的、不断创新的品牌理念。多元媒介的组合，使这次品牌升级战略的发布言之有物（内容）、视之有物（视觉）、品之有物（产品），多维度引发关注并形成新的品牌认知。

GE 医疗企业战略传播

执行时间： 2023年1月4日—2024年8月19日
企业名称： 通用电气医疗系统（中国）有限公司
品牌名称： GE 医疗
代理公司： 西岸奥美（北京）信息咨询服务有限公司
获奖类别： 2024金旗奖最具公众影响力品牌焕新金奖

项目概述

2023年年初，GE 医疗正式从 GE 集团中拆分出来，成为一家独立上市的企业，如何让 GE 医疗的上市举措和 GE 医疗中国的新价值赢取中国用户的认可，成为本次焕新传播面临的挑战。在当前纷繁复杂的国际环境下，GE 医疗需要构建一套能够充分展示自身差异化优势的核心传播策略，继而对话中国用户和利益相关者，引发情绪共鸣，推动业务在中国的发展。

项目策划

对企业而言，战略传播不仅是对外输出品牌使命和企业初心，更重要的是回应用户的真实诉求，强调企业的差异化优势，以便赋能一线业务。为此，团队以终为始，基于对业务长远发展的思考，采取"先厘清商业问题，再设定营销目标，后规划传播任务"三步走措施，设计与公司发展强关联的战略故事，以便让 GE 医疗的独立上市和新品牌形象更清晰地传递给受众、更友好地被受众感知。

1.第一步，厘清商业问题

在医疗器械国产化浪潮的影响下，越来越多的医院客户倾向于选择"国产产品"。这对于早在多年前就已布局本土生产制造的 GE 医疗而言，原是利好趋势，因为在官方定义中，国产产品是指在中国境内生产或中国境内生产的组件成本达到规定比例要求的终端产品。但在多数客户认知里，国产产品等于国产品牌。这就导致了跨国企业在国内生产制造产品的"身份定位"难题，进而影响到一线业务的成交量。

2.第二步，设定营销目标

基于前述商业困境，团队将"破题关键"放在了扭转中国公众对"国产产品＝国产品牌"的认知、重新定义"国产产品"上。为此，项目组整理并强调了"GE 医疗是中国医疗器械市场上国产化布局最早、成果最多的跨国械企"这一核心信息，结合医疗器械"国产化"的时代语境，将GE医疗在中国的企业战略升级为"全面国产、无界创新、合作共赢"。这一策略重点包含2个层面的信息：一是以"全面国产"回应"跨国品牌无国产制造"的认知偏差，强调GE医疗在中国本土的悠久生产制造历程和六大基地（7个工厂）的布局，以及坚定开启全新"高端中国制造"的信心；二是以"无界创新"展现GE医疗的差异化价值。作为跨国医疗器械企业中本土化程度最深的企业，GE医疗中国在全球资源和中国创新之间发挥着关键桥梁作用，不仅能有效链接全球优质资源，将全球领先技术快速落地临床，造福中国医患，还能带领"中国创新"走上世界舞台，助力中国医疗器械行业从"跟跑、并跑"加快转型到"领跑"。

3.第三步，规划传播任务

围绕全新的企业战略，梳理好关键信息后，团队通过一场面向全国核心媒体的战略发布会，向不同层面的受众讲述GE医疗中国的差异化价值——对于政府而言，GE医疗中国正以"全球智慧+本土创新"的"无界创新"范式，助推中国医疗器械创新走向世界；对于医疗机构而言，GE医疗中国的"无界创新"帮助临床解决实际问题，提升工作效率，优化患者护理结果；对于每一位患者而言，GE医疗中国的"无界创新"则可以帮助他们更快看上病、看好病。

项目执行

为有效传播GE医疗中国的差异化价值，团队制定了定基调、树观念、促认同的执行步骤。

（1）定基调阶段，议题埋伏笔：4家头部新锐媒体回溯GE医疗在中国的发展历程，挖掘其作为创新桥梁在中国和世界医疗行业融合发展过程中的独有价值，为后续"无界创新"概念的提出埋伏笔。

（2）树观念阶段，品牌开放日：通过CEO主题分享以及北京经开区"GE医疗创新孵化载体"认证授牌仪式，力邀全国50家核心媒体参会，辅以深度采访文章解读，输出GE医疗中国创新企业战略的内涵。

（3）促认同阶段，解读更全面：通过后续的CMEF（中国国际医疗器械博览会）、CIIE（中国国际进口博览会）等一系列品牌活动，发挥长尾效应，在全年活动中反复向权威媒体、财经媒体、行业媒体强化GE医疗中国坚守"无界创新"的初心和实践，扩散GE医疗的差异化价值。

项目评估

1.效果综述

借助上述3个阶段的传播活动，不仅有针对性地向各领域媒体传递了GE医疗中国的全新战略，帮助更多受众深入理解 GE 医疗中国坚守"无界创新"的精神内涵，更进一步明确了 GE 医疗在中国医疗器械行业发展中的关键价值。

与此同时，GE 医疗中国顺利开启两个具备政府背景的战略投资项目，并以此为契机，与北京市政府签署战略合作备忘录。这两项极具影响力的重磅合作，均是 GE 医疗中国"无界创新"战略的落地展现，也是 GE 医疗中国自上而下获取中国受众认可的有力佐证。

2.媒体统计

此次企业传播活动共收获来自全国超 70 家媒体的关注，新闻报道累计超过 500 条，媒体曝光量超 600 万次。其中，新华社、《人民日报》等核心媒体发布《GE 医疗：让世界看到中国创新的力量》等 5 篇综述文章，为 GE 医疗中国的"无界创新"范式进行了定调，累计收获 240 万次的浏览量。

第一财经、界面新闻、《21 世纪经济报道》等头部财经媒体发布《唯有创新治内卷，GE 医疗的突围之路》《GE 医疗中国升级战略：迈出的每一步都为国产挺起"硬脊"！》等 10 篇有深度的文章，解读 GE 医疗中国的"无界创新"模式，累计收获 160 万次的浏览量。

赛柏蓝器械等平台发布《GE 医疗中国独立上市后首次发声：将加大国产和创新的投入，更加聚焦中国式现代化发展》等 20 篇行业综述稿，剖析 GE 医疗中国"无界创新"为中国医患带来的利好，继而引发业界广泛讨论，最终累计收获 200 万次的浏览量。

亲历者说 钟路音　GE 医疗中国首席传播官、多元平等包容文化大使

品牌传播的本质是让目标受众对品牌有更清晰的差异化认知，从而在长期经营中赋能业务。为此，我们梳理了 GE 医疗中国的差异化优势 —— 作为跨国企业中"国产化"布局早、成果多的企业之一，GE 医疗中国一直在以融合全球资源的"无界创新"响应中国医患的需求。团队更是通过新战略发布、蕴含全球和中国智慧的创新产品以及持续不断的产学研跨界合作，让"无界创新"与 GE 医疗中国形成了强绑定，建立了深耕中国市场、坚定投资中国创新的全新品牌形象。

案例点评

点评专家：韩红星　华南理工大学新闻与传播学院教授、博士生导师

GE 医疗中国"企业战略与传播活动"案例精准把握跨国企业本土化转型的核心命题，以"全面国产、无界创新、合作共赢"为战略支点，成功构建了品牌焕新的标杆范式，展现了战略传播与商业价值的深度协同。

战略定位方面，面对"国产产品＝国产品牌"的市场偏见，GE医疗中国通过"全面国产"战略重塑认知，并以"高端中国制造"打破跨国品牌低端代工标签化印象，形成差异化竞争壁垒。

在传播策略方面，以分层叙事激发共鸣，以长尾效应强化认同。传播活动通过"战略发布会＋品牌开放日＋行业展会"组合拳，分层触达政府、医疗机构及公众。权威媒体定调"全球智慧＋本土创新"，财经媒体解读商业逻辑，行业媒体聚焦临床价值。进博会、服贸会等平台持续输出高端国产设备成果，以"展品变商品"的实效验证战略落地，形成传播长尾效应。全年超500条媒体报道、600万次曝光量，成功将"无界创新"与GE医疗强绑定。2023年，GE医疗国产设备销售占比超70%，业务机会增长20%，印证了传播赋能业务的闭环逻辑。其以"战略—传播—商业"三位一体的模式，为跨国企业本土化转型提供了"认知重构—价值传递—生态共建"的可复制路径。

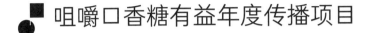

咀嚼口香糖有益年度传播项目

执行时间：2023年6月1日—2024年9月5日

企业名称：玛氏箭牌糖果（中国）有限公司

品牌名称：玛氏箭牌

代理公司：北京明思力公关顾问有限公司

获奖类别：2024金旗奖最具公众影响力品牌焕新金奖

项目概述

玛氏箭牌通过长期的品类趋势洞察与消费者行为研究发现，年轻群体作为消费主力军，在瞬息万变的时代经常会感受到不同程度的压力，需要更加简单易行的方式来调节身心状态。

玛氏箭牌作为口香糖品类领军品牌，基于消费者需求和品类利益点，发起了口香糖品类教育项目，期待让口香糖由功能性零食转变为人们生活中的"自在好伙伴"，鼓励年轻人多嚼、爱嚼、一起嚼口香糖，从而推动口香糖品类增长。

项目策划

1.项目洞察

玛氏箭牌是玛氏中国规模最大的事业部，旗下拥有益达、绿箭等知名口香糖品牌。在过去的几十年，由益达引领的口香糖品类，由餐后关爱的功能性品类升级为鼓励消费者自信的情感品类，再到鼓励年轻人"嚼出自己"的态度品类。但是，随着时代的发展，当代的年轻消费者却普遍认为嚼口香糖"缺乏个性"，口香糖品类迫切需要与"Z世代"消费者深入沟通，焕新品类形象。

通过市场趋势洞察，玛氏箭牌发现咀嚼口香糖能够帮助年轻人在繁忙的生活中调节紧张情绪、提高专注度，这一洞察成为这一传播项目推广的基础，也一定程度上反映出玛氏箭牌将"咀嚼口香糖益处多"作为核心传播信息的可行性。

2.项目策略

（1）专家学者增强科研背书：联合北京大学、中山大学、华东师范大学等国内外权威机构的心理学专家开展系列科学实验，研究咀嚼口香糖对缓解紧张情绪、提升注意力及形成正念的积极影响，为咀嚼行为的健康价值增添科研支撑。

（2）联合权威媒体，倡导青年自在生活方式：联合人民健康，共同发起"青年自在生活方式"倡议，倡导当代年轻人关注心理健康，积极自在、健康快乐生活。与新华网、环球网、凤凰网等主流媒体合作报道，传播咀嚼口香糖益处的同时持续传递积极的价值观。

（3）场景结合，建立情感联结：通过消费者行为研究，深度调研年轻人日常可能面对的压力场景及环境。从学习、工作和运动等生活场景切入，传播咀嚼口香糖的益处，并通过丰富多样的触点触达年轻群体。

3.项目创意

（1）趣味citywalk（城市漫步）助力年轻人乐享科普

2023年12月，玛氏箭牌与人民健康、北辰青年共同发起"青年自在生活方式"倡议，并联合中山大学心理学系定制科学趣味游戏，通过广州北京路citywalk主题活动，帮助年轻人深度了解咀嚼口香糖对情绪管理的积极作用，鼓励年轻人寻回生活自在的一面。

（2）校园citywalk助力学子打开思路

2024年4月，玛氏箭牌在华南农业大学开展了一场别开生面的自在校园citywalk活动，用轻松好玩的方式助力莘莘学子及更多年轻人了解咀嚼口香糖益处的相关科学机理，提振精气神，让思路如花般打开。

（3）校园辩论赛助力辩手自在表达、稳定发挥

2024年6月，玛氏箭牌联合北京大学学生辩论协会举办北京大学"未名杯"辩论赛，助力选手们在高强度的思维挑战赛前通过嚼一嚼口香糖回归自在好状态，同时，带来一系列别出心裁的趣味游戏，帮助年轻人了解咀嚼口香糖益处背后的科学机理。

北京大学"未名杯"辩论赛

此外，玛氏箭牌积极在社交媒体上探索多元趣味传播方式，帮助口香糖走进更多年轻消费者的视野。

聚焦青年生活方式类KOL，精准触达目标人群：配合线下活动传播，玛氏箭牌邀请了不同量级KOL，通过视频、图文等形式，围绕"嚼出自在好状态""情绪价值是嚼口香糖给的"共创优质内容，在小红书等社交媒体引发广泛的关注和讨论。

结合时事热点，扩大传播影响力：2023年9月，电竞首次被纳入亚运会比赛项目，获得极高关注。玛氏箭牌与知名科普类KOL合作，以创意漫画的形式传播咀嚼口香糖可以帮助电竞玩家"激活状态"，以及其在缓解紧张情绪、集中注意力方面的价值。此外，2024年巴黎奥运期间，项目组与知名科技类媒体果壳结合奥运热点，推出深度科普推文《为什么嚼口香糖的人情绪更稳定？？》，将咀嚼口香糖的益处与运动场景关联起来，短时间内取得了超10万次的阅读量，大大提升了品牌影响力和讨论度。

知名博主破圈传播：2024年9月，与头部科技类KOL合作，以创意视频的形式探索咀嚼口香糖的新快乐，进一步增强了年轻群体对口香糖的兴趣。

创新打造"嚼吧"官方公众号，持续科普咀嚼益处：结合节日及社交媒体热点，将咀嚼益处的科学机理与年轻人的日常生活结合起来，引发目标群体共鸣。

项目执行

口香糖品类教育项目为长期传播项目，项目组不断开拓创新渠道、多样触点，以与目标消费群体产生情感联结，提升消费者认知。

在前期准备阶段，玛氏箭牌进行了全面的市场调研和消费者洞察，基于消费者需求和品牌利益点，打造全新的品类创意——"咀嚼口香糖益处多"。基于此，项目组重点进行了一系列线上线下活动，确保活动能够持续性精准触达目标受众。

项目评估

该项目取得了显著效果，成功提高了年轻消费者对口香糖的认知与使用频率。从具体数据来看，口香糖品类传播内容实现113.9亿次曝光，成功引发了消费者对咀嚼口香糖益处的关注。从目标达成情况来看，口香糖品类教育活动吸引了大量线上线下参与者并促使他们增加了口香糖使用频率，许多参与者表示对口香糖在情绪管理方面的作用有了新的认知，部分消费者已然将口香糖视为日常生活中的"自在搭子"。

从传播结果来看，本项目具有以下亮点。

（1）数据爆：口香糖品类教育项目获得了广泛的关注和报道。活动启动以来，超过600家媒体传播咀嚼口香糖益处，包括新华网、人民网、环球网等权威媒体，总曝光量达113.9亿次。此外，超过300位博主为玛氏箭牌背书，引发大量的社交媒体讨论，形成了良好的口碑效应。

（2）促销量：积极联动线下传统商超，将咀嚼益处的科普海报摆放在年轻人聚集的商圈和高校周边商超，以益达为首的玛氏箭牌旗下各口香糖品类在推广期间销量均有所上升。

（3）高评价：玛氏箭牌的场景多元化趣味科普活动获得了合作方北京大学、华南农业大学等知名学府的高度评价，食品行业媒体"小食代"多次将该项目评价为行业内"有效提升品牌形象"的成功范本。

亲历者说 张珑 玛氏箭牌口香糖品类教育项目负责人

在这个项目中，我们整个团队不断追求创新与卓越表现，探索如何通过口香糖品类教育推动社会性变革。从市场调研到创意执行，每一步都充满了挑战与收获。最令我感动的是，越来越多的年轻人通过我们的活动认识到咀嚼口香糖在情绪管理方面的益处，这不仅反映出我们项目为品牌影响力做出的贡献，更让我对我们的工作充满了自豪感。我相信，这仅仅是个开始，我们将继续在口香糖品类教育领域深耕，在未来创造更多的社会价值。

案例点评

点评专家：刘晓程 兰州大学新闻与传播学院教授、院长、博士生导师，中国新闻史学会公共关系专业委员会理事长

该项目以"咀嚼益多"为核心主张，突破传统功能化沟通框架，将科学实证与青年文化紧密融合，成功塑造了口香糖"自在搭子"的情感价值。项目依托北京大学、中山大学等权威机构的科研背书，联合权威媒体发起"青年自在生活方式"倡议，赋予咀嚼行为科学内涵与社会意义。活动设计极具创意，校园 citywalk、北大辩论赛等线下场景化互动，精准触达学生群体，以趣味形式传递科学机理；借势亚运会、巴黎奥运会热点，以漫画、科普推文等轻量化内容实现破圈传播，展现出品牌对年轻消费者群体的深刻洞察。项目效果显著，达成亿级曝光量、600 多家媒体报道及销量提升等目标，印证了该项目策略的成功。

三十而立，所向披靡——5·25全国爱肤日彼康王30周年品牌焕新传播项目

执行时间：2024年3月1日—6月1日

企业名称：拜耳（中国）有限公司

品牌名称：彼康王

代理公司：上海释宣商务咨询有限公司

获奖类别：2024金旗奖最具公众影响力品牌焕新金奖

项目概述

拜耳在"5·25全国爱肤日"到来之际，开展彼康王30周年品牌焕新系列传播项目，溯源彼康王核心成分——复方酮康唑，将健康科普与品牌焕新相结合，展现拜耳深耕中国140余年的积极企业形象，携手连锁药店等多方合作伙伴，打造皮肤抗真菌赛道的综合性品牌，助力彼康王迈向全国，共同开启皮肤治疗新纪元。

项目策划

1.传播策略

（1）抢抓健康传播节点，契合"5·25全国爱肤日"，科普正确护肤知识。

（2）立足彼康王30周年，全域焕新升级，品牌热度持续飙升，备受关注。

（3）充分运用院士资源，背书产品核心成分，持续精准科普。

（4）多元内容同步传播，梯次式报道，深度触达受众。

（5）精准定位目标受众，定制个性化传播内容，打造传播爆点。

（6）融合线上线下渠道，点、线、面全方位联动，拓宽市场领域。

2.媒介策略

（1）官媒首发院士口述的"溯源故事"，增强科普权威性。

（2）引领社交媒体热搜，权威媒体主动转发，增加曝光量。

（3）权威媒体与财经媒体深度专访，传递企业未来发展规划。

（4）云南区域媒体辐射大西南，协同全国媒体打造声量大高峰。

"5·25全国爱肤日"彼康王品牌海报

3.传播规划

（1）预热传播阶段：发布院士访谈视频与微博长图文，发起微博轻调研，权威科普预热，激发受众参与兴趣。

·媒体端，品牌溯源：医学真菌病学专家、中国工程院院士廖万清的溯源视频在腾讯、今日头条等11个全媒体平台传播，讲述"对抗真菌感染，复方酮康唑的研发故事"。

·社交端，引爆微博话题：发起趣味科普话题，以调研结果发掘受众关注内容，以高质量科普长图文传递科学护肤健康知识和理念，强势露出"复方酮康唑"。

全新彼康王发布启动仪式

（2）高光传播阶段：隆重召开发布会，云南媒体和其他媒体跟进报道，撬动权威媒体转载，引爆热搜。

全国及云南区域媒体联合报道彼康王30周年全新品牌发布会，迅速辐射全国，覆盖更广泛的受众群体，加深大众对升级焕新的彼康王的了解和认知。

微博科普图文与话题热度持续升温，权威媒体转载，各地政务媒体转载，自媒体账号跟帖，提升科普话题曝光度、讨论度、参与度。

（3）接续传播阶段：电视台及短视频平台报道发布会盛况，发布企业深度访谈视频，展望未来发展规划与全方位合作。

云南电视台报道对皮肤真菌病防治国家重点研发项目首席科学家的采访，报道新品发布会盛况，涵盖科普采访、复方酮康唑在治疗方面的应用经验与优势。

云南电视台官方抖音号发布采访拜耳健康消费品中国区治疗品类负责人、云南健之佳医药连锁集团股份有限公司董事长及总裁视频，大屏小屏双联动，全方位宣传彼康王新品。

项目执行

1.项目前期

（1）溯源视频的筹备：深度调研彼康王诞生的历史背景、品牌理念与核心成分。

（2）热门话题的检索：围绕相关关键词进行搜索，收集近期相关话题的讨论量、关注度。

（3）全新品牌发布会：前期筹备、嘉宾邀请、日程与采访安排等。

2.项目期间

（1）院士深度专访：围绕品牌历史、技术创新（复方酮康唑）、惠及更广泛消费者等多方面内容展开深入探讨。采访后，编辑采访视频，加入视觉元素以提升吸引力，在人民日报健康客户端全平台发布，为"5·25全国爱肤日"预热传播。

（2）科普内容创作：在往期科普内容的基础上设计有吸引力的主题，将复方酮康唑等关键词详细纳入科普内容，提升曝光量，引导用户讨论。"5·25全国爱肤日"前夕在微博发布有关内容，持续发酵话题，撬动权威媒体转载。

（3）全新品牌发布庆典：通过盛大的发布庆典展示彼康王焕新形象，提升品牌形象和市场影响力。在活动上，多家媒体采访了与会专家、拜耳高层、合作伙伴高层，全方位传递品牌焕新信息。

3.项目后期

持续监控媒体报道和公众反馈，评估传播效果；与媒体开展活动后沟通，听取媒体意见与建议；整理传播期热点方向，为后续传播积累资料。

项目评估

1.效果综述

（1）全新形象深入人心：彼康王成功展现了焕新后的全新形象。消费者不仅看到了彼康王产品的升级，更感受到了品牌对于国人皮肤健康的深切关怀与承诺。

（2）复方酮康唑广受认可：院士权威科普和权威媒体的集中报道，不仅增强了彼康王产品的市场竞争力，也为彼康王赢得了更多忠实用户。

（3）积极树立拜耳企业形象：一系列企业高层采访与战略规划的发布，进一步增强了投资者、合作伙伴及公众对拜耳未来发展的信心与期待。

（4）开启合作崭新篇章：彼康王全新品牌的发布，助力拜耳进一步携手合作伙伴开展更广泛、更深入的强强合作。

2.市场反馈

品牌借势发力，新品快速进驻渠道全域终端。彼康王携手九州通及连锁药店合作伙伴，30天内新品覆盖超55000家终端网点。

深化重点连锁合作，助力品牌全域高速增长。免费皮肤检测科普路演、和美乡村足球联赛及乡镇大篷车等多元的品牌科普活动，让更多的消费者了解并信赖彼康王这一优质品牌，助力品牌实现全域高速增长。

上市3个月后，线上线下渠道品类高速增长，其中，重点连锁纯销量增长很快。

3.媒体统计

稿件总报道超527篇，总曝光量超1.2亿次，话题登上微博热搜第18位。

《对抗真菌感染，复方酮康唑的研发故事》在11个平台同步落地，播放量超121万次。

高品质科普长图文获大量转载，霸榜热搜近2小时，热搜话题阅读量超4326.6万次，互动量超9000次。

亲历者说 颜炜　拜耳健康消费品广域拓展客户事业部负责人

1994年，彼康王产品在云南诞生。一路走来，彼康王扎实地"立"在了"专业抗菌止痒药物"赛道上。彼康王的愿景是5年内品牌规模超10亿元，服务患者超1亿。在产品和品牌层面，彼康王将由皮肤抗真菌赛道向皮肤健康综合性治疗赛道拓展，将聚焦消费者需求，继续为消费者提供创新的、可靠的产品和服务；在消费赋能和可及的维度，彼康王将携手政府、企业、权威专家，开启更为精准化的消费者科普教育与沟通，尽可能地服务好每位消费者。通过本项目，我们希望，从品牌源点再出发，一起溯源品牌的理念和历程。相信通过我们的共同努力，一定可以让彼康王赢得更多消费者的信任。

案例点评

点评专家：刘晓程　兰州大学新闻与传播学院教授、院长、博士生导师，中国新闻史学会公共关系专业委员会理事长

该项目以"5·25全国爱肤日"为契机，成功将品牌焕新与健康科普深度结合起来，展现出强大的节点把控能力与资源整合能力。项目由中国工程院院士廖万清权威背书，溯源核心成分复方酮康唑的研发故事，以"科学＋情感"的双线叙事，强化品牌专业效应与人文色彩，精准收获消费者信任。传播策略层次分明，权威媒体首发定调，社交媒体热搜破圈，云南区域辐射全国，形成权威发声、全网联动、地域渗透的立体传播矩阵。数据成果亮眼，527篇稿件、亿级曝光量及微博热搜第18位的成绩，印证了策略的高效落地。

双引擎助迪卡侬品牌焕新，深化消费者链接[①]

执行时间：2024年3月1日—9月1日

企业名称：迪卡侬中国

品牌名称：迪卡侬

获奖类别：2024金旗奖最具公众影响力品牌焕新金奖

项目概述

2024年，在这一被赋予"体育大年"特殊意义的年份里，全球体育运动热潮持续高涨。迪卡侬中国企业公关部敏锐洞察市场趋势，通过系统性的规划和整合传播手段，打造全球品牌焕新、奥运会报道双重引擎。一方面，强化中国消费者对于品牌的全新认知及对于品牌宗旨的认同；另一方面，增强大众对品牌理念和价值的认同和共鸣，有效激发大众对体育运动的无限热情，持续助力"全民健身"的实施与推广。

项目策划

1.项目目标

本项目首要且关键的目标直指迪卡侬在全球市场品牌形象的焕新变革，不仅要提升中国消费者对品牌的认知，更要强化迪卡侬作为专业运动品牌在中国市场的地位。在企业"北极星"战略的指引下，迪卡侬中国围绕"去标签化，重塑专业运动品牌定位"的战略目标，力求突破大众固有印象，让大众迅速且全面地认识到迪卡侬的全新品牌形象，与中国消费者建立更深层次的情感联结。

2.趋势洞察

近年来，随着全球体育运动的广泛普及和大众对健康生活方式的高追求，体育行业迎来了前所未有的发展机遇。中国市场消费者对品牌故事、文化理念及社会责任关注度的日益提升，为迪卡侬展示自身优势、讲述中国故事、与消费者巩固情感联结提供了广阔的空间。此外，备受关注的2024年巴黎奥运会，使体育相关话题成为媒体和公众关注的焦点，迪卡侬法国是2024年巴黎奥运会和残奥会的官方合作伙伴，这为品牌传播提供了天然的热

---

① 本文中所涉及的照片，迪卡侬中国均已得到被拍摄者的使用许可。

点与话题。

3.项目策略及传播规划

（1）项目策略

迪卡侬中国的企业公关部门，从企业战略视角出发，采用双重驱动的核心策略。其一，聚焦品牌焕新，在中国市场树立一个更加专业、鲜明、个性的运动品牌形象，通过制订以品牌焕新为核心内容的全渠道、多层次传播策略，精准传达品牌焕新的深远意义及"Move People Through the Wonders of Sport"的品牌宗旨；其二，充分借助迪卡侬法国2024年巴黎奥运会和残奥会官方合作伙伴的身份，将相关话题转化为迪卡侬品牌和产品专业性的背书，通过打造具有情感联结的品牌故事及焕然一新的品牌体验，在奥运舆论场实现差异化突围，最终收获品牌认知度提升与认同感增强的双赢局面。

（2）传播规划

第一阶段，全球品牌焕新领航，战略落地，开启在华新篇章。

2024年3月，借助全球品牌焕新主题，迪卡侬中国企业公关部精心策划并落地了一场品牌焕新事件，并以此为起点，构建了一个全球同步、本土深耕的品牌焕新主题下的叙事框架。首先，组建了以权威媒体及主流商业财经媒体为核心的媒体矩阵，邀请其赴法国参加全球新闻发布会，深入总部探访，并对迪卡侬首席执行官进行独家访谈。此外，60余家国内媒体受邀同步在线参加在巴黎举办的发布会并与现场连线互动，见证迪卡侬品牌焕新升级的里程碑事件。线上线下深度融合的传播策略，确保品牌焕新信息实现跨圈层传播，触达更广泛、更多元化的受众群体，为品牌焕新奠定了坚实的基础。

随后，进入品牌焕新本土落地阶段，迪卡侬在西安、北京、武汉、成都、上海、南京等核心城市陆续开设新标店。迪卡侬中国企业公关部紧密结合品牌在华的最新布局，以更加贴近本土市场的叙事手法，生动展现品牌在中国市场开启的新篇章。通过策划媒体探店、高层采访、员工运动大使沟通会等活动，系统性输出品牌对中国市场的深刻理解与坚定承诺，让品牌故事更加深入人心，以权威视角和深刻洞察增强市场信心。

第二阶段，中法联动，借势国际赛事赞助，差异化传播，打造专属热点话题。

作为2024巴黎奥运会和残奥会官方合作伙伴，迪卡侬法国是志愿者制服的设计生产分发赞助商，同时，负责火炬手制服的设计。在奥运筹备阶段，迪卡侬中国精准捕捉国内媒体对于赛事筹备工作的关注，提前预判社会关注点，通过融入独家话题点和新闻点，成功锁定赛前相关报道议程，吸引多家媒体主动采访报道。

赛时阶段，迪卡侬深度挖掘话题，围绕备受瞩目的火炬手服装、迪卡侬Playground线下运动体验空间、迪卡侬全球首家品牌焕新店探访，持续对外输出差异化新闻内容，以图文、短视频形式传播法国的运动文化、巴黎城市风光。

迪卡侬2024年巴黎奥运会志愿者制服

通过赛事周期一系列有内容、有新意、高质量的曝光，帮助品牌创造既契合奥运精神又独具品牌特点的内容生态，增强了消费者对迪卡侬品牌的认知、认同。

项目执行

1.品牌焕新全球新闻发布会

迪卡侬首席执行官接受中国媒体专访，讲述品牌焕新故事，引发国内外广泛关注和热议。3月12日，12家中国媒体与其他国家媒体出席迪卡侬品牌焕新全球新闻发布会，同时，60余家国内媒体直播，共同见证这一具有里程碑意义的事件，随即产出一系列第一手新闻报道。

中国作为集团战略国家，迅速落地焕新项目，首批新标门店开业。北京五棵松店作为优秀案例，在开业期间举办品牌焕新暨新店开业媒体推介会，通过媒体探店、迪卡侬员工运动大使讲解、高管分享会等活动，进一步加深媒体对迪卡侬品牌理念与价值的共鸣。

2.国际赛事借势传播

（1）挖掘差异化热点话题：紧扣奥运会相关热点，从志愿者制服分发中心再到火炬手服装及限时体验空间迪卡侬Playground，打造兼具新闻价值和品牌价值的话题。

（2）短视频个性化叙事：精心策划社交媒体传播的系列短视频Vlog内容，记录从巴黎城市脉动直至开幕式的精彩瞬间，再到迪卡侬Playground，从一位迪卡侬中国员工的独特视角出发，以个性化叙事手法，生动展现荣耀感与使命感。

项目评估

1.品牌焕新及新店开业

截至2024年5月23日，全球品牌焕新及媒体专访深度稿件转载超2000篇，累计曝光近6000万次。新华社和《人民日报》两家权威媒体对迪卡侬首席执行官进行专访，以独特的视角和前瞻性思考揭示品牌焕新的深层逻辑与战略考量，向中国市场传递品牌对未来发展的坚定信心与愿景。其中，新华社中英双语长篇专稿《一家法国公司，与中国体育共成长——专访迪卡侬全球CEO科波拉》引起广泛关注，迪卡侬"在中国，为中国"战略深入人心，成为多家在华外企的通用标语。多家媒体发布大量正面报道，广泛触达公众，持续发酵热度。

截至8月13日，迪卡侬中国品牌焕新暨五棵松店开业宣传活动成绩耀眼，官方新闻稿件及媒体专访深度稿件转载超2000篇，累计曝光近5000万次。《经济日报》以独到视角，推出"这家新店有什么不同"视频专题报道，权威而生动地揭秘了迪卡侬新店的独特魅力与创新亮点。中新网则以"外企持续'加仓'，迪卡侬深化中国市场布局"为题，深度剖析了品牌在华不断加大投资力度、深化市场战略的远见卓识，进一步巩固了迪卡侬在中国市场的领先地位。此外，赢商网匠心独运，发布视频新闻"进入中国21年，迪卡侬真的变了！"，以"总裁带你逛店"的视角，运用直观且富有感染力的方式，生动展现迪卡侬新店的前卫设计、丰富体验及品牌理念，让迪卡侬的新形象深入人心，成为行业内外热议的焦点。

2.借势社会热点，持续发酵品牌新形象和品牌价值

借助迪卡侬法国作为2024年巴黎奥运会及残奥会官方合作伙伴这一身份，聚焦"志愿者群体"，成功吸引央媒主动创作内容和报道。采访迪卡侬中国员工代表志愿者，挖掘他们的个人故事，生动展现他们的热情与奉献精神，与迪卡侬品牌理念形成深刻共鸣。奥运周期内，媒体发布稿件超1200篇，累计曝光量近4000万次，收获100%的正面声量。权威媒体主要以新媒体平台短视频露出为主，进行官方层面的传播，奠定了积极正向的传播基调；体育行业媒体则从行业视角出发对迪卡侬品牌及奥运赞助的理念进行了专业解读。此外，迪卡侬集团员工也在个人社交媒体自发创作、传播内容，增强了传播的穿透力与覆盖力，触达更广泛人群，热度持续推高。

亲历者说 赵洁　迪卡侬中国公关事务总监

很荣幸和法国团队一起亲历了2024年迪卡侬全球品牌焕新活动的辉煌时刻。我们整合全球资源，洞察中国市场趋势，紧密结合中国消费者的喜好，深入挖掘品牌价值，生动讲述焕新升级和在华深耕的故事，展现了迪卡侬作为全球多领域专业运动品牌的活力与温度，进一步深化了与中国运动爱好者情感连接。展望未来，我们将继续秉承"让运动触手可及"的理念，通过更加多样化、更具包容性的传播路径讲好品牌故事，与更多人共享运动带来的快乐。

案例点评

点评专家：龚妍奇　劲霸男装董事

这是一场漂亮的、有"预谋"的品牌战役。启动全球品牌焕新并意图开启在我国发展的新篇章，这样的品牌大动作什么时候做、怎样做，非常考验品牌的判断力和规划力。迪卡侬有"预谋"地把项目启动放在了2024年巴黎奥运会节点上，借助迪卡侬法国奥运会官方合作伙伴的身份，整合全球资源，系统策划，专业执行，中法联动，势上加势，做到了巴黎奥运会国际势能反哺我国市场的效果。首批新标杆门店的揭幕，在吸引国内外媒体关注报道的同时，迅速让消费者感知到品牌的变化。迪卡侬很巧妙地聚焦志愿者群体，在赛事期间针对志愿者的一系列举措将这个群体带入公众视线，增添了品牌的温度，收获了公众好感度。

GOLDEN
FLAG
AWARD
金 旗 奖

2024
—
金旗奖最具公众影响力
企业社会责任金奖

"传递关爱，抱抱泡泡"科普公益项目

执行时间： 2023年5月7日—5月17日
企业名称： 北京生命绿洲公益服务中心
品牌名称： 北京生命绿洲公益服务中心
代理公司： 明思力中国
获奖类别： 2024金旗奖最具公众影响力企业社会责任金奖

项目概述

项目组深刻洞察NF1（神经纤维瘤病1型）患者面临的困境，以"人生无纤，未来无限"为口号，策划了"传递关爱，抱抱泡泡"项目，该项目也得到了多方支持。在5月17日世界神经纤维瘤病关爱日，明思力项目组联合各领域相关方，通过多元传播活动有力地提升公众对NF1的认知，推动罕见病规范化诊疗，产生广泛社会影响。

项目策划

1.洞察

NF1患者在需要被看见的同时又担心承受异样的目光，社会各界的关爱是帮助他们克服心理障碍的重要一环。项目组深入分析"泡泡宝贝"的日常生活、治疗及心理压力，打造深入人心且情理兼备的内容，持续提升患者关爱水平，在提升社会认知的同时有效助力规范化诊疗水平的提升，并推动政策制定和完善。

2.创意

通过多元化线上线下活动，向公众及专业人士展示患者的真实处境。

（1）NF1患者专属的"泡泡宝贝"IP形象：通过具有疾病特征的患者IP形象，打造具有长期传播价值的传播资产，让公众直观了解NF1患者处境。

（2）朗朗上口的口号"抱抱泡泡"：鼓励人们以实际行动传递关爱，同时，鼓励患者走向公众视野，与更多人互动拥抱，在拥抱交流中真正"被看见""被理解""被接纳"。

（3）真实患者故事纪录片：深入患者及其家属的真实生活与内心世界，打造极具感染力的故事片《许愿无"纤"，人生无限》，还原患者真实生活现状。

3.策略

与能量中国合作，有效撬动整个公益生态圈，引入知名IP流量及正能量运动员，进行舆论造势；传播患者故事短片，让患者群体的需求被看见。

各方联动，传递关爱：线上传播微博话题，融合专家科普与患者故事短片，邀请知名IP、体育明星及公益蓝V接力微博话题。

多维度多层次传播，效果最大化：内容覆盖健康、大众等多类型媒体，以及微博、微信、网页、客户端等多元平台，充分利用媒体矩阵扩大声量并于关爱日集中传播，形成转发效应。

患者真实故事视频纪录片《许愿无"纤"，人生无限》画面

4.规划

循序渐进、多元类型、集中爆发。

前期预热，打造出圈影响力："线上+线下"场景联动，建立#人生无纤未来无限#话题，能量中国与20多家媒体矩阵联合TX淮海公众号进行传播预热，利用知名IP和商场流量打造街头拥抱活动。

当天传播，集中爆发：活动报道与相关视频由能量中国的媒体矩阵、体育明星、KOL、患者组织和其他权威媒体等联动传播，扩大声量。

项目执行

在传递"干货"、助力疾病科普及提升规范化诊疗水平的同时，以有血有肉的真实故事及面对面的拥抱活动引发公众关注与共情。

5月7日，"抱抱泡泡"线下快闪拥抱活动：将IP人偶与科普展览于上海商场TX淮海露出，联动KOL举办街头"抱抱泡泡"活动。

5月10日，专家采访：邀请5家媒体，对复旦大学附属儿科医院院长进行线上采访。

5月13日，开展圆桌论坛，首播故事短片：在北京举办世界神经纤维瘤病关爱日暨

NF1规范化诊疗圆桌论坛，并首映短片。

5月17日，集中传播：线上，多方于微博接力传播；线下，北京和上海的多个公益地铁灯箱进行为期4周的曝光。

项目评估

1.效果综述

有效提高了社会对于神经纤维瘤病的认知，为患者群体传递了关心与温暖，"泡泡宝贝"被更多人了解与关爱。多方努力下，神经纤维瘤病被正式纳入《第二批罕见病目录》，创新疗法引入并纳入医保目录，为患者疾病诊疗带来更多希望。

社会的关爱与支持给予患者家庭积极的鼓励。

2.传播统计

报道端：相关报道超过90篇；覆盖App、网页、纸媒全渠道；覆盖人群超过400万人。

微博端：由能量中国作为话题主持人发起相关话题，泡泡家园、奥运明星、KOL、地方重点蓝V等响应活动，引发公众的关注和讨论。#人生无纤未来无限#话题微博阅读量超过1500万，相关微博阅读量超过4700万次。

《许愿无"纤"，人生无限》全网多平台传播，视频观看量近150万次。

线下活动：5月7日的快闪活动吸引了超过300人参与；5月17日关爱日，线下公益地铁灯箱吸引路人与患者打卡合影，曝光量超过7200万人次。

亲历者说 李雨笛　明思力中国高级执行主任

罕见病是"健康中国"的重要议题之一，这条路有许多难关需要克服，我们了解到很多患者及家属的故事，看见宏观浪潮中"罕见群体"的需求，以及他们与疾病抗争做出的不懈努力。"传递关爱，抱抱泡泡"这一项目，让公益组织、企业、医疗专家和媒体群策群力，共话罕见病诊疗。我们感受到太多热情支持及真情流露，也希望以你我之力可以为患者们打造更美好的未来。

案例点评

点评专家：杨美虹　福特汽车中国副总裁

罕见病的传播，一直以来都是公关传播的边缘地带，很难得到足够的关注。本项目做出了"四两拨千斤"的效果。

2024 宝马（BMW）中国文化之旅

执行时间：2024年1月1日—7月27日

企业名称：宝马（中国）汽车贸易有限公司及华晨宝马汽车有限公司

品牌名称：宝马中国

代理公司：智者同行品牌管理顾问（北京）股份有限公司

获奖类别：2024金旗奖最具公众影响力企业社会责任金奖

项目概述

2014年6月22日，中国大运河被列入《世界遗产名录》，成为我国第32项世界文化遗产。大运河申遗成功是文化遗产保护的新起点。在大运河文化遗产保护与推广工作中，公众的参与是一个非常重要的社会需求。

"BMW中国文化之旅"针对这一社会需求，发起了"大运河保护与教育推广项目"。

项目策划

2024"BMW中国文化之旅"以"始于情感、忠于责任、传承点亮未来"为主题，聚焦大运河文化传承，采取创新行动，助力公众参与及公众认知提升。本次文化之旅共分3个部分：非遗赋能、文化探访和发布旅游攻略。

1.媒介策略

邀请社交媒体，产出丰富多样的原创内容，讲好大运河故事。

以权威媒体为主，传递企业责任、深度可信内容，为品牌及项目背书，同时，覆盖广州、上海及成都等地媒体，进一步在区域范围内扩散，提升区域声量。

以文化、科技、生活方式类自媒体为主，产出更多与项目主题契合的内容，拓展与公众互动的渠道。

2.传播策略

围绕各阶段活动，以讲故事的方式持续发声，强化BMW企业社会责任和文化保护的社会影响力，推动大众参与大运河文化传承与保护。

（1）接地气讲故事

邀请文化专家，为媒体、经销商、车主等利益相关方讲述大运河的故事。

利用社交媒体账号持续影响公众，丰富话题内容，带动经销商、员工、车主等互动。

在BMW自有社交平台以贴近生活、有趣、鲜活的语言做公众感兴趣的话题，如分享大运河沿线水利智慧、园林智慧、物质及非物质文化遗产。

（2）视觉化传播

以运河文化视频、美图及运河文化沙龙直播等视觉化内容，展示核心信息。

提前沟通，持续性提供图文及视频等素材，结合线下研学探访，帮助媒体产出具有深度且丰富的原创报道。

邀请车主、经销商等参与线下研学探访，以实地体验的方式了解、参与并推广大运河文化。

项目执行

1.携手政府与文化专家

2024年4月2日，宝马中国携手中外文化交流中心、中国教育发展基金会，共同启动BMW中国文化之旅大运河文化保护教育公益项目。

聘请故宫博物院前院长、大运河申遗发起人单霁翔先生作为"BMW中国文化之旅"大运河文化交流大使。

2.实地探访研学

项目组邀请媒体、专家、车主、经销商等利益相关方，通过城市文化论坛、实地研学、互动体验等多元形式，探讨大运河物质和非物质文化遗产保护。

邀请单霁翔先生在杭州及扬州为社会公众作《大运河的前世今生》公益文化演讲。通过直播单霁翔先生的文化沙龙，在社交媒体形成广泛传播，推广大运河文化。

3.赋能非遗

遴选10位苏绣、南京云锦、蓝印花布等国家级非遗代表性项目的传承人，进入清华大学美术学院BMW非物质文化遗产保护创新基地，进行设计共创，开发具有非遗元素的文创产品，并通过My BMW App平台及经销商渠道售卖、推广，助力非遗文创品融入现代生活。

4.发布旅游攻略

联合马蜂窝定制BMW中国文化之旅大运河遗产自驾攻略，带动利益相关者走近大运河，推动围绕大运河遗产的文化旅游。

项目评估

1.效果综述

深度传递了大运河物质及非物质文化遗产相关知识，有效提升了公众的认知和公众保护大运河文化的兴趣，带动利益相关方持续关注大运河文化。

2.媒体统计

受邀媒体共产出 1661 篇报道，100% 正面，17.8 万人次触达；社交媒体发布多种类型的报道，互动量达 127206 次；宝马集团官方微信、微博、视频号有关内容阅读量及观看量达 1000 万次、互动量达 3.7 万次；面向公众的大运河文化沙龙直播阅读量达 1210 万次、观看量 350 万次、互动量 98555 次。

3.项目亮点

以"始于情感、忠于责任、传承点亮未来"为主题，深度研学探访大运河江浙段物质及非物质文化。

邀请大运河文化、水利、生物多样性等 8 位专家进行了 10 场深度分享，多维传递大运河蕴含的智慧与文化。

深入探访大运河沿线的长安闸、运河三湾等水利风景区，以及杭州京杭大运河博物馆等，学习与传承顺势而为、因势利导的人地智慧。

在大运河沿线杭州桥西历史文化街区、清明桥历史文化街区体验当地生活民俗，深入了解王星记扇、丰同裕染坊蓝印花布传统工艺等诸多璀璨的非物质文化遗产，学习与传承大运河交流开放的文化精神。

亲历者说 杨新斌 华晨宝马汽车有限公司企业社会责任高级经理

BMW 深刻洞察社会议题，对大运河沿岸的物质与非物质文化遗产进行细致、翔实的研学，令其蕴含的精神价值与人们的精神需求产生密切关联。我们以大运河为文化纽带，携手政府、学校与社会组织，并联结经销商、车主等利益相关方，通过非遗赋能、文化探访和旅游攻略发布等创新行动，助力公众参与，让"人人都是传承人"的理念落地生根，开辟出了非遗创新发展的适宜路径，用传承点亮了未来。

案例点评

点评专家：李志军 中央财经大学文化与传媒学院广告系教授

可以说"BMW 中国文化之旅"是企业践行社会责任的一个榜样，该项目始终围绕企业品牌定位，有计划、有特色、坚定不移地执行，具有教科书般的表现。

首先，企业不仅仅看重价值和意义，更重要的是真心实意地以自己的实际行动助推非遗项目活态传承。企业考虑的不是"锦上添花"，而是解决非遗项目中的实际问题，这一点也是企业社会责任的根本。

其次，把握住了当下推进项目的关键，即共创，与利益相关方共创，以企业的影响力和凝聚力让更多的人关注项目、参与项目，这对企业社会责任落地而言尤为重要。

最后，既有高屋建瓴的考量，也能有效落地，无论是品牌影响力的打造，还是市场保持与开拓，都能很好地实现。

马石油 2024 少年之声 Student Voices：绿意迸发，逐梦启航

执行时间：2023年1月1日—2024年9月6日

企业名称：马来西亚国家石油公司

品牌名称：马石油

代理公司：上海致未文化传播有限公司

获奖类别：2024 金旗奖最具公众影响力企业社会责任金奖

项目概述

马来西亚国家石油公司（简称马石油）在积极推动能源行业卓越发展的同时，坚持承担企业社会责任，为运营所在地创造社会福祉。改善生命、知识赋能、播种未来是马石油企业社会责任的三大支柱，作为官方合作伙伴，马石油连续多年赞助"少年之声 Student Voices"演讲比赛项目，旨在鼓励大家团体协作，共同美化身边环境。

2022—2024 年"少年之声 Student Voices"宣传海报

项目策划

1.整体策略

（1）项目目标

彰显负责任的企业形象，助力社会福祉，凝聚未来之力。

（2）项目规划

·知识"输入"：基于"少年之声"英语演讲比赛主题，开设"能源环保双语小课堂""梦想加油站""协作聚能站"等系列公开课；策划采访、车手见面会等，为青少年面对面交流和结识业内权威提供机会。

·技能"输出"：鼓励青少年在演讲比赛中就绿色环保、成长规划等社会议题发表观点，进行自由的思想碰撞等。

（3）项目实施

·覆盖广度：比赛覆盖6~18岁学生，面向上海、北京、广东及其他长三角区域的青少年群体开放。

·内容深度：结合马石油的行业洞察，"少年之声Student Voices"每年都会根据青少年成长中备受关注的话题设置不同的比赛主题，马石油沿着可持续发展主线，引导青少年着眼于绿色未来、个人发展及社会团体，深入思考。比赛聚焦在家庭、校园、社区三大不同社会维度，以期激发不同年龄段青少年对于践行绿色未来的思考，以及动手实践的热情。

2.内容创意

（1）内容多样化

·内容丰富：马石油根据"少年之声Student Voices"演讲比赛延伸出丰富的内容，包括资讯动态、幕后故事、学生风采、团队案例介绍与企业环保理念解读、导师分享等，在不同社交平台传播。

·形式多样：根据传播渠道特性和用户阅读习惯，马石油制作了不同形式的素材传播内容，策划线上直播连线、导师公开课等活动。

（2）国际赛事联动

2024年，随着F1中国大奖赛重返上海，马石油邀请F1世界冠军车手与在团体赛中表现优异的学生面对面交流，分享团队协作与绿色创新的重要性。该活动借助F1赛事的国际影响力展示中国青少年的风采，提升项目全球影响力。

（3）活动公益性

2024年"少年之声Student Voices"大赛主题为"绿意迸发，逐梦起航"，增设团体赛。通过F1赛车手、职场专业人士等不同视角，向青少年传递团队协作的重要性。

（4）文化交流碰撞

邀请马石油总部的同事作为梦想导师进行授课，分享国际前沿观点。此外，在2024年"少年之声 Student Voices"比赛中，携手马来西亚教育局，邀请马来西亚的学生，开展中马学生友谊赛。

3.传播规划

（1）媒介策略

·内部发力：通过内部各渠道宣传项目，动员员工及其家庭积极支持，扩大项目影响力。

·全面扩散：公众宣传层面，马石油官方账号建立起CSR[①]栏目，及时、集中地更新项目内容，并紧密依托《新民晚报》等主流媒体及旗下丰富的媒体资源，携手多方，放大项目声量。

（2）传播节奏

·预热期：2024年是马石油成立50周年，亦是中马建交50周年，马石油以这一具有纪念意义的时间节点作为"少年之声 Student Voices"开展的背景，并在社交媒体平台积极进行活动报名及相关宣传，为活动造势。

·加热期：随着比赛进行，时隔多年重返中国的F1大赛火热展开，马石油策划F1车手见面会，提升活动知名度，并与团队协作、绿色发展的精神深度绑定；同时，马石油持续丰富公开课堂内容，积累社会关注度。

·长尾期：马石油梳理并整合活动内容，在官方平台发布赛事回顾及活动亮点，并联动马石油朋友圈积极转载。同时，通过马石油公开课堂，以F1赛车手、马石油中国团队及"少年之声"团队赛获奖孩子等的不同视角，讲述有关团队合作的经验，深化活动影响力。

项目执行

1.主题制定

根据马石油企业战略规划和对能源行业未来发展趋势的洞察，制定"少年之声 Student Voices"大赛主题，赛事和活动均围绕这一主题展开。

2.赛事推进

集结各行各业专家，开展线上线下公开课，就环保知识、职业发展技能等主题进行公益分享；支持并参与"少年之声 Student Voices"媒体实践营，培养青少年沟通合作能力；在世界环境日当天，走进高校，开展复旦－马石油对话会，与高校师生一起探讨能源转型，展望净零碳排放愿景；在环保主题英语演讲比赛之外增设"环保视频创意大赛"分赛场，邀请青少年对社会与能源进行创意表达。

---

① Corporate Social Responsibility, 企业社会责任。

项目评估

1.效果综述

（1）公众参与度方面

累计报名人数超过2000人，覆盖学校73所，涉及全球19个国家或地区。2022—2024年，共举办了36场比赛（复赛及决赛），共产生81位获奖选手（每年获得一、二、三等奖，共27名学生）；截至2024年8月，马石油共举办公益课堂13次，累计线上观众31484人。微信公众号发布图文177篇，阅读量236533人次，赛事累计辐射100万人。

（2）媒体美誉度方面

社会新闻类、行业类权威媒体及新兴媒体等共报道活动累计超过272次，品牌影响力与美誉度得到了大大提升。

2.亮点总结

（1）多角度的活动形式："少年之声Student Voices"远非单一的英语演讲比赛，而是一个学习、实践、竞赛相结合的平台。通过公开课为青少年知识赋能，鼓励孩子们进行家庭改造、社区改造等，切实改善身边的事情，系统性地帮助青少年完成"从输入到输出"的成长。

（2）公益与企业社会责任：实现了语言技能类比赛与马石油"改善生命"（社区福祉与发展）、"知识赋能"（教育）、"播种未来"（环境）三大企业社会责任的结合。

（3）国际影响力：依靠国际能源巨头马石油的行业影响力，为比赛提供各类资源支持；举办车手见面会，借势F1国际赛事及冠军车手，为比赛提供有力背书。

亲历者说 马铭周　北京代表处战略沟通高级主管

作为"少年之声Student Voices"项目的负责人，我见证了这些年活动的每一步成长。看到学生们通过我们的活动增强了环保意识、职场技能和团队合作能力，我感到非常自豪。尤其是2024年，我们在马来西亚举行了决赛，不仅让学生们感受到了国际化的氛围，也进一步推动了中马文化交流。

Harper Pan　上海协和双语尚音学校学生

2024年4月，我们小组在马石油举办的2024 Student Voices×F1车手见面会上，非常荣幸地见到了汉密尔顿并向他阐述了我们对绿色改造的想法。汉密尔顿对我们的想法给予了极大的鼓励和支持，这让我们更有动力去探索环保和可持续发展的更多可能性。他的支持让我们坚信，通过自己的努力，我们能够为这个世界带来福祉，地球是我们永恒且唯一的家园。

案例点评

点评专家：张殿元　复旦大学国家文化创新研究中心秘书长

该项目以"教育赋能"为核心，构建了跨国企业践行社会责任的创新范式，凭借战略前瞻性、教育系统性与文化包容性三大特质，为我国青少年可持续发展教育提供了标杆样本。

项目独创"双语课堂+实践竞赛"体系，集结行业专家，构建能源环保、职业规划等知识矩阵，更通过视频创意赛、社区改造等实践平台，让青少年从"被动接收者"转变为"主动创造者"。73所学校、2000余名学生的深度参与，印证了教育模式的有效性。全球视野，架设跨文化价值桥梁。依托中马建交50周年背景，项目以马来西亚导师授课、两国学生竞技等形式，促进文化互鉴；与F1国际赛事联动等，使我国青少年议题获得全球关注，凸显企业作为"跨国公民"的责任担当。连续3年的坚持与迭代，使项目突破传统CSR的短期性局限，形成了可复制的长效教育机制，其真正价值不仅在于百万级传播数据，更在于培育了兼具环保意识、国际视野的新生代群体，为可持续发展注入了持久生命力。

● 码上就业 "网约车司机智驾职通行动"

执行时间：2024年7月10日—9月1日

企业名称：深圳高灯计算机科技有限公司

品牌名称：高灯科技

获奖类别：2024金旗奖最具公众影响力企业社会责任金奖

项目概述

码上就业 "网约车司机智驾职通行动" 关注司机职业发展长远规划，面向未来、多样化的求职需求，为网约车司机群体带来实实在在的就业机会与职业成长，并为网约车司机的职业安全与健康保驾护航，助力每一位网约车司机在职业道路上稳健前行。

项目策划

1.项目背景

随着无人驾驶网约车技术的快速发展，传统网约车司机面临职业转型的挑战。高灯科技针对这一现象，进行了深入的市场调研。通过调研，高灯科技总结出网约车司机可以转型的岗位及其所需技能，对接现有公司并拓展招聘公司、岗位，严格筛选精品培训课程。基于此，高灯科技推出了码上就业 "网约车司机智驾职通行动" 专题策划，旨在为网约车司机提供就业信息聚合平台，包括岗位精选、技能培训等服务，助力司机群体掌握智慧交通、无人驾驶、新能源等领域的前沿技能，并提供保险申领、政策解读等一站式社会保障服务，促进网约车司机群体顺利转岗至未来出行领域的新兴职业。

2.平台搭建

高灯科技自主搭建的H5页面为网约车司机提供了一个全面的就业服务平台。该平台不仅拥有岗位对接功能，精选出了跨地区、跨行业的司机岗位，还与知名网约车平台及物流企业合作，确保岗位信息的真实性和时效性。通过智能匹配系统，平台能够根据司机的技能特长、工作经验及地区偏好，为其精准推送适合的用人单位信息，简化求职流程。

在此基础上，平台创新性地提供技能培训服务，助力司机掌握未来出行领域的核心技能。同时，推出AI简历生成和智能简历诊断功能，为网约车司机提供全面的社会保障服务。

码上就业"网约车司机智驾职通行动"页面

3.传播规划

（1）预热传播

2024年7月10日，在唐山市政府的大力支持下，由新华网、腾讯研究院、高灯科技主办的新华网星火行动——多形态新就业"码"上行动计划启动仪式在河北唐山举行。活动从预热到正式启幕，以高规格组织协调、高水平议题设置、高精度传播策略吸引了持续性高度关注，构建起强大的传播矩阵，形成深远的社会影响力。本次传播充分展现了活动的专业性和影响力，进一步展现了河北省唐山市及"码上就业"品牌的积极形象，有力响应了国家关于稳定就业、促进产业转型升级的政策导向。

（2）活动传播

2024年8月1日，码上就业"网约车司机智驾职通行动"正式上线，活动获得工会媒体及科技垂直类媒体等的报道。高灯自有媒体矩阵下，ETC助手（覆盖超7000万名C端用户）及高灯财税管家（覆盖33万个B端商户）联合宣发，实现了内容与目标用户的精准对接与泛用户传播。

（3）延续传播

除就业服务平台搭建外，高灯科技还积极探索线下公益关爱模式，携手深圳市福田区总工会、深圳市职工发展基金会开展"行者无疆 益起向前"——新就业形态劳动者联合关爱守护活动，为包含网约车司机在内的新业态劳动者提供暖心物资，打造新颖、趣味的嘉年华活动，确保他们在转型过程中得到实际的帮助和保障，从细微处表达对其的深切关怀与尊重，进一步拓展"用科技连接善意"的内涵。

项目执行

1.新华网星火行动——多形态新就业"码"上行动计划

活动通过图文推广、嘉宾对话等形式，巧妙融合了金句海报、倒计时、探会Vlog、平台推介视频、大会花絮等多媒体元素，围绕"多形态新就业'码'上行动计划"，产出推广总量超过1.35亿人次，超356次高频、密集发布的内容，阅读量超180万次，新华网直播活动累计超过301万人观看，码上就业平台推介内容累计覆盖130万人次。新华网、光明网等核心媒体及多家电视、报纸重要版面露出，多家主流媒体即时转发。

2.码上就业"网约车司机智驾职通行动"

平台上线以来，吸引了大量网约车司机关注与参与，首月平台浏览量超过1万人次。司机对岗位对接的精准性、技能培训的前沿性、AI简历的智能性及社会保障的完善性给予了高度评价。在品牌合作与传播方面，平台与新华网紧密协作，利用高灯科技自有的媒体渠道资源，实现广泛传播和用户覆盖，有效提升了社会对新就业形态和高质量充分就业的认知。新华网发表了以《高灯科技创新推出"码上就业"平台 开辟数智就业服务新路径》为题的深度文章，充分解读了码上就业"网约车司机智驾职通行动"的具体实践案例，展示了政策落地和新质生产力支持高质量充分就业的积极成果。

3."行者无疆 益起向前"——新就业形态劳动者联合关爱守护活动

活动获得中国职工发展基金会的大力支持，在深圳市福田区总工会、职工发展基金会及高灯科技的紧密协作下，"行者无疆 益起向前"活动两周内迅速成形并成功举办。活动集合14家核心单位力量，精心策划了物资捐赠、爱心企业授牌及行者嘉年华等关键环节，得到了深圳卫视、《深圳特区报》、《南方日报》等核心媒体的报道，并与9家爱心企业及20家知名品牌共同发布微博联名海报，活动微博整体阅读量超150万次。活动共吸引了超200名新就业形态劳动者共同参与，整体曝光量超3752万次，媒体频次超368次，阅读量超580万次。

项目评估

码上就业"网约车司机智驾职通行动"以深度融合数字化平台与新兴就业市场需求为核心，展现了高灯科技对新就业形态的见解，以及携手政府、伙伴在新业态运营领域推动高质量充分就业的积极实践。

码上就业"网约车司机智驾职通行动"成功承接了新华网星火行动——多形态新就业"码"上行动计划的核心价值和使命，即通过创新的数智就业服务新路径，响应国家稳定就业、促进产业转型升级的政策导向。这一行动不仅在线上为网约车司机提供了一个全新的就业服务平台，还在线下通过"行者无疆 益起向前"——新就业形态劳动者联合关爱守护活动实现了价值的延续和深化。

亲历者说 赵莹　高灯科技副总裁

　　长久以来，高灯科技以品牌创新和社会责任为驱动力，通过技术与商业的深度融合，以实际行动为更多新兴产业的可持续发展和就业服务领域的深化贡献力量。作为平台型公司，我们深知技术变革带来的职业冲击，以及新就业形态的发展对优化社会经济结构的重要性。我们坚信科技能为就业市场提供创新性解决方案，帮助劳动者适应快速变化的工作环境，实现个人价值和社会价值的双重提升。正是基于此背景，我们推出了码上就业"网约车司机智驾职通行动"，该行动除了可以提升岗位匹配效率，还为网约车司机提供了更多培训和学习机会，助力网约车司机在无人驾驶及其他新兴行业实现再就业、就好业。这是我们作为科技公司的使命，也是我们对社会责任的承诺。

案例点评

点评专家：李志军　中央财经大学文化与传媒学院广告系教授

　　2024年无人驾驶成为一个热点话题。一方面，自动驾驶技术已经成熟到可以实际上路的程度；另一方面，经济下行给以网约车为代表的相关群体带来了实在的生计压力。一个代表未来趋势，一个关系当下民生，看似不可调和的矛盾其实恰恰缺乏一个有效的助力和链接。高灯科技既敏锐地发现了这种冲突，也基于企业专长具有解决问题的能力。因此，项目的出现恰逢其时。因为抓住了实际痛点，试图解决迫在眉睫的问题，所以该项目得到了各方的大力支持。项目的成功，使企业获得了知名度和美誉度，获得了权威媒体、合作伙伴的加持，也赢得了市场的认可。事实证明，只有和社会同频共振，企业的发展才是最有意义和价值的。

■ "守护绿色未来，安富利行动派"传播项目

执行时间：2023年10月1日—2024年8月31日
企业名称：安富利（中国）科技有限公司
品牌名称：安富利
代理公司：北京科闻领睿咨询服务有限公司
获奖类别：2024金旗奖最具公众影响力企业社会责任金奖

项目概述

作为B2B企业，安富利一直是为地球贡献绿色力量的幕后英雄，但其卓越贡献往往被低估或忽视。面对品牌曝光度不足、大众对其认知有限等挑战，安富利意识到要从幕后走向前台，更加主动地展示自身在企业社会责任方面的努力与成果。因此，项目组启动了"守护绿色未来，安富利行动派"传播项目，并采用"花开两朵，各表一枝"的传播策略，力求让更多人了解安富利的可持续发展实践及成果，同时激励更多企业加入这一行列。

项目策划

1.项目目标

提升安富利在促进可持续发展领域的品牌知名度和美誉度，展示安富利在风光储充等新兴领域的业务布局与创新成果，进而提升行业影响力，强化负责任的企业公民形象，重申安富利在中国市场长期发展的企业承诺。

2.目标公众

（1）业内人士：向电子行业及技术分销领域的专业人士展示安富利在风光储充等新兴领域的业务布局与创新成果，从而提升行业影响力。

（2）客户与合作伙伴：通过展示安富利在支持客户实现绿色转型、为客户提供高效解决方案方面的能力，加深与客户的合作关系，共创绿色未来。

（3）社会公众：通过公益活动、可持续发展报告、媒体采访等方式，提高安富利的知名度与美誉度，塑造负责任的企业形象。

3.公关策略

阐述安富利在业务与公益两方面的可持续发展实践。一方面，展示安富利在风光储

充等新兴业务领域的布局与成果，明确这些业务如何直接贡献于环境保护与社会可持续发展目标；另一方面，宣传安富利在公益活动及社区支持等方面的努力，凸显企业社会责任感。

结合图文、视频、媒体专访、线上互动、线下公益活动、技术研讨会等多种形式，打造丰富多元的传播内容。特别是针对安富利在风光储充领域的技术优势，借助高端行业大会及合作伙伴活动，有效触达目标受众。

除了传统电子类和垂直类行业媒体，利用高端商业媒体的影响力，有效提升安富利的社会责任形象。同时，通过微信公众号等平台矩阵，发布互动H5、话题挑战等内容，激发用户参与热情。

项目执行

1.业务篇：深耕绿色能源领域，赋能"双碳"目标实现

（1）锚定绿色赛道：安富利成立风光储充业务部，该部门专注于风能、光伏、储能及电动汽车充电解决方案的研发与推广，旨在为客户提供更加高效、可靠的绿色能源解决方案，助力全球能源结构的优化升级。这一举措标志着公司在绿色能源领域的深度布局与战略转型。

（2）创新技术展示：参加绿色能源行业盛会——2024分布式光储创新峰会，通过展示前沿方案和技术实力，与行业伙伴共同探讨绿色能源技术的创新与发展路径。在大会上，安富利亚太区工程总监重点介绍了安富利在工业储能领域的应用成果与前瞻思考，进一步巩固了安富利在新能源领域的行业地位。

（3）携手合作伙伴造势：安富利携手行业领军企业，借助恩智浦共创技术日巡回研讨会，向行业内权威媒体介绍安富利在新能源领域的创新技术成果与应用案例。

（4）高端访谈，凸显行业领导力：安富利中国区总裁接受高端商业媒体《经济观察报》专访，详细阐述安富利对中国市场的长远规划与承诺，深入探讨当前环境下公司是如何通过技术创新与业务调整来把握可持续发展机遇进而提升安富利在中国市场的品牌知名度与美誉度的。

2.公益篇：守护绿色未来，安富利是行动派

（1）世界环境日：安富利提出"守护绿色未来，安富利行动派"口号，发布集团年度可持续发展报告，展示公司在环境保护、减少碳排放、提升能源效率等方面的绿色发展成效。同时，发起线上互动活动"我们的绿色约定"，号召公众为保护地球贡献自己的一份力量。

（2）长期坚持公益跑：安富利不仅长期组织内部员工、客户及合作伙伴开展公益跑活动，还连续多年赞助摩根大通企业竞跑赛，展现其长期践行ESG理念的决心。

（3）关爱弱势群体：安富利连续多年与武汉麟洁孤独症儿童康复医疗中心合作，举办

儿童美术公益画展及迷你马拉松活动，用爱和行动为孤独症孩子搭建一个展示自我、挑战自我的舞台。

项目评估

1.传播内容层面

通过长达1年的布局与准备，形成了清晰的核心传播信息，提升了目标受众对安富利的品牌认知，成功树立起安富利企业社会责任领航者的企业形象。

2.传播效果层面

2023年安富利中国连续荣获由HR Asia、浦东国际人才港论坛及HRflag等知名机构授予的数项人力资源类奖项，包括"2023年亚洲最佳企业雇主""最佳雇主关怀奖""2023最适宜工作的职场""极帜奖-2023最佳人力资源管理团队"，这充分证明了安富利在打造健康职场文化和增进员工福祉方面的突出表现；安富利借势恩智浦技术日巡回研讨会，彰显自身业务的绿色基因，36氪等头部媒体撰写深度原创稿件；《经济观察报》专访安富利中国区总裁；第四届儿童美术公益画展及迷你马拉松联合活动，将参赛画作放在网上投票，参与投票的前45幅画作共得到11270次线上投票，活动页面曝光达25000余次，同时，迷你马拉松活动吸引了超过300名参赛者的热情参与。

亲历者说 张天　北京科闻领睿咨询服务有限公司客户顾问

在这一年的旅程中，我亲眼见证了安富利将社会责任理念深植于心、践之于行的作为。从成立风光储充业务部，引领绿色能源技术革新，到积极参与并赞助公益活动，安富利以实际行动诠释了"守护绿色未来"的深刻内涵。这些活动不仅彰显了安富利在环境保护、社会公益方面的卓越贡献，更展现了其作为行业领袖的责任感与使命感。如今，安富利的企业社会责任形象已经得到广泛认可与赞誉，其在业界的标杆地位日益凸显。作为亲历者，我深感自豪与荣幸。未来也希望有更多的企业能像安富利一样，不断探索可持续发展创新模式，共创美好未来。

案例点评

点评专家：殷俊　重庆工商大学文学与新闻学院院长、二级教授、博士生导师

生态兴则文明兴，生态衰则文明衰。生态文明建设是关系中华民族永续发展的

根本大计。现代企业应当主动融入国家战略大局，持续推动企业绿色转型、高质量发展。安富利作为全球领先的技术分销商和解决方案提供商，在积极顺应绿色低碳化趋势要求、企业全方位可持续发展、守护绿色未来方面，既是倡导者，又是行动派。安富利通过成立风光储充业务部、参与行业峰会等举措，推动绿色能源技术创新与应用，尽情展现我国领军企业行业领导者的责任与作为，为本行业及其他行业树立了标杆。同时，借助清晰的核心传播信息，强化目标受众对安富利的品牌认知，成功树立安富利作为企业社会责任领航者的正面形象。

小小芥菜致富之路

执行时间：2023年5月1日—2024年2月29日
企业名称：杭州顶益食品有限公司
品牌名称：康师傅方便面
代理公司：电通公共关系顾问（北京）有限公司
获奖类别：2024金旗奖最具公众影响力企业社会责任金奖

项目概述

康师傅老坛酸菜牛肉面携手中国乡村发展基金会发起"乡村赋能 你我同行"产业助农项目，政企合力，助推公益项目落到实处，取信于民，惠及大众。借此次公益行动，项目组为消费者展示了酸菜原材料——芥菜的原产地及生产全过程，让更多人了解品牌，增加产品透明度，让消费者吃得安心。重要的是，政企协作为农民生计提供了切实支持。小小的芥菜带动了乡村振兴，促进了当地的可持续发展。

康师傅乡村振兴计划

项目策划

2023年，康师傅希望与政府、媒体携手合作，使品牌在大众消费者中收获"有担当、有温度"的好口碑，同时，驱动业务增长。

在此背景下，康师傅老坛酸菜牛肉面联合中国乡村发展基金会，实地调研华容县域芥菜产业发展现状，开展华容芥菜产业乡村振兴公益项目。

品牌通过线上与线下两个渠道，完成对消费者的触达。

线上，携政府和媒体之力，对话消费者。从 KOL 探厂造势到启动仪式的举行，从媒体多视角解读到公益成果展示，公益行动层层渗透。传播上，借政府与媒体之力，向外传递核心信息，让核心信息覆盖更广圈层，进一步扩大公益声量，为品牌带来正向背书。

线下，深入消费者购物场景，为生意增长切实赋能。项目组将公益行动的内容以二维码的形式放在产品包装上，消费者扫描即可获悉进展情况，了解芥菜原产地，以安心透明的方式提升消费者好感度。

项目执行

康师傅"乡村赋能 你我同行"产业助农项目联合中国乡村发展基金会，政企合力，形成了示范引领。

依托华容县芥菜（酸菜生产原料）特色产业基础，探索"村集体＋合作社＋社员"的发展模式，对农民进行规范化的技术培训，建立标准化种植生产科研基地，全面提升芥菜产业的现代化水平，实现小农户增收致富，形成稳定的、可复制、可推广的产业发展模式，助力乡村振兴。

执行上，凝聚多方力量，助力公益行动落地与传播。同时，倡导给年轻人提供家门口就业的机会。

传播上，借公益行动，助力品牌及公益声量，高透明度生产，让更多人看见。项目组联合权威媒体人民网打造《乡村振兴 中国力量》公益宣传视频。中国乡村发展基金会、财经媒体等围绕"公益行动""专题纪录片"产出内容，助力传播效果最大化。此外，消费者扫描产品包装上的二维码即可观看公益视频，并可浏览更多帮扶助农行动相关信息，这使消费者也成为公益行动的一部分。

项目评估

（1）帮扶"好成效"。此次乡村振兴公益行动，建成种苗基地百余亩，提纯复壮基地占华容县基地近一半，带动村民就近务工，增加收入。

（2）多方"好口碑"。华容县政府、农业农村局、基金会等各界人士点赞品牌公益行动并表示感谢。多家媒体如人民网、第一财经等为此次公益项目颁发荣誉奖项。此次公益行动视频全网播放量超千万次，全网曝光量过亿次，相关话题阅读量超百万次。广大消费者积极参与互动，好评不断，围绕乡村赋能、点赞公益行动、企业有担当等关键词展开热烈讨论。

（3）品牌"好收益"。项目组挖掘出优质社会话题，提醒消费者关注、共情、好评，同时，将传播物料以产品包装二维码的形式与消费者深度链接起来。相比行动前，品牌认知度和品牌复购率大大提升。

> **亲历者说** 陈曼　电通公共关系顾问（北京）有限公司客户群总监

互联网时代，消费者对品牌的感知不仅局限于产品力，品牌自身价值观、品牌对社会产生的影响力，都深刻影响着消费者对品牌的看法。"乡村赋能　你我同行"产业助农项目的执行和落地，有效助力了芥菜产业的高质量发展和乡村振兴，彰显了品牌的社会责任感。我们希望通过政府与媒体之力，让公益行动真正被看见、被感知，实现与消费者的沟通。

> **案例点评**

点评专家：李玲　安踏集团副总裁，中国国际公关协会理事

本案例在战略层面践行了"共享价值"，将酸菜原料危机转化为乡村振兴机遇，通过产业助农实现品牌价值与社会价值的共生。此举暗合"议题管理"精髓，将负面舆情遗留议题升维为国家战略级正向议题。

策略执行彰显"信任修复三阶论"：政府背书构建制度信任（权威信源）、透明溯源重建品质信任（技术示证）、公益叙事培育情感信任（价值观共鸣）。传播架构巧妙运用"传播波纹理论"，以人民网为核心信源，激发媒体涟漪扩散，配合产品包装二维码，实现"传播—消费—参与"的场景闭环。

公益不是品牌传播的装饰品，而是价值重构的连接器。康师傅以"一棵酸菜"为支点，撬动政府、媒体、公众三方认同，将供应链危机转化为 ESG 资产，印证了"社会责任投资即品牌防御工事"的传播定律。

建议引入"共情传播"，强化用户叙事，参照"利益相关者参与阶梯"理论，由现在的"告知型参与"升级至"合作型共创"。

此案例证明，危机后品牌重建的本质，是构建比产品更坚固的价值观"护城河"。当企业社会责任深度嵌入商业逻辑时，公益便成为最长效的公关战略。

"走近身边的驻店药师" 2024 国际自我保健日项目

执行时间：2024年6月24日—7月31日

企业名称：拜耳（中国）有限公司

品牌名称：拜耳健康消费品

代理公司：上海释宣商务咨询有限公司

获奖类别：2024金旗奖最具公众影响力企业社会责任金奖

项目概述

7月24日是国际自我保健日，旨在倡导民众每周7天、每天24小时时刻关注自我健康，积极通过自我保健形成健康的生活方式。分布广泛的药店网络，处在主动健康及基层药事服务链条的最前端，是大众增强自我保健的重要渠道。

2024年，拜耳健康消费品履行企业社会责任，携手国际自我保健会、中国非处方药物协会，发起"'健康第一步'行动之走近身边的驻店药师"倡议，致力于联合行业多方力量，构建更优质、更专业的基层药事服务生态，呼吁大众用好身边的药剂师资源，进而提升全社会健康管理水平。

"走近身边的驻店药师" 2024 国际自我保健日项目

项目策划

1.传播目标

在行业端，项目聚焦连锁药店，强化连锁药店品牌形象并提升驻店药师公众形象，增强消费者信任与好感，集合行业之力开展科普宣传，呼吁大众将健康管理关口前移；在大众端，项目旨在"激活"驻店药师在自我健康管理领域的价值，呼吁大众关注并体验专业基层药事服务，从而充分发挥药店在药事服务方面的丰富性、可及性、便利性优势。

2.目标受众

（1）政府及行业相关组织机构、连锁药房和药企等行业上下游从业者。

（2）重视自我健康的社会大众。

3.项目策略

（1）聚合行业各方力量：项目组携手国际自我保健基金会、中国非处方药物协会和连锁药房的合作伙伴，邀请知名药学专家背书，深入药店"毛细血管"，增强自我健康管理信息、服务、产品的可及性，激发行业力量，共同推进健康管理关口前移，多视角占领舆论高地。

（2）贴近大众日常所需：多维度联动媒体，以点带面，产出自我健康管理话题，与消费者建立强相关且更贴近日常生活的自我健康管理理念。

4.媒体计划与传播形式

（1）媒体深度访谈：汇聚行业多方观点，畅谈基层药事服务与用药安全。

（2）圆桌论坛，线上直播：探讨驻店药师在日常健康管理中的价值。

（3）视频采访：科普驻店药师的重要价值。

（4）微博九宫格：权威大咖背书，科普如何配置家庭小药箱。通过社交媒体平台，汇总家庭合理用药相关知识，结合生动图文和权威大咖背书，科普驻店药师在大众日常健康管理中的价值。

（5）连锁药店官方微信：发布科普互动长图，结合连锁药店实际案例及驻店药师亲自讲解，生动有趣，助力大众走近驻店药师。

项目执行

6月24日—30日，项目策划阶段。

7月1日—13日，项目材料准备（背景资料、媒体参考资料、嘉宾活动说明书等）。

7月14日—23日，媒体采访、视频录制等前期准备工作。

7月24日—31日，相关媒体发布素材，传播声量于7月24日达到高峰。

项目评估

该项目的传播触达行业端与大众端，截至2024年8月，全网合计报道465篇，影响人群超1436万人次，公关价值近8500万元。

（1）7月24日上午，《光明日报》《中国日报》《健康时报》等微博官方账号分别发布微博九宫格，分享"家庭常备药怎么选""家庭常备药怎么用"等家庭用药知识，同时，传递驻店执业药师的价值等关键信息。10余家微博政务号等大V转发，覆盖超90万人次。

（2）7月24日中午，《新民晚报》直播栏目播出圆桌节目《提升基层药事服务质量，助力大众迈出"健康第一步"》，线上圆桌探讨基层药事服务的相关话题。新民网与新民晚报App双平台直播，观看量超3.6万人次。

（3）7月24日下午，全国范围内20余家大众类、健康类媒体发文跟进，报道采访相关内容，科普连锁药店驻店药师价值，报道总量合计超400篇，覆盖超1300万人次。

（4）7月24日下午至7月25日早间，《中国新闻周刊》、《搜药》和《中国药店》官方微信先后发布深度稿件，结合中国医药行业领军者采访内容，分析基层药事服务的未来，突出驻店药师在其中的重要作用。

（5）7月24日下午，上海华氏大药房官方微信推送趣味互动长图，结合发生在上海华氏大药房的真实案例，"华氏最美药师"之一的驻店药师代表现身说法。

（6）7月24日下午，《新民晚报》旗下微信视频号"上海时刻"发布专访视频，探讨家庭合理用药的重要性并分享连锁药店驻店药师的相关职能，呼吁公众关注身边的驻店药师，有用药需求及时寻求帮助。视频覆盖超10万人次。

亲历者说 **范颖菲　拜耳中国健康消费品企业传播项目负责人**

我很荣幸可以参与该项目。借由"国际自我保健日"，拜耳健康消费品、国际自我保健基金会和中国非处方药物协会三方携手，发起"'健康第一步'行动之走近身边的驻店药师"这一意义深远的倡议，通过深入的圆桌论坛及专访、贴近大众的传播形式和渠道，引起大家的共鸣和关注，进一步"激活"驻店药师在自我健康管理领域的重要价值。执行过程中，我们见证了跨媒体传播的强大力量及公众的热烈反响，希望更多人能真正从意识提升到落实行动，迈出健康第一步！

案例点评

点评专家：顾杨丽　浙大城市学院新闻与传播学院副院长

拜耳健康消费品"'健康第一步'行动之走近身边的驻店药师"公关活动，荣获企业社会责任金奖可谓实至名归。从目标规划来看，该项目精准聚焦行业与大众两端，既提升了连锁药店及药师形象，又深度挖掘了药师在大众自我健康管理中的价值，具有很强的社会责任感与现实意义。

聚合行业力量，联合多方权威机构，增强项目专业性与公信力；多维度联动媒体，搭建起与消费者紧密相连的健康理念传播桥梁，使自我健康管理理念深入大众生活。传播策略丰富且有效，行业媒体搭建专业交流平台，主流新闻与健康类媒体广泛科普，社交类媒体生动有趣地传播内容，全方位覆盖目标受众。

媒体计划执行出色，形式多样，从深度采访到线上直播，从视频科普到社交媒体互动，邀请众多行业大咖参与，充分发挥了各方优势，不仅提升了公众对驻店药师的认知，也推动了基层药事服务生态的优化。

总之，该活动在履行企业社会责任、促进行业发展、增强公众健康意识等方面成效显著，是企业社会责任实践与公关传播完美结合的优秀范例。

GOLDEN
FLAG
AWARD
金旗奖

2024

金旗奖最具公众影响力

ESG传播金奖

DHL快递年度ESG传播项目

执行时间： 2023年8月1日—2024年8月31日
企业名称： 中外运－敦豪国际航空快件有限公司（DHL快递中国区）
品牌名称： DHL快递
获奖类别： 2024金旗奖最具公众影响力ESG传播金奖

项目概述

项目团队延续可持续传播策略，基于DHL快递可持续发展进程，进一步深挖内容，将全球和本地的优秀ESG实践及成果分享给国内外受众。

项目策划

1.洞察

DHL快递作为绿色物流的先行者，切实践行ESG战略，履行对可持续高质量发展的承诺。2023—2024年，DHL快递以切实的环保投资和举措持续推动清洁运营，得到了社会各界的广泛认可，收获多个行业奖项。在此基础上，项目团队希望通过长期、可持续的ESG传播，将公司在相关领域的经验与成果分享给行业企业并持续扩大自身影响力，以提高客户、合作伙伴和政府部门等对公司可持续发展的关注，进一步推动绿色物流发展。

2.传播策略

团队以企业ESG战略为指引，以长期、稳定和持续的方式规划相关传播话题。

内容方面，强化与中国市场的关联度。

传播渠道方面，重点对接主流媒体（如综合类、财经类媒体），以及垂直类和行业类媒体（如物流、能源、CSR类），通过不同渠道持续强化媒体沟通，引发媒体兴趣，助力落稿。

（1）企业自主发稿：根据ESG发展实践规划传播话题发布系列稿件，确保每月都有相关内容产出。

（2）高峰论坛：通过对DHL高管参与相关行业论坛的传播，提升公司在可持续发展方面的声誉。

（3）研究报告：公司凭借扎实且卓有成效的ESG实践，入选国际商报《外资企业创新发展与ESG实践研究报告》。

此外，团队也充分"搭车"热点事件，打造亮点传播。

3. 传播规划

（1）新闻即时发布：项目期间，集团与DHL快递业务单元均有多个ESG领域的重要新闻，对部分重要且与中国区关联度更高的英文稿件，及时进行本地化处理，同时，充分挖掘本地素材，做即时性发布和媒体沟通，包括向近200家综合、财经、物流、能源和CSR等类别的媒体推送新闻稿、分享图片资料等。

（2）自有微信渠道传播：充分利用以媒体为主要受众的订阅号DHL快递资讯中心，从企业传播角度对新闻素材进行多元化处理，以符合受众兴趣的方式发布内容。

（3）短视频扩大传播：立足新闻素材制作短视频，并通过DHL快递资讯中心和视频号，以及抖音平台合作方式等，进一步介绍企业在ESG方面的举措与成果。

项目执行

项目团队确保每月都有ESG相关内容发布，累计发布近40篇ESG稿件等。

1. 2023年

8月，专访"DHL快递如何成为让人艳羡的"别人家的"公司"。

9月，向青岛天使紧急救援中心捐款；向大连高新区蓝天救援队捐款。DHL集团CEO先后参加ESG全球领导者大会和全球可持续交通高峰论坛；DHL快递中国区获西门子中国零碳先锋奖。

10月，DHL快递中国区启动GoTeach项目，与中国SOS儿童村协会达成合作。DHL快递与世界能源公司达成全球合作伙伴关系，加快航空业去碳化进程。

11月，DHL快递亮相第六届进博会；DHL快递连续4年入选"全球最佳职场"榜单前三。

12月，DHL快递获"大中华区最佳职场"榜单"十年荣耀"。

2. 2024年

1月，DHL快递蝉联"年度货运航空公司"称号。DHL集团获2024年杰出雇主认证；DHL快递中国区蝉联公益传播奖；DHL集团与莱茵集团达成绿电长期供应合作。

3月，发布妇女节专题稿件，植树节专题稿件。中国区3万余家企业客户使用DHL快递GoGreen Plus服务推动减排。

4月，发布世界地球日专题推文，世界安全日专题推文；发布为F1提供可持续物流相关推文和视频。

5月，DHL在沪新建新能源汽车卓越中心；发布DHL为FE电动方程式提供高质量物流服务相关内容；DHL集团参加中德交通论坛第二次会议；中外运敦豪荣膺"2024绿光ESG榜典范案例TOP榜"多个奖项。

6月，DHL快递中国区荣获"最受尊敬企业"称号；发布世界环境日专题短视频。

7月，DHL与远景签署战略合作框架协议；DHL与谷歌合作，开展可持续全球运输；DHL快递蝉联"ESG践行典范奖"。

8月，荣耀签约使用DHL快递GoGreen Plus服务，助力运输环节节能减排。

项目评估

结合企业ESG战略和目标实现的进展情况，项目团队对各话题的传播进行了有效规划，几乎每月都有内容输出，最终在全年都保持了声量，尤其是在主流及垂直/行业媒体中获得了较高的关注度。与此同时，通过有针对性的媒体传播，公司在推动绿色物流和承担企业社会责任方面的决心与行动也得到了业界、媒体和社会大众的肯定与好评，收获了诸多权威ESG奖项。

项目执行期间平均每篇新闻稿被转发近300次。发布媒体包括传统媒体平台和微信等社交媒体平台，亮点媒体包括央视新闻、新华社、中新社、《中国日报》、《经济日报》、国家邮政局官网等权威媒体；财新网、新浪财经、网易财经、凤凰财经等财经媒体；《国际商报》、《中国贸易报》、界面、澎湃新闻等商业时政媒体；《中国民航》《中国民航报》《中国邮政快递报》等物流垂直媒体；国际能源网、中国能源网、新能源网等能源类媒体；中国公益新闻网、公益之声、中国公益在线等CSR类媒体。

此外，公司在项目期间收获多项ESG相关权威奖项，包括荣获由《中国民航》杂志社颁发的"年度货运航空公司"称号；上榜由《中国能源报》和中国能源研究院发起的2024绿光ESG榜典范案例TOP榜并成为唯一进入ESG 3个分榜TOP10的企业；荣获由《经济观察报》授予的"最受尊敬企业"称号；在第十三届公益节上，获"公益传播奖"；在第十二届财经峰会上，获"ESG践行典范奖"。

> **亲历者说** 兰嘉　DHL快递中国区企业传播总监

通过围绕ESG话题所做的为期一年的传播，我们再次深刻感受到长线传播离不开优质内容的支撑，而优质内容的真正产出者是企业。项目中的传播素材是DHL快递在ESG方面持续投资深耕最有力的证明。如果要更进一步谈谈对这场传播战役的感受，那莫过于"好的平台成就了好的传播"。

> **案例点评**

点评专家：隆伟利　罗氏制药中国企业事务与传播副总裁

DHL快递在2023—2024年的ESG传播案例，充分展示了其在可持续发展领域的领导力和传播创新力。作为绿色物流的先行者，DHL 快递基于长期、稳定的传播策略，将全球与本地的 ESG 实践相结合，显著提升了品牌在可持续发展领域的影响力。

首先，DHL 快递通过内容深耕，强化了本地化关联。其在可持续航空燃料、社会公益等领域的成果，与我国市场清洁能源和去碳化进程的结合，使其传播内容更加可信。这不仅拉近了品牌与我国受众的距离，也提升了品牌形象。

其次，多渠道传播策略扩大了 DHL 快递的影响力。项目团队通过新闻即时发布、短视频传播、高峰论坛参与等形式，覆盖了传统媒体、垂直行业媒体及社交媒体。特别是在进博会等热点事件上，DHL 快递实现了高效传播，获得了央视、新华社等核心媒体的广泛报道，大幅提升了品牌曝光度。

再次，通过每月持续发布 ESG 相关内容，DHL 快递保持了全年传播声量的稳定。这种长期、稳定的传播策略不仅塑造了其在可持续发展领域的专业形象，还赢得了"年度货运航空公司""ESG 典范案例"等多项权威奖项，进一步巩固了其行业标杆地位。

最后，在预算有限的条件下，项目团队独立完成了近一年的传播规划与落地，展现了高效的执行力和很强的创新能力。通过精准的内容策划和媒体对接，团队成功将 DHL 快递的 ESG 实践转化为广泛的社会影响力。

综上所述，DHL 快递的 ESG 传播案例，不仅体现了其在可持续发展领域的实际行动，更通过创新的传播策略和高效的执行，成功塑造了品牌在绿色物流领域的领导形象。这一案例为企业在 ESG 传播中如何平衡全球视野与本地化实践、如何通过持续传播塑造行业标杆提供了宝贵经验。

◗ 李锦记让可持续回归生活

执行时间：2023年1月1日—2024年8月31日
企业名称：李锦记（新会）食品有限公司
品牌名称：李锦记
获奖类别：2024金旗奖最具公众影响力ESG传播金奖

项目概述

李锦记深知可持续发展的重要性，走进社区和校园，开展可持续消费实践活动，倡导可持续生活，旨在通过社区、学校等场景搭建，建立公众与可持续发展的关系，整合各方资源，在环境保护、健康生活及社区发展等方面引导大家通过学习、互动、实践等形式，更好地理解可持续发展的重要性并参与到可持续发展消费中来。

项目策划

1.项目洞察

项目组通过环保科普和实践活动，走进社区，进行持续创新的互动和线下科普，打造系统完整的可持续消费课程；走进校园，引导学生形成健康、节约、环保的生活方式。希望通过可持续教育活动，让更多的人完成体验式的可持续理念传递。

2.媒介策略

作为可持续发展理念的传播者、践行者和推动者，李锦记坚持将这一理念融入企业整体商业逻辑。在日常运营中，李锦记持续关注可持续发展相关议题，总结企业故事，策划可持续活动，通过多元化渠道展示自身的可持续消费发展理念及举措，与各界伙伴交流经验。

李锦记凭借自身的生态站位与业务优势，参与社会可持续发展议题的讨论，成为"全球可持续消费倡议"成员，倡议将可持续发展理念融入产品生产、制造的各个环节。李锦记在"地球一小时"行动日等环保节点，通过自媒体平台发布环保和可持续发展倡议并号召网友践行。此外，李锦记还通过可持续发展报告、环保短视频等形式宣传可持续发展举措，让更多公众了解李锦记的可持续发展理念。

项目执行

从 2022 年起，李锦记加入"全球可持续消费倡议"，与各界共同探讨可以促进可持续消费的商业创新模式，承诺将可持续发展理念融入产品生产、制造各个环节，推动供应链绿色发展，保护环境，造福社会。

李锦记走进社区和学校，开展各项可持续环保科普与消费实践活动，向公众传播可持续发展消费理念。李锦记通过开展水生态保护、垃圾分类、土壤保护、生物多样性营造、妇女关爱、旧物改造、绿色种植等活动，践行联合国 17 项可持续发展目标，在环境保护、健康生活及社区发展等方面与公众互动交流，让可持续回归生活。

2024 年 3 月，李锦记与中国调味品协会携手合作，共同发布了《中国调味品行业可持续发展白皮书》，这是行业内第一本专注于可持续发展的白皮书，更是李锦记自身发展道路上的重要里程碑，也是李锦记积极回应社会可持续发展呼声的重要举措。

项目评估

李锦记走进社区与学校的一系列可持续活动，对应了联合国多个可持续发展目标，一方面，在活动中为参与者赋能，教授一些相应技能，实现全民终身技能学习，普及"可持续消费"观念；另一方面，通过"旧物置换""回收"活动，激发居民"旧物回收"的行动力，并将回收旧物集中设计、改造成可持续消费艺术装置，继续教育、提醒公众可持续消费。

通过整合各方资源，李锦记"负责任的消费和生产"目标触达更广泛人群，使人们从厨房中的可持续技能掌握开始，逐渐掌握生活、生产中的可持续行为，让可持续回归生活，服务于生活。

李锦记围绕可持续消费发展理念所做的努力，获得各级政府、媒体肯定。2023 年，李锦记入选首批"金钥匙·SDG 领跑企业"名单；李锦记连续多年获得"杰出企业社会责任奖"，并在 2024 年获得大湾区"2023ESG 金领航奖"；在第三届国际绿色零碳节暨 2024ESG 领袖峰会上，李锦记凭借在可持续发展领域的突出表现，斩获"2024 ESG 典范企业奖"和"2024 可持续发展行业典范奖"双料大奖；在"2024 绿光 ESG 榜典范案例 TOP100"评选中，李锦记入选"典范治理贡献案例 TOP10"。

亲历者说 赖洁珊　李锦记企业事务总监

可持续发展的最终目标，是人与自然和谐共生，是经济和社会良性发展。李锦记深知可持续发展的重要性，一直用行动作答：从水资源保护到土壤保护，从食物的可持续不浪费到供应链的成果共享，从与社区发展共生并传播美食文化到走进学校普及科学循环知识等。李锦记秉承可持续发展理念，整合各方资源，在环境保护、健康生活及社区发展等方面引导大家通过学习、互动交流、实践等形式，更好地理解可持续发展的重要性。同时，通过共创共建、多方合作的方式，让更多的企业和机构参与其中，搭建与普通公众关于可持续发展的联系，让可持续发展回归生活、生产。

案例点评

点评专家：李玲　安踏集团副总裁，中国国际公关协会理事

本案例从战略层面看，符合"利益相关者协同理论"，将企业ESG行动转化为社区共治网络，破解了可持续传播"高概念低感知"的困境。通过构建"厨房—校园—社区"三级渗透体系，将抽象理念具象为堆肥种植、旧物改造等可操作仪式，暗合"体验式学习"传播模型，使可持续消费完成从认知到行为的闭环转化。

策略创新点在于运用"赋能传播"框架：以酱料瓶回收为物质载体，将企业供应链优势转化为公众参与接口，形成"旧物回收—艺术再造—理念强化"的传播飞轮。这种"物质即媒介"的思维，使可持续理念突破口号传播局限，构建起具体化的品牌记忆点。

当企业把社会责任内化为可触摸的生活仪式时，ESG便不再是财报附注，而是流淌在社区毛细血管里的文化基因。李锦记以酱油瓶为支点，撬动家庭主妇、学生、环保KOC的共创势能，印证了"可持续传播的最高境界是让公众成为叙事主体"的传播定律。

启示：①参照"传播仪式观"，通过周期性环保节日活动（地球日/零废弃日）构建集体记忆；②运用"社会学习理论"，借亲子家庭实现代际价值传递。

建议：升级"社区意见领袖培育计划"，将活跃参与者转化为分布式传播节点。

此项目证明，真正的可持续传播必须突破"企业独白"，构建公众可参与的"意义生产系统"。当旧物改造工坊的敲击声与社区音乐节共鸣时，社会责任便升维为穿透商业周期的情感资产。

罗克韦尔自动化2023—2024"净零链主"企业形象年度传播

执行时间：2023年10月1日—2024年7月31日

企业名称：罗克韦尔自动化（中国）有限公司

品牌名称：罗克韦尔自动化

代理公司：霍夫曼公关顾问（北京）有限公司

获奖类别：2024金旗奖最具公众影响力 ESG 传播金奖

项目概述

作为工业自动化、信息化和数字化转型领域的全球领先企业之一，罗克韦尔自动化（以下简称"罗克韦尔"）深知ESG对企业自身成长和可持续发展社会构建都具有重要意义并在该领域深耕多年。面对中国持续推进"双碳"目标和中国式现代化进程，罗克韦尔将ESG"提升"为本土发展重要战略领域之一。

罗克韦尔面临如何具象化其先进的ESG理念及如何让目标群体意识到ESG与企业、产业乃至社会发展息息相关的挑战。

项目策划

1.传播策略

以"净零链主"为核心理念，按节点分别对外传递多层次信息，全方位传播罗克韦尔所扮演的链接全球与本土的"净零链主"角色。

（1）内容层面

深度梳理企业ESG亮点内容，并与"新质生产力"等关键词相结合，突出企业在ESG领域的长期坚守。"活"用企业全球最新信息，突出罗克韦尔在节能减碳、多元企业文化等ESG重点领域的内容，主要发力于"气候灯塔"这一企业本土ESG实践，打造具有本土特色、契合本土业务、符合本土媒体兴趣的内容。

（2）传播渠道层面

根据罗克韦尔不同传播时期的主要任务，与不同媒体互动。联动罗克韦尔双微渠道，通过成体系的话题标签，增强内容的易触达性。遴选具备权威性的ESG赛道奖项并进行申报等，为"净零链主"形象提供有力背书。参与ESG领域的高级别展会等活动，协同合作伙伴联合传播，提升罗克韦尔在产学研圈层中的曝光度。

2.传播规划

（1）2023年1月1日—12月31日：初步确立"净零链主"企业形象。

在2023年进博会，邀请工控类、大众类、财经类媒体进行采访与直播，集中输出Rockii ESG联盟成立、净零供应链、漕河泾·罗克韦尔自动化净零智造联创中心三大关键信息。

（2）2024年1月1日—3月31日：深化ESG对本土伙伴的重要意义，彰显自身适合本土的ESG基因。

配合企业在全球范围内发布的《可持续发展2023年度报告》，通发新闻稿，突出企业在ESG方面的成果，强化企业ESG前瞻性和专业性。

依托春节期间和两会期间的媒体邀约，以企业发言人的口吻，传达罗克韦尔对绿色制造的重视和为中国可持续发展作贡献的决心。

（3）2024年4月1日—6月30日：集中输出企业在ESG领域的本土行动力。

罗克韦尔与上海气候周联合倡议发起"气候灯塔"行动计划。该活动通过点亮仪式、白皮书发布等环节设置，全面展现企业在ESG领域的长期承诺、资源网络及行动力。传播侧充分利用该活动，以多渠道、新形式、全周期的方式最大化活动影响力：发布两篇新闻稿，分别聚焦于"罗克韦尔为首届上海气候周增添制造业数字化绿色化协同转型这一关键视角""罗克韦尔通过'气候灯塔'行动彰显对ESG领域的长期承诺"两大信息，有节点地持续对外预热、引爆活动声量；遴选大众类、财经类头部媒体，开展高层采访及活动报道，并以图文、视频等形式露出，广泛触及大众和产学研群体；开展企业首次工控类KOL视频合作，面向核心圈层，以更为丰富和创新的内容夯实罗克韦尔"净零链主"形象；联动企业微信、微博等社交媒体，发布活动动态，并通过转发等形式对第三方报道进行二次传播，全渠道提升活动和企业曝光度。

罗克韦尔携手临港集团，亮相第二届上海国际碳中和博览会，展现其将全球ESG经验融入本土市场的创新实践。通过通发新闻稿件，传递罗克韦尔三大ESG赋能点——前端科技创新、终端落地应用、多端跨界推广，凸显全链路的绿色制造赋能力。

沟通工控类、财经类头部媒体的专访机会，以图文及视频等多样化形式，覆盖产业发展、技术落地等高维度话题矩阵，传递思想领导力。结合热点议题，邀请本地大众类媒体开展深度报道，诠释罗克韦尔是如何以AI助力可持续发展，打造差异化、有亮点的链主形象的。

（4）2024年7月1日—7月31日：通过分享不同领域的案例，持续输出罗克韦尔"净零链主"的领导力与本土承诺。

在进博会百天倒计时等重要节点，通过权威媒体的报道，强调本土 ESG 实践，再次传递罗克韦尔对于绿色制造的承诺。

3.传播亮点

以"净零链主"为概念，展现罗克韦尔在 ESG 领域的前瞻性和深厚积淀，并将其贯穿整个传播周期，通过重复曝光，巩固企业在 ESG 领域的领先形象。

充分借助高影响力的外部传播机会，如进博会、两会等，以更优的投入产出比，高效引爆 ESG 声量。

塑造企业 ESG 标杆事件，集中资源打造企业原生 ESG 行动 —— "气候灯塔"。以落地实践让 ESG 理念更具象，在拉近受众与传播理念距离的同时，进一步塑造记忆点，夯实罗克韦尔"净零链主"地位。

项目执行

2023 年 10 月，项目组梳理 ESG 媒体沟通资料，并配合进博会、上海气候周、上海碳中和博览会、2024 进博会百天预热等节点，规划长期传播。

2023 年进博会后，梳理国内大众类、财经类等 ESG 领域媒体名单及《中国能源报》《中国环境报》等与 ESG 相关的媒体名单，根据活动进行定向互动，拓展 ESG 相关领域媒体关系。

根据活动规划，项目组按月与罗克韦尔传播部进行沟通，确认传播期间的重点媒体或渠道，根据客户需求提供微信内容、微博内容的传播建议，扩大 ESG 相关受众覆盖面。实时梳理新质生产力、"双碳"目标、新型工业化等市场趋势热词，进行传播内容的更新与把握，根据重要节点，实时对外更新企业 ESG 传播内容。

上海气候周"气候灯塔"活动和上海国际碳中和博览会期间，充分利用上述内容积累及媒体资源，聚力打造企业年度 ESG 代表性实践活动。

项目评估

罗克韦尔获得上海市报业集团、界面新闻发起的 2023 "ESG 先锋 60"中的"年度企业 ESG 实践奖"，该活动总曝光量超 6 亿次，直播媒体 26 家，在线人数超 2200 万人，全媒体矩阵集中曝光超 200 条，线下观众近 600 人，含高校教授、企业高管等。

两会期间，受 CGTN 邀请，作为专题报道唯一外企代表，分享对政府工作报告的反馈，品牌 logo 在报道中完整呈现，完整输出"以数字化创新助力净零供应链发展"的品牌核心 ESG 信息。

上海气候周、上海国际碳中和博览会期间，"气候灯塔"相关活动顺利举行，被中新社、东方卫视、CGTN、澎湃新闻、《国际商报》等头部媒体原创深度报道，渠道矩阵覆盖各圈层受众，曝光新闻超1100条，成功打造了"气候灯塔"事件。

以免费申报的方式，助力企业荣登《财富》发布的"2024年中国ESG影响力榜"。

亲历者说 陈志舜　霍夫曼公关客户经理

ESG已成为一个不可回避的传播热点，制造业亦将其从价值倡导转变为具备商业效益的投资。针对罗克韦尔的ESG年度传播规划，将ESG话题的传播趋势与企业所在领域的背景相结合，以差异化、易懂、与业务强相关为首要考量因素，"净零链主"理念油然而生。这不仅代表了罗克韦尔的领先实力，也展示了其以ESG赋能未来的长远视角。

案例点评

点评专家：姚利权　博士、教授、浙江工业大学人文学院学术副院长、浙江工业大学信息与传播研究所所长

在我国持续推进"双碳"目标的进程中，作为工业自动化、信息化和数字化转型领域的全球领先企业之一，罗克韦尔多年深耕与践行ESG理念，并影响周围更多的伙伴，共同推动人类社会的绿色可持续发展。

本项目有如下主要亮点。

第一，洞察合理到位。在制造业领域如何更好地践行ESG理念，如何打造"适合中国企业的ESG基因"，罗克韦尔充分发挥自身企业的特色与优势，清晰洞察、积极融入。

第二，传播策略精准。以"净零链主"为核心理念，全方位传播罗克韦尔所扮演的链接全球与本土的"净零链主"角色。

第三，活动内容新颖。通过在上海气候周等节点举行"气候灯塔"等创意活动，制造相关事件，提高传播声量，扩大了企业的知名度，增强了企业的影响力。

"英飞凌·绿领未来"整合营销传播项目

执行时间：2024年3月20日—6月30日

企业名称：英飞凌科技（中国）有限公司

品牌名称：英飞凌

代理公司：北京科闻领睿咨询服务有限公司

获奖类别：2024金旗奖最具公众影响力ESG传播金奖

项目概述

在全球气候变化的严峻挑战下，英飞凌作为全球功率系统和物联网领域的半导体行业领导者，积极响应全球可持续发展号召，不仅通过自身先进的半导体技术助力能源转型，还通过参加公益活动助力社会可持续发展。但是，半导体领域与可持续发展的关联性并不直观，因此，英飞凌策划并推出了系列活动，力求在内容、形式、传播方面破解B2B行业在可持续发展传播上存在的认知成本高、相关性与故事感弱等难题，强化自己可持续发展领航者的品牌形象。

项目策划

1. 第一阶段：高举高打，本土故事，国际化传播

通过全球直播，英飞凌将年度技术峰会"tech for"上海站的相关内容广泛传播给全球受众，形成信息辐射波。同时，结合《中国日报》对"tech for"主嘉宾 —— 英飞凌全球CMO（首席营销官）的高端专访，极致发挥《中国日报》的影响力和公信力，扩大国际和国内受众传播范围。两者结合形成的信息风暴，席卷全球，最大化地传达英飞凌助力可持续发展的理念与行动。

2. 第二阶段：全渠道覆盖，讲好英飞凌绿色故事

一方面，在北京线下举办2024英飞凌媒体日活动，邀请数十家行业内权威的、有影响力的核心媒体参会，会中向媒体讲好英飞凌绿色故事，会后借助各家媒体的丰富资源，向国内受众广泛传播，形成信息浪潮，席卷全网。同时，在活动尾声创新性地引入阿拉善虚拟植树仪式，引导受众关注后续活动，为后续活动做好预热和传播。另一方面，在世界环境日，通过官微线上发布环保相关推文和视频，进一步展示英飞凌在助力社会可持续发展

方面的行动。

3.第三阶段：实地探访，见证英飞凌可持续发展成果

世界地球日，英飞凌官微发起英飞凌"为一亿棵梭梭助力"公益捐步活动，提升活动知名度。活动结束后，邀请《中国环境报》等可持续发展类核心媒体实地探访阿拉善生态保护林项目，以线上线下相结合的方式，将公益行动具象化、生动化，增强公众的参与感与共鸣感，进一步展示英飞凌助力可持续发展的行动和承诺。

项目执行

1.第一阶段

2024年3月20日上午，《中国日报》记者在英飞凌大中华区总部专访"tech for"活动主嘉宾——英飞凌全球CMO，共同探讨英飞凌是如何通过自身先进的半导体技术进行低碳化实践，从而助力本土绿色低碳转型的，并借《中国日报》全球多个影响力渠道发布采访文章，同时，在微信视频号、微博等平台发布专访视频报道。

20日下午，在英飞凌年度技术峰会"tech for"上海站全球直播间内，英飞凌全球CMO与来自产业、技术、创新等不同领域的专家学者共同探讨"科技如何赋能超级都市实现可持续发展"的相关内容，让受众更加清晰、直观地认识到英飞凌在助力社会可持续发展方面的理念和承诺。

2.第二阶段

5月22日，邀请国内39家头部媒体线下参加2024英飞凌媒体日活动，活动中英飞凌大中华区高管悉数亮相，共同向参会媒体整体介绍英飞凌进入大中华区市场多年以来在业务发展、企业运营、生态合作、创新应用、可持续发展等方面的成绩。与媒体面对面的、开放透明的沟通，既提升了本地关键媒体对英飞凌的整体认知，也有效传递了英飞凌的品牌声音。

此外，在媒体日还举办了专门的"虚拟植树"仪式，既传递了英飞凌"低碳化"的品牌理念，也为之后在阿拉善启动的生态林保护项目媒体探访活动做了前期预热，让英飞凌支持可持续发展的承诺落到了实处。在6月5日的"世界环境日"，英飞凌通过官微线上发布"席卷科技圈的工程师式浪漫"特色互动环保知识科普推文，并制作"英飞凌助力电力全价值链"趣味卡通视频，进一步生动、形象地展示英飞凌在助力社会可持续发展方面的行动。

3.第三阶段

世界地球日，英飞凌官微发起英飞凌"为一亿棵梭梭助力"公益捐步活动，号召公众广泛参与。活动结束后，邀请可持续发展相关头部媒体实地探访阿拉善生态保护林项目，活动期间，英飞凌科技大中华区首席财务官及英飞凌大中华区传播事务负责人分别分享了

英飞凌在通过其产品和解决方案推动低碳化和数字化的同时对社会的责任践行。英飞凌始终在业务运营中践行绿色理念，履行全过程减少碳排放的坚定承诺。

项目评估

1.项目结果

（1）《中国日报》高端专访及全球传播：将英飞凌CMO的高端专访视频及报道文章发布在《中国日报》中国及海外多个媒体平台，形成"全球传播矩阵"，共产生超1亿次的曝光量，既传播了"tech for"活动首次在大中华区举办的影响力，更有效提升并强化了英飞凌在大中华地区可持续发展领域的持续努力及影响力。

（2）"2024英飞凌媒体日"活动：活动共收集39篇媒体深度报道，包括新华网、《中国日报》、《经济观察报》、《中国电子报》、《中国汽车报》、《中国环境报》、《中国能源报》、钛媒体等大中华区核心科技类、商业类及大众类媒体，整体介绍了英飞凌大中华区在业务发展、企业运营、生态合作、可持续发展等方面的最新进展，通过与核心媒体面对面交流及媒体集中性、针对性的传播，有效提升了公司的整体品牌知名度及影响力。

（3）"阿拉善生态保护林项目"媒体探访及传播：邀请《中国环境报》《可持续发展经济导刊》等垂直类媒体进行实体探访及对英飞凌大中华区高层进行专访，共产生超1000万次的曝光，精准传播英飞凌在助力可持续发展方面的实际行动。

2.项目亮点

（1）战略规划层层递进，传播节奏张弛有度 —— 彰显英飞凌在可持续发展领域的贡献，以树立其行业领导者地位为目标。分阶段实施传播策略，从高端专访到全渠道覆盖，再到实地探访，每一步都紧扣目标，有效传递英飞凌在低碳、可持续发展方面的理念和承诺。

（2）传播矩阵全球覆盖，传播效果跨界放大 —— 打破地域限制，通过《中国日报》等媒体平台的高端专访及报道，形成强大的"全球传播矩阵"，实现亿级曝光量，有效提升英飞凌在全球尤其是大中华区的品牌知名度和影响力。同时，深耕垂直类媒体，直击精准受众，持续放大传播效果。

（3）深度互动实效显著，激发参与品牌共塑的积极性 —— 从线上互动环保知识科普到线下媒体日活动，再到公益捐步和实地探访，多维度、深层次的互动方式激发了公众参与共塑英飞凌品牌的积极性，提升了媒体和公众对英飞凌的认知，英飞凌也通过实际行动展示了自己在可持续发展方面的决心和成果，促使大众参与英飞凌品牌建设、传播。

亲历者说 周琼　英飞凌大中华区企业传播部媒体关系负责人

作为此次活动的深度参与者，我无比荣幸地见证了英飞凌在可持续传播领域的卓越成就。"本土故事＋全球化传播"，从高端专访的"理念传播"，到特定媒体的"媒体日"整体分享，再到可持续活动的媒体实体探访，既挖掘了英飞凌在大中华区本土的持续发展及努力，又借助国内外全渠道推广有效传递了影响力。每一步都深刻体现了英飞凌推动绿色转型的持续努力和坚定不移的决心。这一系列周密的活动策划，不仅将英飞凌在技术创新和社会责任方面的成就展现给了国内外公众，还成功激发了公众对可持续发展议题的深切共鸣和热情参与。这些努力共同塑造了英飞凌在可持续发展领域的领导者形象。展望未来，我们坚信英飞凌将继续以其不懈的努力引领行业潮流，推动社会朝着绿色、可持续的未来稳步前进。

案例点评

点评专家：纪盈如　浙江大学传媒与国际文化学院百人计划研究员，博士生导师

尽管近年来 ESG 已成为业界热点，但 ESG 传播仍处于探索前行阶段。当下，多数公司依旧将 ESG 报告作为 ESG 传播的主要途径，而英飞凌通过整合媒体资源与企业实践，为 ESG 传播实践开辟了新的视角。

首先，英飞凌采用了第三方背书策略。英飞凌在年度技术峰会中，特别邀请《中国日报》参与，巧妙实现了线上线下资源的整合与互动，英飞凌的 ESG 举措得以覆盖更广泛的受众群体。这种第三方背书策略不仅提升了 ESG 实践的声量，还增强了传播内容的权威性，提升了可信度。

其次，英飞凌秉持开放、透明、积极的态度推动 ESG 传播。通过邀请全国头部媒体参与媒体日活动，英飞凌不仅详细介绍了自身的 ESG 举措，还与媒体进行了深度沟通。这种互动不仅展现了英飞凌与公众、媒体积极对话的姿态，还借助媒体的力量广泛传播了其 ESG 理念。

最后，在实践方面，英飞凌主动发起植树活动，积极践行绿色环保行动。同时，邀请公司高管公开承诺，在业务运营的各个环节坚定不移地践行绿色理念，减少碳排放。这些行动进一步夯实了英飞凌 ESG 实践的可信度，向公众展现了英飞凌深耕 ESG 领域的坚定决心与扎实行动。

GOLDEN
FLAG
AWARD
金 旗 奖

2024
—
金旗奖最具公众影响力

公益传播金奖

第六届"带宠去医院"项目

执行时间： 2024年3月1日—11月30日
企业名称： 皇誉宠物食品（上海）有限公司
品牌名称： 皇家宠物食品（简称"皇家"）
获奖类别： 2024金旗奖最具公众影响力公益传播金奖

项目概述

伴随越来越多的人加入"有宠一族"，推广负责任养宠理念、提升宠物预防性健康管理意识，显得尤为重要。玛氏旗下皇家宠物食品始终坚持"为宠物创造一个更美好的世界"的企业愿景，以深耕宠物健康营养、推广负责任养宠理念为使命，在中国市场落地"带宠去医院"项目，携手政府、行业协会和宠物医院等多方力量，共同推广科学养宠理念，培养宠主定期带宠物体检的意识，构建更加互惠、可持续的宠物健康管理新生态。

项目策划

1.项目背景

规律的体检和排查对犬猫健康十分重要。"带宠去医院"项目把定期带宠体检作为关注犬猫健康的重要举措之一，致力于强化宠主的预防性健康管理意识。

当下，养宠人群的增加带来了弃养、无序繁殖等问题，"文明养宠""负责任养宠"成为城市治理的关键一环。在深化宠主负责任养宠意识培养的同时，提升流浪犬猫福祉，有利于助力打造人宠双向友好的社会。

2.项目策略

G端+B端+C端，共建互惠体系。

（1）政企联动，捐赠免费体检券：联合上海市公安局治安总队及上海市益彩飞扬公益基金会，向上海市全市各街镇派出所、文明养宠示范站、小桔灯城市流浪猫管理中心捐赠30万张免费体检券，每位办理犬证的市民都可以获取免费福利，全面提升全民宠物预防性健康管理意识。

（2）偕行致远，权威协会鼎力支持：争取中国兽医协会鼎力支持，有效动员更多行业力量，提升犬猫福祉。

（3）医宠互联，打通兽医师与宠主的沟通链路：活动进驻全国600多家宠物医院，在为宠主及其犬猫提供近距离的免费体检服务的同时，赋能兽医师与宠主间的沟通与信任。

（4）携宠出行，守护宠物健康：为解决宠主携宠体检时距离远、交通不便等出行难题，联合滴滴专车推出"携宠出行"服务，并为上海携宠出行订单发放优惠券。

（5）为爱启航，提升流浪犬猫福祉：面对数量不断增多的流浪犬猫，通过"救助倡行者"项目，开动皇家宠物移动医疗车，不仅帮助宠主也为流浪动物带去福利，解决多元化宠物就医难题。

皇家宠物移动医疗车驶入流浪小院

3.传播策略

（1）携手头部媒体，构建多维度叙事体系：与上海当地头部媒体《上海日报》合作，共同策划并发布系列微纪录片，从兽医师、流浪动物救助、宠主等不同角度出发，以温暖的真实故事，展现行业挑战、人文关怀、宠主共情等多维度内容，让更多人了解兽医师群体、关心流浪犬猫，使科学养宠的理念更加深入人心。

（2）社交媒体科普共创，引爆话题讨论：在社交媒体端，聚焦宠物体检话题，与KOL合作传播科普内容，鼓励真实、有趣的UGC创作，培养宠主定期带宠物体检意识，吸引目标用户关注，推动项目相关话题阅读与讨论。

（3）原创科普漫画，趣味传递健康知识：聚焦宠物健康谜思，在"皇家宠物食品"官方微信账号定期发布《十万个喂什么》科普漫画，趣味传递科学喂养、宠物预防性与健康管理等知识。

项目执行

（1）皇家宠物移动医疗车巡城路演：2024年3月，皇家宠物移动医疗车正式启动。医疗车在3个月内途经广州、深圳、杭州、上海、南京、北京6座城市，覆盖15家救助小院及核心商圈，进行了28场线下路演活动，为流浪动物免费体检、驱虫、打疫苗等。

（2）借助展会，力邀"带宠去医院"：在它博会、奉贤区第4届爱宠节及第26届亚宠展等大型展会上设立主题展区，通过现场科普、派发免费体检券、试吃等多形式活动，号召宠主关注宠物健康。

（3）持续派发免费体检券：3—11月，携手利益相关方，面向社会捐赠30万张免费体检券，助力全民增强宠物预防性健康管理意识。

（4）发布系列微纪录片：携手《上海日报》，发布以兽医师、公益组织、宠主为主题的系列深度视频，使话题持续升温。

项目评估

1.效果综述及受众反应

截至2024年11月底，已有6万多名宠主通过该项目预约宠物体检。活动期间，皇家宠物移动医疗车开往全国六大城市，为2400多只流浪动物免费体检、驱虫、打疫苗等。

皇家×滴滴专车推出的"携宠出行友好"服务，总曝光量超52万次，参与量超1.6万次。

2.媒体统计

获得了媒体的广泛关注，相关报道超过880篇，总曝光量超2.5亿次。与《上海日报》共同策划发布的系列微纪录片，共获得超20万次点击量、超2万次点赞量与转发量。与KOL合作传播的科普内容，"带宠去医院"相关话题阅读量突破100万次，互动量超6万次，UGC笔记超过450篇。

3.项目亮点

（1）携手多个利益相关方，打造互惠生态圈：皇家积极携手政府、宠物医院、宠主等多个利益相关方，不仅深化了社会各界对于负责任养宠的共识，还通过各方资源的有效整合与利用，为整个宠物行业树立了合作共赢、共创未来的典范。

（2）多维度增强全民文明养宠意识：通过定期带宠体检的倡议，皇家积极引导宠主树立预防性健康管理理念，并利用自有平台、媒体合作等多种形式广泛传播科学养宠知识；通过项目过程中与宠主、兽医师的交流，有效促进了兽医师与宠主之间的信任，助力增强全社会的文明养宠意识，为共建人宠和谐社会打下基石。

亲历者说 徐娟 皇家宠物食品中国区总经理

秉持"犬猫优先"和"精准营养"的独特理念，皇家相信每只犬猫在健康营养方面都有独特的需求，而定期体检是了解宠物身体状况、实现长久陪伴的重要途径。面对养宠人群的持续增加及科学养宠知识需求的日益增长，皇家坚持长期主义，通过开展"带宠去医院"等长期项目，深化宠主教育，增强宠主的负责任养宠意识，构建可持续的宠物健康管理生态。未来，我们将继续携手行业利益相关方互惠发展，共同提升犬猫健康与福祉，助力构建一个全价值链共同繁荣的互惠生态体系，以及更美好、健康和可持续的人宠和谐家园。

案例点评

点评专家：姚利权 博士、教授、浙江工业大学人文学院学术副院长、浙江工业大学信息与传播研究所所长

本项目有如下主要亮点。

第一，打造多方协同的生态。"利益相关方"是公关领域的一个重要理念，该项目携手政府、行业协会、宠物医院、宠主、滴滴车主等多个利益相关方，促进各方资源的有效整合与利用，形成多方协同的生态系统，共同助力宠物健康。

第二，坚持长期主义的理念。皇家连续多年举办该活动，积极践行公关思维，构建了可持续的宠物健康管理生态。

第三，助力社会治理。作为公益事业，项目的有效传播，让更多的人认知到"文明养宠""负责任养宠"对城市形象及管理的积极作用，从而有效推动了社会治理，有利于共建人宠和谐社会。

2024金斯瑞南京·高校百公里接力赛

执行时间：2024年3月15日—4月21日

企业名称：金斯瑞生物科技股份有限公司

品牌名称：金斯瑞生物

获奖类别：2024金旗奖最具公众影响力公益传播金奖

项目概述

金斯瑞南京·高校百公里接力赛（以下简称"金斯瑞南百"）是由全球领先的生物科技公司金斯瑞生物于2020年首次发起的高校公益体育赛事，旨在深入推动全国普通高等学校全民健身活动的开展，推动全民健身与全民健康深度融合。2024年金斯瑞南百由山地跑升级为城市路跑，这一调整不仅极大地提升了赛事的参与度和观赏性，更使其与城市文化和现代生活深度融合。同时，将健康跑升级为公益跑，旨在以奔跑的步伐汇聚公益力量，提升社会各界对"蝴蝶宝贝"——遗传性大疱性表皮松解症罕见病患者群体的关注和支持。

项目策划

1.项目目标

展现当代青年学子积极向上的精神面貌，提升高校人才和公众对南京生物医药产业的认知，强化南京高校云集的人才优势及创新、健康、活力的城市形象。

进一步提升活动在全国高校的知名度和美誉度，致力于打造可持续的国内一流高校长跑接力赛品牌，持续扩大活动规模和社会影响力。

树立金斯瑞生物的行业领袖气质和社会担当，向社会传递创新、年轻、健康、活力的企业形象。践行企业社会责任，呼吁公众关注罕见病患者群体，为企业雇主品牌建设、CSR和社会影响力建设赋能，为企业进入更长远的品牌化征程沉淀价值。

2.项目策略

项目策略集话题立意、赛制设计、传播创意于一体，以体育整合营销的方式做传播。

（1）升级2024金斯瑞南百活动项目立意和精神内涵，践行"体育＋公益"的新模式。

健康跑升级为公益跑，参与者每跑完1公里赛程，金斯瑞捐出10元善款，现场还设置了公益机构宣讲展位和公益互动区。

2024年金斯瑞南百公益跑

（2）在赛事规程和活动设计上埋入话题伏笔，延续活动专属品牌资产。

赛事规则和路线设计时考虑了话题性和目标贴合度，如团队长跑接力体现"95后""00后"的团队意识和坚韧品质，传承马拉松精神内核。赛道沿途移步换景，提供独特的参赛体验；国际级田径比赛的组织规格，力证专业性赛事定位；延续活动专属品牌资产，使活动具有统一性和延续性。

（3）整体采用年轻化的语言和视觉，触达年轻群体，引导用户自发生产UGC，补足线下活动有限的影响力。

赛事传播深入高校，鼓励高校学生自发分享参赛感受、制作参赛Vlog，利用图文、视频等方式全方位传播。推出如"最佳人气跑者"评选直播等新颖多样的互动形式，最大化触达公众。

3.洞察和创意

（1）贯穿赛况升级、赛道转型城市路跑、健康跑升级公益跑三大核心内容：全国22支著名高校学府跑团集结，吸引学生的广泛关注；赛事路线选址江宁，由山地跑转型为城市路跑；金斯瑞和合作伙伴、参赛学子、爱心人士一起为赛事赋予更多意义，让"蝴蝶宝贝"被更多人看见。

（2）升级金斯瑞南百的专属内容资产和VI资产，结合"最佳人气跑者微博票选"等互动推广，同时，在私域平台生产大量UGC内容，迅速形成话题合力。

（3）以赛事官宣报名启动会和比赛当天为重要节点进行新闻媒体传播，为金斯瑞南百的公信力和城市影响力背书，并拍摄大量图文、视频素材发布在社交媒体。

4.媒介策略

全网直播+新闻媒体播报+社交媒体互动+自媒体发酵。

（1）邀请CCTV、新华社、人民网等国家级权威媒体，以及江苏卫视、《新华日报》等地方主流媒体报道赛事。

（2）通过网易、B站等平台直播及微博话题互动，持续提升赛事曝光度，触达年轻群体。

（3）通过金斯瑞南百活动专页、公司内外自媒体矩阵、城市跑团自媒体平台、跑团社群、个人朋友圈等渠道，激发学生热情，使学生在小红书等平台自发分享和推荐，提升品牌传播热度。

5.传播规划

（1）赛前预热：联动内外部传播渠道，官宣赛事，开启高校专业组和公益跑报名。借助传统媒体、公司官网、公众号和微博等平台宣传。在高校内部，通过高校官方公众号、体育部及跑团账号发布内容，鼓励师生互动传播。

（2）赛中传播：在网易、B站等多平台全程直播赛事，邀请专业解说员和往届参赛大学生作为解说嘉宾，并实时采访。利用微博、抖音等平台与线上观众实时互动。

（3）赛后传播：CCTV、新华社等权威媒体发布总结报道，提升赛事的权威性和影响力。各类社交媒体发布赛事精彩瞬间、参赛队伍故事和赛后采访等内容，延续赛事热度。官方平台发布公益跑筹款成果和捐赠信息，展现企业社会责任，提升公众对"蝴蝶宝贝"群体的关注度。

项目执行

1.准备阶段

赛事组委会落实资金、场地、路线、竞赛规程及医疗安保方案，启动招商、品牌建立和物料设计，同时，与省内外20余所高校达成参赛意向，制订传播计划。

2.预热阶段

全媒体矩阵发布赛事启动新闻，公布赛事路线和公益跑报名信息；与公益组织及"蝴蝶宝贝"家庭建立密切联系，将公益理念深度融入竞赛规程。陆续公布高校参赛队和应战宣言，发布预热视频及队员们的跑步特写故事，自媒体持续发布赛事筹备进展图文和视频。

3.活动临近阶段

发布倒计时海报，预告直播信息。完善竞赛服务，包括现场直播、开幕式和颁奖仪式的设计、功能分区规划、赛前技术会议、应急预案设置等，保障赛事顺利推进。企业开展校园雇主品牌宣讲。

4.活动当天

赛事全程直播，配以专业解说，媒体观赛并报道。自媒体发布现场图文，设置金斯瑞生物科技行业互动展区。

5.活动后期

发布赛事集锦视频，通过全媒体发布稳固声势。开展赛后问卷调查征集反馈，高校参赛者社群深耕启动。

项目评估

1.效果综述

赛事在全国范围内的影响力持续增强，吸引了全国20余所顶级学府的300多名学子参赛，进一步推动高校联动，扩大了品牌影响力和品牌在高校内的美誉度。实现了由山地跑向城市路跑的转型，增强了赛事的专业性和观赏性；多平台直播，吸引了超过253万人次在线观看。健康跑升级为公益跑，践行"体育＋公益"的新模式。赛事融入公益元素，通过公益跑为罕见病患者募集资金，共筹得善款35799元，悉数捐给公益组织。

2.受众反应

金斯瑞南百以专业性、趣味性博得不同人群的一致好评，相关方均表示希望赛事规模进一步扩大，期待下一届赛事的举办，同时，对南京生物医药产业和金斯瑞的社会公益行为有了更多了解。

3.媒体统计

全媒体矩阵策略，实现全网高曝光量、赛事高公信力、学生高参与度，收获了受众感知、公众认知、跨地域触达的传播效果，将金斯瑞南百品牌有效传向全国。

（1）新闻媒体：赛事获得了CCTV、新华社、国际在线等国家级权威媒体的高度关注与深度报道；吸引了江苏卫视、《新华日报》、《南京日报》、南京广播电视台等地方重量级媒体同步报道，全面覆盖区域受众，累计发布相关稿件超过500篇，其中，权威媒体发稿20余篇。

（2）社交媒体：网易、B站等多网络平台全程联合直播，共吸引253万人次在线观看；微博金斯瑞南百超话新增超60000次阅读量。

（3）自媒体：各高校及学生通过公众号、视频号、抖音、微博等自主发文超过70篇。高校自发分享参赛感受、制作参赛Vlog，利用图文、视频等形式全方位传播。

4.项目亮点

金斯瑞南百体育公益活动将南京城市形象建设、城市产业战略、人才引进政策、民众健康的生活方式巧妙结合起来，实现了多方共赢的传播效果。同时，此次赛事是金斯瑞积极履行企业社会责任、参与高校社群互动、塑造卓越企业形象与优质雇主品牌的战略之举。

金斯瑞南百实现了由山地跑向城市路跑的转型，迈出了提升赛事全国影响力的第一步。创新推出"公益跑"项目，汇聚公益力量，提高社会对罕见病患者的关注度。未来有望实现打造"国内一流的高校长跑接力赛"的目标，成为代表南京创新产业与高校资源优势的城市品牌名片。

亲历者说 车瑞英 金斯瑞生物科技企业传播高级经理、项目活动负责人

我们相信一个优秀的公益体育赛事，不仅是高度专业的，更是有温度的。金斯瑞南百的规模与影响力连年扩大，赛事一经官宣，便吸引了全国多所顶尖学府的踊跃报名。这给了我们巨大的鼓励，让我们更加坚定地突破重重挑战完成赛事。6个"蝴蝶宝贝"家庭现场参加活动，看到"蝴蝶宝贝"喜笑颜开，我们才真正明白公益组织负责人所说的"给蝴蝶宝贝创造与社会接触的平台，对他们很重要"。

案例点评

点评专家：顾杨丽 浙大城市学院新闻与传播学院副院长

该活动以创新性的"体育＋公益"模式成功突破传统赛事框架，构建了城市、高校、企业、公众多方共赢的传播生态。项目精准把握青年群体脉搏，通过三大创新策略，实现品牌价值与社会责任的深度融合。

赛事立意突破地域限制，以公益内核引发情感共振。通过将每公里赛程转化为10元善款的公益机制，巧妙将青年学子的运动热情转化为对"蝴蝶宝贝"群体的切实关怀。活动构建"赛事直播＋社交裂变＋UGC生产"的全媒体传播矩阵，在B站、小红书等青年阵地打造沉浸式参与体验。"最佳人气跑者"票选、备战Vlog等创意形式，激发年轻群体的内容创造力，使赛事影响力突破线下物理限制，成为持续发酵的"社交货币"。

通过精准的受众洞察、创新的互动设计和系统的传播布局，金斯瑞成功打造了兼具社会温度与商业价值的标杆案例，为行业提供了企业社会责任与品牌营销有机融合的实践范本。

《国学遇见国医》：跨界融合，点亮健康科普之光

执行时间：2024年6月25日—8月28日
企业名称：扬子江药业集团有限公司
品牌名称：扬子江药业集团
获奖类别：2024金旗奖最具公众影响力公益传播金奖

项目概述

为全面推进"实施健康中国战略"的重要部署，落实《中医药文化传播行动实施方案（2021—2025年）》，扬子江药业集团联合新华网客户端重磅推出《国学遇见国医》健康科普栏目，深入探索基于"实施健康中国战略"下的健康文化建设路径，展现国学与国医的文化内涵和时代价值，推进国学与医学的传承与创新，增强国民文化自信，助力健康中国行动。

项目策划

1.传播策略

扬子江药业集团联合新华网客户端推出《国学遇见国医》系列跨界健康科普访谈栏目。该栏目以国学与国医的相互关系为切入点，通过国学专家与国医专家的跨界对话，深入浅出地解读中华文化的精髓与医学的奥秘。节目围绕"龙"元素、四大名著、博物馆、古诗词等不同主题，将国学中的经典智慧与医学中的实践经验相结合，让观众在品味文化之美的同时收获健康之道。

扬子江药业集团结合节目宣发，利用自媒体矩阵，聚焦每期节目亮点，剪辑精彩片段，设置传播话题，发布话题海报，进行系列全方位报道，产出趣味性与健康科普性兼具的内容。

2.媒体策略

一方面，新华网客户端深度参与，与国学与国医专家共同解锁古今健康密码，利用新华网传播资源，形成高频强曝光，保障传播声量快速覆盖全国；另一方面，针对每期不同主题设计#散装养生，拯救累点#系列海报，剪辑健康科普短视频，为广大受众展现具有国学国医特点、传统文化特色、传承创新精神、健康科普意识的大健康类文化IP。

3.内容策略

（1）健康中国，我们在行动。扬子江药业集团领导人心怀家国，紧跟国家战略步伐，在全国两会上提出了"促进大健康产业发展，满足人民多样化多层次健康需求"的建议。扬子江药业集团此次推出健康科普栏目，是"满足人民多样化多层次健康需求"的具体实践，也是助力健康中国建设责任的生动体现。

（2）以高度的文化自信推动中医药事业高质量发展。此档古今文化传承对话栏目，解读古今文化变迁，和大家分享了趣味传承故事。这不仅是对中医药文化的一次深度挖掘，更是对健康知识的一次全面科普。这一IP的打造，将引导国民与节目内容有效链接起来，通过宣传推广中医药文化，增强国民文化自信，提升大众健康素养，擦亮中医药文化金字招牌。观众通过这一栏目可以更好地领略中华文化影响力，汲取健康智慧，在传统文化与中医学术的激情碰撞中找到健康奥秘。

（3）国学与国医专家团队携手解锁古今文化与健康密码。

项目执行

2024年6月25日—8月28日，每两周更新一期，共发布5期正片、5期预告及14个节目精彩片段，总计24条内容。

项目评估

截至2024年8月28日，新华网客户端完成《国学遇见国医》5期栏目预告、正片与拆条切片传播展示，以及专题集纳，浏览量共计5331.2万次。

亲历者说 刘瑶　扬子江药业集团有限公司品牌公关经理

作为《国学遇见国医》的项目负责人，我深感自豪。此项目不仅成功搭建了国学与国医交流的桥梁，更以高质量的内容和创新的形式普及了健康知识，弘扬了中医药文化。观众的热情反馈与广泛好评，是对我们团队辛勤付出的最大肯定。未来，我们将继续深耕这一领域，推出更多优质内容，为健康中国建设贡献力量。

案例点评

点评专家：王洪波　中国对外文化集团有限公司新闻总监，国家社科基金艺术学重大项目课题专家

医药行业的使命，除了生产合格有效的药品，还有推广健康的生活理念。这种理念需要奠基在一种文化之上。"但愿世间人无病，何妨架上药生尘"之所以深入人心，正是体现了这样一种商业伦理和文化，让人产生极强的信任感。扬子江药业通过"国学遇见国医"的跨界融合，既实现了国学与国医的互联互通，也表明国学是国医的基础。建立在中国文化基础上的国医，既是一种术，也是一种道，只有道术合一，才能行稳致远。本案例所设计的题目分别从日常生活、文学名著及博物馆文物等方面出发，让人便于理解和接受，同时，题目本身就具备很好的传播度。用这种方式点亮健康科普之光，相当于一种翻译，更相当于一种放大器，也是结合生活讲好中国故事的有益尝试，形成了很好的链接、传播和代入效应。该案例是优秀的传播案例，给人带来多方面启示。

紧急寻人！寻找一种可能致命的肿 —— 遗传性血管性水肿（HAE）疾病科普项目

执行时间：2023年5月16日—2024年5月16日

企业名称：武田（中国）投资有限公司 / 北京病痛挑战公益基金会

品牌名称：武田中国 / 病痛挑战基金会（ICF）

代理公司：达睿思国际传播咨询公司 / 上海熠芯品牌管理有限公司

获奖类别：2024金旗奖最具公众影响力公益传播金奖

项目概述

1.项目背景

遗传性血管性水肿（HAE）是一种罕见遗传性疾病，然而，由于HAE较为罕见，且症状与其他疾病重叠，经常被忽视和误诊。目前该疾病认知度不高，75%的HAE患者曾报道一次或多次误诊，患者从首次发病到明确诊断平均需要13年之久。按照HAE全球发病率1/50000计算，中国预估有28000例HAE患者，但目前我国已知临床确诊的患者仅500多例，诊断率不足2.5%。

2.项目目标

探索罕见病大众科普新模式，提升大众对HAE疾病的知晓度，助力更多HAE潜在患者尽早确诊，重获健康生活。

3.项目要解决的问题

问题一：如何引导公众理解并参与罕见病科普，成为助力HAE患者/潜在患者摆脱窒息风险的行动者和倡导者？

问题二：如何集结多方力量共同打造社交媒体平台传播矩阵，沉淀优质科普内容，助推罕见病科普从"小众议题"成为"大众焦点"？

问题三：如何让"紧急寻人！寻找一种可能致命的肿"这一罕见病科普IP永葆活力，持续帮助更多HAE潜在患者了解疾病、早日确诊？

项目策划

1.传播策略

（1）提炼关键线索，打造疾病科普桥梁

2023年5月16日，正值第12个世界遗传性血管性水肿关爱日，武田中国正式发起"紧急寻人！寻找一种可能致命的肿"HAE寻人行动。项目将HAE患者关键发病特征提炼为"反复发生不明原因的水肿、反复发生不明原因的腹痛、家人也会反复发生不明原因的水肿"3条线索，邀请疾病领域权威专家携手知名博主，打造以街头采访寻人为主题的疾病科普视频，向路人传递HAE关键疾病信息，并邀请其参与寻人。

（2）借力社交媒体，打造热点话题

9月11日，由病痛挑战基金会联合雨燕血管水肿关爱中心发起、武田中国公益支持的HAE寻人行动在抖音公益平台开启接力。邀请多方参与者围绕＃紧急寻人，寻找一种可能致命的肿＃＃寻找万分之一罕见的你＃双话题，以HAE患者发病特征为线索，面向大众发起呼吁和接力邀请，助力更多潜在患者尽早了解HAE，摆脱水肿发作风险，回归正常生活。

（3）走进进博，多方携手共赴

第六届进博会期间，武田中国联合多方力量举办"HAE寻人行动进博专场"，以HAE疾病特征为线索开展公众疾病科普活动，共商罕见病大众科普的新模式，助力提升大众对疾病的认知。

（4）再度接力，持续发声

在第13个世界遗传性血管性水肿关爱日，病痛挑战基金会联合字节跳动公益平台和武田中国公益发起"拒绝窒息 紧急寻人"活动，活动以"让1亿人看到，让2000个HAE患者远离窒息"为口号，HAE疾病科普结合"NONO窒息"舞蹈挑战，面向大众生动展现了HAE患者一旦发生喉头水肿的险境，帮助大众准确了解疾病症状及发病的危险性，进而邀请其参与寻人接力。

2.项目洞察

（1）洞察行业痛点，激发公众共鸣：项目精准识别HAE这一误诊率高、发病症状凶险的罕见病，以提升大众知晓率为目标，助力更多人了解HAE疾病特征，促进公众对罕见病患者群体的持续关注。

（2）善用社交媒体，赋能公益传播：本次HAE寻人项目以抖音为主要传播阵地，覆盖B站、微博、微信视频号、小红书等国内主流社交媒体平台，多平台联动，最大化触及大众，助力罕见病被更多人看见。

（3）流量赋能，激发公众参与：项目通过互联网传播，结合"街头采访""寻人接力""网红博主""NONO挑战"等互动方式，使公众从被动接受疾病知识科普到主动参与活动。这种轻量、有趣的传播形式直接降低了公众参与成本，增强了参与意愿。

（4）多维整合，构建立体认知：项目联动领域权威专家带领大众走进HAE，形成疾病专业认知，构建科学认知基础；HAE患者组织及志愿者主动参与，分享其诊疗故事，帮助潜在患者尽早确诊，传递人文关怀；流量明星（包括KOL、KOC）接力发声，让公众对HAE及其他罕见病科普的目标和意义有了更加立体和全面的理解，形成多维度整合传播效应。

3.项目创意

（1）聚焦痛点，创意传达。项目将HAE患者关键发病特征提炼为3条线索，贯穿活动始终，通过"街采""寻人接力"等创意形式深度传达，使公众深度理解HAE患者生存困境及寻人行动的紧迫性。项目采用互动式科普，拒绝"说教"和"填鸭式"信息灌输，通过丰富的公益内容结合流行传播形式，使罕见病科普通俗易懂，极大地拓宽了公益传播的受众圈层，让越来越多的年轻人关注公益。

（2）数字化赋能，打造新模式。项目依托抖音等社交平台，通过明星达人首发，结合公益机构等各方代表的参与，打造HAE疾病科普的热点话题，构建"关注一参与一激励一持续参与"的大众科普新模式，鼓励大众从被动接受科普转为主动参与接力，形成"人传人"的科普传播效应。

4.媒介策略

与知名街采博主合作，通过轻松幽默的街头采访，拉近罕见病与大众的距离，向公众展示如何参与HAE寻人行动，打响寻人"第一枪"；以抖音平台为核心传播阵地，全社交媒体平台覆盖，打造"关注一参与一激励一持续参与"的大众科普新模式，鼓励公众开展寻人接力，形成裂变式传播；联动疾病领域权威专家及科普博主，确保充分的优质科普内容供各大社交媒体平台留存，持续惠及更多潜在患者，实现长尾效应；上海电视台、浦东电视台、《人民日报》、《南方周末》等数十家权威媒体进行报道，覆盖大众、行业、健康等不同类型媒体，深化疾病公众认知度，诠释患者关爱，构建立体化传播矩阵；病痛挑战基金会及雨燕血管性水肿关爱中心作为共同发起方，给予项目大力支持，面向更多罕见病患者传递社会各界的关注，形成多方合力，共同推动罕见病科普事业的发展。

项目执行

（1）2023年5月16日，第十二个世界遗传性血管性水肿关爱日，街采视频，结合社交属性包装疾病科普内容并发布在社交媒体端，以此拉近罕见病HAE与大众的距离。

（2）2023年9月11日，抖音寻人接力，助推HAE从小众议题发酵为热点话题，进而开展公众接力，让寻找潜在HAE患者成为可能。

（3）2023年11月5日—10日，第六届进博会，进博寻人专场，联合多方行业伙伴助力提升HAE诊断率，将HAE疾病科普和对罕见病患者群体的关爱从进博场馆传递到更远处。

（4）2024年5月16日，第十三个世界遗传性血管性水肿关爱日，抖音寻人接力，寻人行动持续开展、不断升级，助力更多潜在的HAE患者早日确诊。

项目评估

1.效果综述

（1）社会效应

·主题鲜明，聚焦痛点：以"紧急寻人，寻找一种可能致命的肿"为主题，直击认知度低、误诊率高、救治不及时的痛点，引发公众强烈关注。

·线索引导，互动升级：围绕3条HAE关键疾病信息线索，展开历时近两年的寻人活动，将传统的"填鸭式"科普升级为更具参与感和互动性的社交传播模式。

·平台联动，声量破圈：借助微博、微信、抖音等国内主流社交媒体平台，通过接力的形式，成功打造了"人传人"的科普传播效果，实现了罕见病科普的破圈传播。

（2）传播声量

·数据亮眼，影响广泛：HAE寻人行动视频共计收获超5000万次播放，活动触达人群超2亿人，成为近年来传播声量极大、破圈范围极广的罕见病大众科普整合传播项目之一。

·内容沉淀，持续赋能：项目在各大社交媒体平台沉淀了一批优质的科普内容，将持续惠及更多潜在HAE患者，同时，助力罕见病患者被更多人看见，推动社会对罕见病群体的关注和理解。

2.媒体统计

（1）2023年5月16日，街采视频发布，曝光量超过450万次，全网播放量超过92万次，互动量超过4000次。

（2）2023年9月，抖音接力，曝光量超过6000万次，抖音视频播放量超过1000万次，互动量超过26万次。

（3）2023年11月，进博专场，多家电视台、权威媒体报道，触达超过2500万人次，现场501人次参与HAE主题互动，科普视频播放量超过28万次，互动量超过2.3万次。

（4）2024年5月16日，抖音接力，曝光量近1.3559亿次，抖音视频播放量超过4100万次，互动量超12.8万次。

合计触达（曝光）超2.2亿人次，全网播放量超过5200万次，互动量超41万次。

亲历者说 王奕鸥 病痛挑战基金会发起人、副理事长

我们非常高兴地看到，"紧急寻人！寻找一种可能致命的肿"——遗传性血管性水肿疾病科普项目取得了亮眼的传播成绩。自HAE寻人行动启动以来，我们见证了来自明星、达人、科普博主、医生、患者，以及每一位参与其中的网友的共同努力。正是大家的无私奉

献和坚定支持，才使罕见病从"被忽视"到"被看见"的转变成为可能。从2014年"冰桶挑战"被首次引进中国到北京病痛挑战公益基金会成立，我们不仅见证了罕见病政策的发展和完善，也看到了越来越多罕见病病友在各自人生舞台上绽放光彩。同时，我们深刻感受到，在数字化时代浪潮中，科普模式的变迁正在悄然改变公众对罕见病的认知和态度。

本次遗传性血管性水肿疾病科普项目正是这一趋势的生动体现。我们携手社会各方力量，在社交媒体平台上开展了一系列活动，旨在鼓励公众成为帮助罕见病患者争取平等诊治机会的倡导者和行动者。这一活动模式的探索和传播的长尾效应，对于提升罕见病群体的社会可见度和支持度具有深远意义。未来，我们将继续努力，通过推动更多罕见病科普项目的开展，帮助更多人了解和关注罕见病，为罕见病患者群体争取更多的平等机会。

案例点评

点评专家：张宁　中山大学新闻传播学院教授，博导

这是一个既能普及医学健康常识又体现公益之"善"的传播案例。其一，构建"价值共生"的传播生态。该项目精准锚定"罕见病认知鸿沟"这一社会痛点，通过患者、医生、KOL三方叙事互补，将专业医学知识与个体生命故事有机融合，形成"情感共鸣—认知升级—行动转化"的传播闭环。患者真实经历强化议题紧迫性，医生专业背书提升可信度，流量达人则有效打破圈层壁垒，实现公益传播从垂直领域向大众视野的跨越。其二，创新"游戏化"参与机制。该项目运用"NONO挑战"、街采接力等轻量化互动形式，将严肃医学知识转化为趣味社交货币。通过设置低门槛参与路径，以"关注—激励—持续"的传播链路激活公众行为，特别是吸引年轻群体从旁观者转变为传播节点，推动公益行动从"被动接收"转向"主动共创"，显著提升传播效能。其三，打造"长线IP化"传播范式。该项目突破了传统公益项目的短期性，通过进博会、世界关爱日等节点持续制造传播峰值，配合权威媒体深度报道形成议题沉淀。媒介策略上以抖音为主阵地，构建"蒲公英式"分发网络，既有头部KOL引爆话题，又通过UGC内容实现长尾传播，使疾病认知提升从事件营销升级为可持续的社会行动。该案例为健康传播提供了新范式：以社交化叙事解构专业壁垒，用参与式设计激活公众动能，最终实现公益价值与社会效能的共振，这对数字化时代的议题传播具有方法论启示。

疼痛真相展

执行时间：2024 年 1 月 13 日—6 月 30 日

企业名称：赫力昂（中国）有限公司

品牌名称：赫力昂中国

代理公司：汉威士中国（上海）

获奖类别：2024 金旗奖最具公众影响力医药行业案例金奖

2024 金旗奖最具公众影响力公益传播金奖

项目概述

2023 年 3 月，由中国健康教育中心作为指导单位、《人民日报》健康客户端作为媒体发起平台、赫力昂公益支持的"无痛中国行动"项目正式启动。项目创立初期，在国内缺乏认知度、辨识度及传播力度；与此同时，在我国，疼痛患者接近 4 亿，基数大且增长速度快，但公众缺乏疼痛管理意识，疼痛疾病知晓率、就诊率较低。

为了将"无痛中国行动"推广至全国，提升公众疼痛管理能力，赫力昂希望找到突破口，从根本上改变公众对待疼痛的态度与管理疼痛的能力。

项目策划

1. 洞察

赫力昂中国作了一次疼痛指数调研：近一年，95% 的人遭受过疼痛；超过 40% 的人害怕谈论疼痛；42% 的中国人认为谈论疼痛是一种禁忌；超过 80% 的疼痛患者希望社会能减少偏见，更好地接受和理解疼痛。基于此，项目组发现受隐忍文化传统的影响及缺乏疼痛管理知识，大众往往选择忽视疼痛，更没有疼痛管理意识。

2. 策略

我们从国人习惯于忍痛的现状入手，提出"忍痛不是人生必修课"的理念，进而将其转化为"每一种疼痛都值得认真对待"的官方口号，希望用学术的内容、积极的态度、科学的解决方案链接生活中的每一个人、每一种疼痛。

3. 创意

线下，赫力昂携手知名药房，举办了一场疼痛真相展，在不同的观展点，用户会看到展现忍痛与无痛状态的巨幅人物表情。影展中多维度的展示方式，在增强互动性的同时，让疼痛问题以更加直观、深刻的方式触达人心。此外，赫力昂在线下设置了科普墙和趣味互动环节，让大众意识到那些被忽视的疼痛真相与问题。

线上，赫力昂发起无痛中国行动·全民社区疼痛管理与促进大会，在公关层面进行官方定调；同步发起忍痛人格趣味测试，进而完成专业用药知识普及。

线上线下联动，形成受众疼痛管理意识与用药习惯，帮助无痛中国迈出了第一步。

4.媒介策略

线上权威媒体背书，为活动进行官方定调；头部自媒体发声，借助不同领域KOL知名度与流量，提升活动曝光度与话题度，为活动拓宽传播圈层；主流媒体协同传播，广泛触达大众。线下与户外媒体协同，借助过往游客自发流量，精准触达目标人群。线上线下联动，扩大活动影响力，进一步唤醒大众的疼痛管理意识。

5.传播规划

线上，项目利用微信公众号、微博及客户社群等自有媒体平台，对线下活动进行预热，同时，联动抖音KOL，引发大众对疼痛管理的重视与对活动的关注。

线下，活动当天，项目组邀请小红书KOL现场打卡并在社交媒体上同步分享，为现场活动引流；与此同时，设置现场H5小游戏，完成线上导流。

本次活动被包装成案例视频进行二次创作并上传至广告营销圈媒体，多方面进行报道，形成二次曝光，最后线上媒体进行推文总结与报道，整体活动完成传播闭环。

项目执行

1.筹备阶段

与渠道客户多轮协商，达成合作意向并进行多轮共创，完善并确认传播策略、沟通主张、创意内容与形式。同时，完善媒体传播策略，与权威媒体、主流媒体达成合作共识。

2.启动阶段

达成合作，与渠道客户落实合作内容；接洽KOL，完成忍痛及微笑表情拍摄、剧情短片拍摄；落地创意，制作忍痛人格测试、疼痛真相展与科普墙；落实媒体报道，与商业媒体、行业媒体等沟通，达成深度报道采访合作。

3.实施阶段

无痛中国"每一种疼痛都值得认真对待"的价值主张全新发布，疼痛真相展、疼痛科普墙顺利落地，在趣味性的互动中，向大众传递疼痛管理理念。

活动现场

项目评估

1.效果综述

本次活动不仅最大程度上改变了大众对于疼痛的认知与习惯，更标志着无痛中国迈出了重要一步。通过公益性的创意活动与内容，项目组成功将"疼痛应该且可以被管理"的重要理念传递给公众，为构建无痛社会奠定了坚实基础，同时，展示了赫力昂作为消费健康公司的社会责任感和创新精神，相信在赫力昂的推动下，无痛中国行动将会得到更广泛的传播和实施，为更多疼痛患者带来福音。

2.受众反应

本次活动受众反馈积极，线下影展参与打卡40000人次，受众对疼痛管理的观念发生了极大转变，从习惯忍痛到勇敢拒绝忍痛。

3.市场反应

客户会员平台实现全量人群科普教育3000万人次，并精准触达品类目标人群249万人次，在激活潜力会员、招募用户及实现复购的同时，扩大圈层中品牌影响力，实现品效合一。

4.媒体统计

本次活动取得了极好的传播效果，权威媒体、主流媒体、自媒体纷纷发声，无痛中国专项活动新闻报道共计103篇，总计曝光1.64亿次；社交媒体话题关注超3000万人次；抖音平台流量KOL回归真实人设，分享疼痛经历，1000万曝光链接"每个人"。

5.项目亮点

本次活动项目组以疼痛真相展为核心事件，以艺术馆的墙体为展出载体，结合 KOL 的知名度与创意十足的忍痛及微笑表情设计，借用过往游客的流量，在有限的面积与场地上尽可能地吸引了公众关注疼痛问题，此外，线上线下联动，借助忍痛人格测试、科普墙和趣味互动，不仅丰富了展览内容，也让观众在轻松愉快的氛围中获得了针对性的疼痛管理知识。

亲历者说 孙二黑　汉威士创意中国 CEO

一个项目的落地，离不开所有人的共同努力。那些看似简单的画面，背后都是我们的心血。疼痛，是每个人都需要面对的人生课题；忍受，似乎是根植于我们骨子里的东西。我们还要忍多久？怎么样才能找到忍受与停止忍受的边界？从来没有人告诉我们。我们所做的一切，只不过是想告诉大家：忍痛，从来不是人生的必修课。这便是我们所做的事情，也是我们努力的意义。这是我们尝试的第一步，也是属于无痛中国的第一步。

案例点评

点评专家：董天策　重庆大学新闻学院教授，重庆大学数字媒体与传播研究院院长

作为从葛兰素史克中分拆出来的消费健康公司，赫力昂支持的"无痛中国行动"公益项目是站位高且有远见的公益传播项目。其"疼痛真相展"活动，专业精细，稳扎稳打，卓有成效。以疼痛指数调研来洞察国人忍痛秉性，富有科学精神。由此入手提出"忍痛不是人生必修课"的策略主张，并转化为"每一种疼痛都值得认真对待"的官方口号，体现健康关怀。携手老百姓大药房举办"疼痛真相展"，具有艺术表现力的忍痛影像与温馨健康的微笑表情形成鲜明对比，具有强烈的视觉冲击力与触达力，直击人心。线上线下联动的活动安排，全域沟通的媒介与传播策略，环环相扣，相得益彰。将本次活动包装成 case video 再传播，与媒体的推文总结与报道一起，圆满形成传播闭环，有画龙点睛之效。

GOLDEN
FLAG
AWARD
金 旗 奖

2024

金旗奖最具公众影响力
企业公关传播金奖

拜耳×澎湃"看见生命力"多元共创艺术展

执行时间：2023年5月26日—8月6日

企业名称：拜耳（中国）有限公司

品牌名称：拜耳中国

代理公司：上海绯火文化传播有限公司

获奖类别：2024金旗奖最具公众影响力企业公关传播金奖

项目概述

2023年，"看见生命力"多元共创艺术展由拜耳中国与澎湃新闻联合发起，以多样的艺术形式为媒介，汇聚众智，多元共创，从多维度展示生命力的无尽魅力与丰富内涵。该项目从生命科学与艺术有机结合的角度出发，寻找生命力、歌颂生命力、激发生命力，聚合人文、艺术、社会、科学等领域，旨在让生命力更加可见可感，延续并传递"拜耳赋能大众焕发生命力"的承诺，强化拜耳极具辨识度的生命科学企业标签，从而进一步提升拜耳企业品牌的大众认知度、行业认可度与好感度。

"看见生命力"多元共创艺术展展厅

项目策划

本项目沿用拜耳"生命力"长期传播策略，力求从传播角度让生命力可见、可感、可触。在"共生"维度上，拜耳联合澎湃新闻这一具有强大影响力的平台，为"看见生命力"艺术展活动传播搭建一个交流与启发的广阔平台，拓宽项目触及人群的广度，为项目综合影响力增值；"共创"维度关注人文艺术领域的助力潜能，邀请青年艺术家，展出作品涵盖雕塑、油画、摄影、数字绘画、装置艺术等丰富的艺术形式，凭借多元媒介和丰富角度，诠释生命之力的概念，引入多种声音，在对生命力的共同诠释中引发公众共鸣；"共荣"维度则聚焦项目社会意义的深度挖掘，引入"生命力"圆桌论坛，邀请知名教授从科学、人文、艺术等不同角度探讨如何以"生命力"为媒介搭建起社会各界沟通的桥梁，并最终赋予人类社会源源不断的"生命力"动能，展现"科技向善，在艺术中探寻无限生命可能"的理念，通过跨界行业交流平台的架构，为全社会层面的生命力诠释与挖掘打造深度交流的平台。

外部层面，该项目不仅面向生命科学行业主体和权威媒体，还面向社会大众。项目联合多方力量，通过活动整体拓建广阔生命图景，将艺术作为展示的桥梁，展现出"生命力"视觉下的蓬勃能量，向公众打造并呈现具象化的"看见生命力"理念。该理念体现了拜耳对公众健康和公众声音的重视，同时，展现了拜耳持续关注公众健康的新需求，从人文关怀的角度出发，不断证明生命力的激发和感受不仅需要科学力量，更需要多元视角和文化的助力，共同驱动社会持续发展。

内部层面，充分发挥团队成员优势，协同合作，分工明确，利用资源实现项目目标。团队在前期积极推进艺术作品共创活动的征集及筛选工作，同时，在艺术总基调的基础上多方面拓展活动传播维度，为达到最佳传播效果，展览地点选取人流密集且颇具艺术氛围的上海K11艺术购物中心。K11地处上海市中心的淮海中路繁华商圈，地理位置优越，是全球少数把艺术、人文、自然三大核心元素融合在一起的购物艺术中心。商场人群多为白领、年轻艺术爱好者，该群体对艺术兴趣较强，并拥有较好的社交媒体资源，贴近艺术展的理想潜在受众。同时，打通线上线下传播渠道，以线下展览结合线上数字逛展、展厅直播等形式，配合多领域生命力的深入阐释，获得了出色的传播效果。

项目执行

项目于2023年5月开启前期准备，在实施前期共在线征集到超过200件共创艺术作品，筛选出30幅作品于线下展出。8月4—6日，展览迎来超过3000名线下观众。8月4日开幕当天，多位教授嘉宾、行业大咖跨界开展"生命力"圆桌对谈，共24家媒体出席开幕当天的圆桌活动，采取了新闻稿报道、专访、视频报道、直播等多种媒体传播形式。

传播端充分应用数字化助力。首先，推出"看见生命力"微信小程序，集云展厅、艺术品线上投票等功能于一身；同时，开幕日以线上直播的形式呈现，由策展人带领观众云逛展，跨界圆桌论坛全程直播。展览期间，还开启了微博、小红书达人及普通观众的带话题打卡活动，在充分利用网络扩大传播范围的同时为线下引流。

"看见生命力"多元共创艺术展精选作品同步亮相2023进博会拜耳主展台，让观众"沉浸式"感受拜耳对于美好生活的畅想与生动诠释，展出充分彰显了中国与世界共享美好发展机遇的决心和拜耳为可持续发展目标添砖加瓦的社会责任。

项目评估

"看见生命力"多元共创艺术展创新性地采用生命科学×艺术的方式，把生命科学的元素、概念、成果等以绘画、雕塑、装置艺术等形式表现出来。艺术家可以从生命科学中获取灵感，创作出视角独特和内涵深刻的艺术作品，使观众在欣赏艺术之美的同时了解生命科学知识。该艺术展凭借艺术的魅力吸引行业内外人士的关注，引发大众对生命与科学的思考，让"深不可测"的生命科学以美学的方式进入大众视野，拉近与不同领域、圈层人群的距离。

独特的呈现形式极大丰富了多元受众的参与体验，让拜耳面向生命力与公共福祉的理念触及大众。通过线下艺术展、圆桌论坛，结合线上艺术作品征集、活动预热、直播云逛展等方式，打破时空限制，实现大范围传播。展览打通线上线下参与途径，形成线上预热、线下参与、线上分享、线下体验的全面传播，借助社交媒体引发更多关注与讨论，扩大口碑传播，增加线下转化率，满足不同受众的参与需求，实现最大化曝光。

同时，借助展览后的圆桌论坛，发起"科学、艺术与生命力"更深层次的跨界讨论，使不同身份、不同行业的人士分享对既定话题的深入见解。观众在从视觉上感受生命力的同时，也在深入的思考与辨析中获得启发，活动的意义得以升华，展现出拜耳助力人们焕发精彩的生命活力的美好愿景。

"看见生命力"艺术共创活动总共收获超过4200万次曝光量。准备期间，面向社会征集到200余件艺术创作，精选出的优秀作品进行展览，迎来3085名观众。展会直播获得300万次观看，总计互动量超过13.5万次。活动共计收获各界媒体548篇稿件报道，微博话题浏览量高达900万次。活动总共创造了超过1000万元的传播价值，广泛触达大众。由澎湃新闻联合拜耳中国发起的本次艺术展，作为一个交流与启发的平台，不仅让观众离生命科学更近一步，也用多元的艺术呈现形式，让大众感受到生命力量，引发大众关于生命的思考，充分展现了拜耳对生命健康、和谐的深刻关注和重视。

亲历者说 张蕾　拜耳大中华区传播副总裁

"生命力"是拜耳中国打造企业声誉的长期品牌项目。拜耳的生命力既是面对变局的复原力、应对挑战的共生力，更是面向未来的长青力。作为生命力的赋能者，拜耳在处方药、健康消费品及作物科学领域持续寻求创新产品和解决方案，布局前沿科技，驱动企业长远生命力，同时，赋能公众焕发无限生命力。通过多元媒介和丰富角度，拜耳将抽象的科学概念转化为具象的艺术形象，吸引行业内外人士的关注，引发公众对生命与科学的思考，成功强化了拜耳生命科学企业的品牌标签，也为拜耳品牌美誉度的提升作出了贡献。

案例点评

点评专家：王晓晖　国际关系学院文化与传播系副教授，中国国际公关协会学术委员

本项目依托拜耳"生命力"长期传播策略，以"看见生命力"为主题，将拜耳这一消费者心目中"高冷"的生命科学企业与大众喜闻乐见的艺术形式自然地联结起来，通过多样的艺术形式，多维度展示生命力的无尽魅力与丰富内涵，传达了拜耳敬畏生命的企业理念及"赋能大众焕发生命力"的承诺，有效提升了拜耳品牌的大众认知度、好感度及行业认可度。本项目有一大难点——如何让"生命力"这一抽象的概念在传播时可见、可感、可触，项目团队以共生、共创、共荣的策略——与权威媒体传播平台共生、与丰富的艺术表现力共创、与跨界行业全方位共荣，将生命科学的概念、元素、成果等转化为具体的艺术形象，很好地解决了这一难题。此外，与具有较强影响力的"澎湃新闻"的合作，事半功倍地提升了项目的综合影响力。

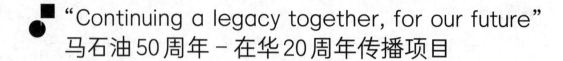

"Continuing a legacy together, for our future" 马石油50周年－在华20周年传播项目

执行时间：2023年1月1日—2024年9月6日
企业名称：马来西亚国家石油公司
品牌名称：马石油
代理公司：上海致未文化传播有限公司
获奖类别：2024金旗奖最具公众影响力企业公关传播金奖
　　　　　2024金旗奖最具公众影响力To B 行业案例金奖

项目概述

马石油在集团层面开展50周年筑梦故事的在华传播及在华20周年主题庆祝活动，以中马友谊的见证者、中马贸易参与者、中马文化交流者的身份，结合线上线下，以国内外平台整合的传播方式，诠释"Continuing a legacy together, for our future"的含义：延续马石油合作共赢的辉煌历史，与中国伙伴携手续写华章，与青少年共赴未来。这体现了马石油开拓进取、不断进步的企业精神，彰显了马石油对中国乃至全球的长远承诺。

项目策划

1.项目目标

巩固马石油在中国市场的良好口碑和声誉；打造马石油差异化IP，提升利益相关方对马石油企业的认知度和关注度；树立马石油中马文化沟通桥梁的形象，传播马石油互融共通的多元企业文化。

2.项目策略

（1）结合中国元素的马石油在华20周年主题创意设计

结合马石油"Continuing a legacy together,for our future"的内在含义，发布马石油在华20周年传播主题：二十华章启新绿，以梦为马赴新程。

马石油在华20周年定制logo以"中国结"为设计灵感，象征了马石油在华发展20周年，也寓意着马石油与所有中国客户、合作伙伴及员工紧紧相连、"结结"相扣，成就了今天的马石油中国。

马石油在华20周年定制logo

马石油中国客户答谢晚宴主视觉创意灵感源于《千里江山图》，围绕在华20周年主题，以中国山水画的形式，结合马石油在华运营业务所在地的城市地标及城市特色，呈现马石油在华发展历程。

（2）以马石油在华20周年及中国元素为主题的内外部传播项目

马石油管理层新春祝福视频以新春祝福开箱及中马联动的形式，开启马石油在华20周年系列传播。

中国元素内部新闻通讯以中国传统"二十四节气"为设计灵感，将中华文化沉淀传递给马石油总部与马石油全球员工。

制作的马石油在华20周年企业视频，系统性地展示了马石油在华20年发展历程。

精心设置的中马文化主题表演及中国传统手工艺展示，体现了中马文化的相互交融与碰撞。

（3）马石油集团50周年项目主题创意

马石油特别设立50周年专题网站——PETRONAS 50 Years。该网站作为马石油成立50周年的核心传播平台，通过丰富的内容强化了马石油IP形象，更激发了公众对马石油未来发展的信心与期待。

马石油50周年logo将"50"与无限符号融合起来，象征着马石油员工及合作伙伴携手与共，为马石油创造了无限机遇，同时，代表着驱动马石油50年成功的集体愿望、梦想和抱负，以及对未来马石油取得更大的进步的期待。

马石油"PETRONAS 50 Homecoming"火炬传递项目，象征着马石油精神与文化的火焰被传递到马来西亚全国各地。该活动于2024年4月30日开启，最终在马石油生日8月17日当天于吉隆坡马石油双子塔下结束。

马石油携手KSRP发起马石油50个梦想计划，旨在为面临困境的人们带来爱与希望并实现他们的心中所愿。在中国，马石油联合苏州工业园区汤妈妈公益慈善中心，带领5位身患DMD（杜氏肌营养不良症）的少年及他们的家庭完成心愿梦想，并以图文、视频等形式通过国内外社交平台及媒体进行广泛传播。

兼顾"大局意识"和"热点思维"，马石油围绕"双五十概念"开展借势传播。2024年是中马建交50周年，也是马石油成立50周年。马石油在中马建交50周年庆祝晚宴上展示了其在华成就，并与中国石化达成战略合作，深化两国能源合作。作为马来西亚代表性能源企业，马石油通过参与中马友谊活动和与中国能源企业合作，强化了其在华形象，彰显了其在全球能源市场的影响力和在中马关系中的重要作用。

马石油借助国际热点事件，推动"Student Voices 少年之声"走向全球。2024年F1中国大奖赛重返上海，也是上海国际赛车场投入使用20周年，结合以上热点事件，马石油于4月举办的 Student Voices × 马石油 F1车手见面会，邀请F1冠军车手与"Student Voices 少年之声"优秀学生团队进行交流，并借助F1赛事和汉密尔顿的国际影响力，提升活动全球关注度，扩大项目影响。

3. 媒介策略

国内传播，借力大事件及热点行业话题，撬动权威媒体；国际传播，联动马石油总部及合作伙伴的海外传播资源，扩大国际声量；自有平台传播；联动马石油在华合作伙伴，形成传播矩阵。

项目执行

1. 预热阶段

以马石油在华20周年为基点，为即将到来的马石油50周年里程碑节点进行叙事铺陈性预热。

以马石油在华20周年为契机，举办富有中国元素的特色活动，如答谢客户晚宴与长期服务奖颁奖典礼，深化马石油中国员工对企业文化的认知，并向集团展示中国市场的长期发展成就。线上线下联动，通过微信等平台发布特别报道，讲述马石油在华20年的发展历程，为即将到来的50周年庆典奠定传播基础，营造氛围。

2. 启动阶段

通过马石油50个梦想计划开启马石油50周年在华传播。

2024年2月，马石油中国响应马石油50个梦想计划号召，联合苏州工业园区汤妈妈公益慈善中心，带领5位身患DMD的中国少年及他们的家庭前往马来西亚沙巴，完成他们走出国门、追逐星辰大海的心愿，这一活动是马石油50周年在华传播的开篇。马石油中国以国内社交平台为主传播阵地，联动马石油海外社交平台，配合中国权威媒体的新闻稿件宣传，强化了马石油持续关注运营所在地社会福祉的形象。此外，整合传播矩阵，定期发布50周年动态，借助马来西亚国庆日发布特别报道，全面引爆声量，提升马石油在中国市场的品牌认知度与美誉度。

3. 长尾阶段

利用关键事件节点，持续输出50周年品牌故事，保持公众关注。

马石油结合全年重要时间节点，打造马石油成立50周年话题，同时，配合线下及线上活动，发布视频及新闻稿件，最大程度吸引自然流量及媒体关注，持续讲述马石油50周年故事和马石油在华发展愿景。

项目评估

1.效果综述

马石油50周年"Continuing a legacy together, for our future"主题庆祝活动得到了美通社、马新社等国际媒体，以及新华社、《中国日报》等国内权威媒体的关注，报道范围覆盖报纸杂志、TV、社交媒体、新闻网站等平台，累计阅读量超7145万次。

在社交媒体平台，马石油微信公众号发布图文8篇，阅读量26876人次，互动量2483人次；微信视频号总观看量37847人次，互动量5845人次。

社会各界对马石油50周年主题系列活动反响热烈，媒体及公众对马石油负责任、行业领先的企业形象广泛认可。

2.亮点总结

（1）把握主线，标记里程：整个项目紧紧围绕马石油的发展历程展开，诠释具有中国特色的马石油在华20周年发展历程及马石油开拓进取50周年的奋斗故事。

（2）着眼大局，回馈时代：结合中马建交的时代背景，以马石油之力，推动中马两国经济文化交流，切实助力两国福祉。

（3）联动各界，同心筑梦：积极履行企业社会责任，联动中外资源，携手合作伙伴，助力DMD少年圆梦；搭乘F1赛车，向世界发出来自中国的"少年之声"。

亲历者说 **周上力 马来西亚国家石油公司北京代表处企业事务高级主管**

作为马来西亚国家石油公司50周年庆典活动的亲历者，我亲身参与了从策划到执行的每一个环节。无论是与合作伙伴共襄盛举的答谢晚宴，还是见证DMD少年梦想成真的瞬间，每一刻都让我深感自豪。这不仅是PETRONAS的庆典，更是我们所有人共同书写的一段历史，激励着每一个参与者前行，为更加辉煌的未来努力。

案例点评

点评专家：何辉 北京外国语大学教授、博士生导师，校图书馆党组织书记，中国国际公共关系协会常务理事，中国作家协会会员

该案例非常精彩，体现了非常高的专业水准，有很多亮点。一是该案例中的公关活动策划站位很高，具有战略传播的意义。马石油通过集团层面50周年筑梦故事的在华传播及在华20周年主题庆祝活动，以中马友谊的见证者、中马贸易参与者、中马文化交流者的身份开展公关传播，体现了马石油开拓进取、不断进步的企业精神，彰显了马石油对中国乃至全球的长远承诺。二是活动策划视野开阔，有点有面，具有整合性、系统性。传播以中国国内传播为主，兼顾国际传播，做出了层次，做出了声势，做出了情感，赢得了共鸣。三是活动传播过程中充满创意，融合了中华优秀传统文化，讲好了企业故事，在扩大品牌影响力的同时为企业带来文化使者的良好形象。

长安福特——2024探长年度盛典

执行时间：2024年1月20日—1月22日

企业名称：长安福特汽车有限公司

品牌名称：长安福特

代理公司：成都西岭公共关系顾问有限公司

获奖类别：2024金旗奖最具公众影响力企业公关传播金奖

项目概述

2024探长年度盛典于1月21日在重庆盛大启幕，全国福特探险者车主分成南、北两线车队，分别从哈尔滨和深圳出发，集结山城，共襄盛举。此次活动旨在激发每一位福探长的探索精神，让他们的生态环保意识在旅途中生根发芽，携手共创一段既刺激又充满正能量的盛典记忆。同时，展示出福探长车型的卓越性能和配置优势，进一步提升长安福特品牌和探险者车型的市场影响力，吸引更多潜在消费者关注并促进购买。

项目策划

1.策略与方法

（1）树立精神向往

"福探长俱乐部"是长安福特新能源2021年开始为福特探险者车主打造的专属用户圈层和共创体验平台，呼吁那些"心有猛虎，行有担当"的车主签署"福探长公约"，成为一名福探长，一起关注环保、践行公益、汇聚微光、铸就大爱。

（2）强化圈层口碑

"福探长俱乐部"通过公约、公益、探寻计划三大基石，联结起了自然生态与车主生活，在全国范围内开启保护自然环境的"探长行动"。凭借着完备的体系和勇于挑战、不懈探索的精神，赢得了更多探长的真心认可和积极参与，激发了一个积极向上、充满正能量的圈层生态，体现了福特探险者品牌对社会责任的深度思考与对车主生活方式的深刻洞察，构建了车主圈层中的强大口碑影响力，深化了品牌与消费者的情感联系，为汽车文化注入了新的活力与内涵。

2.洞察与创意

长安福特精准洞悉探险者车主集中为中青年群体，年龄范围在30~50岁，他们不但拥有稳定的经济基础，而且对环保、公益等社会问题保有高度热情，乐于投入时间参与并传播正能量。更重要的是，他们对品牌的文化内涵、服务体验和社群归属感有着独到的追求，因此，2024探长年度盛典活动应运而生，该活动巧妙地将探险的激情、人文的体验与公益的热忱完美融合在一起。

此次活动的亮点在于挑选了春节前夕这一具有重大意义的时间节点，发起全国范围的福探长招募活动，组建南、北两线车队，汇集重庆，共同参与2024探长年度盛典。福探长于1月20日抵达重庆后，一场集美食、文化与自然的沉浸式体验就此启幕，无形中提升了活动的品质与品牌调性。

3.媒介策略

长安福特2024探长年度盛典，巧妙整合了品牌营销、圈层构建和公益环保三大策略焦点，实现了品牌理念与产品口碑的双重传递。

（1）创新营销，增长口碑：组织"共赴心中昆仑"主题车主自驾之旅，让车主亲身体验福特探险者在多元路况、多样气候下的卓越性能，增强车主对品牌的信任和忠诚。

（2）圈层构建，链接情感：创建"福探长俱乐部"，将有共同价值观和兴趣点的车主凝聚在一起；组织"探长行动"，维护圈层文化，进行品牌与用户的双向沟通。

（3）公益活动，树立形象：结合三江源国家公园的环境保护项目，激发车主的公益意识和参与感，增强品牌的社会责任感和正面形象。

（4）文化元素，提升记忆：中华传统文化与地域特色文化的融入，不仅为活动增添了浓厚的文化氛围，更丰富了品牌故事的文化内涵，也给福特探险者车主留下了深刻的记忆点。

4.传播规划

（1）预热期（2024年1月14日—20日）

·目标：主流媒体联动，营造期待氛围。

·规划：主流汽车垂直媒体、新闻平台发布年会盛典预热专题报道，深度解读长安福特品牌理念与活动亮点，吸引目标受众关注。

（2）执行期（2024年1月21日—22日）

·目标：全平台直播，沉浸式体验。

·规划：长安福特官方直播，确保信息准确、权威，提升品牌信任度；云相册直播，实时更新活动现场精彩瞬间，让观众即时感受现场氛围，增强互动性；发布探长日记，以第一人视角分享活动体验，增加活动的亲和力与传播力。

（3）延续期（2024年1月23日—30日）

·目标：深度传播，持续发酵。

·规划：长安福特官方平台发布活动总结，策划互动话题，保持品牌热度；福探长车主、经销商及车友会私域传播活动相关自创内容，强化社群归属感；主流汽车垂直媒体、新闻平台再次发布年会盛典深度报道，形成二次传播效应。

项目执行

1.南北双线齐发，探长精神汇聚

北线车队于1月14日在冰城哈尔滨启程，历时7天，跨越3200多公里，途经沈阳、北京、太原、西安、南充等，最终抵达山城重庆。南线车队于1月17日自深圳出发，4天内疾驰约1500公里，穿越广州、贺州、桂林、贵阳，最终于1月20日在重庆与北线车队成功会师，象征着两线探长精神的汇聚与共鸣。

2.年会盛典启幕，融合人文与公益

2024探长年度盛典于1月21日在重庆隆重启幕，融合了传统文化与现代公益，为福探长搭建了一个沉浸式体验文化、深入交流心得的平台。两江游轮体验活动与重庆特色餐饮的完美结合，为福探长献上了一场视觉与味觉双重盛宴，全方位呈现重庆独有的人文特色。其中，铜梁龙打铁花表演作为国家级非物质文化遗产，凭借无与伦比的艺术魅力成为盛典的亮点，让参与者深刻感受到了中华文化的博大精深；盛典期间"保护长江珍稀鱼类"公益行动和"天眼洞"探险活动的融入，不仅彰显了长安福特的品牌担当与社会责任感，更激发了福探长传递正能量的热情，促使其为人与自然和谐相处贡献自己的力量。

3.诠释探长精神，树立品牌形象

本次年会不仅是福探长车圈的盛大集结，更是长安福特新能源品牌精神的生动诠释。长安福特以勇往直前、追求卓越的品牌价值观与探险精神为旗，通过实际行动，树立了有责任担当的品牌形象，引领了一场关于探索、文化、公益与未来的全新旅程。

项目评估

南、北双线车队的集结，不仅联动了超过16家车友会、近300位探险者车主，更吸引了超过10家经销商参与，共同铸就了这场融合多元资源的创新营销盛事。

1月20—22日，150余位探险者车主及其家人与近60台来自全国各地的探险者车辆在重庆共庆2024探长年度盛典。盛典不仅以盛大欢迎仪式拉开帷幕，更融入了福探长长江珍稀鱼类保护公益行动等文化与环保活动，以及2024年福探长荣耀营机制发布与权益揭晓，更以铜梁龙舞的精彩演出为亮点，全方位提升探长IP的影响力，增强车主的归属感。

传播数据同样亮眼。收集有效线索521条，成功转化到店30条；官方平台发布资讯26篇，累计浏览量达45万人次；官方平台策划互动话题2个，共发布帖子114篇，总浏览量4.4万人次；活动云相册浏览量2.7万人次；福探长朋友圈原创内容若干。该项目实现了品

牌曝光、市场影响力提升与销售线索转化等多重目标，为品牌营销活动树立了新标杆。

亲历者说 钟林松 成都西岭公共关系顾问有限公司项目负责人

2024探长年度盛典开幕前，全国的福探长车主由南、北线共赴重庆，历时7天，近500万千米，顺利会师，不惧艰险的探长精神体现得淋漓尽致。整场年度盛典活动环节衔接流畅，欢迎仪式、两江游轮、重庆火锅、天眼洞探险活动，内容精彩纷呈，让探长们体验感爆棚；特别是非遗表演，为参与活动的福探长们带来一场别样的龙年祈福。活动次日，福探长们又驾驶福特探险者来到了长江上游的珍稀鱼类保护区，先登船巡江，然后参观鱼类保护展览馆，学习大量救护和保护濒危鱼类的知识，他们亲自动手为珍稀保护鱼类搭建了人工鱼巢，给之前救助的中华长江鲟打造了一个温馨的"产房"，助力江中鱼类种群的恢复和壮大。此次2024探长年度盛典，不仅是一次说走就走的热爱之旅，更是一次充满意义的公益之旅，完美诠释了长安福特探险者车主的探长精神 —— 即探索自然、保护自然的精神。

案例点评

点评专家：彭焕萍 河北大学新闻传播学院院长

长安福特精准定位目标群体，深刻洞察探险者车主对探险精神、人文体验与公益热忱的追求，以此为基础，策划了"共赴心中昆仑"主题活动。活动通过自驾之旅、圈层互动和公益行动，全方位传递品牌理念。南北双线车队跨越千里，展现了福特探险者车型的卓越性能，同时融入重庆特色文化体验（如打铁花表演、两江游轮）和公益行动（如长江珍稀鱼类保护），彰显了品牌的文化内涵与社会责任感。

活动选择春节前夕这一时间节点，通过多渠道传播和线上线下联动，增强了车主的归属感，提升了其品牌忠诚度，也为潜在消费者提供了深刻的品牌认知。此次活动不仅实现了品牌曝光度与市场影响力的双重提升，还为汽车行业公关活动提供了创新思路，有望激发更多营销实践。整体来看，长安福特通过精准洞察与创意执行，成功将品牌理念与用户情感深度融合起来，展现了品牌的独特价值。

DHL年度领袖公关传播项目

执行时间： 2023年7月1日—2024年4月30日

企业名称： 中外运－敦豪国际航空快件有限公司（DHL快递中国区）

品牌名称： DHL快递

获奖类别： 2024金旗奖最具公众影响力企业公关传播金奖

2024金旗奖最具公众影响力To B行业案例金奖

项目概述

2023年7月—2024年4月，项目团队借助高管来华、媒体采访和高管参加高峰论坛等契机，对DHL集团CEO、DHL快递CEO和DHL快递中国区CEO进行了有梯次的、持续的领袖公关，传递集团对中国市场的信心，以及集团在华长期发展的承诺和实力。

本项目的目标有3个：一是持续释放、传递DHL集团及旗下业务单元深耕中国市场、看好中国市场中长期发展的承诺和信心；二是进一步提升企业形象与品牌美誉度；三是营造良好的舆论氛围，从而对品牌和业务产生积极影响。

项目策划

1.项目洞察

领袖公关是企业形象打造的重要组成部分，对于提高品牌知名度和美誉度起到"四两拨千斤"的作用。此外，领袖公关对宣传时机、平台（"搭车"）、观点和内容有着更高的要求，要言之有物。项目团队对此进行了观察、思考和分析，搭建起有梯次、持续性的领袖公关传播计划框架。

2.传播策略及媒介策略

（1）传播策略

·提前规划，有的放矢

围绕高管来华开展小型传播战役：提前了解总部高管来华和中国区高管参加重要活动的几个关键时间节点，据此制订集中传播计划，包括发布企业新闻稿和组织媒体采访等。

借势时事热点：划定可能与外贸相关的重要时间节点，据此提前整理出与之相关的企业内容，从而在时事热点发生第一时间以翔实的内容响应媒体的采访需求，做到成功借势热点进行传播。

常规性观点传播：通过每月发布DHL行业观察文章及在相关话题新闻稿中插入高管引言等，积极传递企业对全球贸易和跨境电商等的观点，从而在保持媒体声量的同时获得更多未来采访机会。

· 大观点，大格局

考虑到媒体的主要关注点，在传播时主动将企业内容与"双循环""全球化""3060"等国家层面的大话题相关联，展现大格局。

· 以主流媒体带动广泛传播

本次传播锚定主流媒体为最主要的传播渠道，借助主流媒体的公信力和影响力，在提高公司在华美誉度的同时触达更大范围的受众。

· 本地视角，全球传播

作为已在华深耕数十年的外资企业，DHL全球和本地管理团队一致认可"深耕中国市场，致力于在华长期发展"的目标。以此为基础，项目团队在强化本地渠道传播的同时，通过《中国日报》和《人民日报》德文版等将本地传播内容反哺给国际媒体环境。

（2）媒介策略

领袖公关应避免"喊口号"式传播，观点要清晰、明确、有力，内容要扎实、接地气。因此，本项目以媒体专访等第三方发稿为主，辅以企业新闻稿和自有微信公众号文章，对观点进行深度阐述。

3. 内容规划

基于以上传播策略，根据3位管理者的不同身份，项目团队制订了有梯度、有层次的内容计划，从而多角度阐释核心信息，让内容更为饱满。

其中，DHL集团CEO更多地围绕全球化和数字化等全球大趋势发表观点，包括表达将继续致力于通过可持续的方式让世界与中国相连、中国与世界相连的承诺等；DHL快递CEO更多谈及中德合作等；DHL快递中国区CEO则更多地就本地热点发表观点，或谈及中国整体营商环境改善、公司在华具体投资项目及在华可持续发展的阶段性成果等内容。

项目执行

基于以上传播策略和内容规划，2023年7月1日—2024年4月30日，项目团队围绕3位管理者完成了如下传播。

1. DHL集团CEO

以接任集团CEO后首次来华、在全球可持续交通高峰论坛（2023）和2023 ESG全球领导者大会等上作视频发言及随德国总理访华等重要事件为契机，接受《经济参考报》《国际金融报》等主流媒体专访，同步在自有微信公众号上发文。

2. DHL 快递CEO

以疫情后首次来华、参加中亚枢纽扩建投运仪式和出席集团财报新闻发布会等重要事件为契机，接受新华社驻德国分站、《21世纪经济报道》、《经济参考报》、《国际金融报》等主流媒体专访，同步在自有微信公众号上发文。

3. DHL 快递中国区 CEO

以参加进博会、DHL 快递助力 F1 重返中国等重要事件为契机，接受《中国日报》、人民网（中文及德文频道）和中新社等主流媒体专访。

项目评估

1. 主流媒体发文带动广泛转发

项目期间，共发布相关稿件20篇，媒体转发超过1300篇。纵向看，几乎实现每月发稿，成功保持声量延续。横向看，每位管理者都从自身角度对核心信息进行了阐释，让整体传播内容更有层次，也更加饱满。

2. 发稿媒体质量高，管理者"金句"频出，影响力扩大

项目期间，成功在国内顶尖主流媒体及头部财经媒体上发布专访。其中，DHL 快递CEO 在《21世纪经济报道》专访中表达的观点"下一个'中国'还是中国"获得了媒体的广泛认可，并在此后多篇不同媒体报道中被反复提及、复用。

3. 以"零预算"撬动"高产出"

通过把握本地热点、借力高管来华等时机，以及深耕内容等方法，本项目成功实现所有稿件均为媒体主动落稿而无媒体合作。这也充分证明了传播的有效性不以投入成本的多少为唯一影响因素。对的时机加上好的内容，可以实现事半功倍的效果。

亲历者说 兰嘉　DHL 快递中国区企业传播总监

这个项目做下来最大的感受就是"天时、地利、人和"缺一不可。传播的时间节点、"搭车"的平台、言之有物的内容策划、高管团队的支持，以及媒体朋友的帮衬，让我们在零预算的情况下完成了这一项目，为DHL 品牌在华美誉度的提升再添助力。

案例点评

点评专家：王晓乐　中央财经大学金融品牌研究所所长

DHL 集团在中国市场开展一系列以企业高层为中心的公关活动，以一种高举高

打的方式构建品牌认知，形成了面向G端、影响B端、辐射C端的品牌涟漪。DHL集团和中国公司的高层持续发声，借助进博会等平台强调核心信息，形成"决策层—执行层"梯次发声结构，塑造出可信赖的品牌形象。将公关传播与战略实施深度绑定，洞察大机遇，输出大观点，凸显品牌的差异化认知，实现了国际品牌"全球标准＋在地智慧"的双轮驱动，通过政策响应、文化共鸣、生态构建等途径，深度融入中国市场。该案例特别强调输出的内容"要扎实、接地气"，这种方式既符合德系企业的风格与调性，更有效规避了企业高层对外发声的常见误区——四平八稳、抽象空洞的内容（这种内容会损害新闻价值，降低品牌能见度）。

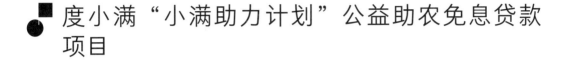

度小满"小满助力计划"公益助农免息贷款项目

执行时间：2019年5月21日—2024年9月3日
企业名称：度小满科技（北京）有限公司
品牌名称：度小满
代理公司：优格微度公关顾问（北京）有限公司
获奖类别：2024金旗奖最具公众影响力企业公关传播金奖

项目概述

度小满依托互联网和金融科技手段，围绕产业振兴，扶持特色产业发展，为致富带头人、普通农户及农业合作社成员、家庭农场主、农企联盟成员等提供免息贷款，让偏远地区的农村百姓在缺少启动资金和周转资金时能更加便捷、高效地享受专业的金融服务。免息贷款模式，可以增强农户积极经营的内生动力，扩大再生产，助力乡村振兴。

项目策划

1.问题洞察及策略

农户、乡村小微企业面临的"融资难"问题由来已久，但实际上他们的信用很优质。如何将他们的优质信用转化为金融机构可以识别、监测的风险评估结果，这需要具备一定的金融产品使用经验，可以依靠人工智能和大数据技术，对农户、乡村小微企业进行精准"画像"，提高客户识别和信贷投放能力，以此来拓宽融资服务边界。

在解决"融资难"问题的过程中，项目组发现传统商业贷款对于产业规模较小、风险抵御能力较弱的农户及乡村小微企业来说使用门槛较高。而如果采用无偿捐赠的方式，虽然可以在短时间内满足他们的融资需求，却不足以增强农户积极经营的内生动力，这种治标不治本的方式难以长期且有效地为乡村小微企业、农户的经营发展提供帮助。

面对上述难题，项目组认为可以秉承普惠金融服务理念，充分利用信用数据，围绕产业振兴，扶持乡村特色产业发展，即通过企业贴息的方式，普惠而精准地为有资金需求的农村地区人群提供免息贷款。

2.项目创意

度小满发起"小满助力计划"公益助农免息贷款项目，通过企业贴息的方式，精准地为有资金需求的农村地区人群提供免息贷款。"小满助力计划"所提供的无抵押、无担保、无利息的纯信用贷款服务，免息贷款金额为1万元~20万元，不区分开放申请及白名单用户。同时，采用"循环额度"的方式，将用户的还款周期设定为一年一次，如果还款状况良好，可以继续享受免息贷款，最长可享受连续3年的免息贷款，以此来提升农户、乡村小微企业积极经营的内生动力，助力乡村产业振兴。

3.传播规划

（1）传播内容

以"小满助力计划"公益助农免息贷款项目为轴心，深度剖析本项目在助力乡村振兴领域的重要价值。同时，立体化呈现"小满助力计划"服务对象（农户、乡村产业机构、乡村小微企业）及相关农户/乡村小微群体的创业故事，展现度小满的品牌温度与公益情怀。

（2）传播形式

以新闻报道为核心，针对"小满助力计划"公益助农免息贷款项目在各地的落地成果，联合当地媒体展开报道。同时，发掘大众对乡村产业的好奇心，联合各视频自媒体博主、漫画创作者，通过视频、漫画等形式，对项目内容、用户故事、成绩进展进行多元化展现。

（3）传播节奏

以"小满助力计划"的项目进展为新闻焦点，及时制作并传播相关内容，确保信息的时效性。对于已经放款1周年或更长时间的地区，进行深入的回访报道，总结并展示"小满助力计划"为当地农户带来的积极变化。

定期发布"小满助力计划"的阶段性成果，通过整合一个周期内的走访成果，利用文字、视频等形式，与合作地区的媒体资源联合，扩大传播效果。

构建"小满助力计划"的足迹地图，详细标注项目的落地和走访村落，整合相关新闻报道、图片素材与视频链接，使外界能够更加直观和全面地感知"小满助力计划"的公益成就。

4.媒介策略

项目组设计了以权威媒体为传播龙头、财经科技媒体跟进、短视频平台扩大影响力的媒介策略。

将国家级权威媒体作为传播核心，通过权威媒体的引领作用，巩固公益项目在目标群体中的权威性和可信度，有效扩大项目的覆盖范围，激发用户群体申请免息贷款的积极性。例如，紧跟央视财经直播大篷车的行进路线，将"小满助力计划"公益助农免息贷款项目带给迫切需要金融支持的村民。

项目团队还积极开拓"企业－媒体"联动助农的创新模式，通过公益直播帮扶地区农产品带货，帮助农户解决农产品销售难题，为乡村振兴注入数字化新动力。例如，联合新华网客户端举办公益助农专场直播，与央视网发起"恰逢好时光"农民丰收节公益直播活动等。

在与权威媒体合作的基础上，项目组邀请财经与科技领域的专业媒体对"小满助力计划"的项目进展情况进行深入报道，确保项目信息的专业性与深度。

项目组还以短视频平台为主要传播阵地，围绕农户和乡村小微企业的创业故事制作并推广了一系列短视频内容，以此扩大公益项目的社会影响力。

项目执行

2019年5月，第一期"小满助力计划"落地重庆市秀山土家族苗族自治县隘口镇。

2020年5月，度小满投入1亿元，面向全国农村地区人群提供公益助农免息贷款，助农扶贫。

2021年9月，度小满携手乳山市发改局地方金融服务中心与牡蛎协会，推出金融助"蛎"计划，共为符合条件的190户牡蛎养殖户提供约1600万元公益助农免息贷款，精准助力乳山牡蛎生态养殖和绿色发展。

2022年，"小满助力计划"在福建省建瓯市持续落地，为小桥镇、吉阳镇、南雅镇等乡镇的百余位农户提供了超过700万元的免息贷款。

2023年，"小满助力计划"新增授信用户689位，落地重庆奉节县、四川南充市、广东南雄市等13个地区。

项目评估

1.效果综述

截至2023年年底，"小满助力计划"在全国范围内已累计放款2.25亿元，覆盖31个省（自治区、直辖市）的394个行政村，超过24万农户间接受益。

2.助力新农人登上联合国舞台

典型案例：孙婉莹与同样对乡村建设抱有热情的成都青年梁植结缘。两人婚后在村里租一块小地，创建"汩汩生态农场"。2023年，他们通过度小满"小满助力计划"申请了一笔12万元的3年期免息贷款，用于智慧农业发展。二人的农场以纯天然有机蔬菜种植为特色，产品供不应求。2024年，在度小满的举荐下，孙婉莹作为中小微企业代表在联合国中小微企业日上分享了生态农场对绿色增长的贡献。

3.所获奖项

2023年4月7日，2023碳达峰碳中和绿色发展论坛在京举行，度小满"小满助力计划"

入选"2023碳达峰碳中和绿色发展优秀案例"。

7月11日，2023重庆金融创新产品发布会在渝举办，度小满"小满助力计划"助农免息贷款等14款产品入选重点示范金融产品。

4.社会评价

"小满助力计划"助农模式，服务和促进了乡村地区农业产业发展，找到了公益与市场的契合点，具备很高的推广价值。同时，发挥了资金和风控优势，开展了特色化可持续的金融扶贫探索，也有机对接了乡村振兴战略，具备普惠金融典型示范意义。

亲历者说 **张丽锦 优格微度公关顾问（北京）有限公司CEO**

公益项目是连接品牌与社会的纽带，它不仅赋予品牌以声望，更以深厚的人文关怀，增强品牌的亲和力与影响力。"小满助力计划"之所以能够取得显著成就，是因为它汇聚了互联网的科技力量、普惠金融的温暖关怀及公关创新的不懈追求，这3种力量的融合，让品牌公益项目有了源源不断的生命力。可以说，这一项目的成功是甲乙双方携手合作、共同奋斗的结果。乡村振兴是国之大计，以助农为主题的公益项目承载着创新与务实的双重使命，它们必须深植于泥土，与乡村的脉搏同频共振。作为一名公关行业的从业者，我很荣幸能够投身于"小满助力计划"这样充满意义的项目，去为社会带来积极变化，让更多人感受到公关行业的价值。

案例点评

点评专家：王晓乐 中央财经大学金融品牌研究所所长

"小满助力计划"案例创造性地将贷款项目和传播推广、直播电商打通，切切实实帮助农户。公益助农免息贷款项目精准聚焦农户与乡村小微企业"融资难"的痛点，既降低融资门槛，又激发内生动力，避免了传统捐赠的短期效应，为乡村产业发展带来长效金融支持。在传播策略上，项目组采用多元化手段，以新闻报道为核心，全方位展示项目成果与农户故事，有效传递品牌温度与公益情怀。传播节奏把握得当，从项目进展到回访报道，再到阶段性成果发布，确保信息时效性与持续影响力。媒介策略上，以权威媒体为龙头，财经科技媒体跟进，短视频平台扩张，形成全方位传播矩阵，兼顾了项目权威性与覆盖面。总体而言，"小满助力计划"不仅在金融创新上为乡村发展提供了新思路，更在传播与媒介策略上展现出很强的专业性与创新性，值得其他公益项目借鉴与学习。

共建绿色美好未来 —— 华为数字能源思想领导力传播案例

执行时间：2023年8月1日—2024年6月1日

企业名称：华为技术有限公司

品牌名称：华为数字能源

代理公司：北京华瑞成业管理顾问有限公司

获奖类别：2024金旗奖最具公众影响力企业公关传播金奖

项目概述

"碳中和"正由"全球共识"走向"全球行动"，华为数字能源认为，发电清洁化、交通电动化、用电高效化是实现"碳中和"的关键手段。

基于融合数字技术与电力电子技术的优势，华为数字能源希望通过全球标杆案例和重磅书籍等载体，从企业角度打造其在能源产业的思想领导力，进一步提升品牌形象，深化产业影响力，呼吁并携手产业伙伴实现共建绿色美好未来的愿景。

"水光共舞"雅砻江柯拉光伏电站

项目策划

1. 实施策略

（1）针对品牌感知不明显的问题，挖掘华为数字能源海内外标杆案例，臻选故事化、场景化典型内容，拍摄视频，全方位扭转受众的品牌认知，实现"品牌力拉升"。

（2）针对To B传播晦涩难懂的问题，用可视化、可感知视频内容激发受众共鸣，"激活传播力"。

（3）针对精准营销难度高问题，由专家学者、行业领袖、KOL权威背书，靠可视化、场景化内容物料传播扩大圈层影响力，实现"影响力破圈"。

2.内容创意

围绕2个视频、1本书籍开展3个传播动作，全面构建华为数字能源思想领导力，提升品牌形象。

（1）视频1：四川雅砻江柯拉光伏电站"水光共舞"。以舞蹈艺术形式串联线索，以"水""光"两种主要元素为依托，通过男女演员的舞蹈演绎，呈现水与光、自然与科技和谐共生之景。在艺术化呈现水光互补项目的同时，表现项目内容的独特之处。

（2）视频2：沙特红海新城光储微网电站"明日之城"。两条主线穿插展示人类首次为城市100%供应绿色电力的壮举。线索1以一位小女孩为主角，从她的视角探索当前的环境问题及其对可持续发展未来的畅想。线索2从红海新城客户及华为工程师的角度，分析清洁能源电网应对稳定供电、电网波动、可持续发展三大挑战并最终实现绿色梦想的故事。

（3）1本书：《价值共生：数字时代的碳中和》。从行业维度首次指明实现碳中和的关键技术和路径方向，以书籍的形式传递各行业破题碳中和的创新思路，分享全球各个区域、优秀企业的低碳实践案例。

3.媒介策略

（1）面对产业人群，权威媒体定调，以关键信息源席卷全网，强化内容产出，扩大行业声量，吸引行业端覆盖群体。

（2）面对行业从业者，借助行业大咖个人流量与覆盖面，实现身份认同与价值传递；通过科技类媒体、KOL解读背后创新技术，体现华为产业引领者、技术创新者地位。

（3）面对智库等机构，借助专家学者发声，利用朋友圈传播，将流量由公域向私域转移，实现内容对目标人群的深度触达，加速内容的传播及裂变。

（4）面对相关企业，以垂直媒体深度解读传递品牌价值，利用官方社媒平台传播，提升品牌思想领导力。

提升内容对泛人群的触达，吸引泛领域受众群体关注，扩大内容触达面，建立品牌认知。

4.传播规划

（1）针对四川雅砻江柯拉光伏电站"水光共舞"案例，在执行前期策划视频创意并拍摄，并由官方账号发布《水光共舞》故事视频；发布后，邀请新华网、《中国能源报》、《中国电力报》等媒体聚焦案例商业价值，从社会贡献角度进行深度解读。

（2）针对沙特红海新城"明日之城"案例，在执行前期策划视频创意并拍摄，并由官方账号发布《明日之城》故事视频；发布后邀请人民网、新华网、《中国能源报》等媒体及行业 KOL 聚焦技术领导力，从技术全球化角度深度解读。

（3）前期策划、出版《价值共生：数字时代的碳中和》实体图书并邀请专家、KOL 背书推荐，以动态长图及短视频形式分享书中实践案例，引领产业发展，从思想领导力高度进行深度点评。

项目执行

（1）核心传播物料释出，展现商业价值、社会价值与思想理念。

四川雅砻江柯拉光伏电站"水光共舞"、沙特红海新城光储微网电站"明日之城"、思想集《价值共生：数字时代的碳中和》在华为数字能源官方账号发布，书籍在京东、当当等网站上架，一经发布（上架）便获得大量关注。

（2）话题席卷全网，快速发酵。

官方账号发布后，新华网、《中国能源报》等媒体从案例背后的商业价值、社会贡献角度、技术领导力等多个角度持续跟进报道。

（3）业内大咖背书，构建思想领导力。

进一步联合业内专家、KOL 分享书中实践案例，从思想领导力角度引领产业发展，助力共建绿色美好未来。

项目评估

1.效果综述

传递了商业价值，展现了社会贡献，引发了情感共鸣，提升了受众对华为数字能源的品牌好感度，实现了思想领导力的构建，达到了目标人群的精准覆盖，有效提升了品牌价值、品牌温度，进而提升了品牌影响力。

2.受众反馈

媒体高层、专家、客户伙伴表示，这里有前瞻的视野、融合的方法论，以及标杆的行业案例，"价值共生"不仅是理念，也给"数字时代的碳中和"带来了全新思考，每个读者都能找到自己想要的答案，为破题"数字时代的碳中和"提供了最优解。

3.媒体统计

项目整体全网传播曝光量超3亿次，其中"水光共舞"案例曝光量超9500万次；"明日之城"案例曝光量超1.2亿次；思想集案例曝光量超8500万次、图书发行超2万本。

4.项目亮点

（1）相对于传统 To B 传播晦涩难懂的技术语言，本项目通过故事化、场景化的品牌营销物料，极大增强了受众参与感，进而激发受众共鸣，建立情感联结，实现传播裂变。

（2）案例选择上，选取了国内外两大典型案例，采用 To C 传播风格，刷新了公众认知，重塑了品牌形象。

（3）书籍内容首次以行业维度指明"数字时代的碳中和"的发展趋势和发力点，以及重点行业节能减排的最佳路径，获得传播感知，促进传播效果由"量变"向"质变"转化。此外，有效提升了华为数字能源的品牌温度，全方位提升品牌认知度。

`亲历者说` 程婕　北京华瑞成业管理顾问有限公司客户总监

塑造品牌形象、打造品牌领导力，不应只靠媒体、KOL 的解读，这样不仅受众层面有限，也会因传统 To B 传播中充斥着晦涩难懂的技术语言而增加读者的阅读门槛。因此，在本次传播中，我们从案例所带来的商业价值、社会贡献出发，通过故事化、场景化的品牌营销，讲述华为数字能源携手产业伙伴共同推动能源革命的故事。同时，随着官方主流媒体的主动报道、行业 KOL 的推荐，进一步构建了华为数字能源的思想领导力并极大提升了品牌影响力。

`案例点评`

点评专家：郑素侠　郑州大学新闻与传播学院教授、博士生导师

该案例以全球标杆项目和重磅书籍为载体，有效化解品牌感知陌生、技术语言晦涩、精准营销困难等问题，成功构建了华为数字能源在能源产业的思想领导力，提升了品牌形象与影响力。

案例的核心亮点在于通过四川雅砻江柯拉光伏电站"水光共舞"和沙特红海新城"明日之城"两大标杆项目，生动展现了华为数字能源的技术实力与商业价值，同时传递了绿色可持续发展的社会贡献，易于引发品牌认同。这种以案例为载体的传播方式，不仅打破了技术语言的壁垒，还通过视觉化、故事化的表达，提升了品牌的亲和力与认知度。

案例通过《价值共生：数字时代的碳中和》一书的推广，联合媒体、KOL 及专家大咖，实现了目标人群的精准覆盖。书籍内容紧扣"碳中和"主题，既彰显了华为数字能源的专业深度，又传递了品牌温度，进一步提升了品牌价值与行业影响力。

总体而言，该案例以整合联动的传播方式、精准的用户洞察及凸显的社会责任，成功构建了华为数字能源的思想领导力，为行业树立了标杆，值得借鉴与推广。

海尔集团战略入股上海莱士传播项目

执行时间：2023年12月1日—2025年6月30日

企业名称：海尔集团（青岛）金盈控股有限公司

品牌名称：盈康一生

获奖类别：2024金旗奖最具公众影响力企业公关传播金奖

2024金旗奖最具公众影响力医药行业案例金奖

项目概述

2023年12月29日，海尔集团宣布以总价125亿元收购全球医疗健康企业基立福所持有的血液制品公司上海莱士20%股份，该交易于2024年6月18日完成。交易完成后，上海莱士成为海尔集团大健康生态品牌盈康一生旗下的第三家上市公司，助力品牌深耕生命科学、临床医学和生物科技三大领域。

此次交易，从宣布到完成用时半年多，盈康一生规划整体品牌传播策略，设计全媒体传播、活动策划、直播等数字化传播手段，制定舆情预案，成功实现了与各相关方的有效沟通，增进了对盈康一生发展战略的理解。

项目策划

1.项目挑战

（1）交易传播具有复杂性和不确定性。

（2）交易传播面临着多元的受众需求。

2.项目目标

盈康一生希望强化其作为海尔大健康生态品牌的市场认知度，清楚展现其在大健康领域的布局、领导地位和前瞻视野；同时，确保上海莱士的投资者、员工及社会各界对本次交易有清晰、准确的理解，增强各界对盈康一生未来业务发展的信心。

3.传播策略与规划

（1）分阶段：交易宣布期，第一时间发布官方公告，明确交易目的与意义，通过广泛的媒体联络及时回应市场关切。过渡期，对交易进展保持信息透明，回应利益相关方疑问。交割阶段，策划交易交割仪式与融合大会，利用多渠道传播确保交割信息的覆盖面，邀请媒体和专家解读，进一步增强市场信心。

（2）全方位：盈康一生实施全面的利益相关方管理，针对不同群体制定不同沟通方案。

·政府及监管部门：保持密切沟通，确保交易传播的合规、透明。

·上海莱士员工：通过员工大会等内部沟通渠道，阐释交易对公司长远发展的意义，明确全新愿景、文化融合方向及个人职业发展保障，让员工充分参与交割仪式，凝心聚力。

·合作伙伴：让各方合作伙伴了解盈康一生的战略举措及业务进展，坚定战略信念。

·资本层面：盈康一生聚焦实体产业高质量发展，向外界展示未来发展前景。

·媒体：注重覆盖范围的广泛性与内容形式的多样性，包括政府媒体、行业权威媒体及自媒体，以确保信息的全面覆盖与深度传播。

（3）控风险：面对上海莱士历史舆论、基立福在国际市场的波动等，基于市场洞察、风险防控及全周期监测舆情，制定预案，灵活应对，确保交易传播平稳进行，为双方深度融合奠定坚实基础。

4.创意

6月18日，盈康一生在发布交易交割公告的同时，主办交割仪式、生态融合大会、产业园庆典等系列活动，以线下活动＋线上直播的形式，向利益相关方传播，增强仪式感与参与感。通过特别设计的活动环节，向内外部传递对海尔大健康产业战略及上海莱士未来发展的坚定信心。

（1）举办"共创未来 More For Health"海尔集团大健康产业生态融合大会。

大会在政府致辞、嘉宾发言、主题演讲等环节，深入探讨了大健康产业的发展趋势与未来方向，为海尔集团与上海莱士的融合发展奠定了坚实基础。

海尔集团领导代表提出以用户为中心的企业文化，为双方融合发展指明方向。

在时间胶囊封存仪式环节，邀请3位上海莱士基层的员工代表，将承载着全体员工期待和祝福的1000余条寄语投入时间胶囊，寓意对未来发展的美好祝愿和坚定信心。

邀请海尔集团三大业务板块——智慧住居、大健康、产业互联网的海内外员工代表制作海尔集团欢迎视频，共同欢迎上海莱士加入海尔大家庭。

共同发布"血液与健康科创菁英领航计划"。

（2）举办"盈康一生·上海莱士生物科技产业园"庆典仪式。

5.内容与媒体策略

根据交易不同阶段所需传达的信息和需回应的关切制定核心信息，清晰阐述交易背后的坚实理论依据，并着重强调此次合作对于盈康一生产业布局的战略里程碑意义，以及海尔集团将如何凭借其资源、技术与品牌优势助力上海莱士实现更稳健的发展。具体而言，海尔集团将支持上海莱士推进"拓浆"与"脱浆"齐头并进战略作为交易后的核心业务规划，致力于成为世界一流的生物制药企业的规划得到广泛认可。

整个交易进程中，盈康一生准备了多样化传播素材，从正式公告新闻稿的权威发布到视频与图片资料的直观展示，旨在详尽公布交易细节及双方共同愿景，增强传播效果。

在媒体策略方面，盈康一生充分考量权威性与影响力，积极与主流媒体、意见领袖沟通，获得权威媒体、权威专家的背书，共同策划多样化内容形式，包括图文并茂的报道、深入浅出的文章解读，以及适应社交媒体时代潮流的短视频，不仅满足了专业读者的深度剖析需求，也通过简洁明了的方式触达更广泛受众群体，进一步提升了品牌形象与公众认知。

项目执行

整个交易传播模式打破了较为传统、严肃的官宣方式，在交割仪式节点创新举办了生态融合大会，使全体利益相关方实时见证了这一重要时刻，上海莱士全体创客更加清楚公司的发展方向。同时，利用微信公众号、视频号等自媒体平台，发布独家深度解读内容，进一步触达更广泛的受众群体，增强品牌曝光度。

交易交割仪式采用了高标准的活动组织流程，特别邀请了各有关方出席参与并发表致辞，增强仪式的权威性并确保交易的广泛传播。

内容策划紧密围绕大健康产业的发展趋势与未来方向，通过多维度的报道与传播策略，有效扩大了交易传播的影响力与覆盖面，并显著增强了公众对盈康一生的品牌认知，开启了上海莱士全新品牌定位的新篇章。

项目评估

1.国内外媒体广泛报道

自交易宣布至交易交割，各类媒体对交易进行广泛解读，国内外主流、财经、商业等媒体高度关注，原创稿件160余篇，累计新闻稿件传播量达1万余篇，曝光量超5000万次，正向口碑占比99.9%。

2.上海莱士定位提升及声誉改善

交易宣布前，围绕上海莱士的报道内容较为分散且负面内容较多。交易宣布后，媒体报道更关注上海莱士清晰的战略定位及未来发展潜力，声誉得到有效改善。

亲历者说 陈璐　盈康一生公关经理

回顾这次交易传播项目，我心中充满了感慨与自豪。从交易宣布的那一刻起，我们便踏上了一段充满挑战与机遇的旅程。项目团队如同一艘航船，紧密团结，共同掌舵，勇往直前。在交易宣布初期，尽管面临诸多质疑，我们凭借专业的策略和积极的沟通，筑起了一道坚固的防线。当交易交割仪式到来时，我们所有的努力与付出都化作了满满的成就感。

活动当天，我们汇集多方智慧和力量，精心策划了一场具有战略高度的仪式，不仅为双方的融合发展指明了方向，更让上海莱士全体员工感受到了温暖与归属。这段经历让我深刻体会到，团队合作的力量是无穷的，同样重要的是创新和专业，它们是引领我们传播工作持续前行的动力。

案例点评

点评专家：隆伟利　罗氏制药中国企业事务与传播副总裁

海尔集团收购上海莱士20%股份的传播案例，展现了盈康一生在复杂交易中的卓越传播能力。面对长周期、高复杂性和多方利益相关者的挑战，盈康一生通过分阶段、全方位、控风险的传播策略，成功实现了品牌认知提升、利益相关方沟通及舆情管理的多重目标。

"华彩三十，聚氏未来" 罗氏制药中国 30 周年品牌传播

执行时间：2023年11月5日—2024年11月10日

企业名称：上海罗氏制药有限公司

品牌名称：罗氏制药中国

代理公司：罗德（上海）传播有限公司

获奖类别：2024金旗奖最具公众影响力企业公关传播金奖

　　　　　2024金旗奖最具公众影响力医药行业案例金奖

项目概述

以罗氏制药中国30周年庆典为核心，罗氏打造了一系列跨越全年的多元整合传播项目，旨在讲好罗氏在华品牌故事，增强与内外部各方的互动和情感联系，诠释罗氏在华发展信心与长期承诺，深刻体现罗氏"先患者之需而行"的初心，进一步夯实罗氏的行业领导者形象，持续扩大品牌影响力。

项目策划

1.项目背景与目标

"三十"在中国文化中意味着而立之年，在罗氏制药在华30周年这一重要的里程碑时刻，罗氏希望在回顾过往、展望未来的同时，增强与利益相关方的联系，提升企业认知度和美誉度。然而，周年庆更偏企业内部，新闻属性较弱，罗氏需要建立与外部各方的连接点，挖掘更丰富的传播资产，以提高认知度、夯实领导力。同时，面对2024年外资企业30周年传播扎堆的情况，罗氏如何充分挖掘自身差异点，从中脱颖而出，成为本项目的难点和挑战。

2.传播策略

基于内容创意、媒体矩阵和视觉设计，罗氏从以下4个方面制订传播策略：深挖一系列强链接企业形象的里程碑事件，积累品牌资产，讲好品牌故事；挖掘内外部各方真实诉求，构筑利益联结点，共创荣耀记忆；借助金字塔式媒体矩阵，提升品牌认知，实现曝光

最大化；创意定制罗氏30周年标识，以设计语言强化罗氏创新基因。

项目执行

2023年11月，借第六届进博会召开契机，举办罗氏进博会开馆仪式暨罗氏制药中国30周年启动仪式，正式对外启动30周年系列传播活动，重磅发布30周年宣传片，引发第一波舆论声量。

2024年1—4月，预热阶段，罗氏在全员年会上正式对内启动罗氏制药30周年系列活动。同时，通过一系列内部员工互动活动持续造势，如发起罗氏周年主题曲歌手招募、MV拍摄以及制作等。

2024年5月，高潮阶段，罗氏在中国总部园区举办罗氏制药中国30周年庆典活动。此次活动汇聚了罗氏总部高层领导、罗氏制药中国管理团队、全国员工、政府领导、医疗专业人士代表、患者代表、合作伙伴代表及媒体，参与总人数超过5000人，通过线上与线下相结合的方式，大家共同见证了这一里程碑时刻。庆典期间，同步推出一系列内部员工庆祝活动。与此同时，正式对外推出罗氏30周年主题曲《明天会更好》。庆典当晚，罗氏点亮浦东张江地标性建筑"科学之门"，不断将活动推向高潮。此外，借助线上线下的金字塔媒体矩阵，项目实现媒体全渠道覆盖，持续引发广泛的话题讨论度与传播热度。

2024年6月，热度持续，罗氏利用年度罗氏企业社会责任（CSR）项目"罗氏儿童义走"及罗氏在华可持续发展成果宣布，延续罗氏30周年传播热度。

2024年11月，收官阶段，罗氏借2024年进博会契机，30周年传播再掀热潮，完美收官。

项目评估

1.项目成果

罗氏制药中国30周年传播项目获得了罗氏总部等内外部利益相关方的一致好评，不仅增强了与内外部各方的互动和情感联系，还通过精准有效的媒体传播策略，进一步强化了罗氏在华"创新、合作以及持续加码"的长期承诺，夯实了罗氏的行业领导者形象。此项目通过线上线下渠道深度联动了超过5000名内外部利益相关方，吸引了来自权威媒体、主流媒体、财经商业媒体以及行业媒体的广泛关注，总计获得了超过12000篇媒体报道，覆盖人次超19亿，实现了100%正面报道，极大提升了罗氏的品牌形象和声誉。该项目凭借出色表现，斩获多个传播类大奖。

2.项目亮点

（1）洞察分析内外部各方真实诉求，策划以周年庆典为主要情感联结点的传播盛宴。项目创新地采用了多种形式，串联起罗氏与员工、政府、医疗专业人士、患者及合作伙伴等超5000人。活动亮点纷呈，通过多方共唱周年主题曲、员工诗朗诵等方式，真正实现了企业与各方的双向互动，从而引发情感共鸣、增强情感联系。

（2）作为首家入驻浦东张江的跨国企业，罗氏与浦东张江共同发展，在这片科创热土之上，继续开启新篇章。在"而立之年"这一特殊里程碑时刻，罗氏通过点亮象征浦东张江科创新起点、新高度的地标性建筑"科学之门"，以光影为笔，生动勾勒出"第一家入驻浦东张江的跨国企业""扎根浦东，立足中国""长期承诺"等关键信息，以富有视觉冲击力的形式，为项目铸就了又一高光时刻的记忆点和舆论沸点，彰显罗氏助力上海乃至中国发展的信心。

（3）携手上海广播电视台，邀请罗氏制药中国管理团队和来自全国的100多位员工共创罗氏制药中国30周年主题曲MV《明天会更好》。公司利用音乐具有创新、有趣的特点，通过共创的形式表达员工对罗氏创想美好未来的憧憬，同时，激发员工内心的自豪感、归属感以及对于罗氏的信心。

（4）联合新华网、人民网、中国新闻网以及上海广播电视台等媒体，通过多样化的内容和形式，达成广泛传播效果，加上囊括本地新闻、行业资讯以及财经领域的多元媒体矩阵，实现传播范围拓展，持续扩大品牌影响力，不断夯实罗氏领导者形象。

（5）创意定制罗氏制药中国30周年标识，以设计语言强化罗氏创新基因。标识采用高辨识度的罗氏蓝，左侧数字"3"巧妙融入加速赛道，右侧数字"0"则以螺旋状展现罗氏的创新基因，用独特鲜明的设计形象体现罗氏制药深耕中国30年来不断满足患者之需、一路引领行业发展的辉煌历程。该标识贯穿整个项目，不仅融入所有活动和传播的设计物料，更延展为一系列周边，强化了记忆点，助推项目形成更强的内外部影响力。

罗氏制药中国"30"周年标识

亲历者说 罗氏制药中国30周年项目组成员

1994年，作为第一家入驻浦东张江的跨国企业，罗氏率先建成并不断升级和完善医药价值产业链。在"而立"之年这一重要的里程碑时刻，我们将罗氏对中国市场的长期承诺、携手各方为患者创造美好生活以及员工对罗氏美好未来的信心与罗氏在华30周年项目紧密结合，在不断强化与各方的情感联系的同时，深度诠释罗氏"先患者之需而行"的初心。同时，借助金字塔式的多元媒体矩阵、精准布局的传播节奏和线上线下的全渠道覆盖，实现了广泛的传播声量，为罗氏在华运营创造了积极的舆论环境，不断提升罗氏的品牌认知度和美誉度。

案例点评

点评专家：来向武　西北大学新闻传播学院教授、博士生导师

可以从三个方面来总结"华彩三十，聚氏未来"罗氏制药中国30周年品牌传播活动的成功之处。首先，品牌传播是形象声誉的展示和传播，良好的形象声誉来自利益相关者的评价，该案例让多方面的利益相关者参与进来，与环境融为一体，与时代发展的印记充分结合，不仅提升了品牌影响，还以本次活动为桥梁，进一步加强了与政府的联结。从底层逻辑上，综合性地提升了品牌声誉。其次，该案例在传播的过程中组合了一系列亮点、爆点，充分地借助仪式传播实现了更好的传播效果。从主题曲到主题诗歌，从标识设计到现场布置，从嵌套进博会到借力"科学之门"，都是仪式传播的体现。最后，在传播渠道和方式的选择方面，也颇见功力。与新华网合作，借助《中国创新力量》栏目的力量，使得内容本身更具官方色彩。以微纪录片的方式呈现，增加了内容的真实性。以央媒为龙头，再通过地方媒体、专业媒体矩阵的传播，使传播效果有了更好的保证。还要说明的一点是，这一案例，对正在走向世界各地的中国企业做好在地化形象宣传具有参照价值。

我爱我家 × 贾樟柯《住进每一种生活》

执行时间：2023年5月15日—12月30日

企业名称：我爱我家控股集团股份有限公司

品牌名称：我爱我家

代理公司：鲸川（广州）文化有限公司

获奖类别：2024金旗奖最具公众影响力企业公关传播金奖

项目概述

由贾樟柯携手房产服务国民品牌我爱我家联合呈现的《住进每一种生活》，于2023年11—12月在腾讯视频独播。

《住进每一种生活》是贾樟柯在电影之外首次以节目形式谈"生活"。节目着眼于独一无二的庞大共同体——14亿中国人，围绕"生活"这一关键词，借助6位具有代表性的嘉宾人生故事，全面展现了新时代下居住与人的关系，寻找不同生活的可能性。

项目策划

2023年5月，我爱我家焕新品牌主张——"住进每一种生活"。

对大多数人来说，品牌的口号可能只是一个简单的宣言，然而对于我爱我家来说，"住进每一种生活"不仅是口号，也是一种自内而外的影响力。它标志着我爱我家的每一位经纪人已经准备好以全新的姿态迎接新时代的挑战与机遇——通过自身的努力，激活每个人、每个家庭、每个城市对"家"的美好期待和追求。

为了更加全面而深刻地向公众展示品牌主张，我爱我家没有浮于表面，而是扎根到深处，通过对价值主张的探究、对生活本质的思考，让品牌实现从家喻户晓到深入人心。我爱我家选择与著名导演贾樟柯跨界合作，联合出品节目《住进每一种生活》，节目定位为"电影化贾樟柯访谈录"，力求打造一款走心、治愈、能更深入分辨生活本质的"慢谈类"节目。

从品牌传播侧出发，一档节目要准确击中目标人群的爽点，保持更高的收视率和追看率，不但需要摸清节目内容受众的口味，更要从媒介策略入手，让节目产出的爆款内容在核心社交媒体平台予以充分曝光。通过每一期节目的嘉宾与话题，项目组更要将我爱我家的全新品牌主张"住进每一种生活"面向公众进行传达。

通过对我爱我家目标客户群体与节目目标受众进行精准画像，项目组针对视频号、抖音、微博等不同平台，分别制订了传播策略，并以每期节目的播前三天、播后两天为两个重要传播节点，以节目话题牵引各平台的自然流量。

与此同时，项目组还巧妙地将我爱我家的企业文化融入节目台本，让嘉宾在对谈过程中自然带出品牌信息。

每期节目播出后，贾樟柯在微博上为当期节目做推送，同时，在朋友圈分享自己对节目的感悟。豆瓣上的节目评价也反映了节目的深远影响和观众的热烈反响，同时，见证了客户品牌在节目中给观众留下的深刻印象。

伴随节目一起上线的，还有我爱我家携手歌手刘恋发布的《住进每一种生活》节目主题曲《生生不息》。《生生不息》以动人质朴的歌词，讲述了刘恋心目中平凡且温暖的生活：有第一次为人父母想给予孩子最好生活的期盼，也有孩子为了梦想前行，不负韶华成为最好的自己的成长。

节目主海报——既是生活的群像，也是对家的向往

项目执行

2023年5月，我爱我家集团发布全新品牌战略，发布"住进每一种生活"品牌主张及全新视觉形象。

6月，与贾樟柯导演团队推进《住进每一种生活》节目合作事宜，完成节目初步内容主线策划。

7月上旬，逐步选定节目录制嘉宾阵容，完成节目传播策略，与贾樟柯导演团队、品牌方达成一致。

7月中下旬，根据嘉宾阵容名单，提前拟定每一位嘉宾的话题点，设计访谈台本。

8月上旬，节目于北京开机录制。

9月，节目主题影展作品征集以H5为载体，向公众展开。

10月，节目完成录制，进入后期剪辑制作阶段。

11月15日，节目第一期首播。

11月下旬，由歌手刘恋创作的节目主题曲《生生不息》在QQ音乐首发，同日在刘恋社交媒体首发MV，首日播放量破千万。

12月初，节目主题线下影展在我爱我家线下门店同步展开，收录了超过500份优质作品。

12月底，节目正式收官。

项目评估

《住进每一种生活》以6位名人嘉宾的生活经历为样本，每期录制地点都在变化，从长城璞院后山栗子林的山野间畅谈，到《老炮儿》置景地中影拍摄基地胡同里的漫步小叙，再到弄堂里满是书香的小院中回味往事，电影化的叙事访谈风格与录制场景，给足了观众沉浸感。

从品牌角度出发，节目的播出与传播，均对品牌有极大知名度提升和美誉度提升的效果。

（1）高效提炼栏目内核，完成传播语言转化，强化栏目社会意义与价值坐标。

（2）灵活规避平台管控，露出我爱我家品牌，搭建连接观众与品牌的信任桥梁。

（3）主动沟通嘉宾、粉丝群体，形成流量合力，反哺播出平台流量，为品牌营造口碑。

（4）策划输出爆款物料，配合集团PR侧投放媒体，助力企业公众形象出圈。

节目传播侧，项目组在不同平台为整季节目输出二创视频超800条，覆盖了思想聚焦、最人物、十点人物志等优质自媒体账号，输出的优质内容拉高视频号传播流量。仅在微博平台，6期节目就收获了32个相关热搜。借助节目话题的传播，我爱我家品牌在微指数上表现良好，出现两次高额涨幅，对品牌传播产生明显的推动效应。

从百度指数角度看，节目播出期间，"我爱我家"品牌指数同比增长292%。

在节目主题曲《生生不息》的MV创意和制作方面，项目组给了刘恋一个小小的"冲击"，完成的MV使刘恋深受触动，MV上线当天微博平台播放量超1000万次，刘恋的粉丝纷纷二次转播MV，甚至在为她剪辑线下live视频的时候，也使用MV画面进行混剪二创，然后发布在视频号、B站、抖音、微博等平台。

在品牌感知上，项目组在播出平台选择、粉丝群体沟通、社交媒体矩阵构建与观众口碑引导方面都极为用心，让"我爱我家"品牌给观众和粉丝留下了深刻印象。

人民网、新华社、《中国日报》、《光明日报》等媒体均对节目给予了高度赞扬。

亲历者说 林勋煌 鲸川（广州）文化有限公司项目负责人

《住进每一种生活》透过名人生活的真实对话，借势暖心的MV与线下影展，不经意间引发普通人对日常点滴的感悟与思索。在拍摄过程中，我看到了大众眼中的"名人"像你我一样的普通人在生活中的影子，项目执行过程中，我甚至有时候忘了是在工作，希望能把这些生活的小确幸传递给每个在城市中拼搏的奋斗者。

黄 娜 鲸川（广州）文化有限公司总经理、项目督导

鲸川擅长以人文价值重塑商业价值，激发品牌价值增长，《住进每一种生活》是我们理念的集中释放。

《住进每一种生活》让我们真正看到了这样一种温和而持久的力量——因为真实而真诚，因为务实而实效。作为商业正向生态中的一环，我们将持续努力，致力于推动更多的品牌实现人文价值增值并与之共生、互生。

案例点评

> **点评专家：尚恒志 河南工业大学新闻与传播学院教授、硕导、学术委员会主任**
>
> 为了全面、深刻地向公众展示品牌主张，我爱我家选择与著名导演贾樟柯合作，打造一款能深入分辨生活本质的"慢谈类"节目。节目着眼于14亿普通的中国人，围绕"生活"这一关键词，以6位嘉宾的生活经历为样本，透过其生活的真实对话，借势暖心的MV与线下影展，用电影化的叙事访谈风格与录制场景，给足了观众沉浸感。把看似高高在上的名人拉到观众的生活圈子里，就像是一个邻居在给我们分享他的生活，不经意间拨动了人们对日常生活点滴的感悟与思索，从而激活了每个人、每个家庭、每个城市对"家"的美好期待和追求。
>
> 该节目形式合理，嘉宾选择得当，语言朴实通俗，是一档适合在夜晚伴一杯清茶细细品味的好节目。

喜识请全国人民吃冰糖葫芦

执行时间： 2023年11月1日—30日
企业名称： 石家庄喜识餐饮企业管理有限公司（简称喜识）
品牌名称： 喜识冰糖葫芦
获奖类别： 2024金旗奖最具公众影响力企业公关传播金奖

项目概述

2023年，恰逢品牌20周年之际，喜识通过一场诚意满满的"请全国人民吃冰糖葫芦"活动，感恩回馈消费者多年来的支持，同时，传递传统小吃冰糖葫芦新面貌，扩大喜识品牌声量。

项目策划

1.项目策略

在喜识品牌迎来辉煌20周年之际，项目组决定以喜识"请全国人民吃冰糖葫芦"活动向全国人民传递品牌的感恩与喜悦，深度推广中国传统美食文化。

喜识希望通过一场全民参与活动，让冰糖葫芦这一传统小吃焕发新生，成为连接过去与未来的甜蜜纽带，拉近传统小吃和年轻人的距离。

喜识"请全国人民吃冰糖葫芦"品牌营销项目

喜识通过这种活动形式，让消费者最直接地感受到自身在糖葫芦小串、竹签等产品、包装方面的行业创新，进一步提升品牌影响力和市场声量。

2.问题洞察

（1）文化传承与创新不足：当前市场，传统美食虽受欢迎，但往往缺乏新颖元素来吸引年轻消费者。

（2）品牌认知度有待提升：喜识品牌虽在行业内有一定知名度，但面向全国市场的品牌声量仍需增强。

（3）消费者体验单一：消费者购买与食用传统冰糖葫芦的场景有限，难以形成强烈的品牌记忆点。

3.媒介策略

（1）喜识利用自身全国数百家门店优势，通过一场诚意满满的"请全国人民吃冰糖葫芦"活动联动品牌旗下全国范围内门店，以点带面，实现全覆盖。

（2）官方自媒体集体官宣，吸引社交媒体上的自发传播热潮；联动权威媒体，增强带动效应，权威曝光；行业垂直媒体深度报道，拉高声量，夯实行业背书，多平台触达消费者。

4.传播策略

（1）筹备期，喜识全线产品更换主题包装材料，全部门店更换生动化物料，打造20周年庆氛围，为"请全国人民吃冰糖葫芦"做氛围铺垫。

（2）预热期，喜识官方自媒体矩阵集中官宣喜识"请全国人民吃冰糖葫芦"，美团、大众点评、抖音、小程序门店同步上线相关视频、平面物料，席卷社交媒体，大量KOL、KOC成为传播"自来水"，实现爆发式传播。

（3）爆发期，活动当天，喜识全国门店大排长龙，参与免费吃冰糖葫芦的消费者再次形成自发传播，并吸引行业权威媒体报道。

（4）持续期，喜识山楂食品制作技艺筹备申请非物质文化遗产，并在次月成为"喜识嘎嘣脆冰糖葫芦制作技艺""喜识山楂食品制作技艺"双项非遗技艺传承品牌，为传统美食文化传承蓄力。

5.内容策略

（1）活动筹备期，策划更新了喜识品牌宣传片及产品宣传片，生动展示喜识品牌文化基因、产品创新及行业贡献，传递品牌态度和产品特色。

（2）活动爆发期，品牌600余家门店全线更新活动物料，集中强调11月21日活动，并在自媒体平台持续输出活动相关细节，与消费者保持友好互动。

（3）持续爆发期，制作活动复盘视频，联合垂直媒体进一步挖掘活动"背后的故事"，以第三视角传递品牌初心；后续联合河北卫视《城市烟火》栏目，在《人生一串》中进一步叙说从20年前品牌创始人于街边"喜相识"到保护、传承、引领冰糖葫芦品类创新再到

"请全国人民吃冰糖葫芦"的铿锵步履。

内容传播上，喜识通过故事化叙事、互动参与、情感共鸣及跨界合作等多种手段，全方位、多角度地展现了喜识品牌的魅力和价值，吸引了更多消费者的关注和喜爱。

6.活动策略

活动时间：2023年11月21日12：00—14：00。

参与门店：喜识全国门店。

领取方式：扫码关注喜识官方公众号—回复关键字"20年"弹出卡券，扫码立即领取—扫码领券，进入喜识小程序—领取优惠券后点击优惠券右上方，二维码出示给店员核销。

项目执行

（1）筹备阶段：2023年9—10月，筹备喜识20周年庆整合营销项目，确定以"请全国人民吃冰糖葫芦"为核心项目，明确活动主题、时间及形式。项目组多管齐下，活动详情快速同步给全国各地加盟商，确保线下活动有序推进，同步制定并完善活动参与流程、传播策略、媒介策略、内容策略、产品设计等，稳定推进项目。

（2）启动阶段：11月1日—17日。在此阶段，全国范围内门店、小程序、外卖、抖音等平台线上线下活动物料全线更新；官方公众号、抖音等自媒体平台集中官宣，迅速获得消费者及市场关注，引起热烈讨论。

（3）实施阶段：11月21日当天，免费送冰糖葫芦活动顺利进行，喜识抖音项目组现场直播，摄影师团队捕捉精彩瞬间，再次引发小红书、微博等平台关于项目的热烈讨论，呈现了众多精彩UGC。

项目评估

1.效果综述

不仅成功唤醒了大众对传统美食的温馨记忆，也极大地提升了品牌的市场影响力。项目通过线上线下联动的策略，迅速在全国范围内引发热潮。线上，形成了强大的口碑传播效应。线下，吸引了大量客流，品牌好感度显著提升。

2.受众反应热烈

受众对项目的热情超乎预期，许多人在社交媒体上分享自己的故事，表达对项目的喜爱和对品牌的支持。

3.市场反应积极

销售增长和品牌曝光度提升显著。各种创新口味的冰糖葫芦成为热销产品，带动整体销量攀升。同时，项目的成功也吸引了众多商家的关注，进一步推动了冰糖葫芦市场的繁荣。

4.媒体广泛报道

主流媒体和自媒体纷纷报道，传播效益良好，线下进店曝光量500万次，电子屏等浏览曝光量6000万次，活动得到了腾讯、搜狐、网易、头条等网络平台报道；河北卫视《城市烟火》栏目从美食故事与文化体验独特视角展现喜识背后的故事；小红书、微博、抖音平台KOL、KOC、KOS（知识意见领袖）产出优质内容，社交媒体上的话题讨论量持续走高，累计曝光次数破亿，有效提升了喜识品牌的知名度和美誉度。

5.项目亮点

本次项目的核心亮点在于创新性和全民参与性。同时，项目在产品创新上也下足了功夫，推出的创新口味冰糖葫芦满足了不同消费者的需求，进一步提升了品牌的竞争力。此外，项目还注重文化传承与品牌故事的讲述，让消费者在品尝美食的同时也能感受到品牌的文化底蕴和历史传承。

亲历者说 何义通 石家庄喜识餐饮企业管理有限公司品牌策划总监

传承数百年的传统小吃延续至今，有着血脉一般的亲和力和极强的代表性，现代社会对传统小吃的需求也有了与时俱进的变化。喜识致力于将前人智慧和现代标准相结合，在助力非遗项目的同时，致力于满足现代人健康、好玩、便携的餐饮消费场景需求，让民族传统小吃文化延续、创新和发展，并依托传统小吃共情力，促进品类发展，不断向前探索。

案例点评

点评专家：彭焕萍 河北大学新闻传播学院院长

喜识冰糖葫芦品牌在20周年之际推出了"请全国人民吃冰糖葫芦"活动，巧妙地将传统美食文化与现代营销结合起来，展现了品牌的文化传承力与创新能力。该活动不仅是对消费者的感恩回馈，更是对冰糖葫芦这一传统小吃的全新诠释，创新性和全民参与性成为活动亮点。

本次项目在产品创新上发力，推出多种新口味，以满足不同消费者需求。传播方面，团队通过筹备期、预热期、爆发期和持续期的精心策划，利用全国门店实现线下覆盖，线上借助自媒体、权威媒体和垂直媒体全方位触达消费者，显著提升了品牌知名度和影响力。特别是通过故事化叙事和情感共鸣策略，增强了消费者与品牌的情感联系。总体而言，此次活动不仅提升了喜识的品牌形象，展示了其"新智慧"，也为传统美食文化的传承与创新提供了新思路。

用影像讲好中国故事：vivo 2023中国面孔，致敬中国之美①

执行时间：2024年1月23日—31日
企业名称：维沃移动通信有限公司
品牌名称：vivo
代理公司：罗德公共关系顾问（北京）有限公司
获奖类别：2024金旗奖最具公众影响力企业公关传播金奖

项目概述

2023年11月，vivo年度满分旗舰手机vivo X100系列发布，其出色的全焦段人像功能，让人物拍摄更加自然、立体。2024年是vivo深耕影像赛道的第10年。vivo需要在春节营销中突出重围，体现vivo X100系列全焦段人像能力，在传播中强化vivo移动影像标签，并继续放大vivo影像的人文价值，创造属于vivo的春节营销话题，展现vivo影像与时代的交集，传递影像力量。

项目策划

1.项目洞察和策略

岁末年初，如何更好地迎接新的一年，这不仅是"回荡"在每个人心底的"灵魂拷问"，更是每个品牌老生常谈的议题。回顾以往，春节营销总是在品牌设定的场景和话语体系中强制煽情，陷入自说自话的困境。

本次传播，项目组选择摆脱春节营销常规套路，不煽情，不说教，回归移动影像"记录真实"的本质，定格真人物，记录真故事，表达真情感，让vivo记录的照片和故事回应大家心底的年终之问，充分表达vivo影像理念，用影像讲好中国故事。

· 以真实为内核，聚焦大众和社会视角里具备"精神闪光"的人物，反映时代共鸣。

· 以照片为载体，借助全焦段人像，用影像定格TA们的面孔，形成贯穿传播全链路的核心视觉。

---

① 本文涉及的照片，维沃移动通信有限公司已得到被拍摄者的授权。

·以故事为表达，不强制煽情，不刻意设计，用镜头如实记录人物故事，通过第一视角自白和讲述，构成内容输出的基石，让TA们讲述本身的力量并将这种力量传递给大众。

2.创意及传播设计

（1）携手新华社"中国之美"，共同开创"中国故事影像力"计划。

自2022年起，vivo联合新华社"中国之美"，记录华夏大地上的动人风貌。2023年，双方探索再升级，共同打造"中国故事影像力"计划，用影像聚焦中国故事的时代表达。

寻找真人物：2024年"中国故事影像力"计划再启新程，双方携手"中国之美"特约摄影师，深入全国各地、寻访千行百业，从个体到群像，盘点、记录2023年的中国面孔。

叙事新方式：vivo的"影像能力"为记录中国故事提供了"新方式"，新华社"家国视角"为讲述中国故事"立基调"，双方珠联璧合，坚持以新闻纪实风格挖掘2023中国面孔背后的精神闪光点，讲述TA们"仰望星空、脚踏实地"的故事。

（2）用全焦段人像定格《2023中国面孔》样张，贯穿传播全链路。

9个时代人物、9段奋斗故事、9张全焦段人像中国面孔样张，凝聚为有力量的时代缩影。作为新华社"中国之美"独家影像合作方，vivo通过专业影像旗舰手机vivo X100系列，定格那些坚守初心的"中国面孔"。

不做产品参数的"生硬输出"，而是通过《2023中国面孔》照片形成核心重磅视觉冲击，直观呈现vivo X100系列全焦段人像能力。

vivo定格《2023中国面孔》

（3）不设计场景，纪实跟拍人物日常点滴，记录照片背后的 TA 们是如何成为最好的自己的。

新华社与 vivo 共同推出纪实短片《最好的自己》，于寻常平凡中捕捉 TA 们熠熠闪光的初心、理想、坚持和奋斗，为中国故事提供鲜活而又生动的注脚。

《最好的自己》纪实短片

走到人物身边：用镜头对准人物的生活日常，以新闻纪实和采访形式开展记录，通过每张中国面孔的人生自白和故事讲述，在将人物精神"一手"传递给大众的同时充分体现影像"记录真实、留存记忆、传递感动"的人文价值。

挖掘情感共鸣：不陷入"刻板印象"，挖掘人物的特点，呈现 TA 们的迷茫、尝试、选择和再出发，通过立体的人物故事叙事，让每个人都能在视频中找到自己的"身影"，形成与大众共鸣的情感基础。

（4）"广度＋深度"兼具，用故事牵引 vivo 影像定调，实现影响力逐层突破。

广度打声量：以微博为声量阵地。新华社全网领衔首发《2023 中国面孔》金句海报、《最好的自己》纪实短片，发布核心微博话题 #一句话送给更好的自己 #，以互动式话题调动用户分享感受和为新年的自己加油打气。

深度破圈层：以微信为价值阵地。照片层面，携手新华社，以微信创新交互形式打造"线上影像馆"陈列样张；故事层面，人物选题匹配不同圈层媒体，产出时代、文化、科技、体育四大系列人物故事，链接多元圈层；系列头部媒体针对 vivo 影像的技术能力、社会价值、人文意义等进行多维度解读，辐射更广泛人群。

项目执行

布局三大传播阶段，资源集中释放，形成传播合力，实现vivo影像在春节这一密集营销节点的成功突围，将vivo影像科技和影像人文在短期内打透、打爆。

1.第一阶段，作品先行

新华社率先发布《2023中国面孔》金句海报，呈现全焦段人像作品，优质作品预热，引发关注、讨论。

2.第二阶段，故事引爆

紧密回应样张作品，重磅推出《最好的自己》纪实短片，掀起话题热议。新华社微博领衔发布，助阵话题发酵、登上热搜；新华社、新华网视频号同步发布内容，增强新闻性和纪实性，短时间内获得大量互动。

3.第三阶段，回归影像

人文故事及定调内容持续释出，全面拔高vivo影像价值。头部媒体深度内容快速跟进，密集铺排多维度解读内容，承接样张及视频热度，将vivo影像的力量传递给更多的人。

项目评估

该项目以vivo想要表达的"记录真实、留存记忆、传递感动"的影像理念为出发点，以真实为项目基调。内容上，围绕"真人物"进行拍摄和创作。传播"明线"上，以"真故事"为牵引，让更多的人都能在vivo记录的中国故事里找到共鸣，找到面向未来的答案；通过全焦段人像样张全链路的自然融入，在传播"暗线"中讲好vivo影像科技与人文价值，让受众在"真情感"中理解影像的力量。

1.项目亮点

不论是样张还是视频的拍摄，都没有在设定的场景中产生，而是从每个人物的工作和日常生活中捕捉。不仅在内容层面自然拉近了与受众的距离，更让受众相信影像记录真实这一内涵。

视频没有刻意的煽情，也没有说教的价值观，而是通过9个人物"第一视角"的表达串联起了整支视频的故事线，旨在希望更多的人在视频里找到共鸣，这也为视频的自然发酵和扩散奠定了基础。

用样张作品替代产品露出，用故事表达代替话术输出，让全焦段人像的表现直观呈现给受众，让影像的力量通过照片背后的故事可感可知，在充分传播人文质感的同时，实现vivo影像心智培育，鼓励更多的人拿起手机成为影像创作者。

专业摄影媒体对《2023中国面孔》产出专业点评，新华社分享"中国之美"摄影师的创作故事，以"影像同路人"为vivo影像能力背书，进一步提升专业摄影圈层对vivo的认可，获得专业摄影师的点赞。

2.项目结果

在没有硬广的前提下，赢得大量自然曝光和积极讨论。

传播表现上：全网内容阅读量突破3500万次，视频全网播放量突破2000万次，视频登上微博飙升榜社会TOP5。

微博话题#一句话送给更好的自己#阅读量突破2800万次，登上热搜第11位，在榜时长1.3小时；微信端创造多篇浏览量超10万次故事内容；全网新闻报道量超340篇。

长期成效上，该项目成功占位"中国之美"和"中国故事影像力"两大影像标签，为vivo长线运营"国民级"影像IP奠定了基础。

亲历者说 **刘芷菡　维沃移动通信有限公司高级公关经理**

中国之美需要被发现、被记录、被传播，vivo作为一家手机科技企业，为中国故事影像力提供了重要的拍摄技术支持。在不断精进自身技术的同时，vivo在影像人文领域进行了诸多有益的探索与实践，开展了一系列人文影像活动。其中，"中国之美"是vivo影像文化建设中的重要拼图，以社会和更加大众的视角讲述中国故事，为影像注入了时代活力，见证并沉淀了多元而丰富的影像文化资产。手机就像当年的印刷品一样，对社会发展与文化传承有重大的影响，影像的力量是传承"中国之美"人与故事的重要媒介，可以不断记录、更新、升华中国传统文化的精髓。在未来，AI技术对手机的赋能也是对拍摄者的赋能，这会让影像记录能力与时代同频。

案例点评

点评专家：高丹　高校教师，教授

祝贺vivo"用影像讲好中国故事"项目荣获"2024金旗奖最具公众影响力企业公关传播金奖"！本项目作为品牌公关传播领域的杰出典范，将品牌深植于人民，以真实故事为纽带，传递温暖力量，实现了品牌与社会价值的和谐共生。

该项目紧扣时代脉搏，携手新华社"中国之美"活动，发起"中国故事影像力"计划，聚焦各行各业的奋斗者，从时代楷模张桂梅到高铁站女电力工，展现出"仰望星空、脚踏实地"的时代风貌。vivo的品牌叙事以真实记录触动人心，引发观众情感共鸣，赋予品牌情感温度，让消费者更容易接受vivo的影像理念。

vivo与新华社客户端等多平台联动，凭借其专业的影像技术，引发"人人都是创作者"的全民创作热潮，将影像技术与人文情怀巧妙融合，提升了品牌科技形象与文化引领力，项目的广泛传播彰显了vivo多渠道传播策略的成功。

自2022年与新华社合作以来，vivo持续深耕"中国故事影像力"计划，成功构建具有社会影响力的影像文化IP，为品牌积累了深厚的文化资产，支撑了其在影像领域的持续创新。vivo"用影像讲好中国故事"项目以温情贴近公众，将品牌发展融入时代洪流，持续提升品牌知名度与美誉度，是值得业界推广的优秀公关传播案例。

GOLDEN
FLAG
AWARD
金 旗 奖

2024
—
金旗奖最具公众影响力
市场公关传播金奖

宝马集团2023慕尼黑国际车展传播

执行时间： 2023年8月28日—9月27日

企业名称： 宝马（中国）汽车贸易有限公司

品牌名称： 宝马

代理公司： 智者同行品牌管理顾问（北京）股份有限公司（智者品牌 WISEWAY）

获奖类别： 2024金旗奖最具公众影响力市场公关传播金奖

项目概述

2023年德国国际汽车及智慧出行博览会（简称慕尼黑国际车展）上，宝马发布了BMW新世代[①]概念车，代表宝马未来的"新世代"。

宝马希望通过慕尼黑国际车展向中国广大网友传递BMW品牌技术在"新能源时代"的战略定力，并且在中国社交媒体实现破圈传播，不断扩散BMW新世代概念车及宝马集团的未来愿景，使BMW新世代概念车和企业数字化、电动化优势深入人心。

项目策划

1.难点

在宝马战略转型的关键节点，适应市场变化、满足消费者对未来汽车的期待、巩固自身行业地位并引领行业未来发展，对宝马集团来说意义重大。面对国内外电动新势力的不断挑战，如何通过国际车展向中国广大网友传递企业战略信息，并且在中国社交媒体破圈传播，具备一定难度。

2.洞察

相比硬核的企业战略和技术概念，C端用户更乐于了解背后的故事；相比乏味的车展直播，宝马历史博物馆是什么样子、CEO和设计总监的所思所想、KOL带回国的一手资料更能满足大众的好奇心。

3.传播策略

项目组对大而全的企业层面信息进行了细化拆解，更好地助力品牌客户进行多样化、

---

① 此处"新世代"代表着宝马在电动化、数字化和循环永续领域的核心创新。

可视化内容传播。本次传播制订的#宝，马上带你进入新世代#、#宝马的世界没有"无人驾驶"#双话题营销策略，正面强化了宝马"以驾驶者为本"的观点，侧面深挖宝马集团对于未来出行的愿景。

通过跨越式创新营销策略，为用户展现宝马高管团队的多面性，以更加亲民的方式，让用户对品牌和产品产生共鸣。

本次传播不局限于单一平台和本土传播，项目组基于不同平台的特点和受众群体，规划跨平台、跨国境的内容传播，提升了品牌在全球范围内的知名度和影响力。为了达到跨平台破圈传播的效果，项目组选择了3位在德国当地具有一定影响力的KOL进行内容共创，使其发挥各自领域的专业知识和经验，从不同视角产出内容。

创新策划宝马新世代五日谈KOL系列直播栏目，通过KOL连续5天的深度观点输出，保持BMW新世代概念车在长尾期的声量。

项目执行

1.预热期

为了更好地吸引公众关注，本次传播创建了2个微博话题#宝，马上带你进入新世代#、#宝马的世界没有"无人驾驶"#，同时，联手多家汽车、科技媒体扩大影响力，落实双话题营销的传播策略。

2.爆发期

项目组为时任宝马集团董事的高乐先生和宝马集团设计高级副总裁霍伊顿克先生制作"高乐高"Vlog和"霍师傅聊设计"视频，提升高管社交形象和参与度，拉近与消费者的距离。

BMW新世代概念车

与德国达人合作共创，跨平台破圈联动，本次慕尼黑国际车展与BMW新世代概念车信息成功触达抖音、小红书、快手、B站等用户。

3. 长尾期

精心策划了为期5天共5场的宝马新世代五日谈KOL系列直播活动，联动8位KOL进行访谈直播，从设计、品牌、智能座舱、人机交互、驾趣5个维度发表核心观点，并摘取直播金句制作视频，进行二次传播。

本次传播不仅着眼于广大用户，也特别关注经销商伙伴的内容需求，为他们定制了专属物料，以便其在不同平台进行精准分发与信息扩散。

项目评估

1. 效果综述

得益于精准的内容投递和创新的传播方式，本次传播在微博等多渠道获得了很高的话题讨论度。本次传播创建的微博话题#宝，马上带你进入新世代#，车展期间累计收获曝光量超7600万次，话题阅读量创宝马集团周期话题历史数据新高。

宝马集团官方阵地累计收获曝光量超5000万次，总互动量超5.7万次，新增粉丝数3.1万人。领导高层视频累计收获曝光量800万次，成为慕尼黑国际车展传播的爆款。德国本地达人视频通过在抖音、B站、小红书、快手等不同平台进行内容分发，让慕尼黑国际车展的信息更贴近中国网民。经销商生成的原创内容收获曝光量超980万次，专属传播物料极大提升了经销商自主传播的积极性。8位 KOL 5天直播累计收获曝光量超750万次。

本次传播打破了宝马集团传统传播思维，帮助其进行创新实践，开启了全新的社会化传播阶段，充分展示了项目组的专业能力和创新思维。后续宝马集团在社交媒体上的轻量化传播转型，如广州车展的"宝马真香"等，都是以此次创新突破为基础的。

2. 媒体统计

慕尼黑国际车展期间，宝马汽车在全球和国内的汽车制造商中媒体曝光度均位居前列。全球英语和德语媒体共发布了8156篇关于宝马的报道，而在中国，宝马的报道和影响力同样排名第一。

为了维持话题热度，项目组制作了13个视频，其中包含了精彩评论。整个传播活动分为3个阶段，持续3周，涵盖了丰富的媒体活动，包括30多家顶级中国媒体对慕尼黑国际车展进行报道，以及参观索克罗夫、独家试驾体验J01，全面展示了宝马集团在新世代车型领域的综合实力。

亲历者说 黄晓春　智者同行品牌管理顾问（北京）股份有限公司客户总监

我们初期就决定打破常规，探索全新合作模式。筹备期间，与客户深入交流，不断了解客户对于项目的需求、期望及其背后的故事。执行中，我们共同面对挑战，反复讨论方案，确保项目的落地。项目完成后，我们得到了客户的高度认可并为此而倍感自豪。未来，我们将继续与客户紧密合作，共创更多成功案例。

案例点评

点评专家：张宁　中山大学新闻传播学院教授，博导

宝马慕尼黑车展传播案例以"战略软化""技术人格化"为核心，挣脱传统车企单向输出的桎梏，打造了三大创新传播范式。

第一，高管IP化，重构品牌对话模式。通过"高乐高"Vlog与"霍师傅聊设计"视频，将企业战略转化为具象人物叙事，以职场综艺式表达消解技术术语的冰冷感。这种"去权威化"的沟通策略，既保留了高管专业形象，又植入了"反差萌"的记忆点，实现了企业战略由"云端宣讲"到"社交谈资"的转化，契合了社交媒体生态。

第二，KOL矩阵驱动，跨圈层渗透。精选德国当地达人与中国垂类KOL，构建"在地化内容生产+专业化观点解读"的双轨传播链。通过"五日谈"系列直播，将技术参数拆解为设计美学、驾趣体验等大众兴趣点，形成"技术硬核—场景软着陆"的内容梯度，既满足了汽车发烧友的深度需求，又为广泛用户提供了"社交货币"，实现了由专业圈到大众圈的涟漪式扩散。

第三，参与式传播，激活长尾效应。网络热梗嫁接品牌主张，配合"拆盲盒式"内容释放节奏（如博物馆探秘、CEO幕后故事），激发用户"追更"心理。直播金句二次剪辑，形成"观点晶体化"传播效应，使专业内容适配短视频平台的碎片化消费习惯，推动传播周期由车展热点期向日常运营期延伸。

总体来说，高端制造业的科技叙事需完成"三重转译"——将企业战略转译为人物故事，将技术参数转译为场景体验，将行业话语转译为"社交货币"。这种"刚柔并济"的传播策略，为传统品牌提供了"技术传播内卷"破局思路。

2024国际带状疱疹关注周系列传播

执行时间：2024年2月19日—3月31日

企业名称：葛兰素史克（中国）投资有限公司（GSK中国）

品牌名称：SHINGRIX 欣安立适

代理公司：上海释宣商务咨询有限公司（释宣公关）

获奖类别：2024金旗奖最具公众影响力市场公关传播金奖

项目概述

自2022年以来，每年举办的国际带状疱疹关注周（每年2月的最后一周）已经成为科普疾病的重要宣传节点，GSK中国联合多方力量，连续3年为公众提供实用、权威的科普，强化广大中老年人群疾病预防意识和行动，助力"健康中国2030"建设。

项目策划

1.传播目标

（1）巩固节点：借势《"十四五"国民健康规划》《老年失能预防核心信息》等，巩固国际带状疱疹关注周这一疾病科普节点。

（2）强化认知：不断加深公众对带状疱疹的疾病认知及预防意识，并进一步强化50岁以上人群、慢性病患者、自身免疫性疾病患者、免疫功能低下患者这4类带状疱疹高风险人群的疾病认知和预防意识。

2.传播洞察

（1）关注目标人群健康需求：慢性病患者是带状疱疹的高风险人群，共病的发生将加剧病情诊治难度，但慢性病患者群体对于疫苗接种顾虑很多，因此，需要采取更直击目标人群的信息阐述、话题设置与通俗表达方式。

（2）挖掘触发预防行动的关键因素：自己/身边人亲历病痛、医疗人士专业科普、预防接种的认知度和可及性是影响中老年人接种带状疱疹疫苗的重要因素，病例传播与专家权威科普仍然是传播重点。

（3）挖掘更直接的触达路径：往届国际带状疱疹关注周逐渐确立了全国与地方多点发力、互相补充的传播模式，如何延伸曝光场景，进一步触达目标人群，是本届发力重点。

3.传播策略及创意

（1）把握趋势：聚焦国策，借势节点，奠定全年内容基调。

在"健康老龄化"相关国策引导下，利用2024年国际带状疱疹关注周这一重磅节点，项目组携手专家与权威媒体报道预防疾病、管理疾病、消除误区等权威科普内容，核心观点供全年相关话题持续复用，奠定全年的内容基调，争取传播复利。

（2）夯实权威：叠加权威因素，强化传播势能。

以权威数据、疾病科普、典型病例等多样内容为话题点，叠加权威专家、媒体，高势能、高权威释放信息，在多个平台形成专家发声、媒体转载、公众讨论的传播势能。

（3）增强合力：多方合力，挖掘更新链接、更深触达。

通过媒体沙龙、全国媒体沟通会以及城市采访相结合的方式，项目组完成媒体深度沟通与话题创造，多点发力、以点带面、互相补充，以实现更深触达，以冲击吉尼斯世界纪录为目标，结合城市核心地标设计户外场景，与受众建立更具象、更直接的连接，最终打造从地方到全国的热议话题。

（4）关注话题：紧贴人群关切，探索创新表达。

结合高危人群现状及其顾虑点，将慢性病人群、风湿免疫性疾病人群及相关病例纳入传播，延伸话题的弹性与多样性。

4.媒介策略

（1）组合上，全国媒体与地域媒体配合发力，点面结合，兼顾传播高度与广度；权威媒体、专业媒体、大众媒体相互补充，多视角输出核心信息，兼顾权威指导、专业背书与公众可读性。

（2）内容上，与央视新闻、《健康报》、《21世纪经济报道》、《生命时报》等多个媒体携手，就公众关注要点共创话题，多角度报道并创造多个热点话题；同时，结合多家地域媒体，根据区域特点产出原创内容，从而撬动多地政务类账号、社区医院、社区卫生服务中心以及地方疾控中心等账号跟进话题报道。

（3）渠道上，准备视频、图文、文字等多形式物料，撬动广电媒体、权威媒体等全渠道融媒体平台，促进微博、抖音、视频号、快手、今日头条、西瓜视频等多个社交媒体平台跟进，最大限度覆盖受众。

5.传播规划

（1）传播主题：深刻认知带疱风险，全面提高预防意识。

（2）传播节奏：借势国际带状疱疹关注周，以吉尼斯世界纪录挑战活动预热引爆关注，并通过全国媒体沟通撬动全国报道，各地城市圆桌会或采访及媒体沙龙活动实现多点覆盖，助力高风险人群增强疾病认知，提升预防意识。

项目执行

1. 第一阶段：预热阶段，挑战"吉尼斯世界纪录"

2024年2月22日，由中国老年保健协会发起，《21世纪经济报道》主办，GSK中国等联合支持的大型"气球长城"空降广州小蛮腰，挑战"最大的气球地标造型"吉尼斯世界纪录™称号。此次活动通过长城"守护、护卫"的美好意象，呼吁中老年人积极构筑自身免疫长城。同时提升公众对带状疱疹的关注和认知，配合全国媒体沟通会，增加新闻亮点，提升传播影响力。

"最大的气球地标造型"吉尼斯世界纪录™称号挑战成功

2. 第二阶段：引爆阶段，召开全国媒体沟通会

2月25日，第三届国际带状疱疹关注周全国媒体沟通会在京召开。活动以"深刻认知带疱风险，全面提高预防意识"为主题，得到中国老年保健协会、21世纪经济报道支持，会上发布《中老年人带状疱疹疾病和预防认知调研》，并邀请到多领域专家学者，围绕带状疱疹的疾病负担、高风险人群、疾病预防和管理等重点话题展开全方位的探讨和交流，引发媒体广泛报道。

3. 第三阶段：长尾阶段，3场城市圆桌会、2场媒体沙龙、10场城市采访

2月23日—28日，在广州、上海、重庆三地开展城市圆桌会，通过更多样的专家组合，结合各地带状疱疹的认知情况与发病情况，引入当地权威电视台和主流媒体全程采访报道，进一步提升当地民众对带状疱疹疾病和预防的认知。

2月底，沈阳和海口召开媒体沙龙，针对带状疱疹的高风险人群、提升老年人群疾病预防意识等话题展开讨论。

2月底到3月初,城市采访在广东、江苏、湖南、河南等多省进行,优质内容获得全国性权威媒体主动传播。

项目评估

1.效果综述

成功挑战吉尼斯世界纪录,打造多个热点话题。

传播覆盖人群:通过1场全国媒体活动+3场城市圆桌会+10场城市采访+2场城市媒体沙龙,实现全网超30000篇报道,累积曝光量超22.7亿次。

传播突出亮点:获得现象级声量,获得超600次转载报道及多平台、多家媒体自发跟进报道,掀起从中央到地方的电视媒体报道热潮,获得4次央视电视报道及8次央视新媒体平台报道,并获得10家以上地区电视台报道。传播内容被百度百科词条自发收录,实现实时轮播。30多个话题上榜多个App,24+微博热门话题创历史之最,并覆盖今日头条、百度、快手、搜狗等多个平台的热榜和热门话题。

2.各方反馈

创新活动形式和多样传播方式获得专家、媒体好评反馈。

3.市场反应

截至2024年12月,重组带状疱疹疫苗已实现对全国20000+终端使用单位的覆盖,覆盖广度与深度显著提升。

亲历者说 **董燕 葛兰素史克(中国)投资有限公司传播部副总监**

经过前两届国际带状疱疹关注周的铺垫和蓄力,第三届国际带状疱疹关注周的传播数据再创新高,在微博、抖音、头条、百度、快手等多个社交平台屡次登上热搜,引发大众热议。我们欣喜地看到,"国际带状疱疹关注周"已经成为带状疱疹疾病科普和预防的重要时间节点,公众对于这一疾病的认知不断提升。此次我们取得的不俗成绩,不仅得益于前两年核心信息、媒体策略的精准把握,媒体对带状疱疹疾病及预防等信息的关注和对疫苗接种认知的加深,也是我们长期以来努力践行疾病科普的结果。希望我们持续不断的传播科普能够切实帮助广大中老年人群提高疾病预防意识,远离带状疱疹的折磨与困扰,安享高质量幸福晚年,同时,助力"健康中国2030"建设。

案例点评

点评专家：郑素侠　郑州大学新闻与传播学院教授、博士生导师

该案例紧扣我国老龄化社会背景，针对60岁及以上人口的健康需求，以带状疱疹预防为切入点，尝试提升中老年人群对感染性皮肤疾病的认知与预防意识，充分体现了"预防为主"的健康理念。

案例与国家政策深度契合。《"十四五"国民健康规划》强调健康教育，而该案例通过国际带状疱疹关注周这一重要节点，联合多方力量，有效把握传播节奏，不仅响应了政策号召，还为建设"健康中国2030"提供了切实助力。此外，案例在传播策略上注重多元化和精准化，通过线上线下结合的方式，利用社交媒体、传统媒体及KOL资源，将专业的医学知识转化为通俗易懂的内容，触达目标受众并引发广泛共鸣。

案例的项目执行系统有序。预热、引爆、长尾，三阶段的项目进度与实施细节有效覆盖目标人群，获得现象级声量。案例用创新的活动形式与多样化的传播方式扩大品牌影响力，也有效助力了健康中国的建设，展现了品牌在商业价值之外的社会担当。

总体而言，该案例以创新的传播方式、科学的健康理念和显著的社会影响力，成为市场公关传播的典范，值得行业借鉴与推广。

基于 IP 引导的 vivo S18 新品上市创意营销案例

执行时间：2023 年 11 月 20 日—2024 年 1 月 20 日

企业名称：维沃移动通信有限公司

品牌名称：vivo

代理公司：仟传网络科技（北京）有限公司

获奖类别：2024 金旗奖最具公众影响力市场公关传播金奖

项目概述

2023 年年底，vivo S18 系列新品上市，品牌以"Z 世代"为核心目标人群，在抖音平台打响第一枪，抢占年底流量，推广新品。通过洞察行业新品上市的三大难点——内容卷、流量挤、达人筛选难，项目组进行难点、痛点、爽点的全方位策略规划与破局。

项目策划

1.洞察

洞察平台内容风向：抖音擅长打造"热点话题"和"高点视频"，从平台传播范围、用户互动情况等看，正能量内容热度较高。

洞察平台热词趋势：洞察平台热词，挖掘正能量话题，形成 vivo 特有的差异化策略，创意洞察和产品卖点深度结合，得出传播主题——绽放（影棚级人像，光彩绽放），以"Z 世代"的口吻讲述"光彩绽放"故事，让目标受众产生心理认同。

2.创意策略

紧跟平台风向，结合"新年热点"，放大产品卖点，围绕用户需求打造新品标签，从目标用户最关心的热点场景应用、玩法及话题切入，进行新年大事件 IP 营销（话题预热）、挑战赛及品牌冲榜，获取热度（话题爆发）、新年话题×挑战赛（热点蓄力），以此营造与用户的亲近感，实现有效互动。

3.媒体组合策略

新年大事件 IP 营销，达人及平台 IP 联动，将多方平台流量转化为营销助力；挑战赛与品牌冲榜环节，借助达人名场面冲击话题榜，官方资源引流，获取热度，刺激用户互动和转化；新年话题×挑战赛，多重资源组合，形成抖音平台新年"种草"场景，为活动引流造势，吸引大量UGC参与，使活动热力值达到最高点。

品牌挑战赛＋平台IP联动＋专属定制H5页面＋平台热榜

4.传播策略

"IP＋星推搜"组合，实现长效内容"种草"＋声量传播。利用抖音热点记忆，强联合头部流量，提升IP权重，助推品牌观点成为平台热点。

（1）IP运营

联合2023年度达人，以2023的名场面为切入点，讲述每个人的绽放故事，带动大众情绪和讨论。品牌和平台共建"2023抖音热点记忆年度IP"，抖音平台成为品牌观点放大器。品牌观点上升为社会热点事件，大量名人卷入，造就全民话题高点，热度自然发酵，大量素人自发参与。热点人物×热点主题×平台IP三方联动，实现内容共振。通过首屏位置、二级影展页面展示样张，持续提高IP话题声量，助推品牌观点破圈。

（2）联合"星推搜"策略

"星"——基于投放表现数据和EASE①模型提供精确、高效的达人选择。

内容多元、渠道升维是打破以往 B端企业宣传内容形式单调的法宝，此次利用语言模型诠释主题"绽放"、系统抓取内容数据、清洗并检验数据，获得破圈达人清单。

"推"——利用DOU+助推内容有效扩散，提升内容爆款率。

不同内容发布后，观察视频自然传播数据是否进入更大流量池，判断是一般视频还是爆款视频，有针对性地实施DOU+助推测试。24~72小时持续监测自然流量，筛选优质内容。以小金额、隔2小时的频次测试，结合消耗速度、溢出比例及官方建议，判断是否启

---

① 评估（Evaluation）、觉察（Awareness）、支持（Support）、历练（Experiences）四个英文单词的首字母缩写。

动二次投放。

"搜" ——小蓝词[①]助攻，收割搜索路径和回搜率。

借助内容与产品标签的关联，小蓝词助攻，收割搜索路径。差异化打造小蓝词，高效助推品牌回搜率增长。

项目执行

1.筹备阶段

2023年10月25日—11月15日，洞察平台内容风向、竞品往期内容玩法，调研用户行为趋势。经过多轮讨论与内容梳理，确认营销内容主题，与平台共建话题方向及媒介资源组合策略，与达人达成共识，启动平台共建话题资源的物料准备工作。

2.执行阶段

为凸显产品的"影棚级人像，光彩绽放"IP属性，严格把控达人的样张、视频内容产出，确保视频视觉质量，做到每一条内容都在线下拍摄现场与达人沟通，明确需求与质感，产出高质量内容。

3.发布阶段

科学投流，舆情监控。评论区趣味互动和发布文案引流，提升产品的转化率，实现产品深度"种草"。

项目成果

口碑热度双爆发，A3人群[②]拉新再创高峰。

多平台分发，一对多扩散，形成传播矩阵。达人评论区与产品高度关联，助力"种草"转化。点击率远高于行业均值，"种草"人群纯度有效提高。史无前例的傲人成果，3倍超额完成KPI，总曝光量超25亿次，总互动量超1751万次，总互动率达8.8%，小蓝词点击率达1.5%，新增A3率为5%，回搜率为6%。爆款率高达50%，百万次互动率超23%。播放实现率168%，互动实现率367%，新增A3量808万。

亲历者说 朱晓娟　仟传网络科技（北京）有限公司事业部总经理

vivo S18的执行，是一场从头到尾的爆款营销。3C产品[③]和平台热点的结合，产品核心卖点与正能量的碰撞，无不体现着vivo充满创新的品牌理念。这种创新借助最适合营造

---

① 小蓝词是抖音平台上的一种特殊搜索词，以蓝色字体展示，具有快速搜索功能。

② 深度交互人群。

③ 计算机、通信和消费类电子产品的统称。

"热点"的抖音平台去扩散，联动达人，玩转多种平台资源，让新品上市成为一种现象级话题与热点，给品牌营销打开了新的思路。

案例点评

点评专家：朱琳　英飞凌科技大中华区企业传播部负责人

vivo S18系列的抖音营销案例展现了品牌在数字化传播中的创新与精准策略，成功将新品上市与平台热点深度融合，实现了流量与口碑的双重爆发。

1. 精准洞察，差异化策略

品牌通过洞察抖音平台的内容风向和用户兴趣，抓住"正能量"和"励志"等热词趋势，结合产品卖点"影棚级人像，光彩绽放"，打造了与Z世代情感共鸣的传播主题。

2. 结合热点，创新内容营销

品牌巧妙结合"新年热点"，通过IP营销、挑战赛和品牌冲榜等多重活动，将产品卖点与用户兴趣点紧密结合，成功打破了3C产品传统的垂直领域印象。

3. 达人联动，引爆传播声量

通过与平台顶流达人合作，vivo将品牌观点上升为社会热点，形成了全民讨论的热潮。

4. 科学投流，数据驱动优化

科学投流策略和AB测试[①]提升了内容爆款率和用户互动转化效率。为品牌营销打开了新思路，也为行业提供了可借鉴的标杆案例。

---

① AB测试是通过对比两个（或多个）仅有单一差异的版本，在相同条件下测试哪个版本更能达成目标的实验方法。

OPPO Find N3系列上市公关传播项目

执行时间：2023年9月1日—2024年4月30日
企业名称：OPPO广东移动通信有限公司
品牌名称：OPPO
代理公司：北京君信传奇公关咨询有限公司
获奖类别：2024金旗奖最具公众影响力市场公关传播金奖

项目概述

OPPO Find N3系列首次将旗舰级别的影像技术置入折叠屏，搭载行业内最高级别的国密认证安全芯片，更好地满足了高端人群的使用需求。基于对目标人群的锁定与洞察，此次OPPO Find N3系列公关传播，针对目标人群突围，设定了两大目标——持续塑造折叠屏领导者形象和认知；有效连接原点用户，获得原点用户好感。

项目策划

1.前期洞察与策略推导

君信通过对原点人群的不断解析，最终提出了"双栖人"这一全新概念，即在不同领域拥有双重身份的商业领袖群体。此次公关传播也将锁定"商业＋"标杆人物，引发高端人群关注，让OPPO Find N3成为高端人群的"社交货币"，最终成功与万科集团创始人王石达成合作，在OPPO Find N3高端化突围棋局上落下关键一子。

基于持续塑造折叠屏领导者形象和认知的核心传播目标，君信在OPPO Find N3系列公关传播策略的制订上，针对原点用户采取速赢策略，巧借高端人士站台发声，全生命周期运营原点人群，同时，打破单点传播，摒弃散点式传播，以"长期主义"的递进传播方式深化原点人群的产品及品牌认知。

2.传播节奏规划

跟随产品上市节奏，OPPO Find N3上市前王石的持机路透图就在小红书平台被广泛关注，引发众人猜测，大量财经营销号争相"解读"，高端商务人士手机信息安全的痛点再次引发热议。

预热期，通过原点人群上手体验，制造辐射圈层的影响力，借助高端人士背书及站台，打造"大佬都在用""未发先火"的产品口碑,为发布期热度蓄水。同期,OPPO 高级副总裁兼首席产品官在微博首发 VIP 模式录屏,为原点人群重新定义"商务新礼仪",从而为产品发布预热。

发布期,主动打造"新商务人群"和"新商务礼仪"议题,借标杆用户辐射标杆群体及泛用户群体,由点及面,打造商务"社交货币";结合高端人群痛点,布局深度内容和渠道,增加高端场景中的产品曝光。

发布后,权威媒体发声,维护产品好口碑。

3.媒介渠道选择与创意内容策划

在媒介策略上,君信与OPPO重点稳固科技数码圈和影像圈的口碑,守住基本盘;重点媒体核心定调、跟进观点输出,从专业圈层出发,为产品力筑牢可靠口碑。同时,撬动原点用户站台背书,不局限于圈层数码媒体,撬动海内外标杆用户为产品站台,由点及面,辐射标杆群体及泛用户群体,及时调整媒体资源投入比例,有效触达高端圈层。

在媒体内容把控上,君信与OPPO也提前识别具有破圈潜力的媒体,有针对性地策划创意方向,让媒体内容价值最大化,更契合本次产品传播的需求调性。首先评估媒体实力,针对个别有能力、有创意的媒体团队,提前沟通媒体策划方向,将其作为具有破圈潜力的媒体,扩大视频对不同圈层的影响力,打造爆款、热点视频内容,让媒体内容实现圈层影响力最大化。其后调研媒体内容调性风格,制作定制化专题视频。

同时,君信与OPPO根据挖掘出的媒体优势与媒体的内容兴趣点,在媒体擅长内容的基础上适度尝新,尝试在不同使用场景评测内容,定制化专题视频,最大化内容传播效益。媒体内容产出过程中,紧紧围绕高端感做内容把控,对场景、模特选择等细节方面提出要求,最大化传播产品的高端商务属性。在媒体现有认知基础上,强化媒体对OPPO产品定位、风格的理解,继续保持对媒体审美风格、认知的引导。

项目执行

执行周期为2023 年9月—2024 年4月,执行团队25 人左右,传播预算为3000万~3500万元。

在项目管理方面,该团队作为OPPO长期合作伙伴,已与OPPO形成良好合作模式与协作方式。君信内部主要分为业务、媒介两大执行团队,业务团队主要承担客户服务、传播内容规划、前期策略思考等内容,媒介团队主要配合媒体对接、商务沟通等工作内容。

在预算规划上,主要预算投入数码科技领域,用于内容合作,主要辐射微博、抖音、微信视频号等平台。

项目评估

1.传播效果综述

核心媒体关注度处于同品类领先水平，核心声量高于竞品平均值（143）58.2%；发布日核心媒体声量超既定目标25.69%，高居手机厂商发布日核心媒体声量第一，抖音平台同期声量相比于上代产品高出超11万。

由产品主要功能卖点及相关内容投入占比与规划可知，相关声量中前200位词频与"安全"强相关的"国密认证""VIP""权限""加密""隐私安全"等热词均有上榜。"安全"强相关词频累计达45.7万，强相关词频频次占比8.5%，传播目标基本达成。

2.传播数据统计

在传播议题的设置上，君信以用户使用逻辑为设置起点，结合消费者日常高频使用场景及痛点，屡次打造热门话题词，有效提升产品关注度，助推OPPO Find N3系列功能向认知再破圈。其中，话题#如何让手机变得更可靠#冲上热搜29位，实时阅读总量5951.9万，讨论量3.2万，互动量12.7万；同时，新浪新闻App热榜最高位第22位，科技数码热榜最高位第7位。君信与OPPO一起打造的衍生话题#苹果安卓实现跨生态互联#再度登上微博热搜榜，高居热搜总榜第16位近2小时，传播延续期仍带来了4222.6万的话题阅读、4.6万的互动量，并持续收割曝光；其他榜单同样热度不凡，新浪新闻App在榜最高位第13位，科技数码热榜最高位第2位。

相关热门话题还得到了《人民日报》、封面新闻、《财经》杂志、《中国青年报》等230多家媒体、各地融媒体官方微博账号的发声参与，影响甚广。

3.受众反应

经过调研，大众层面多聚焦OPPO Find N3典藏版，其中外观、全景虚拟屏、专业哈苏影像、内外双钻石屏显效果的传播深入人心，成为用户喜爱点。从粉丝、网友的留言看，受众较为认可高端折叠屏旗舰更符合高端商务群体的使用需求，部分用户会出现一种"选择OPPO就是选择自己"的认同感，品牌的内涵已传递到目标商务群体。

亲历者说 林梓雯　北京君信传奇公关咨询有限公司项目经理

在产品上市之初，团队成员针对目标人群进行了深入的洞察，通过媒体采访、用户调研、报告研究，挖掘出目标人群倾向的使用痛点与场景。通过对"VIP模式"的卖点包装，成功引发诸多商业大佬围观，并掀起了彼此间互动的名场面。王石亲自前往新疆拍摄，过程中体验OPPO Find N3的影像优势，用手机记录下新疆美景，并成功安利给团队成员。

案例点评

点评专家：杨秀　重庆大学新闻学院教授、博导，城市形象与策略传播研究中心主任

大数据时代，保护用户个人隐私尤为重要。OPPO Find N3 将专业金融领域的技术应用到了移动终端，为广大用户尤其是商务人士的个人隐私保驾护航，这是产品的优势和特点，是能够吸引商务人士的重要原因之一。除了准确定位产品的目标人群，公关传播策划还融合了社交媒体时代人们的媒介使用方式及沟通交流方式，借助"圈层"传播，更好地实现了产品的"破圈"。

天士力祛湿节整合传播

执行时间：2024年7月8日—8月10日
企业名称：天士力医药集团股份有限公司
品牌名称：天士力
获奖类别：2024金旗奖最具公众影响力市场公关传播金奖

项目概述

2024年7月8日—8月10日，项目以全国重点销售城市特别是入伏以来的南方城市为主，以系列社会话题为核心，展开营销，尝试 To C 向宣传，希望实现品牌年轻化、传播大众化、市场闭环化。

项目策划

结合地域特点及消费者痛点，以"祛湿节"IP 为核心，策划"一身正气 拿捏湿气""为什么南方多诗（湿）人"主题活动，针对不同地域进行内容投放，形成传播势能，精准聚焦区域消费者，增加讨论度。

紧密结合热点，话题不断加热，利用新浪微博引爆流量，确定核心主题，持续打造#湿从何来要到哪儿#、#祛南方的湿才是三显#、#当你的朋友是南方人#话题，引发消费者讨论及 UGC 内容产出（通过人工内容筛选进行 UGC 内容把控）。

在7月15日"祛湿节"当天进行集中式宣发，策划两期热搜榜专题，以活动主题为关键词，精准推流，覆盖合作连锁药店核心地区。

利用微博热门活动#国医的精诚力量#及医生大 V 进行产品功效科普宣传，选择中医科、脾胃科（内科）等主任医师录制视频，对内容进行二创及转发。

利用小红书"种草"平台，在好物分享、医生专家、户外博主、美食达人等方向，选择生活在南方的博主，结合暑期出游、夏季祛湿等场景，"种草"产品祛湿功效，精准传达至目标受众，打造夏季常备用药的品牌印象。

新建立的@藿香正气滴丸产品品牌官方号，作为信息发布主体，与各大 V、媒体官方号、KOL、KOC 互动，参与跨界品牌线上活动，承接该项目带来的流量（粉丝），与 C 端消费者互动。

"祛湿节"创意主题

　　进行公关媒体报道，增加活动媒体背书并提升百度搜索资讯指数，让更多搜索祛湿需求的用户看到"天士力＋藿香正气滴丸＋祛湿"的内容。项目结束后，对该项目进行案例包装，从年轻品牌塑造、产品品牌IP打造、市场营销赋能等方面切入宣传。

项目执行

　　1.强整合

　　全平台UGC内容＋"种草"图文，视频内容整合并沉淀成品牌及产品的社交资产，在微博话题下聚合并再次发酵、二次传播。

　　2.强推流

　　通过微博热搜（定向天津市及南方城市），精准触达天津市及南方湿气重的城市，吸引全网用户聚焦天士力藿香正气滴丸，提升祛湿节的社交势能，精准拦截中医人群、症状相关人群和藿香正气搜索人群等。

　　3.强背书＋科普

　　医生＋药师共同科普，以定制视频的形式呈现内容，配合医药＋新闻资讯类官方大账号矩阵传播，从上而下形成市场认知。

项目评估

打造祛湿节，以全民参与＋产品科普为核心，通过专业医生、健康达人、消费者意见领袖三方传播，以及小红书内容"种草"，形成"滴丸＋祛湿"的用户印象。

藿香官微涨粉超2万人，微博大号矩阵发布超45篇博文，3位#国医精诚力量#签约专家进行视频科普，48小时定制热搜榜，话题总阅读量超1630万次，话题总互动量超8万次，报道文章数量30篇，转载超100篇，大账号互动量超1.4万次，医生视频播放超33万次。小红书"种草"内容CPM^{①}提升40.39%，CPE^{②}提升24.39%，爆文率提升了30.75%；藿香正气滴丸笔记发布数量34篇（视频22篇、图文12篇），产生千赞爆文笔记28篇，爆文率82.35%，其中超万赞爆文笔记3篇，占比8.82%；总传播覆盖粉丝371.1万人。

亲历者说 刘珊 天士力医药集团股份有限公司公关与整合营销负责人

作为项目负责人，在项目启动之初，我们深知深入了解目标受众和市场需求的重要性。因此，我们首先进行了一系列的市场调研和用户需求分析。通过以上调研分析，我们发现

"祛湿节"创意主题

---

① 每千次展示成本。

② 每互动成本。

用户对祛湿产品有较高的需求，尤其是在潮湿季节和地区，但市场上缺乏有创新性和高品牌认知度的产品。因此，我们将项目定位为"以传统中医理论为基础，结合现代科技，打造专业祛湿的藿香正气滴丸品牌"。在主题创意方面，围绕"祛湿节"这一主题，我们设计了一系列创意活动和形式，旨在吸引用户的关注和参与。同时，注重多平台互动，在小红书重点强调产品"种草"，以产品祛湿、祛暑等功效，结合旅行、好物推荐、家庭博主进行内容植入，并在祛湿节当天，利用微博广域网影响力，制造品牌IP，把小红书优质内容进行二创，扩大宣传的同时，也让传播素材使用更加彻底，同时，发掘了更多有意思的UGC，用户参与可获得线上电商优惠券，从传播到销售形成闭环。

案例点评

点评专家：杨秀　重庆大学新闻学院教授、博导，城市形象与策略传播研究中心主任

一次成功的传播策划，不仅要有"出彩"的创意和形式，更为重要的是能够洞察人心，准确把握目标消费人群的需求。南方湿气重，会给人体带来诸多的不适症状，因此，通过"祛湿"让身体恢复健康就成为一个客观的需求。传播方案之所以取得成效，首先，是精准地察觉了这一潜在的需求；其次，从传播策略角度来看，天士力藿香正气滴丸可适用于多种症状，具有"解表化湿，理气和中"等功效，传播策划方案将中药复杂的机理、功效与传播规律巧妙地结合起来，使传播诉求简洁、明了，这是传播策划方案成功的关键；最后，除了准确提炼出"祛湿"这一传播"主题"，还采用了医生发布科普视频、微博话题营销、小红书达人"种草"、员工线下活动等多种方式进行整合传播，从而将天士力藿香正气滴丸的"祛湿"概念准确、深入地传递给目标受众。此外，该方案的成功落地在一定程度上还实现了传播的社会效益，对于传播我国的中医药文化，吸引更多人关注中医药事业，提升公众对于中医药功能、价值的认知都产生了积极的作用。

武汉SKP-S华中首店开业传播项目

执行时间：2024年6月24日—8月31日
企业名称：北京华联时尚百货有限公司
品牌名称：SKP-S
代理公司：上海赢动方达商务咨询有限公司
获奖类别：2024金旗奖最具公众影响力市场公关传播金奖

项目概述

2024年7月，继北京、西安、成都之后，SKP-S迎来华中首店——武汉SKP-S。在武汉这个商业市场中，后继者SKP-S如何突破传统百货公司开业的传播模式，"唤醒"武汉本地年轻消费者，树立SKP-S在奢侈品零售领域中革新赋能者的独特品牌定位，赋能生意增长，是本项目面临的挑战。

项目策划

1. 策略

（1）创新内容：深挖当地文化与品牌的联结点，找到差异化传播内容，建立年轻消费者话语体系。

（2）重构渠道：在传统媒体基础上，发力社交媒体、兴趣社群/社团、高校校园、网红地标等本地年轻人聚集渠道，精准触达目标人群。

（3）共创交互：摒弃单向输出式传播方式，着力打造强互动、强体验的交互式共创传播新形式。

2. 洞察

（1）当地文化与SKP-S的联结

武汉是一座美食之城。"过早"既是武汉最具特色的饮食习惯，更是一种在不断创新变迁中的当地特色文化。SKP-S用独特的视角放大"过早"这个看似习以为常的当地元素，希望以更懂当地人的姿态融入武汉这座城市，从而建立起SKP-S与武汉这座城市的深度联结。

（2）时尚属性与SKP-S的联结

武汉也是一座大学之城、青春之城，作为致力于为潮奢先锋的灵感生活、创意体验赋能的革新赋能者，SKP-S希望带来更多超前沿的潮流资讯与时髦产品，与武汉潮奢青年一起时髦"过早"。

3.创意

基于对武汉当地文化、潮奢青年的探索及洞察，本项目将"寻'潮'启势"作为武汉SKP-S新店开业的传播主题，同时，用极具感染力的传播口号"SKP-S@你来过早"号召全武汉的时髦青年以别具一格的时髦过早仪式撬动一场潮奢新势力。

4.媒介策略

（1）优先聚焦高校大学生社群、兴趣社团实现破圈传播：选择年轻人聚集渠道，形成组合拳，在不同的兴趣社团／社群之间破圈传递SKP-S品牌理念，精准触达价值观一致的潮奢先锋群体。

（2）专业人士及优质内容媒体为品牌赋能：从新店开业出发，撰写深度内容，引发行业关注，提升品牌形象。

（3）全国及本地时尚／生活方式／潮流／新闻类主流媒体全覆盖：通过店铺预览等形式，邀请媒体深度感受SKP-S的品牌理念，提升媒体的品牌认知，进而提升潮奢先锋群体的品牌认知及好感度。

5.传播规划

在武汉SKP-S新店开业的前中后期，我们同步规划了预热公关营销事件、时髦过早早餐会活动、时髦过早快闪空间打卡3个传播阶段，围绕"时髦过早"创意主题，层层递进，吸引武汉时髦青年加入SKP-S时髦阵营。

（1）阶段一：一份号外开启同城公关营销事件，通过社交活动传播品牌视觉标识，为开业预热。

寻"潮"启势创意报刊

我们设计了一份寻"潮"启势创意报刊并通过SKP-S官方小红书账号@SKP-S FM发布寻"潮"启势招募令，邀请当地的时髦青年们拿上寻"潮"报，拍照参与小红书平台互动，

SKP-S在所有参与者中选出30位"潮"有态度的时髦青年参与开业时的时髦过早活动。

通过与武汉当地网红咖啡馆开展异业合作，走进武汉大学、湖北大学等武汉知名高校进行线上线下活动宣传，寻找武汉本地社团/社群及时尚博主的合作，多渠道撬动各圈层时髦青年参与寻"潮"启势活动，为武汉SKP-S新店开业造势宣传。

（2）阶段二：打造独具武汉特色的时髦过早早餐会线下活动，媒体/VIP/时髦青年/社团主理人/博主相聚武汉SKP-S新店，集中引爆开业热度！

新店试营业期间，邀请全国的主流媒体、本地社团主理人、时尚博主、VIP顾客以及预热期社交活动筛选出的30位"潮"有态度时髦青年开展为期五天的时髦过早早餐会活动，一边品尝SKP-S定制的3道特色"过早"，一边深入了解SKP-S的品牌故事及理念。

会后邀请嘉宾在武汉SKP-S新店做深度预览，分享新店亮点，让嘉宾深入感受SKP-S的品牌定位及理念，加深品牌认知度。在VIP专场我们特意邀请到脱口秀演员作为时髦过早活动的主持人与到场的嘉宾，一边过早一边畅谈武汉的过早文化和时髦精神。

（3）阶段三：延续时髦过早限时空间价值，吸引消费者互动打卡，为武汉SKP-S引流获客。

新店正式开业后，我们将时髦过早活动场地变换成时髦过早限时空间，邀请新店的顾客前来打卡，同时，派发时髦过早限定小礼品吸引顾客现场互动，并注册为新店会员。

时髦过早限时空间

项目执行

1.阶段一

6月24日，@SKP-S FM发布"寻'潮'启势 时髦青年招募令"，开启预热期公关事件营销。

6月28日，SKP-S联合武汉网红咖啡馆@隐琢咖啡、@LAKESIDE 湖边 Coffee 落地书报架，作为创意报刊领取点。

6月28日—7月15日，通过10所高校线下海报张贴和报刊派发、80多名大学生社群宣传、30多个本地社团/社群做线上线下同步扩散，10多名本地时尚博主加持，共同号召武汉的时髦青年们参与社交活动。

2.阶段二

7月15日—18日的媒体日，全国主流媒体，包含时尚、生活方式、潮流、新闻类等近30家媒体、30位时髦青年到店参加时髦过早早餐会活动及店铺预览。

7月19日的 VIP日，10多名 VIP顾客和作为时髦过早活动特邀主持人的脱口秀演员一边过早一边畅谈武汉的过早文化、时髦精神。

3.阶段三

7月20日—8月4日，时髦过早快闪限时空间活动开启，顾客凭借注册会员及关注SKP-S小红书账号即可进入打卡拍照并领取一份限定过早小礼品。

7月26日—8月11日，三家深度合作媒体专题内容报道逐步释出，深入讲述SKP-S品牌故事。

项目评估

1.效果综述

武汉SKP-S新店开业传播活动，有效利用社交内容驱动公关传播，以优质内容为引擎，创造短期舆论焦点；联动线上线下各渠道传播资源，深入联结年轻消费者，注重互动体验吸，引了广泛的关注与参与，提升了SKP-S作为一个开创性奢侈品零售概念体验空间的品牌声量及认知度，有效助力新店开业当天取得营业额破两亿的战绩。

2.受众反应

核心受众积极反馈：受邀嘉宾、出席媒体均对时髦过早主题活动给予了积极评价和反馈。

3.媒体统计

（1）武汉SKP-S新店开业共计获得1702篇媒体出稿，曝光量近30亿次，总互动量3.6万次。

（2）小红书#寻潮启势 话题阅读量超13.4万次，#武汉SKPS 话题阅读量达到23万次。

（3）SKP-S小红书官方账号@SKP-S FM在开业活动期间新增粉丝超5000人，账号受到小红书官方"成长之星"的认可及奖励。

4.项目亮点

（1）创新传播内容。摒弃传统新店开业传播模式，紧贴本土文化掀起#寻潮启势 全城热议营销事件，寻"潮"启势话题在小红书平台达到13万阅读量。

（2）拓展传播资源。从媒体、博主扩展到符合当地文化的高校校园、大学生博主、社团/社群、脱口秀演员等资源，实现导流与转化。

（3）共创深度互动。时髦过早限时空间互动设计、寻潮启势活动设计，最大限度吸引消费者与品牌互动共创，培养深度联结。

亲历者说 李静 上海赢动方达商务咨询有限公司客户总监

SKP-S作为一个潮流奢侈品领域的革新者，希望颠覆传统模式。围绕武汉新店开业整合营销项目，我们也在不断思考如何颠覆过去传统的新店开业传播模式（新闻稿通发＋媒体预览＋舞龙舞狮），打造带有SKP-S独特品牌标签的新体验、新内容。在传播资源上，我们突破常规媒体＋博主的标准配置，不断深挖武汉当地的高校及大学生、社团/社群资源，利用这些真实的声音产出大量UGC，深度和本地年轻人互动起来，让诚挚、好奇、勇敢、进取的品牌价值观深入人心。

案例点评

点评专家：王虎 哲基数字科技执行董事

武汉SKP-S的开业传播案例，堪称是一个外来商业品牌在本土落地进程中与在地文化巧妙结合的标杆之作，其核心价值在于将在地文化、潮流基因与用户共创深度融合，值得行业借鉴。

SKP-S敏锐捕捉到"过早"这一武汉最具烟火气的文化符号，通过"时髦过早"的主题，将其从日常行为升华为兼具本土认同与潮流质感的品牌叙事。这种"文化嫁接"策略成功缩短了高端商场与消费者的心理距离，使品牌成为城市文化的一部分，而非外来闯入者，以情感共鸣建立起与本地消费者的深度联结。

面对本地商业巨头的强有力竞争，武汉SKP-S率先打通与130万高校学生及潮流青年的联结管道：通过高校社团渗透、兴趣社群裂变、脱口秀跨界等"毛细血管式"的触达，精准覆盖目标人群。用UGC玩法，让用户成为内容生产者，实现"社群发酵—媒体扩散—大众破圈"的传播路径，以低成本撬动高互动。

武汉SKP-S的开业传播案例启示我们，高端商业的本土化布局和年轻化破局，需让品牌成为在地文化共创的"参与者"，而非闯入的"说教者"。

哲基上汽大众"车坚强"项目

执行时间：2024年2月2日—8日

企业名称：上汽大众汽车有限公司

品牌名称：上汽大众

代理公司：上海哲基数字科技有限公司

获奖类别：2024金旗奖最具公众影响力市场公关传播金奖

项目概述

2023年2月，春节前夕一辆上汽大众朗逸在安徽境内高速上遭遇了追尾事故，但驾乘人员安全无损伤车辆可以正常行驶，车主用胶带进行了临时修补，最终平安返乡，朗逸被网友戏称为"车坚强"。"车坚强"与上汽大众始终坚持追求卓越的产品品质相契合，借这一契机以实际行动诠释上汽大众"可靠的移动出行伙伴"的同时，传递朗逸在品质、销量、经济性等多方面的产品优势，强化朗逸"车坚强"的标签。

项目策划

1.传播目标

以实际行动诠释上汽大众"可靠的移动出行伙伴"的形象，以多元内容强化朗逸"车坚强"的标签。

2.内容策略

（1）品质坚强：用事实说话，权威认证品质有保障。车辆给力，春节被撞后依旧坚挺成功返乡，同时，获得中保研C-IASI评测全项优秀（Good）评级。

（2）销量坚强：国民家轿No.1滤镜，谁也替代不了。2024年1—2月，朗逸家族累计销量突破60000辆，再夺乘用车销量总冠军，续写"国民家轿"传奇。自2008年上市以来，朗逸家族长期以销量大、口碑好、保值率高等显著优势，成为近600万车主信赖的品质优选。

（3）全用车周期经济性强：全生命周期保护，买到就是赚到。购车成本：入门即高配；用车成本：油耗低至5.98L/100km（WLTC），吃粗粮加92#油，家用闭眼入。修车成本：朗逸新锐在"耐撞性与维修经济性"指数获"G"，修车成本低；售后服务：迅速响应，以实际行动诠释"最可靠的移动出行伙伴"。完善服务体系的建立，让用户售后无忧。上汽大众蝉联多年合资品牌"售后服务满意度"冠军，用户满意权威认证，用车有保障；换车成本：保值率高，买得起还换得起，促销政策，3年8折高保值回购买得起还有惊喜。

3.传播策略

基于传播目标，选择、聚焦有影响力的媒体，通过视频二创产出新闻类内容的同时，在多元平台分发，覆盖广泛受众，同时，影响跨界媒体自发创作扩大影响。

4.媒体侧策略

广泛覆盖，扩大影响：权威媒体参与，利用其头部影响力带动转发传播，形成高频曝光；跨界媒体自发二创转发扩大影响，地方类媒体自发传播形成新闻事件。

5.传播形式

高互动性，真实可靠：此次传播主要以短视频形式展开，通过短平快的视频快速传递上汽大众品牌精神及产品品质，同时，增强与车主之间的互动，通过真人出镜、评论互动等方式，增强真实性。

项目执行

1.启动阶段（2月2日—3日）

"车坚强"事件发生后，项目组迅速作出响应，及时确定传播内容、传播形式、传播渠道等，同时，不断完善媒体策略，与媒体初步沟通并确认参与意向。

2.筹备阶段（2月2日—3日）

与权威媒体河南《大河报》达成合作，巧妙运用官方视频二创剪辑"车坚强"新闻视频，在全网各大平台传播。与此同时，全网各类媒体自发跟进传播，包含但不限于行业垂直媒体、跨界娱乐媒体、地方新闻媒体等。

3.实施阶段（2月3日—8日）

车主返乡后，上汽大众第一时间安排信阳荣昇4S店上门为这辆"车坚强"进行维修，提供了迅速出险的服务，并且还为车主提供了代步车。官方发布二创视频的同时，增强与车主在线互动，体验上汽大众的人文关怀，网友纷纷表示"上汽大众接住了这泼天流量"。

项目评估

1.效果综述

此次传播采取线上模式，反应及时注重互动，重点突出，引发了媒体自发的广泛关注与参与。参与媒体类别多样，报道产出数量可观。

2.受众反应

车主、报道媒体、热心网友均对此次传播给予了积极评价和反馈。车主表示雪中送炭，网友表示大众接住了泼天流量，媒体表示大众不愧为可靠的移动出行伙伴。

3.市场反应

得益于媒体强大且专业的传播能力，此次传播迅速在行业内引发广泛关注和热议，在公众层面树立了上汽大众"可靠的移动出行伙伴"的品牌形象、朗逸"车坚强"的产品形象，受到大家好评。

4.媒体统计

此次传播得到了包括权威媒体、行业垂直媒体、跨界娱乐媒体、地方媒体等多种不同类型媒体的参与报道，收获了高度评价，累计报道超869篇，累计曝光超3500万次。获得媒体《大河报》深度报道，受众广泛，形成了良好的传播效益，有效提升了品牌形象。

5.项目亮点

小成本撬动大传播。团队通过制作视频文章，及时反应把握时机，打破了小成本传播的局限，攀登多平台自然热搜榜单，其中百度平台获自然热搜榜单第一名。

亲历者说 朱鲁婷　上海哲基数字科技有限公司项目经理

整个传播从筹备到落地非常迅速，需要我们在极短时间内快速响应并产出内容，将传播最大化，这对团队来说无疑是一种挑战。我们从接到任务到落地执行用了不到2天的时间，但从最后的结果来看媒体反馈很积极，并且多种类型媒体进行了报道，还通过自然热搜的形式上了百度热搜榜单第一名，传播效果远超预期。

案例点评

点评专家：兰嘉　DHL快递中国区企业传播总监

本案例是事件传播的又一典范。车辆受损，但驾乘人员安全无恙，且经过临时修补后平安抵达。这一事件恰好发生在春节返乡途中，这个时间节点无疑是一面放大镜，将车辆高品质、安全性能，以及厂家优质服务和人文关怀等软硬实力放大，给营销和传播策划提供了事半功倍的平台。

传播取得成功也离不开项目组的敏锐的反应和出色的策划能力，确保完整享受到了热点话题带来的流量和红利。此外，视频传播的方式可更加真实、立体还原现场，让观者更有情感共鸣，增加对品牌的认可度和好感度。

更深层次看，这个传播案例再次体现出品牌力的背后是以产品质量、性价比为根基的产品力以及以优质服务不断满足客户需求、提高客户满意度和忠诚度的服务力。

GOLDEN
FLAG
AWARD
金旗奖

2024
—
金旗奖最具公众影响力
市场公关活动金奖

长安启源——数智 AI 电驱挑战赛

执行时间：2023 年 12 月 22 日—31 日

企业名称：重庆长安汽车股份有限公司

品牌名称：长安启源

代理公司：成都西岭公共关系顾问有限公司

获奖类别：2024 金旗奖最具公众影响力市场公关活动金奖

项目概述

长安启源 A07 于 2023 年 9 月 26 日上市，因面临市场同质化严重的挑战，部分用户对车辆的独特卖点理解不足，导致产品优势未能在交付过程中充分展示。为改善这一问题，展示长安启源 A07 车型的科技魅力与卓越性能，诠释长安启源的数智内涵及硬核实力，一场结合吉尼斯世界纪录挑战的冬季极限试驾活动应运而生。此次活动聚焦于沉浸式的极限海拔差试驾体验，巧妙利用特殊的气候条件和场景资源，多维度、全感官地展示长安启源 A07 车型"真硬核"特性，旨在创造出现象级传播话题，快速提升品牌声量与产品形象，深度传播品牌价值与理念，实现品效合一，精准触达目标用户，从而有效促进销售转化。

项目策划

1. 策略与方法

借助吉尼斯世界纪录的 IP 影响力，打造一场极限试驾挑战事件，从技术、权威、圈层、横评 4 个维度引爆 A07 车型尖点，赢得品牌与用户的信赖与共鸣。

（1）技术信赖——极限场景见证硬核实力。

从冰雪、沙漠、无人区三大极限用车场景进行挑战，见证长安启源 A07 车型真智能、真可靠、真续航、真安全的"四真"硬核数智实力，强化产品印记。

（2）权威信赖——吉尼斯世界纪录认证新高度。

荣获吉尼斯世界纪录认证"穿越最大海拔高度差的路段（电动汽车）"，长安启源 E07 打破保时捷创下的纪录，刷新数智 AI 电驱技术新高度，树立新能源汽车行业新标杆。

（3）圈层信赖——KOL 与自媒体共绘挑战篇章。

邀请圈层头部 KOL 和意见领袖亲临挑战，通过他们的影响力和号召力，在全网引爆长安启源挑战吉尼斯世界纪录事件,并利用社交媒体和网络平台进行事件的二次传播。

(4)横评信赖——同级竞品车型直面对决。

发起#启源A07与BYD开启擂台赛#话题,邀请同级产品进行现场PK,以直观对比展示A07车型的综合优势,直接影响潜在用户的购车决策。

2.洞察与创意

长安启源A07车型目标受众追求科技前沿、卓越品质及极致性能,他们对新颖、刺激且具有挑战性的体验活动有好奇心和兴趣,渴望通过独特刺激的体验来亲自验证产品实力,本次活动创意是捕捉目标消费者心理,结合车辆性能测试与吉尼斯世界纪录挑战,展示长安启源A07的技术优势,同时,为参与者提供视觉与情感上的震撼体验。活动中设计了高海拔极寒续电、高速行驶稳定及安全性、长公里数续航等挑战,每个环节均与吉尼斯世界纪录挂钩,极大地增强了活动的趣味性和话题性,活动全程通过线上线下互动方式,全面激发消费者的参与热情,进一步巩固并扩大品牌的影响力。

3.媒介策略

通过成功完成极限试驾挑战,实现启源品牌三大核心用户价值的落地及A07车型亮点的有效传播,从而赢得用户信赖并促进销量增长。

(1)技术立身:启源数智AI电驱技术同级领先,确保动力强劲且高效节能,彰显技术优势。

(2)服务立心:提供全序整车终身质保,印证高品质与高可靠性,持续强化用户用车体验,提供陪伴式用车生活。

(3)政策立命:全系优惠政策下沉,推动全年势能,年终特别优惠,提供极具竞争力的价格优势,促使性价比最大化。

4.传播规划

(1)预热阶段(2023年12月20日—22日)

·目标:"长安启源A07挑战吉尼斯"话题发酵,引发全网猜想及关注。

·规划:8位KOL组成达人矩阵参与活动;启源官方平台官宣吉尼斯挑战视频,发布3张挑战倒计时海报,为活动预热。

(2)活动阶段(2023年12月23日—2024年1月2日)

·目标:长安启源A07挑战吉尼斯内容全渠道扩散,多方面诠释启源数智AI技术优势,快速引爆事件。

·规划:正式启动"艾丁湖至桑木拉大坂"活动路线,启源官方平台发布发车仪式视频;活动过程中,发布活动九宫格美图、长安启源A07车型产品力长图和三大极限场景挑战视频并进行官方直播;达人矩阵结合极限挑战内容和启源产品卖点拍摄短视频,抖音聚合传播吉尼斯挑战话题;全网核心媒体平台发布吉尼斯挑战通报稿件、吉尼斯世界纪录总结稿件，助推话题热度。

（3）延续阶段（2024年1月3日—7日）

·目标：夯实前期传播成果，庆祝启源A07成功挑战吉尼斯。

·规划：达人矩阵短视频重点展示启源数智AI电驱、电控技术优势；启源官方平台发布吉尼斯世界纪录认证九宫格图片及视频，启源技术解读长图及稿件；媒体资源联合发布启源A07成功挑战吉尼斯稿件，进行二创扩散。

项目执行

本项目于12月23日正式发起了长安启源A07"穿越最大海拔高度差路段（电动汽车）"吉尼斯挑战。此次挑战从新疆吐鲁番的艾丁湖出发，终点设在西藏的桑木拉达坂。

挑战过程中，长安启源A07车型面对包括高海拔、低温以及复杂地形在内的多种极端条件，经历了雪地、沙漠、戈壁滩及无人区等多重环境考验。通过冰雪漂移挑战（博斯腾湖）、500公里续航挑战（塔克拉玛干沙漠）、高海拔极寒续航挑战（羌塘无人区）、最高海拔差挑战（桑木拉达坂）四大极限挑战，展现了出色的数智AI电驱性能、稳定性和安全性，证明了长安启源A07在新能源汽车领域的领先地位，体现了其对于品质和技术的不懈追求。

项目评估

总体而言，本次长安启源A07挑战赛作为一场精心策划与执行的营销盛事，凭借与吉尼斯IP、KOL矩阵的有效结合，实现了品牌曝光度、市场影响力与销售线索的三重提升，铸就了品牌营销活动的典范之作。

本场活动整体呈现效果卓越，用户体验度与参与度高，销售数据亮眼，线上传播范围广，成功吸引了广泛关注与热议，显著提升了品牌知名度并精准触达潜在用户群体。同时，社交媒体反响热烈，通过多维度传播与深度互动，最终传播效果超出预期：传播海报发布8次，九宫格图片发布8次，活动视频发布39次，以上累计播放量超过91.1万次；新闻稿件见刊507次，媒体朋友圈转发211次，达人抖音短视频发布23支，以上累积阅读播放量超过8071万次。这些数据直观展现了长安启源A07车型的核心卖点和技术优势，更实现了品牌曝光度和市场影响力的快速提升，促进了销售线索转化。

亲历者说 钟林松 成都西岭公共关系顾问有限公司项目负责人

本次项目的执行过程中我们团队遇到了诸多的挑战，极限环境带来了各种预料之外的情况，短时间内海拔的快速变化是对团队意志力和协作能力的考验。高海拔地区空气稀薄，氧气骤减，不少队员出现了高原反应的症状，正是在这样的环境下，团队的力量展现得淋漓尽致，身体不适的队员得到了及时的关照和治疗，身体状况较好的队员则主动承担起了更多的工作，确保了项目的顺利进行。驱动我们前进的，绝不仅仅是对成功的渴望，更重要的是对品牌挑战精神的追求。这种精神，源自我们对未知世界的向往，对自我极限的挑战，以及对团队荣誉的珍视。最终，经过无数次的尝试和努力，我们成功地完成了这次吉尼斯世界纪录的突破，这份荣誉意义非凡，它不仅是我们团队努力的见证，更是对我们品牌精神的最好诠释：只要我们有坚定的信念，有不屈不挠的意志，有团队的协作与支持，就没有我们征服不了的高峰。

案例点评

点评专家：陈永东　上海戏剧学院艺术科技与管理学院教授，《赢在新媒体思维》《智能营销》作者

该案例的品牌在突出技术立身、服务立心与政策立命的三大核心用户价值基础上，从技术、权威、圈层、横评4个维度赢得品牌与用户的信赖与共鸣。一方面，品牌选择了相对独特的冰雪、沙漠、无人区三大极限用车场景，通过吸人眼球的冰雪漂移挑战、500公里续航挑战、高海拔极寒续航挑战、最高海拔差挑战四大极限挑战，充分展现了其产品特色与优势，并通过达人矩阵扩散这些产品优势。另一方面，品牌与圈层头部KOL合作，在全网引爆挑战吉尼斯事件，并利用社交媒体和网络平台进行事件的二次传播。通过数字海报、九宫格图片及短视频等多种媒介的广泛传播，以及活动的趣味性、互动性和话题性，实现了品牌曝光度、市场影响力的综合提升，品牌及产品特性得到良性传播。

OpenText Jaguar FE上海站活动

执行时间：2024年4月23日—5月29日

企业名称：启信软件科技（上海）有限公司广州分公司

品牌名称：OpenText

代理公司：海知见信息技术（北京）有限公司

获奖类别：2024金旗奖最具公众影响力市场公关活动金奖

项目概述

今年，Formula E（国际汽联电动方程式锦标赛，以下简称FE）再度回归中国并首次登陆上海。作为Jaguar（捷豹）TCS车队官方技术和分析合作伙伴，OpenText坐拥Jaguar TCS车队的独家品牌资源。基于对将体育赛事关注度转化为技术品牌"破圈"这一机遇的研判，海知见作为OpenText中国市场的主要数字营销代理，在赛前赛后两个月的宣传期内落地Jaguar TCS车队幕后探秘直播、VIP客户现场观赛、用户研讨会等线上线下活动，产出包括视频、壁纸、海报、案例白皮书、微信创意图文等独具Jaguar品牌特色的宣传物料。本项目不仅是一次成功的数字营销活动实践，更为To B企业体育营销带来了新鲜案例和清晰打法。

项目策划

1.传播洞察

今年，中国首位F1车手周冠宇在上海F1中国大奖赛正赛中获得第14名，成为F1历史第一位在中国站完赛的中国车手，这一首发事件引爆关注，公众已完成对方程式赛车这一和奥运会、世界杯并称全球三大赛事的体育盛事的初步认知教育，为之后FE赛事建立了群众基础。OpenText不仅将品牌logo醒目地印在Jaguar TCS赛车上，还获得了Jaguar品牌授权、车手签名的独家限量版帽子和T恤，以及与Jaguar车手、经理人面对面交流的机会。这些独占性资源成为OpenText在FE赛事期间的传播王牌，为品牌带来高曝光度和话题性。此外，利用中国受众对于这一领域的新鲜感，OpenText的首发优势有助于实现FE赛事、Jaguar TCS车队与OpenText品牌之间的强挂钩。

2.传播策略

为了确保OpenText最大化利用独占性资源，对外释放明确的品牌认知，我们采用了品牌强绑定策略。

内容强绑定，以OpenText Vertica分析数据库极速分析数十亿数据的"速度"对照Jaguar TCS车队的赛场竞速，为OpenText打造"速度"这一品牌标签。

视觉强绑定，采用Jaguar品牌标志性的黑金配色和赛车元素，强化双方的合作关系。

此外，该项目是OpenText Global活动在中国市场的一次落地。我们将微信公众号作为传播和邀约主阵地，在F1赛事备受关注且距离FE赛事1个月之际展开预热，层层激发受众期待，并在微信图文上借鉴高端汽车厂商的微信视觉特色，发布赛车壁纸、SVG交互等创意推文，力求贴合目标受众的喜好。

3.传播规划

线下活动与线上社交媒体创意同步进行，覆盖 B2B 针对性客户和普通用户，最大限度利用赛事资源曝光品牌形象。

深刻理解专业、精深的技术内容，提炼 OpenText Vertica 数据分析的"速度"关键词，与 FE 赛车的"速度"形成可视化关联，让难以理解的技术内容以直观、形象的方式被记住！

引入新概念，讲述新故事，为品牌赋予更多可能性。当捷豹 TCS 车队赢得FE上海站首日赛事冠军时我们迅速推出夺冠海报，为 OpenText 带来"冠军之选"的新标签。"冠军之选"成为 OpenText 日后的"打单王牌"。

项目执行

2023 年 OpenText 收购了 Micro Focus 和 Vertica，此次活动是首次三方同步，并在同时间落地以 OpenText 和 Vertica 为主导的两场线下活动。海知见作为主要代理商，扮演了至关重要的桥梁角色，在项目期间多次开展三方联席会议，有效协调品牌诉求，确保了项目执行的统一性和连贯性。此外，我们积极沟通 OpenText Global 团队，确保信息传递的一致性，并与全球策略保持同频。

为确保项目达到预期目标，我们制订了包括预热、当期、长尾在内的完整预案，包揽物料、设计、内容策划、会务等多项职责。活动结束后，及时提供活动总结报告，为OpenText未来同类活动的策划与执行提供了宝贵经验。

项目评估

该项目不仅为目标客户提供了转型参考，深化了与关键客户的情感联结，也在行业内引发了广泛关注，提升了品牌知名度，为未来业务拓展创造了有利条件。

微信端累计发文20篇，累计点击25000次，微信公众号作为数字营销和活动邀约的主阵地，吸引了超过200名行业人士注册观看线上车队直播活动及研讨会，实时评论区反馈积极，并成功邀约30位客户高管现场观赛，搭建了一个VIP客户闭门交流平台。Jaguar TCS车队不负众望，赢得上海站首日冠军和积分榜第一，也让OpenText的先进技术和领先形象再度"破圈"。

OpenText VIP 客户高管圆桌会

亲历者说 李雪阳　海知见信息技术（北京）有限公司客户主任

很荣幸在FE首度在沪举办的时刻将OpenText的技术优势与Jaguar TCS车队的速度与激情完美结合，为全球观众呈现一场视觉与技术的盛宴。此次活动，我们有效利用赛事平台，实现品牌曝光最大化，提升品牌形象。对我们的客户而言，这不仅仅是一次体育赞助，更是品牌实力的一次实战检验。海知见立足内容做营销，我们有信心为 B2B 品牌提供源源不断的创新惊喜。

案例点评

点评专家：张文轩　霍夫曼中国区总经理

该案例巧妙地将体育赛事与B2B品牌营销结合起来，以FE赛事为契机，成功塑造了OpenText在高速数据分析领域的品牌形象。项目团队精准把握市场机遇，借助我国首位F1车手周冠宇及我国市场对方程式赛车日益增长的关注度，将Jaguar TCS车队的速度优势与OpenText的技术实力形成强绑定，打造了极具辨识度的品牌传播案例。值得肯定的是，该项目不仅在传播层面实现了视觉与内容的高度匹配，还通过线上线下联动有效提升了目标客户的参与度与品牌忠诚度。特别是微信端的互动策略，使品牌营销更具深度，精准触达行业核心受众。

三养极地冰川快闪店

执行时间：2023年8月5日—6日

企业名称：三养食品有限公司

品牌名称：三养火鸡面

代理公司：博森视觉（北京）广告有限公司

获奖类别：2024金旗奖最具公众影响力市场公关活动金奖

项目概述

三养火鸡面是一款由三养食品生产的方便面产品，这款产品因其独特的超辣口感和浓郁的火鸡肉味而备受瞩目，自2021年在上海设立中国总部以来，三养食品中国市场规模不断扩大。为进一步打开中国市场，三养火鸡面通过有趣、好玩、有反差感的线下活动体验，增强消费者对品牌的印象。

三养极地冰川快闪店

项目策划

1.项目目标

（1）提高三养火鸡面在中国消费者中的知名度，强化三养火鸡面品牌在火鸡面品类中

No.1的地位。

（2）提高三养火鸡面在中国市场的辨识度，打造三养品牌既"会玩"更"爱玩"的年轻化品牌调性。

（3）提升中国消费者对三养品牌其他口味的认知度，提高品牌好感度。

（4）增强粉丝黏性，在社交媒体平台引发热度并扩大声量，带动三养品牌整体销量。

2.创意策略：热辣登场，破冰出击

用最冷的方式，卖最热的产品。以出其不意的极致反差，激活TA兴趣，引发关注。

谁说火鸡面只有辣？火鸡还有更多面！生活不只一面，一生不止一生，打破时间与空间的次元壁，在双面人生里，发现多面力量，碰撞出不一样的火花，人生才会变得更加对味！在肆意挥汗的夏天，开启千面人生吧！

3.传播策略：三养极地冰川，多圈层、全方位整合传播

（1）通过三养线下体验活动实现线上引流，扩散活动信息，实现账号增粉，以小红书、抖音和社群为主，定向多圈层"种草"，实现破圈引流+吸粉增量。

（2）17家上海本地、新闻、时尚潮流媒体莅临活动，10家全国媒体通发，利用媒体影响力发布活动资讯，活动开始48小时内传播，扩大活动声量，为三养造势。

三养冰火餐厅

（3）以"热辣登场 破冰出击"为主题进行传播延展，以"三养极地冰川"亮相上海TX淮海为切入点，三大角度充分诠释三养食品热辣不凡的态度和"ME WE Play"的精神。

项目执行

（1）2023年7月29日—30日，预热期：三养极地冰车，冻感来沪，网红街道限时闪现，召集爱辣灵魂尝鲜限定火鸡面，为活动预热。

（2）2023年8月5日—6日，爆发期：在上海市中心建造"三养极地冰川"，通过沉浸式场景营造，极致呈现火辣与冰爽的双面碰撞；通过现场创意互动等极具反差感的玩乐项目，肆意玩耍，展现多面力量。

（3）2023年8月7日—8月底，长尾期：持续发酵，邀请近百位达人热情参与并打卡，同时，多家媒体报道发布。

项目评估

1. 媒体统计

（1）活动期间品牌新店开播，总销售额超200万元，自播GMV（商品交易总额）环比增长478%。

（2）2023年7月28日三养 X（G）I-DLE在国内抖音平台上线，＃玩爆三养火鸡面＃抖音挑战赛超2万人参与挑战，活动曝光量高达2亿次，5A人群超高资产增长1765%，A1~A5人群总资产高达1.46亿元。

（3）极地冰车冻感出击，巡游市区五大网红街道，打卡上海地标景点，引发万人围观拍照，超1000个心动好礼派发，召集爱辣人士，为活动造势。

（4）三养极地冰川活动日，超2万自然人流驻足围观，实现近3000自然人流转换。

（5）活动中火鸡随舞环节引发KPOP爱好者参与热潮，全网千人次转发互动，随舞视频B站3天自然引流曝光超15000次，与TA人群深度链接。

（6）全媒体平台推广，官方抖音账号增粉超6万个，媒体总曝光量超8000万次，近百位达人热情参与齐打卡，达人曝光量超500万次。

2. 营销创新

（1）三养火鸡面首次在中国市场打造沉浸式潮玩空间，以玩为主，让每个人都能释放玩乐天性，在这里寻找属于自己的"多"面人生，以出其不意的极致反差激活TA兴趣，引发关注。

（2）营销策略：用最冷的方式卖最热的产品，通过有趣、好玩、有反差感的策略精准打动"Z世代"，获得口碑效应。

3. 活动亮点

（1）火食：三养极地冰车以"冰"化"辣"，通过限时品尝火鸡面的创意吃法，让更多人尝鲜三养火鸡面。

（2）反差：酷暑vs酷爽，热辣vs冰川，整体设计呈现极强反差，用冰川与水波开启意想不到的热辣之旅，谁说SPICY IDOL只有一面，"多"面人生肆意选择。

（3）多元好玩：打造沉浸式潮玩空间，通过水枪大战、KPOP&DJ表演和沉浸式试吃体验等，让消费者以玩为主，让每个人的玩乐天性在这里可以尽情释放，寻找属于自己的"多"面人生，不被定义。

4.行业影响

三养火鸡面整合品牌、明星、媒体和KOL等众多资源，超百人参与其中，将三养火鸡面"会玩"更"爱玩"的年轻化品牌调性通过定制传播精准触达受众，引发热议。

5.消费者共情

作为品牌，三养火鸡面不仅仅通过售卖产品、广告营销来满足消费者需求，更与消费者建立紧密联结，与消费者"玩"到一块儿，让消费者深入了解品牌调性，产生更紧密的联系和共鸣。

亲历者说 **博森广告项目团队**

整个活动从策划、筹备到落地执行历时2个月，从最初的创意、传播策略制订到创意呈现、现场体验、信息传递，对我们团队来说是一个很大的挑战。这是三养火鸡面首次在中国市场打造沉浸式潮玩空间，我们用极具反差感的营销创新方式，通过有趣、好玩、有反差感的策略精准触达目标群众，线上线下同时进行，引发热烈反响，让品牌和消费者建立起更紧密的联结，品牌影响力得以扩大，充分实现了本次活动的品牌目标。

案例点评

点评专家：胡远珍　湖北大学新闻传播学院教授

三养火鸡面致力于打造年轻化的品牌调性，建立品牌辨识度，在消费者心中形成独特的差异化品牌力，进而形成强大的市场销售力，这需要品牌建设的"长期主义"。三养极地冰川快闪店体验活动，善于通过媒体传播造势，敏锐直击消费者体验的"心理联觉"通感，营造"冰火两重天"的奇特场景，建立了三养火鸡面独特的品牌价值链条：产品热辣（产品价值卖点）—体验场景（品牌价值奇点）—品效合一（品牌价值联想），形成了"酷爽好玩、趣味十足；动感刺激、人生极致"的品牌辨识张力和品牌个性。整个活动创意大胆、新奇，达成了多层级目标。

丝芙兰美妆节：解锁缤纷美力奇境

执行时间：2023年8月29日—11月30日

企业名称：丝芙兰（上海）化妆品销售有限公司

品牌名称：丝芙兰

代理公司：明思力中国

获奖类别：2024金旗奖最具公众影响力市场公关活动金奖

项目概述

丝芙兰是备受全球消费者挚爱的美妆品牌，始终致力于为消费者提供最独特的零售体验，鼓励他们自由大胆地探索及创造自我"美力"。2023年，丝芙兰首度将海外大热的年度美妆盛事丝芙兰美妆节引入中国，52个海内外高端品牌的逾146款独家新品云集丝芙兰美妆节，让消费者与品牌亲密接触。

2023年丝芙兰美妆节现场

项目策划

1.洞察

（1）美妆业界翘楚丝芙兰在中国面临诸多挑战。

（2）零售渠道选择多，包括药妆店、百货商店、电商平台。

（3）消费者忠诚度低，消费者忠诚度与美妆品牌有关，但与零售渠道无关。

（4）平台价格差距小，零售渠道吸引消费者的主要方式是打折、赠送礼品和积分活动。

2.目标

丝芙兰希望借丰富优质的产品选择、独树一帜的服务体验引领消费者探索魅力无穷的美妆世界。丝芙兰需同时满足B2B和B2C的双向需求，不仅要获得国内外美妆品牌的信任并设柜，也要吸引消费者步入线下店铺体验和购买。

3.策略

传播团队需要向公众传达该活动的特点和价值并增强公众对线下体验的期待，鼓励消费者通过丝芙兰会员积分兑票及大麦购票方式到场探索。

（1）品牌建设：夯实丝芙兰的品牌IP活动，使其在中国市场繁杂的零售场景中脱颖而出，持续巩固其行业领导者地位。

（2）声誉提升：借助大量新品首发，凸显选品优势，进一步提升品牌声誉，巩固现有会员并吸引新消费者注册入会。

（3）社群互动：与美妆社群建立长期关系，以成本低、效益高的互动方式构建能够产生持久影响的沉浸式体验，吸引新粉并提升消费者忠诚度。

4.创意

（1）借助消费者熟悉的"嘉年华"模式，以异于常规的美妆产品陈列模式，通过现场互动体验，帮助美妆品牌与消费者高效联结。

在彩妆、美发、香氛、护肤四大专区集结明星品牌，以海量独家新品抢鲜尝试与专业的服务体验，让消费者在超近距离下深刻感受品牌文化与产品魅力，领略国际前沿的美妆风尚。

持续洞悉年轻消费者的个性化消费趋势及热衷表达自我的需求，特设数智化定制拍照互动装置及留言墙、小样娃娃机、绿幕大片拍摄、互动舞池等直击年轻消费者圈层的潮流玩法，贴合社交属性。

各大明星品牌力邀业内知名美妆专家亲临现场，用12节大师课倾囊传授美"力"秘籍。

（2）聚合行业精英，打造行业盛会：邀请美妆品牌从业者、时尚美妆行业媒体人等业内人士提前探索众多新品，解锁全球美妆潮流趋势。

（3）丝芙兰中国首个碳中和活动：从多处细节落实低碳环保，彰显品牌持续引领美妆行业永续发展的本真初心。

5.传播规划和媒介策略

策划预热期、引爆期、保温期三阶段传播链，从媒体辐射至广大消费者，多渠道、多圈层、多互动地宣传推广。

（1）破圈层：不同属性自媒体全渠道引流。

不局限于时尚美妆范畴，丝芙兰美妆节将触角延伸至潮流生活方式领域，联手新锐潮流媒体与知名头部本地生活号沉浸式线下探展，以潮流视界探索美妆新趋势；联袂一线文化生活博主，合作图文内容，从不同视角出发解析活动深层文化内核；联动骑行社区，开展绿色骑行打卡活动，线下互动反哺线上社媒话题度，助力美妆绿色消费理念触达更广圈层。

（2）重社群：自营账号带动用户自发产出。

特别开设活动专属小红书账号，联动参展品牌与消费者，持续输出用户互动话题与票务活动指南，将社交媒体热度延展至线下，带动消费者购票并自发产出话题内容；联合新浪美妆，鼓励本地美妆KOC推介，现场设置互动话题打卡机制，线上线下双向蓄水丝芙兰美妆节话题度。

（3）拓广度：C端媒体多线报道。

合作国际青年时尚媒体，精准锁定潜在受众，以年轻化视角激起前期热度，打动年轻消费群体。现场丰富的美妆品牌互动游戏机制、专业美妆大师近距离分享及服务，以更沉浸式的线下美妆体验自然引爆不同类型媒体的多视野、多渠道报道。

（4）谈深度：B端媒体多方访谈。

与头部财经媒体及行业垂直媒体合作，从专业的行业观察角度出发，围绕后疫情时代的线下零售回归与创新零售体验主题，深挖美妆节之于丝芙兰合作品牌、自身发展的裨益，乃至对于整个美妆市场的指导、借鉴价值。

项目执行

1.预热期（2023年10月26日—11月16日）

合作新锐潮流媒体及本地生活号于多圈层预热话题；丝芙兰官方账号及丝芙兰美妆节账号于全平台联合推广；联手知名美妆博主于小红书、抖音等平台引爆票房。

2.引爆期（2023年11月17日—19日）

联合52个来自国内外的高端品牌，携146款当季新品于现场呈现独家美妆体验；开展12节大师课，向消费者剖析潮流风尚并分享专业美妆技巧；携手路威酩轩集团旗下高端起泡酒品牌夏桐共造"美力餐车"打卡领奖互动，鼓励消费者绿色出行；合作潮流媒体及都市新生活方式社群现场互动，撬动美妆活动消费者圈层。

3.保温期（2023年11月20日—30日）

联动生活方式自媒体、财经媒体及行业垂直媒体，多角度深度探索丝芙兰美妆节相较以往美妆市场活动的创新亮点，实现多渠道IP推广；自营丝芙兰美妆节小红书官方账号持续制造互动话题，持续鼓励用户自发产出相关内容。

项目评估

1.效果综述

时尚和美妆行业的专业媒体发布了1210篇报道,总曝光量达亿级,媒体价值千万级,头部时尚媒体诸如*VOGUE*、*BAZAAR*乃至潮流媒体及门户新闻NOWHER、Uth又识、新浪、搜狐等皆配合报道。

活动预热期,品牌更特别开设活动专属小红书账号,加上品牌既有社交媒体账号,活动相关内容阅读量及互动量超百万,千余名用户在小红书平台发布原创互动内容,成功为本活动进行二次发酵曝光。

2.受众反应:在B端和C端备受好评

(1)普通观众:3天内参观人次逾3000名,80%为普通观众。

(2)专业观众:逾500名国内主流媒体、意见领袖、合作品牌代表、LVMH集团代表和商业地产从业人员到场参观,打破丝芙兰中国历年活动的到访纪录。

(3)美妆品牌:52个国内外知名美妆品牌在美妆节设立展位。

3.市场反应

所有会员兑换门票在6天内售罄;所有公开售票在活动前5天售罄;大部分观众是"Z世代"和美妆新人并成功转化为注册会员。

亲历者说 赵梦雪 明思力中国高级客户主任

很荣幸参与了丝芙兰美妆节从传播策划到执行的全程,见证了新零售时代下丝芙兰与消费者共创的又一座"美力城堡"。这一次,我们用更年轻的表达方式,向消费者们传达我们共同的美妆蓝图,很高兴这个IP能够很快在社交网络上崭露头角。丝芙兰一直是美妆界的"体验派",参与这次美妆节的品牌不乏当时还未正式官宣入驻的小众独家品牌,丝芙兰给予了这些品牌以更贴近消费者的平台,用专业服务与沉浸体验联结双方。我想一场真正成功的美妆活动,正如丝芙兰美妆节这样,可以让各圈层的消费者自由探索、尽情体验,张扬自信地演绎自己对美的"独家"理解。

案例点评

点评专家：陈永东　上海戏剧学院艺术科技与管理学院教授，《赢在新媒体思维》《智能营销》作者

　　该案例通过"美力社区""自我美力""美力奇境""美力创想""美力餐车""美力大片""美力态度"等，与"美丽"谐音关联，成功将相关美妆节引入上海，让超过3000位消费者与品牌亲密接触，通过不同属性自媒体全渠道引流的圈层突破，以及自营账号用户自发产出的社群交互，较好地打通了B端及C端，突出并落实低碳环保，有力地提升了品牌美誉度，还联合知名美妆博主在小红书、抖音等平台发布内容，进而获得了积极的受众反应、市场反应及超高的品牌曝光量。同时，线下现场活动内容丰富多彩、新颖有趣，线下社群话题纷繁、互动不断，线下互动反哺线上话题热度，以双线的方式向外扩散活动，达到了较好的传播效果，形成了一定的品牌效应及热度。

GOLDEN
FLAG
AWARD
金 旗 奖

2024
—
金旗奖最具公众影响力
数字营销活动金奖

Aginode 安捷诺 IP 形象亚太地区传播

执行时间：2024年1月1日—8月2日
企业名称：耐克森凯讯（上海）电缆有限公司
品牌名称：Aginode 安捷诺（原耐克森通讯系统）
代理公司：Sandpiper 基誉公关
获奖类别：2024金旗奖最具公众影响力数字营销活动金奖

项目概述

1.背景

Aginode 安捷诺自2023年7月起作为独立品牌正式启用。Aginode 安捷诺洞察到市场趋势的演变，特别是年轻一代企业家和决策者的崛起，为了与这一新兴群体建立有效的沟通和情感联系，提升品牌辨识度并进一步扩大市场影响力，Aginode 安捷诺认识到需要采用一种新颖且富有吸引力的品牌传播方式，最终，Aginode 安捷诺决策团队决定创作一个品牌IP形象。

2.目标

通过IP形象将品牌具象化、符号化，创造视觉记忆点，增强吸引力，最终提升品牌辨识度；在未来传播中，借助IP形象拉近与用户的情感距离，传递品牌价值观，拟人化讲述品牌故事，实现创意输出；利用IP形象的可延展性开拓跨界传播和开发周边产品的可能性，进而提升商业价值。

项目策划

1.洞察

在当前商业环境中，IP形象一定程度上影响着品牌的市场认知度和消费者的情感连接。通过分析市场上各类IP形象，我们发现，许多成功的品牌都采用了可爱、亲和的设计风格，以吸引目标受众的注意。

为了更好地展示 Aginode 安捷诺在通信和数据解决方案领域的专业实力，延续品牌一直以来对研发和创新的不懈追求，Aginode 安捷诺IP形象设计需要深度融入科技元素与创新精神，以直接的视觉表现，直观地传达出 Aginode 安捷诺的创新DNA。

综合考虑市场趋势和目标受众偏好，3D版本的设计能够在数字平台上更为生动地展示，适应当前用户对视觉体验的高要求。

2.总体策略

（1）设计策略

Aginode 安捷诺的全新 IP 形象围绕品牌的核心理念进行设计，整体的橙蓝配色延续了 Aginode 安捷诺 VI 中的企业色彩，确保形象与品牌整体风格一致。设计过程中，重点考虑形象的可爱性和亲和力，力求在视觉上形成品牌的高辨识度。通过 3D 建模技术，创造出一个立体感的形象，同时，使其在各种媒介上保持一致的视觉效果。

此外，IP 形象还将融入品牌 logo 造型及其他与品牌相关的元素，例如，数字化、连接性等概念，直观体现 Aginode 安捷诺品牌科技元素与创新精神。无论在何种视觉媒介中，都能立即被目标受众所识别，从而强化品牌印象和品牌记忆点。

（2）传播策略

Aginode 安捷诺将重点利用微信和领英两个渠道进行宣传。

微信作为我国最大的社交平台，适合进行广泛的用户互动和品牌宣传。通过发布与全新 IP 形象相关的内容，吸引用户关注并鼓励他们分享和讨论。

领英则是一个专业的社交网络，Aginode 安捷诺将在领英上分享关于全新 IP 形象的设计理念，增强品牌在亚太其他市场包括东南亚、日韩等地区的影响力。

总体而言，Aginode 安捷诺的全新 IP 形象传播策略将结合社交媒体的互动性与专业平台的权威性，力求在不同市场、不同受众中建立良好的品牌形象，提升品牌的市场认知度，增强品牌影响力。

3.传播规划

（1）前期设计阶段：设计团队结合品牌 logo 造型、数字化特性、可爱风格等元素完成手绘形象，在手绘形象确认后进行 3D 建模工作，并最终完成一套不同表情的 IP 形象设计。在设计过程中，团队定期召开会议，确保设计方向与品牌战略一致。

（2）征名预热阶段：历经 6 个月的设计后，Aginode 安捷诺的全新 IP 形象正式完成。策划通过官方微信社交平台开展征名活动，为 IP 亮相预热造势，并吸引更多用户的互动参与，提升黏合度。IP 形象的英文名征集活动同期将在领英平台开展，继续强化该形象国际化的特征，与 Aginode 安捷诺遍布全球的客户足迹亦十分契合。

（3）正式发布阶段：经过为期近 1 个月的征集活动，我们收集了来自各界的反馈。IP 形象的中、英文名字最终由 Aginode 安捷诺全球员工投票选出。在公布名字的推文中，我们为点赞数前十名的用户送上了礼品与谢意，为后续获得用户的持续支持奠定了基础。

（4）广泛传播阶段：Aginode 安捷诺在公布 IP 形象后，密集地基于这一形象展开设计创作，确保这一形象高频次出现在用户视野中，不断加深印象，并传递 Aginode 安捷诺创新、年轻和充满活力的品牌形象。

项目执行

1.立项初期

Aginode安捷诺邀请了来自公司不同部门的员工参与项目。这样的跨部门合作模式有助于汇聚广泛的专业知识和视野，从而最大化团队的创新潜力和项目成功率。通过这种跨领域的合作，确保项目在各个阶段都能获得全面的支持和专业知识的注入，为项目的成功打下坚实的基础。Sandpiper也成立了跨部门的项目团队，包括来自新加坡与中国北京的设计、创意及策划成员。项目团队制定了详细的时间表和任务分配，以确保各个环节的紧密协作和信息共享。

2.设计阶段

Aginode安捷诺与Sandpiper组成的联合团队共同经历了多轮创意头脑风暴和草图设计。双方紧密合作，广泛征求了公司内部对IP形象的反馈以及外部律所对于商标及知识产权的专业建议，不断调整设计以确保形象在与Aginode安捷诺的品牌定位和市场需求相匹配的同时，最大化规避后期由商业用途而带来的版权风险。

3.预热阶段

双方团队携手制定了一套详尽的社交媒体内容计划，精心规划了与IP形象相关的内容排期，包括展示设计过程、促进用户互动等环节。在这一阶段，我们不仅通过Aginode安捷诺官方的微信和领英渠道发布内容，还积极动员团队成员利用个人社交网络，广泛邀请社会各界人士参与IP形象命名，共同为这一形象寻找最合适的名字。

4.发布阶段

双方充分考虑到IP形象的国际化需求，由双方团队共同为这一形象设计了中英双语的"身份证"卡片。这一举措不仅提升了形象的拟人度，也体现了我们对IP形象国际化的重视，确保其能够跨越文化界限，与全球受众建立情感联系。

项目评估

不仅成功推出了"Noodi诺米"这一亲和形象，还通过有效的传播策略提升了品牌的市场认知度和用户参与度。

在传播阶段，通过与社交媒体的大量互动，用户不仅对新IP形象产生了浓厚兴趣，还增强了对Aginode安捷诺品牌的认同感。IP预热及正式公布阶段的微信推送阅读量超过2500次，明显高于日常传播的阅读量。征名期间，官方微信后台累计收到超300个命名及释义，用户参与热情空前高涨。

通过这一项目，Aginode安捷诺成功塑造了与市场趋势和年轻一代决策者价值观相契合的创新、年轻且充满活力的品牌形象。同时，围绕"Noodi诺米"形象策划了多款品牌提示物，有效吸引并保持客户的兴趣和注意力。

"Noodi 诺米"3D形象

亲历者说 周晓舒　Aginode安捷诺亚太区市场及渠道负责人

　　"Noodi诺米"的诞生，不仅是Aginode安捷诺在品牌传播和市场定位上的一次重大尝试和飞跃，也是Aginode安捷诺对市场变化的积极回应。在设计阶段，我们成功将Aginode安捷诺品牌风格与现代设计理念融合，一个既符合品牌定位又深受用户喜爱的形象——"Noodi诺米"顺利诞生。在传播阶段，我们通过社交媒体发起与用户的互动，获得了300+的反馈及2500+的阅读量。

　　用户对"Noodi诺米"的热情，不仅是对形象设计的认可，更是对Aginode安捷诺品牌未来发展潜力的肯定。目前，"Noodi诺米"的2D及3D形象均已获得国家版权局颁发的著作权证书，我们的团队也正在向国家知识产权局申请商标注册。我相信，未来"Noodi诺米"奇遇冒险将成为Aginode安捷诺品牌故事不可或缺的一部分，引领我们迈向智慧互联的未来。

案例点评

点评专家：胡远珍　湖北大学新闻传播学院教授

　　Aginode安捷诺作为一家主要从事通信与数字网络连接的公司，以"柔性化"策略方式，快速建立起与用户的情感联系，有效增强了企业品牌新形象的可识别性和亲和力。在"Noodi诺米"的设计与数字传播中，用常规化的套路和新颖的打法，巧妙实现了新品牌形象设计者与用户的深度互动。通过官方微信和专业领英征集新品牌形象代言人的名字，激发了用户对品牌形象构建的参与积极性，深化了用户对Aginode安捷诺"可靠的合作伙伴"的定位，形成了"赋能数字化基础设施让生活更加互联、更加高效、更加愉悦"的品牌认知与联想，为形成IP品牌效应奠定了情感共情力的基础，助力企业以"品牌力"夯实"可靠合作伙伴"的"责任力"。

碧迪医疗微信全渠道数智化运营平台优化升级

执行时间：2024年3月1日—7月11日
企业名称：碧迪医疗器械（上海）有限公司
品牌名称：碧迪医疗
获奖类别：2024金旗奖最具公众影响力数字营销活动金奖

项目概述

线上营销发展至今，微信公众号早已成为品牌宣传推广及服务提供的主要渠道。在外部宏观经济环境多变及内部组织架构调整的情况下，医疗行业如何在保持现有医院覆盖率的情况下高效且稳定、持续地提供专业教育内容及服务，成为难点。碧迪医疗于2024年针对各业务线公众号数据独立、信息收集分散、信息质量低、粉丝及注册用户缺乏系统管理等问题，开展碧迪医疗微信端全渠道数智化运营平台优化升级项目，期望通过上线全新系统规范数据管理流程，打通业务线线上线下活动场景，打造领先、全面、权威的一站式在线平台，同时，为构建HCP跨BU及跨渠道用户画像和挖掘潜在业务机会奠定基础。

项目策划

基于对碧迪医疗中国目前各业务线运营及数智化的访谈与调研，我们发现目前各业务线账号已基本覆盖目标群体，但由于缺乏科学的数据管理规范，运营管理不够高效。基于以上问题，碧迪医疗大中华区企业品牌公关及数智化传播团队决定从数据规范及管理、业务数智化应用及业务链接机会三方面发力，开展碧迪医疗微信端全渠道数智化运营平台优化升级项目，项目目标不仅仅是整合各业务线所开展活动，还有通过全新"碧迪医疗e世界"服务号构建线上数据中心，增强对市场活动及其效果的分析，同时，完善用户档案，借此形成高价值用户画像。

数据规范及管理是项目推进的基础，通过对各业务线现有数据字段及格式的调研与确认，碧迪医疗统一定义基础信息标准、在线浏览行为及活动行为等多个标准数据集，并对历史数据进行清洗与整合。在此基础上，碧迪医疗根据近一年数据将线上线下专题活动及专业内容融合输出，推出具有高专业度、贴近医疗医学热点内容，并根据内容反馈对用户进行多维度动态分群分组，在有效增加内容丰富性、关联性和专业性的基础上，持续优化内容输出策略，并基于用户反馈积极响应，提高与粉丝和用户黏性，提升卷入度。

项目执行

在项目推进过程中，碧迪医疗大中华区企业品牌公关及数智化传播团队积极协调并组织多业务线、多部门及其供应商进行沟通，一同推进数据规范的制定、历史数据的清洗及内容的产出与落地执行。

在制定数据规范和管理流程过程中，从公司层面对各数据集中的字段进行明确定义，如医院字段（从国家医院数据库中进行数据匹配和清洗，并建立模糊搜索功能，保障数据收集统一性）、科室字段（对科室进行层级和名称定义，避免过多细分科室数据出现）。同时，要求业务线就历史数据以 unionid 为唯一去重依据进行数据清洗与整合。

在账号优化方面，"碧迪医疗 e 世界"服务号建立"e"创新、"医"荟萃、"易"服务三大板块，汇聚前沿学术、疾病防治、专业教育等内容矩阵，有逻辑性、有条理性地进行内容编排，使用户能够快速、便捷地检索相关信息，一键获取话题相关文字、资料、活动信息等多形式内容。

在传播与推广方面，协同内外部线上线下多渠道资源，如 GCTIC（碧迪医疗大中华区创新中心）、碧迪医疗上海客户体验中心等对外展示平台进行产品及其应用场景的在线化呈现，与业内主流媒体及协会学会进行沟通，在专业垂直领域推进相关活动合作。同时，在碧迪医疗官网和多个垂直媒体渠道的传播矩阵中增加账号曝光。

项目评估

碧迪医疗微信端全渠道数智化运营平台优化升级项目，在运营和推广方面，打破原有业务线独立运营形式，统筹管理、协调并合理分配各项资源，形成多业务线、多部门协同工作机制，收集、整合、筛选原始素材，灵活运用长图、视频、短剧等方式，从多角度结合热点医学医疗话题，以生动有趣的表达方式进行教育型内容传播与推广。结合全新线上营销平台，形成标准化的活动运营及数据规范，各业务线也在产品上市会、疾病防治宣传周等大型活动中积极寻求合作，协同制订数智化营销计划。

亲历者说 李莎　碧迪医疗大中华区企业品牌公关及数智化传播总监

数智化是近些年的热门话题，而医疗行业数智化转型也是大势所趋。碧迪医疗微信端全渠道数智化运营平台优化升级项目勇于打破企业内部现有格局，从公司层面进行统筹管理，在维持现有业务需求的基础上，高效地实现内部审批及沟通流程，打破业务线信息孤岛，进行信息整合和完善，沉淀宝贵的客户行为数据，形成完整的用户画像，为用户需求挖掘奠定基础，这对于 B2B 行业，特别是医疗器械行业来说，是大胆尝试和创新。

案例点评

点评专家：樊传果　江苏师范大学教授，文化创意产业研究院院长，国家级一流本科广告学专业负责人

该项目成功之处有以下两点。

一是清晰的问题与目标导向。项目策划前期做了扎实的市场调研，发现了碧迪医疗中国目前各业务线微信公众号运营存在的问题并据此制订了项目策划方案。

二是高效的执行运作。项目团队积极协调并组织多业务线、多部门及供应商进行沟通，协同推进数据规范的制定、历史数据的清洗及内容的产出与落地执行，基于大数据的分析与支撑，对公众号各部分内容与信息搜索功能等进行全面优化，在传播与推广方面，内外部及线上线下多渠道资源高效协同，取得显著的传播效果。

mocopi上市营销：一扣变身，助力全民玩家

执行时间：2023年8月21日—2024年4月12日

企业名称：索尼（中国）有限公司上海分公司

品牌名称：mocopi

代理公司：宣亚国际营销科技（北京）股份有限公司上海分公司

获奖类别：2024金旗奖最具公众影响力数字营销活动金奖

项目概述

元宇宙概念普及后，越来越多的用户期待虚拟世界和现实世界的创意性融合，但受制于高昂的设备价格及高门槛使用壁垒，普通消费者缺乏合适的途径和方式去真实拥有并驱动属于自己的虚拟形象，难以自由实现在娱乐和游戏行业中的虚拟体验交互。并且，普通大众对虚拟动作捕捉产品仍存在一定的认知障碍。

mocopi作为索尼第一款便携式虚拟动作捕捉产品，携手B站年轻文化生态圈层，借势入局国内虚拟主播市场，扩大品类声量并赢得更多潜在消费者。

项目策划

1.项目洞察

国内现有主流虚拟主播以综合偶像势、游戏势为主要人设进行直播及动画短视频等日常内容创作，他们懂技术懂创作，对性价比产品和定制化解决方案的需求大。同时，随着元宇宙概念的席卷和市场科普教育，泛ACG玩家及科技爱好者始终关注虚拟现实的交互可能性，他们寻求更低准入门槛的体验尝新，渴望在虚拟世界中进行更自由的社交表达。综上，从垂直用户到泛ACG玩家，mocopi产品的核心目标客群对产品需求分散且认知教育参差不齐。

B站作为国内二次元内容型社区鼻祖，经过多年发展，围绕用户、创作者和内容，已构建了一个源源不断产生优质内容的生态系统，涵盖多个兴趣圈层，包含直播、视频创作等多个机会场景，是实现国内虚拟主播内容深耕并触达跨ACG圈层的最佳合作伙伴。

2.传播策略

（1）撬动虚拟内容创作生态链，以官方直播打通上下游产业合作，拓展想象边界。

（2）深度绑定头部多元年轻文化社区B站，强强联手渗透ACG圈层，科普玩法。

（3）强化产品体验，以线下多元场景互动形成兴趣认知。

3.传播规划

（1）线上聚焦二次元文化圈和用户浓度最高的B站生态，利用B站社区及虚拟公会资源渗透VUP圈层，创造多元玩法。携手打造官方发布会直播及破次元KOL体验官矩阵，以专属场景化教育内容吸引核心目标用户，同时，以泛娱乐科技创作者体验内容打开大众应用场景，提升普通消费者认知。

（2）线下联合头部游戏动漫展会及活动资源，通过workshop与消费者进行深度体验互动。定向邀请合作伙伴提前测试mocopi专属虚拟游戏，形成稀缺性口碑营销。

（3）媒体选择上，自行业领域至消费领域铺开mocopi声量，携手资深ACG媒体《游研社》深挖标杆案例解读，以行业观察带动泛数码科技类媒体分发传播，突破圈层联合宣发，最大化传播声量。

项目执行

1.操刀跨次元发布会，实现产品本土化落地及年轻文化爱好者圈层沟通

（1）官方虚拟形象Raynos酱首次亮相，邀请B站科技区、舞蹈区、虚拟区UP主以全新3D虚拟形象变身登场。发布会中的虚拟人物均使用mocopi产品进行动捕摄制，成功打造高品质跨次元产品发布会直播案例。

（2）产品体验官虚拟偶像Aza在其直播间和数十万粉丝一起蹲守发布会直播，通过跨直播间联动进行深度互动分享、产品"种草"。

2.联合国内头部虚拟产业领军伙伴，共创虚实互动生态，引领行业全新风向标

（1）携手B站虚拟开放世界《幻星派对》，共创专属线上体验空间和互动游戏，丰富国内用户在虚拟世界中的应用场景；并联合各大虚拟公会发起"3D虚拟主播创作挑战赛"计划，涵盖人才培养、产品培训、创作教学和内容孵化产出，促进线上虚拟社区共融。

（2）携手国内数字虚拟人链主企业环球数码打造线上虚拟形象创作平台"拟影"，为用户提供全套虚拟形象生成计划，并一键运用于虚拟现实内容的创作。

（3）携手warudo 3D直播软件及B站内容创作者，产出丰富的行业测评、新手教学等短视频内容，产品应用和教学科普双管齐下，拓展多元落地应用可能。

3.参与多场行业开发者大会，开放线下互动区激发兴趣关注

（1）邀请近20家头部VUP公会及媒体参与线下workshop，涵盖市场产品调研、产品内测及行业研讨，共谋发展。

（2）线下体验booth巡回登录索尼门店、Unreal Fest Shanghai 2023等科技游戏爱好者盛会，设立幻星派对互动试玩体验空间，吸引广大消费者体验参与。

mocopi×B站《幻星派对》定制线上虚拟体验空间互动游戏场景

项目评估

1. 全新认知输出

深度沟通国内虚拟 VUP 业态，实现从垂直圈层到泛兴趣爱好者的品类认知破圈。

2. 全新互动效果

舍弃昂贵动捕棚，虚拟数字人首次以嘉宾主持身份加盟品牌发布会，以产品发布会事件为例打造首个行业传播案例。

3. 从 0 到 1 构建全新品牌业态链

牵手 B 站、百度等国内头部数字虚拟产业伙伴，围绕产品服务升级，联合实现从用户孵化、跨次元场景构建到多元内容生产的全链路解决方案，让普通玩家也能轻松入局体验虚拟内容创作，共促行业发展。

综上，索尼首个便携式全身动补设备 mocopi 跨次元发布会总计获得 200 万线上曝光及近 15 万互动，深受 VUP 圈层及 ACG 爱好者关注。特别是泛娱乐科技内容创作者，对产品表达出了极大的兴趣，表示 mocopi 真实拉近了元宇宙概念和普通人的距离，打破了虚拟内容的制作门槛，为创作带来更多想象空间。30 位不同圈层的 KOL/KOC 使用 mocopi 持续产出近 60 条体验"种草"内容，获得 2400 万曝光。

除此之外，索尼还联动自身 PlayStation、Aniplex 等 ACG 领域官方账号进行联合宣推；资深 ACG 媒体《游研社》就 mocopi 发布事件深挖行业观察，近 41 家 ACG 领域、泛科技数码、商业观察媒体如游民星空、ZAKER、新浪 VR 等密切关注产品动态，共产出 49 篇媒体内容，获得 3450 万曝光。

mocopi 也与国内 15 家 VUP 公会建立了深度的合作伙伴关系，通过持续性内容建设和产品试用体验，改变公会内大部分虚拟主播日常内容的创作方式。mocopi 的本土化落地、与虚拟内容创作者业态的深度联动，正式撬开了虚拟数字世界平民化和轻量化的大门，助力全民玩家。

亲历者说 林錾石　Soundnova声曜文化创始人

专业的动作捕捉设备由于价格原因，一直以来都是普通消费者难以涉足虚拟内容创作的主要障碍之一，mocopi的轻巧便携、简便操作确实拓宽了当前动捕技术的应用场景，这次有幸参与了整场发布会的联合创作与制作，能真切感受到索尼的真诚和用心。mocopi优化了主播在直播上的诸多限制，能够帮助真人和2D虚拟主播扩展更多呈现方式，让虚拟主播更好地利用3D形象发挥自己的特长和技能。国内的虚拟主播市场比日本要"卷"得多，在既要效率又要高质量保证的双重压力下，这次突破性的产品和业态链接，也给到了我们从业者不少信心，我期待看到mocopi能更进一步地推动二次元文化的跨界融合，实现虚拟与现实世界的无缝对接。

案例点评

点评专家：高丹　广西财经学院财政与公共管理学院副院长、教授

mocopi的定位为"虚拟世界产品"，其以先进的技术水平、精准的品牌定位、卓越的推广策略、高效的媒体传播及深度的用户互动，成功将一款专业级动作捕捉设备推向消费级市场。

mocopi精准捕捉虚拟内容创作市场的脉搏和痛点，强调在虚拟与现实交织中的独特价值，核心优势在于超越以往的便携性与广泛的兼容性。创新的"纽扣式"传感器，搭配简洁易用的程序，轻松实现全身动作捕捉，极大降低了技术门槛，为虚拟主播、二次元玩家及科技爱好者开辟了一条低成本、高效率的虚拟体验新路径。这一大众化的创新设计激发了用户的无限创意，为元宇宙领域增添更多可能。

索尼凭借线上线下多渠道并进的传播策略，成功提升了mocopi的市场影响力。mocopi通过与B站等平台深度合作，构建了一条从内容创作到传播的完整生态链，为虚拟直播、内容创新、元宇宙探索等多元化创作提供了技术支撑和广阔舞台。

mocopi的成功不仅得益于其背后强大的技术支持，更在于其独树一帜的公关传播策略。它不仅是一款产品，更是虚拟与现实融合的创新典范，值得业界深入学习与推广。展望未来，mocopi在元宇宙领域的应用场景将不断拓展，为用户带来更加丰富、多元的虚拟世界体验。

GOLDEN
FLAG
AWARD
金 旗 奖

2024
—
金旗奖最具公众影响力
内容营销金奖

2024年金典呼伦贝尔溯源营销项目

执行时间： 2023年12月22日—2024年3月7日
企业名称： 内蒙古伊利实业集团股份有限公司
品牌名称： 金典
代理公司： 内蒙古众拓营销管理有限公司
获奖类别： 2024金旗奖最具公众影响力内容营销金奖

项目概述

随着消费者对健康、天然、有机食品需求的日益增长，金典作为高端乳制品品牌，面临着激烈的市场竞争。为了在众多品牌中脱颖而出，金典希望通过溯源黄金奶源地呼伦贝尔，让消费者切身感受到呼伦贝尔的有机、纯净，体会呼伦贝尔的地域文化，打造一场有温度、有深度的营销活动。

项目策划

1.策略

2024年新年之际，金典基于对目标群体的深度洞察，聚焦新春礼赠场景，针对消费群体有机健康生活、仪式感送礼等痛点，以"有机生活，礼致最爱"为主题，巧妙地将品牌理念与节日场景相结合，通过线上线下联动的方式，打造了一场全方位溯源营销活动。

金典打造"金典有机·呼伦贝尔号专列"，复刻了真实的列车体验，同时，开展呼伦贝尔溯源主题互动，搭建呼伦贝尔溯源迷你秀，推出金典呼伦贝尔限定周边，让消费者可以深度体验呼伦贝尔的地域文化和有机新年的氛围，强化消费者对金典的品牌认知和购买意愿，推动新年期间个人、家庭消费及礼赠销售。

2.洞察

此次金典呼伦贝尔溯源营销项目，聚焦新春礼赠场景，针对有机健康生活、仪式感送礼等痛点，推出金典限定呼伦贝尔有机奶，用"有机生活，礼致最爱"撬动用户需求，独特的品质和高颜值的包装使金典产品成为新春送礼的绝佳选择。

3.创意

2024年金典呼伦贝尔溯源带来了惊喜温暖的"呼伦贝尔"新年。打造"金典有机·呼伦贝尔号专列",线上线下共同造势。

线下在全国四大区域开展大型新年呼伦贝尔号溯源活动,制造从全国各地溯源呼伦贝尔的线下事件;线上发布创意视频与创意海报,携手抖音头部达人以一系列有趣有料的活动与广大消费者深度沟通,花式激活目标人群的消费热情,强势突破圈层壁垒,助力活动声量全面增长。

同时,金典推出呼伦贝尔限定周边,以呼伦贝尔的自然环境与民俗文化为创意灵感,通过消费者印象里的呼伦贝尔以及金典挖掘呼伦贝尔的地域文化展开设计,用白桦树树皮为设计元素推出雪原保温杯,以旧时蒙古水壶为灵感设计便捷旅人杯,把冬日的自然生机融入呼伦贝尔出行包,呈现呼伦贝尔的冬季"有机生命力",体现呼伦贝尔地域营销的核心点,加深消费者对品牌的好感度。

金典呼伦贝尔有机新年的氛围+金典呼伦贝尔地域文化营销,助力金典在新年期间个人、家庭消费、礼赠销售,通过区域共同开启金典有机生活节呼伦贝尔溯源主题活动,助推金典在新年期间的销售。

金典呼伦贝尔有机奶冬季限定周边海报

金典作为我国高端牛奶品牌，一直以来以"关怀"为内核，以助力国人有机健康生活为己任，以暖心底色铸造独特品牌价值，以优质产品回馈用户喜爱。此次金典呼伦贝尔溯源营销项目以精准洞察解决用户痛点，结合品牌理念与节日场景、呼伦贝尔地域文化元素，通过联名产品、打造迷你秀、推出限定周边等多种形式，为消费者带来了全新的互动体验。同时，金典还通过线上线下联动的方式，打造了一个闭环的营销场景，实现了从流量到销量的高效转化。

4.媒介策略

金典依托品牌完善的自有媒体渠道，通过在微博、小红书、微信等进行广泛传播，推出创意视频与系列海报等内容，线上线下共同造势，细化布局传播体系，最大化铺开活动声量。结合金典新春礼赠场景，携手抖音头部达人诠释金典"有机生活，礼致最爱"的品牌理念，以沉浸体验与优质内容持续为营销赋能，强势调动广大消费者的参与热情。

5.传播规划

本次金典呼伦贝尔溯源营销项目采用线上线下全方位覆盖的传播策略。线上传播平台主要为金典官方微博、小红书、微信以及抖音达人自媒体账号。传播内容以"有机生活，礼致最爱"为主题，打造"金典有机·呼伦贝尔号专列"，搭建呼伦贝尔溯源迷你秀，发布呼伦贝尔溯源主题限定周边。通过独特的创意成功地将品牌产品与地域文化相结合，为消费者带来了全新的消费体验和精神满足，激发全民参与"有机"狂欢盛宴，为如火如荼的新年营销打造出新标杆，同时，也为品牌带来了显著的销售增长和影响力提升。

项目执行

金典呼伦贝尔溯源营销主要在微博、小红书、微信、抖音等平台进行。

2023年12月22日，金典微信公众号发布推文，预告"金典有机·呼伦贝尔号专列"即将发车，展开"金典有机·呼伦贝尔号专列"车票抽奖活动，吸引消费者关注；2024年1月5日起，金典微博、小红书发布"金典有机·呼伦贝尔号专列"明星主题海报，借助明星庞大粉丝量扩大传播声量。线下通过全国四大区域的大型新年呼伦贝尔号溯源活动吸引眼球，同时，在微信朋友圈传播"公里数"系列海报，深化各地消费者与金典黄金奶源地呼伦贝尔的情感联系；抖音头部达人发布视频，真实乘坐"金典有机·呼伦贝尔号专列"，沉浸式体验呼伦贝尔的有机健康，强势调动广大消费者的参与热情，带动流量与销量双赢。

项目评估

1.市场反馈

春节期间，金典呼伦贝尔溯源营销通过线上线下共同造势，引发品牌词搜索激增，完成从流量到销量的高效转化，助力新年销售大幅提升。此次金典呼伦贝尔溯源营销项目总曝光量超亿次，品牌力位居常温乳制品行业TOP1。

2.媒体统计

金典微博话题#有机生活 礼致最爱#获得大量粉丝关注与参与，累计曝光量达到1700万，金典抖音#有机生活 礼致最爱 话题播放量超3亿次，获得了大量消费者的好评，带动金典产品销量增长。

3.项目亮点

金典全国四大区域共同开启新年呼伦贝尔号溯源活动，通过溯源呼伦贝尔的地域文化，强化消费者对金典呼伦贝尔有机纯牛奶的品牌认知，吸引目标群体的关注和参与。还通过购买、试穿蒙古族服饰打卡拍照等线下活动，为消费者提供了丰富的互动体验，另外，小程序绑定试饮、集赞赢取奖品等方式调动消费者的积极性。

线上线下联动方式，增强了与消费者的情感联系，聚焦春节送礼需求，花式激活目标人群的消费热情，不仅提升了品牌影响力，还为消费者带来全新的春节礼赠产品选择。

亲历者说 宫旭　内蒙古伊利实业集团股份有限公司推广经理

在新年氛围日益浓厚、大众期待不断升温之际，金典聚焦于新春期间的健康年货采购、亲友互访的礼赠需求，打造"金典有机·呼伦贝尔号专列"，旨在解决消费者在追求有机生活和具有仪式感的礼品方面的难题。以金典产品有机品质完美契合春节礼赠场景，传达"有机生活，礼致最爱"的主题，助力金典品牌传播和产品销售。

案例点评

点评专家：李雪峰　内蒙古财经大学公共管理学院教授

金典作为伊利乳制品的高端品牌之一，致力于为消费者提供更多优质、安全、放心的产品。金典聚焦目标公众，通过多种矩阵传播方式线上线下共同造势，联手KOL等共创内容营销，诠释金典"有机生活，礼致最爱"的品牌理念。一方面，传播了黄金奶源地呼伦贝尔有机、纯净的地域文化，另一方面，打造了一场有温度、有深度的整合营销活动。新春礼赠场景以沉浸体验与优质内容持续为营销赋能，不仅提升了品牌影响力，还为消费者带来了全新的春节礼赠产品选择，这无疑是一次成功的公关传播。

GOLDEN
FLAG
AWARD
金 旗 奖

2024
—
金旗奖最具公众影响力
媒介投放金奖

Club Med 小红书 E2E 线上整合营销新模式

执行时间：2024年3月1日—9月1日

企业名称：Club Med 地中海俱乐部

品牌名称：Club Med 地中海俱乐部

代理公司：明思力中国

获奖类别：2024金旗奖最具公众影响力媒介投放金奖

项目概述

本项目旨在通过协作革命打破职能壁垒，为 Club Med 地中海俱乐部在小红书上的品牌传播进行全面升级。明思力作为内容运营服务商，与 Club Med 共同推动了一场以平台为单位的整合规划传播项目，采用 E2E（端到端）模式，统一目标为提升粉丝增长、促进内容曝光和增强消费者互动，进而提升品牌知名度和销售转化率。

Club Med 小红书 E2E 线上整合营销新模式项目

项目策划

1.背景

随着社交传播整合化和社媒平台生态化的演变，品牌传统的职能运营模式已难以满足市场需求。Club Med 地中海俱乐部作为全球领先的旅游度假连锁集团，在寻求进一步提升品牌知名度和市场影响力时，遇到了职能间协作不畅、信息差和策略执行不一致等问题，导致平台表现难以提升。

2.目标与挑战

（1）目标：提升品牌在小红书上的粉丝数量和内容曝光度；增强与消费者的互动，提升品牌忠诚度；助力客户增加销售转化。

（2）挑战：打破职能壁垒，实现跨部门高效协作；合理应对新兴平台的快速变化，制定灵活有效的传播策略。提升内容质量和传播效率，以吸引并留住目标受众；通过更多的人力投入和更专业的策略支持，实现多方高效协作，对数据结果做出及时反应。

3.传播洞察与策略

明思力通过内容运营经验积累，洞察到纯内容生产模式已无法有效提升品牌在社交平台上的表现。因此，明思力与 Club Med 共同推动协作革命，制定以 Social Always-on（常态化社交运营）为基础、以 Social Activation（社交激活）为亮点的品牌自有阵地运营策略。以小红书为试点，打造 E2E 模式，将提升粉丝数量、促进内容曝光和增强消费者互动作为核心传播目标。

4.模式规划

基于 E2E 模式，明思力为 Club Med 进行了 BKFS 全链路规划。

（1）B（品牌阵地）：品牌专区引流至官方账号，优质内容留住粉丝并促进转化；

（2）K（KOL 合作）：与优质达人进行长线合作，保证内容质量和产出量；

（3）F（信息流 + 私信通）：通过流量投放打造爆文，提升品牌声量并促进咨询；

（4）S（搜索 +CID 小组件）：公域引流至私域，促进销售转化。

BKFS 全链路规划

项目执行

1. B（品牌阵地）

结合小红书粉丝兴趣和调性，对官方内容进行全方位优化，包括封面选图、字体设计、标题撰写和正文植入优惠信息等。

2. K（KOL合作）

选取优质达人进行长线合作，通过前期数据分析，评估和筛选达人资源库，实现"1+N"的传播模式，即一次合作产出多条内容并完成多平台分发。

3. F+S（信息流+私信通+搜索+CID小组件）

复盘投放数据，探索用户喜好与习惯，修正传播策略。叠加导流和咨询产品，匹配合适的内容与产品，提高留资问询率和房间预订效率。

项目评估

1.效果综述

自Club Med小红书E2E模式上线以来，官方小红书账号单月涨粉数量较之前提升近10倍，CPF（粉丝成本）缩减至同类型项目的两成。这一成果表明，通过弥合协作误差、优化传播内容和提升执行效率，品牌全面提升了在平台上的传播表现。在销售转化方面，仅执行初期，明思力已帮助客户达成了50万元的成交量，且每个月都在成倍增长。

2.客户反馈

小红书E2E模式的成功，是基于Club Med与明思力长期合作互信基础上的一次大胆探索。通过将数据策略赋能内容生产，带来了十分显著的效果，期待在未来合作中，不断优化细节，保持上扬势头，实现双赢局面。

3.市场反馈

市场反馈积极，Club Med在小红书平台上的品牌影响力显著提升，吸引了更多目标受众的关注和互动。同时，通过精准的内容营销和高效的转化路径，品牌也实现了销售线索和转化率的双重提升。

亲历者说 Amelia Hu　明思力中国客户执行

这个小红书E2E项目真正实现了明思力和客户各部门之间的协同合作，和EC、CRM部门配合从零到一的私信客服搭建，建立回复链路和转化追踪。每天大量的投流回传数据和周报、月报的效果汇报，也给每个成员带去了新的挑战和成长。整个账号的外观设计升级，受到客户的夸奖，对于每位同事都是一种肯定。我们一起将一个原本仅作为品牌展示的账号转化成了一个具有商业变现能力的账号，为客户带去了最直观的销售效益。

案例点评

点评专家：曲佳钰　复旦大学广告系青年副研究员，国际传播学会公共关系分会会员

本案例展现了数字化时代品牌社媒运营的创新突破。其一，通过E2E模式重构组织协作机制，将传统"职能孤岛"转化为数据驱动的闭环系统，使CPF成本缩减80%的成果印证了流程整合的增效潜力；其二，BKFS全链路设计精准匹配用户决策路径，从品牌专区引流到CID组件转化，形成"内容—流量—销售"的完整商业闭环，实现单月粉丝10倍增长与50万GMV双重突破；其三，开创"策略—执行—优化"的动态迭代模式，通过实时数据复盘调整达人矩阵与内容策略，使传播效能随周期持续放大。

海尔 × 抖音《中国智造》IP 合作项目

执行时间： 2024年5月17日—7月12日

企业名称： 海尔集团

品牌名称： 海尔

代理公司： 北京优力互动数字技术有限公司

获奖类别： 2024金旗奖最具公众影响力媒介投放金奖

项目概述

在互联网红利由增量转存量、竞争日趋激烈的背景下，3C家电业面临着科学技术认知难和消费决策理性化（用户更加注重产品的口碑、功效与品质）两方面的挑战，头部企业海尔亦面临同样的困境。如何通过科技创新诠释品牌力并在6·18电商节点提升营销效率，成为亟待解决的痛点。针对品牌难题，我们与海尔一起，聚焦海尔品牌科技创新故事的《中国智造》营销IP，运用全链路营销解决方案，助力品牌提升营销效率，同时，借助平台势能提升用户认知，实现品牌价值长期沉淀与用户心智培养。

海尔 × 抖音《中国智造》IP 合作项目

项目策划

1. 营销策略

由《中国智造》IP新质生产力背书，聚焦品牌科技创新、智能智造、场景生态三大引领实力，突出企业硬核科技实力，打造绝对权威行业壁垒；以1个《中国智造》× 海尔

"以旧换新"大事件＋N多产业线爆款产品，打造从"种草"心智到转化销售的运营全链路，赋能6·18，实现"品效销"一体有效转化。

2.内容策略

（1）依托IP权威内容高空占位，打造官宣片＋智造星推官＋圆桌对谈＋黑科技直播＋科技纪录片内容矩阵，结合海尔智家启动的"绿碳计划"，聚焦健康、绿色、智慧、美居四大焕新主张，深入浅出地诠释新质生产力背后的科技原理，以"科技力"诠释新时代消费新主张，用领先的科技成果、丰富的智能产品、智慧的场景体验加速美好生活落地千家万户。

·明星推荐，打开局面。官宣片＋智造星推官"打call"，初步建立用户认知，官方宣传片诠释中国智造，打破技术垄断，带动工业机器人、物联网、车联网等新兴产业高速发展，同时，邀请多位明星作为智造星推官，借助明星自身影响力，激发不同圈层人群兴趣，持续放大中国智造的影响力。

·深度对谈，内外兼修。行业大咖、品牌代表圆桌对谈，畅聊中国品牌智造实力。以《中国智造与企业创新》为主题的圆桌论坛，邀请众多行业大咖，畅聊技术创新和生产应用，分享海尔智家为用户提供智慧生活全场景解决方案的实力。

·硬核直播，落实概念。黑科技实验直播，具象演绎中国智造，揭秘品牌长效产品力。打造《厉害了！我的智慧家庭》黑科技实验直播，沉浸式、情景式地向消费者呈现品牌科技创新对生活带来的改变和产品的硬核实力。

·高端定制，讲好中国故事，建立全球标杆。联动科技探索频道，打造定制纪录片，推动中国智造享誉世界。联动Discovery探索频道，依托全球头部科普类纪实IP《How It's Made》，打造中国版纪录片《制造的原理：海尔中国智造》，深入海尔智家"灯塔工厂"和实验室，参观冰箱、洗衣机、空调、热水器等智慧生产线，跟随央视主持人第一视角，实地感受海尔智造的创举。

（2）承接《中国智造》IP的权威内容，打造品牌专属内容阵地，联合@十个勤天打造品牌大事件，快速引爆6·18，吸纳流量。携手《种地吧》@十个勤天，结合十大产业爆品，拍摄四大焕新场景TVC（商业电视广告）＋宣推海报，通过"焕新工作人员"身份，输出四大焕新场景的焕新生活。

IP话题＃了不起的中国智造2＃、海尔话题＃海尔6·18美好新生活＃双话题运营，聚合、沉淀品牌优质内容。

十大产业300+达人内容铺排，深度"种草"：以不同人群痛点为切入口，围绕焕新四大场景布局全链路内容，不同圈层达人真实场景"种草"。

3.传播策略

运用抖音平台全链路优势特性，组合互动＋"种草"＋搜索＋换新政策，实现品牌力拉升、用户心智占位，赋能6·18，实现"品效销"一体有效转化。

策略链路布局：中国智造—扩大资产，占领科技品牌心智—内容种草—聚焦爆品，提升产品心智—搜索拦截—精准投流，扩大内容覆盖面。

（1）品牌力：IP势能下搭建硬核科技背书内容，以焕新主张链接用户，夯实品牌力。

（2）"种草"力：以大事件运营引爆，互动挑战赛+全面任务，打造海尔"以旧换新"强认知，实现破圈"种草"。

（3）搜索力：品牌+产业传播内容铺设，运用搜索拦截+参与激励打通用户"种草"转化路径，实现品牌A3人群承接+电商端转化引流，拉通营销渠道，统一规划搜索词。

（4）转化力：解读"以旧换新"货品政策&电商政策，实现品牌6·18"品效销"一体有效转化。

项目执行

1.筹备阶段

三方联动，深入每个细节，做好每处准备。提前1个月请抖音、客户驻厂，进行IP资源包、所要达成目标的全面梳理，陆续产出整体营销策略、传播策略、资源运用布局、达人筛选、达人内容方向建议、品牌TVC&海报创意、挑战赛玩法等，同时，监制品牌TVC的杭州拍摄工作。深入现场了解一手信息，结合产业产出有效方案，面对面联合办公、高效统筹，保证后续环节的安全有序。

2.上线阶段

与抖音平台共创纪录片、黑科技直播、圆桌论坛等权威内容，制作、审核相关物料，同时，兼顾十大产业相关话题上线、达人脚本审核、数据监测等执行工作。

3.中期运营

在各产业达人"种草"布局方面，配合客户建立全产业流量激励池，明确奖励机制及人群包策略，在达人内容达到标杆内容、高优加热标准下，对质爆、量爆内容进行二次投流加热，优质内容复投，提升A3人群转化效率。

项目评估

1.效果综述

借势头部IP超级流量，平台整合产业矩阵式资源，在抖音平台打造超级声量，通过闭环流量全链路提效，实现海尔6·18平台整合产业资源的全面释放，"品效销"一体快速转化。项目总曝光量20.7亿，四大核心产业（冰洗空热）爆品搜索力和品牌力TOP1，5A人群增长及A3人群流转率全面提升。

2.媒体统计

项目总曝光量20.7亿；四大核心产业（冰洗空热）爆品搜索力和品牌力TOP1；5A人

群增长超 1.1 亿人；A3 人群流转率 15.04%，流转人数增幅 61%；七大热词斩获 7 个抖音热榜；多账号共创官方宣传片《智造星图》396.4 万次播放量，16 万次点赞量；圆桌沙龙《中国智造与企业创新》累计曝光量超 6750 万次，直播观看量超 1100 万次；科技直播《厉害了！我的智慧家庭》累计曝光量超 7710 万次，直播观看量超 1052 万次；纪录片《制造的原理：海尔中国智造》1331.7 万次播放量，14.8 万次点赞量；#海尔 6·18 美好新生活#、#超级话题挑战赛#话题曝光量超 8.4 亿次，挑战赛互动量 12.6 万次。

3. 市场反应

"海尔"和"中国智造"的关键词搜索指数分别同比增长 162.66% 和 2694.92%，借助平台势能，持续培养用户心智。

4. 项目亮点

（1）策略扎实，执行到位，让"第一次"的项目一锤定音，充分焕新海尔的"智造名片"。

（2）优质的内容组成出击策略，从广、深、透到闭环，IP 效应最大化，声量和质量并存，以圈层传播领袖的使用反馈，助攻品牌实力破圈。

（3）将声量转化为生意的高效落地。通过发起#海尔 6·18 美好新生活挑战赛，以及各重点单品的内容话题，成功撬动 UGC 内容，进而在俘获消费者好感的同时扩大品牌内容声量，不仅在平台掀起一波"海尔智造"的"风暴"，也为品牌 6·18 铺垫声量，助攻生意转化。

亲历者说 雷雷　优力互动业务总监

该项目有别于以往常规的媒介工作，除了要打磨各个阶段策略文件及执行细化工作、配合客户撰写汇报方案等，还需整合创意、美术、视频剪辑等团队，产出 20 余种类型的物料，对接抖音完成所有资源的上线及验收，对整个团队来说是一次极大的挑战，最终项目顺利完成，获得了客户较高的满意度和信任度。过程中我们虽经历了各种挑战及压力，但团队中的每一位同事都得到了学习及锻炼。

案例点评

点评专家：王洪波　中国对外文化集团有限公司新闻总监，国家社科基金艺术学重大项目课题专家

知名企业的品牌传播是一件很"卷"的事情，越是知名的企业 IP 越是需要不断传播。之所以说它"卷",一是停止传播不行,"能见度"低了立刻会对品牌产生伤害;二是传播的水平不高不行,水平不高的传播甚至会对品牌产生更大的伤害。这是知名企业品牌传播工作充满挑战和魅力之处。从中国制造到中国智造,是国家战略的需要,是人民生活不断改善的需要,也是企业自身不断升级、引领时代的需要。海尔在抖音平台上发布《中国智造》IP合作项目,很好地把握住了时代脉搏及市场需求,在品牌影响力、产品美誉度、市场转化度方面都取得了很好的效果。执行方特别重视用实际效果衡量传播业绩,既合理使用流量明星,又在科技定评方面引入院士级的专家话语,同时在传播过程中注意发酵热点,与多种媒体和平台合作,产生了令人惊喜的效果。"中国智造",既需要踏踏实实地进行科技创新,也需要打造传播影响力,二者互相促进,既有利于扩大"中国智造"阵营,更有利于"中国智造"整体水平的提升。

米家联宣6·18站外"种草"&电商引流营销项目

执行时间：2024年5月28日—6月18日

企业名称：小米科技有限责任公司

品牌名称：小米

代理公司：北京扬思互动营销顾问有限公司

获奖类别：2024金旗奖最具公众影响力媒介投放金奖

项目概述

2024年6·18大促来袭，在各家竞品集中优势资源对自家主力品类形成攻击的情况下，米家生态链3家公司（扫地机、摄像头、智能门锁）借助米家生态互联优势，以小米智能生活为主场景，通过3种产品使用体验，为用户勾勒出只有小米生态才能带来智能生活的氛围，通过极强的代入感激发用户消费欲，实现大促火爆转化，同时，验证三品联合"种草"效果是否优于单品"种草"效果。

项目策划

1.传播策略

承接米家"家是我的旷野"年度主题热度，延伸出"野在家"事件主题，通过小红书和抖音传播阵地，分别选择更适合3款产品（扫地机、摄像头、智能门锁）的头部、腰部、尾部达人，以达人传递3款产品的方式，结合生活中对家庭清洁、生活安全的痛点，产出"种草"内容，同时，针对双平台规划双玩法，为京东引流，促进转化。

2.内容策略

米家不是要兜售一个个独立的产品，而是要带给大家一种"充分解放双手，能在家自在撒野"的生活方式，因此，我们梳理出了米家3款产品不同的互联场景。

（1）智能门锁：一款好的智能门锁，不仅要拥有人脸识别和指纹识别的准确率参数，更要在你出门后关上门的瞬间开启扫地机自动清扫功能，让你无论在家还是离家都可以无拘无束、自在撒野。

（2）全能扫拖机：一款好的全能扫地机，扫拖干净和自动清洁只是基本操作，拖完地后，要让在外出差的主人可以通过摄像头验收到肉眼可见的干净，要让忙碌后回到家的主人可以即刻进入自在撒野模式。

（3）智能摄像头：一款好的智能摄像头，看得无死角、清晰只是达到了及格线，要在门锁打开后自动对准写字台，告诉堵车在路上的妈妈孩子已放学安全回家，开始写作业了。

3.媒体策略

覆盖双平台多类型达人。生活达人结合生活中的痛点，植入产品，与用户产生共鸣；家居达人结合产品的核心优势，向用户展示互联的实用性；萌宠达人结合宠物清洁与看护，让内容更加多元；手工达人结合产品进行视觉类"种草"，使产品破圈。

4.传播节奏

（1）第一阶段，内容落地：双平台多类型达人选择下班时间段发布内容，集中在一周时间左右爆发式发布内容，预留少量达人持续性维护产品热度，初步形成3款产品的互联认知及米家品牌心智。

（2）第二阶段，投流引流：小红书端通过Feeds&Search对达人内容进行持续投流，获得更多内容曝光机会，根据每日投放数据实时调整投放策略，并通过小红盟监测内容转化情况，为电商销售助力；抖音端通过巨量竞价＋磁贴的形式展示京东6·18销售政策，为京东站内精准引流并促进转化。

项目执行

1.准备阶段

梳理3款产品的互联共通性，以此选择更适合3款产品的达人，确定达人档期、排期、产品实时可能性（如是否可以安装智能门锁）等事项，与3家米家供应链公司高效沟通，快速确定好落地达人并为每一位达人拍摄Brief，采用1+2（1款主推产品+2款次推产品）模式产出大纲、脚本、视频。

2.执行阶段

严格按照规划上线达人内容，每日复盘执行内容、细节，实时调整投放策略，保障项目曝光、互动、进店、销售等指标收益最大化。除此之外，积极与达人沟通协商，除合作平台外，达人内容免费分发至其他平台，进一步扩大品牌曝光。

项目评估

1.效果综述

项目总曝光量超过5886万，互动量超27.9万次；累计产出爆文31篇，爆文率79%；在平台投流方面，小红书CPE、CTR数据均大幅超过行业均值，抖音竞价广告引发进店80000多次，有效带动了6·18京东店铺销售，其中，智能门锁京东渠道销售完成目标的122%，全能扫拖机京东渠道销售完成目标的152%，智能摄像头京东渠道销售完成目标的836%。

2.受众反应

"种草"达人对产品均给出了极高的产品使用评价，同时，在达人"种草"视频评论区，也有大量的用户表达了对产品的喜爱。

3.市场反应

通过6·18项目的站外"种草"和电商引流，首先，在关键词电商搜索指数上，均有＞50%的增长量，其中小米智能门锁增长超过113%；其次，在小红书聚光搜索指数上，3款产品在单品词及品类词上均实现20%~40%的搜索增长；最后，在抖音搜索指数上，3款产品也有80%~120%不同程度的搜索增长。

4.媒体统计

本次传播涉及小红书、抖音等平台，合作达人39人，涉及家居家装类、数码测评类、母婴亲子类、萌宠生活类、生活Vlog类、手工改造类六大类型。除此之外，达人内容分发共计44频次，覆盖九大平台，包含抖音、小红书、逛逛、微博、B站、百家号、大众点评、快手、微信，帮助品牌实现跨平台联动曝光，有效提升6·18整体项目热度，赋能大促产品爆发式转化。

5.项目亮点

首先，从抖音云图后台达人"种草"后搜词及搜索次数可以看出，无论主推哪个产品，都会对另外两款产品产生搜索行为，评论区也会显示另外两款产品的相关问题，这验证了联合"种草"效果优于单独"种草"；其次，此项目帮助品牌挖掘出更精准的用户画像、达人类型及内容方向，进而形成了更高效的信息流人群投放、更优质的搜索词投放方案；最后，通过本次传播，3款产品分别获得了更多人群资产，其中，全能扫拖机相较项目执行前人群资产增长率高达2116.63%。

亲历者说 赵爽 北京扬思互动营销顾问有限公司媒介总监

很幸运在6·18电商大促节点能够为米家品牌市场部执行联合营销项目。从接到客户需求到执行完毕，整个过程持续约1个月，"联合营销"意味着在执行中需与多方客户沟通协调，以达成合作共赢的目标。值得庆幸的是，客户对我们十足信任，十分尊重我们的想法和建议，多方配合下，这个项目最终得以完美落地，达成了品效合一的营销目标，助力6·18销售额大幅提升。

案例点评

点评专家：郑威　华硕电脑中国业务总部副总经理兼新闻发言人

在6·18，米家延续"野在家"品牌主张，以生态链场景替代单品逻辑，通过精准媒介策略构建"认知—兴趣—转化"闭环，实现品效双赢。

突破单品功能竞争，围绕智能门锁、扫地机、摄像头打造"人—设备—场景"互联体验，传递"解放双手"的智能生活方式，凸显米家生态协同优势。

小红书、抖音双平台覆盖家居、萌宠、母婴等六大垂直领域达人，以头部达人造势和腰、尾部达人扩散的模式，使差异化内容精准渗透家庭用户，实现破圈传播。

分阶段策略兼顾声量与转化，Feed流和电商竞价广告精准引流，抖音平台吸引超过8万人次进店，小红书CTR/CPE超行业均值，"看后搜"数据反哺优化策略。

本次生态"种草"验证了联合"种草"效果大于单品"种草"效果，有效降低教育成本，推动3款产品京东销售最高达836%，人群资产增长超2100%，为智能家居营销树立新标杆。

GOLDEN
FLAG
AWARD
金旗奖

2024
—
金旗奖最具公众影响力

社交媒体运营金奖

捷豹路虎中国社交媒体运营

执行时间： 2023年1月1日—2024年12月31日
企业名称： 捷豹路虎（中国）投资有限公司
品牌名称： JLR
代理公司： Publicis Influence
获奖类别： 2024金旗奖最具公众影响力社交媒体运营金奖

项目概述

捷豹路虎对旗下品牌进行重新定位，最终形成了由揽胜、卫士、发现和捷豹四大品牌组成的全新品牌家族。

在产品品牌账号已经兼具品牌故事传递和产品推广两大功能的前提下，企业品牌账号仍有存在的必要——更多地承担信息传播和公关沟通功能，与产品品牌账号形成差异及合力。竞品同类型账号已经确立了清晰且全面的话题分类并拥有了稳定的粉丝群体与阅读基础，企业品牌账号需要精准定位，打造具有鲜明特色的账号内容，以在激烈的市场竞争中脱颖而出。立足企业品牌账号特性，对企业内容进行"social（社交）化"流行表达，从而吸引用户点击、观看，进一步扩大传播影响力。

项目策划

1.深挖内容与整合，超广角话题拓展信源

相比"路虎中国"和"捷豹中国"两个品牌账号，"捷豹路虎中国"社交账号的话题内容充分凸显企业特质，不仅涵盖了企业新闻、动态更新、财报解读等核心信息，还深入探索了企业社会责任、产品背后的历史故事、权威媒体的试驾体验分享，以及电动方程式赛事等多元化话题。丰富多样的信息视角让企业形象更加立体、生动。

2.与客户和品牌一起成长，品牌重塑带来内容焕新

借助内容和视觉的统一性与差异性，构建一个既和谐又富有层次感的品牌形象体系：既注重统一性以强化企业品牌识别，又强调差异性以区分不同品牌的特点。

（1）统一性

·企业品牌核心价值的贯穿：从企业品牌故事到产品描述，形成统一的声音和调性。

· 信息架构的一致性：专栏式内容，在内容组织上采用相似的信息架构和逻辑顺序。

· 视觉识别系统的标准化：在不同媒介和场景中保持一致的视觉形象，包括标志、色彩、字体等。

· 设计风格的连贯性：使消费者能迅速识别并联想到品牌的色彩搭配、排版布局、图形元素等。

（2）差异性

· 品牌个性：根据品牌的个性调整表达方式和语言风格。

· 产品特性：针对每个品牌旗下的不同产品系列或型号，差异化强调其独特的产品特性和优势。

· 色彩与图形的差异化应用：根据企业品牌的特性和目标受众，差异化设计色彩搭配和图形元素。

· 场景与氛围的营造：为不同品牌和产品创造独特的视觉体验。

3.王牌专栏长线传播，引领social风潮的企业内容创新

（1）炫技堂专栏：这次，炫点不一样。

将产品话题整合分类，按季度呈现视频，让用户"追剧"，期待并关注新内容。已推出的三季内容以产品专家精讲、动画制作等形式，将原本复杂硬核的产品知识转化为轻松易懂、充满趣味性的social化表达，增强内容可看性，成功将官方视频号盘活并形成备受关注的明星专栏。

炫技堂专栏

（2）Funfact系列：细数品牌历史上你不知道的二三事。

一个拥有悠久历史的汽车品牌，往往能够通过其发展历程中的故事、成就和传奇塑造出独特的品牌形象和价值观。这些品牌形象和价值观不仅代表了品牌的个性和特点，还能够激发消费者的情感共鸣。营销中立足于全新卫士V8 DEFENDER上市、卫士诞生

76周年和揽胜诞生54周年等重要时间节点，以图文并茂的形式，生动直观地展现品牌历史上鲜为人知的硬核知识点，与单一品牌账号专注于某一车型产品卖点、售价等信息的内容互补。

（3）E气风发专栏："豹快豹好"的电动化赛事。

账号"捷豹路虎中国"实时追踪报道每一站比赛，并打造专栏，不断曝光捷豹TCS车队的战绩，有效提升车队在国内的知名度。

内容策划：高效利用总部素材，贴合当下社交热点话题进行内容创作，包括赛前预热和赛后战果发布，点燃观众的期待与热情，巩固观众对捷豹TCS车队的认知；深入科普电动方程式赛事，将这一小众但前沿的电动化赛事推向更广阔的受众。

统一视觉：本次传播的形式为"电子杂志"，统一整个赛季的视觉。

积极互动：微博账号与FE电动方程式官方账号积极互动，有效扩大捷豹TCS车队的传播影响力，让更多的人见证车队的辉煌时刻。

（4）公益事迹专栏：聚焦走心公益并打造丰富视频内容。

捷豹路虎中国对公益事业的持续投入已有十余载，其公益项目覆盖教育、社会关爱、中英文化交流三大领域，倾力为下一代营造健康的生活与教育环境，帮助孩子们在探索世界和发现梦想的道路上走得更坚实。真情实感的视频摒弃了华丽的包装和特效，只记录最真实的镜头，不论是捷豹路虎希望小学孩子们纯真的笑脸，还是视力关爱项目中受到帮扶家庭真挚的感激，抑或是捷豹路虎车主的自发援助，均展现了捷豹路虎对公益事业的深厚情感与坚定承诺。

（5）企业硬新闻72变，常用常新。

作为企业展现实力的硬新闻，企业财报发布、合作关系官宣等多以新闻稿的常规形式进行线上传播。针对不同接收群体的信息需求与接收习惯，项目组以多样化且创新的信息传达方式，让信息传播变得生动有趣、易于理解，比如短视频的直观展示、推文的深度解读、海报的精美呈现，通过紧跟当下社交热点，创新形式，优化内容，将"枯燥难懂"的企业新闻转化为"喜闻乐见"的内容。

4.抖音小号：从0到1搭建账号，"大哥们"必备电子榨菜

从0到1策划和运营"我们爱路虎""捷豹小站"两个抖音小号，将之作为官方账号的补充。利用社交热点和抖音平台上的热门模板，创造趣味十足的轻量化内容，并持续传播。抖音小号为官方账号增加内容广度，丰富企业品牌的内容生态，为用户带来更多元化的互动体验，为品牌带来更多的曝光和流量。

项目执行

提前规划每个月的发布内容，注重话题的多样性和内容的丰富度。

1.执行频率：稳中有进，持续推进

计划每周发布2~4条原创内容，确保账号持续更新，以维持用户关注度。项目的执行周期根据项目性质、需求的不同，分为1~3周不等。每个周期内，项目组都会提前规划好发布的内容，并按时推进执行计划。

2.预算管控：灵活执行，合理期望

在执行预算有限的情况下，通过已有素材二创，产出符合账号调性且具有新意的内容，合理控制客户期待值，保证内容按计划发布。

3.时效内容：提前规划，迅速响应

对于企业时效性事件或热点话题，项目组提前规划和准备，包括收集相关资料、撰写文案、设计图片或视频等，确保在事件发生后能够迅速发布相关内容，以抓住用户的关注点，并提升账号的曝光度。

项目评估

多平台账号"捷豹路虎中国"稳中求进，内容广度和深度不断增加，这种全方位的内容策略不仅提升了用户的参与度和黏性，也有效增强了企业品牌与受众之间的情感连接。

即便是在主流豪华品牌市场中，相较于那些市场占有率更为领先的品牌，从社交媒体账号的维度审视，"捷豹路虎中国"不仅在内容话题的多样性上展现出非凡的创造力，更在数据表现上实现了超越，以亮眼成绩彰显了企业品牌的非凡魅力与账号运营的卓越能力。

2023年共发布原创内容530条，整体数据表现远超KPI，其中，微信公众号浏览量4837次，互动量64次；视频号浏览量8500次，互动量387次；微博浏览量58000次，互动量315次；抖音浏览量18900次，互动量349次；抖音账号"我们爱路虎"一年内新增粉丝1500多人，单条视频最高浏览量超17.3万次、互动量700次。

亲历者说 唐思　明思力中国副总裁

作为数字社交媒体传播代理商，我们常常会被客户提问这样的问题：产品品牌的社媒内容已经这么丰富了，企业品牌还需要做社媒传播吗？如何体现差异化，如何创造新价值？我们用捷豹路虎中国的企业社交媒体运维项目，提供了答案。在当下，社交媒体的信息传达是最敏捷的，每个数字触点都可以对企业品牌的利益相关方产生深刻的影响。我们协助客户，不断拓展企业品牌话题的边界，挖掘数字内容的深度与广度，将捷豹路虎中国的官方社交账号打造成为媒体、合作方、经销商等重要相关方探索企业精神内核、关注企业动态的第一信源，更深化了捷豹路虎作为全球领先的新现代豪华主义汽车制造商的品牌形象。

案例点评

点评专家：吴志远　华中师范大学自媒体研究中心主任、教授，湖北省自媒体协会会长

不管是企业的公关部还是为企业服务的公关公司，运营企业品牌账号都不是一件容易的事情。受制于企业身份以及品牌形象，企业账号不太可能像个人账号那样运营很灵活，也不太可能像个人账号那样主要考虑粉丝阅读体验，充分讨好粉丝。企业自媒体账号的粉丝和阅读量都是在无形中被限制的。

仔细观察捷豹路虎中国社交媒体运营案例，可以发现，捷豹路虎的企业社交媒体账号整体运营情况是符合甚至略微超出专业人士预期的，其关键在于运营者和委托方对于企业社交媒体账号的内容定位有着清晰的认知：企业新闻事件、企业财报等重要信息、企业承担的社会责任、企业产品知识等。换句话说，该账号的定位就是企业重要公关信息的发布平台。

企业品牌账号的性质决定了企业品牌账号不可能像自媒体大 V 账号那样有众多的普通社会读者。企业品牌账号的阅读主体，是企业利益相关者，包括企业的投资者、该行业的专业人士、企业的研究者和报道者。企业品牌要想形成广泛的社会影响力，需要他们进行二次传播。

本案例不足之处，是将企业品牌账号与产品品牌账号的区别当作企业品牌账号面临的重要挑战来解决，这一思路有点失焦。

GOLDEN
FLAG
AWARD
金旗奖

2024
——
金旗奖最具公众影响力
社交媒体战役营销金奖

惠普打印机元气开学超有样

执行时间：2024年2月19日—3月8日

企业名称：中国惠普有限公司

品牌名称：惠普家用打印机

代理公司：北京优力互动数字技术有限公司

获奖类别：2024金旗奖最具公众影响力社交媒体战役营销金奖

项目概述

2024龙年寒假开学季，惠普家用打印机携手娃圈人气IP——奶龙定制趣味化内容，合作头部育儿专家打造专场直播，以趣味+实力构成场景渗透与转化的全方位内容体系，实现对客群的精准内容触达及私域流量激活。同时，选择多圈层优质达人，持续渗透产品优势，对垂直领域人群进行精准"种草"和场景覆盖。结合腾讯视频少儿情景剧《米小圈上学记2》强势曝光，打通产品与用户的沟通链路，转化IP粉丝心智，为产品引流。

惠普IP合作视频《奶龙元气开学超有样》

项目策划

1.目标

突破"工具"角色，赋予惠普连供打印机更多的"陪伴"属性，进而提升家庭育儿、亲子教育相关领域粉丝认知度和好感度，在K12群体息息相关的亲子教育赛道实现家庭学习工具占位的同时拓展外延粉丝群体，实现破圈传播，同时助力销量转化。

2.挑战

调研显示，70%左右的家用打印机与孩子学习成长需求相关。我国K12人群众多，但使用家用打印机的人群仅占4%左右。惠普家用打印机市场份额虽占据品类头部，但大盘渗透率仍有极大提升空间。"春季开学"是各商家必争的重要营销节点，更是惠普家用打印机2024年开局营销的第一仗。同品类友商爱普生打印机于2023年年底通过与迪士尼草莓熊的合作，收割了一波"IP兴趣人群"流量，但合作大型IP并非内容策略的唯一选择，如何形成"品牌心智"的差异级区隔，从营销口突围，稳固行业头部品牌地位，成为进一步传播的关键。

3.策略

本次传播充分共情家长对开学季的诉求"刚需"，做家长和孩子都喜欢听的产品故事，做更有趣更值得晒的产品体验。利用埋伏笔+强曝光+泛"种草"的投放策略，链接春季和开学季，持续渗透消费者心智，促使惠普家用打印机口碑增长。不间断释放惠普家用打印机与"趣味学""学习成长好帮手"的关联信息，承接开学季流量。

4.创意

以#惠普打印 元气开学超有样#为创意话题，在2月末开学季前夕，联动头部亲子IP，以权威和童趣的内容进一步烙实惠普家用打印机"学习成长好帮手"的印记。后续牵手几十位泛生活圈KOL/KOC为产品输出"开学季必备好物""育儿好帮手""家用打印机如何挑选"等内容角度，持续进行口碑蓄力。借势腾讯视频少儿大剧《米小圈上学记2》持续热场，收获长尾流量增长。

5.媒介策略

精耕细作，发力抖音、小红书双平台。抖音和小红书作为"流量收割机"和"口碑'种草'机"，是本次开学季传播媒介的最优选择。抖音以平台"货架场"优势释放轻松诙谐的"短平快"带货内容和育儿理念内容，快速抓住消费者心智并转化购买，以最短路径达成"品效合一"目的。小红书作为"品牌扩音器"，源源不断地输出产品口碑优势，助力惠普家用打印机持续强化消费者心智，成为家长和孩子心目中的口碑产品。

6.传播规划

（1）强势流量蓄水，双顶流IP撬动娃妈注意力。

头部育儿专家以亲身经历打造信任背书，精准撬动目标圈层，打造抖音专场直播，拉动传播声量与销量。龙年看奶龙，品牌深挖产品与"奶龙"之间的共振逻辑，打造创意视频，趣味情节卖点预埋，共创孩子青睐的流量内容，"种草"娃妈心智。

（2）广覆盖深触达，多维"种草"锁定TA。

开学季以抖音、小红书两大主流社交和生活决策平台为主阵地，以亲子、教育、科技

KOL为传播矩阵，通过亲子日常Vlog、考学经验、育儿干货分享以及自制手账等优质原生内容，最大化地延伸家用打印机的使用场景，实现用户需求的"广"覆盖；同时，以打印机深度评测、实用性打印教程以及开学好物推荐等强"种草"内容强化产品印象，引导激发用户主动搜索行为，实现心智的"深"触达。

（3）长尾流量持续，借力娃圈热剧米小圈"种草"。

通过与腾讯视频亲子热播剧《米小圈上学记2》重磅合作，构建了惠普家用打印机帮助孩子学习成长的使用场景，以沉浸式的内容曝光加速提升品牌好感度。

项目执行

1.借势顶流

2月末开学季前夕，联动头部亲子IP"奶龙"+亲子专家双顶流发声，推出惠普打印机抖音专场直播，打造奶龙趣味视频，以权威和童趣的内容进一步烙实惠普家用打印机"学习成长好帮手"的印记。

2.多维"种草"

顶流声量爆发后，围绕"开学季必备好物""育儿好帮手""家用打印机如何挑选"等家用学习痛点话题，发力抖音、小红书双平台，牵手几十位泛生活圈KOL/KOC，共同创作亲子日常Vlog、考学经验、育儿干货分享以及自制手账等优质原生内容，引导用户主动搜索，持续进行口碑蓄力。

3.长尾增长

借势腾讯视频少儿大剧《米小圈上学记2》持续热场，校园学习场景匹配惠普家用打印机场景。借力娃圈热剧打造"米小圈"同款"学习成长好帮手"，以沉浸式的内容曝光加速提升品牌好感度，收获长尾流量增长。

项目评估

#惠普打印，元气满满超有样#开学季营销战役全网累计曝光量超1亿，ROI（投资回报率）提升15%。其中，抖音平台"惠普连供打印机"搜索指数同步增加645.5%，累计为品牌新增A3人群571850位，流转率高于行业TOP5均值，实现了品牌口碑与业绩的双提升。

亲历者说 王羽　北京优力互动数字技术有限公司客户总监

本次开学季传播#惠普打印，元气开学超有样#相关内容在抖音和小红书平台曝光量超1亿，用户互动量超45万次。传播期间，抖音平台品牌新增A1、A2、A3人群流转率均高于行业TOP5均值，投放后品牌正向口碑率较投放前增长85%。小红书平台爆文（互动量过千）15篇，爆文率35%，惠普家用打印机笔记在"打印机推荐""家用打印机""连供打印机"等品类关键词TOP10内容的15天占位率为50%，优质内容触达率远高于竞品。

案例点评

点评专家：张文轩　霍夫曼中国区总经理

该项目精准洞察家长在开学季的核心需求，通过"趣味+实用"并重的策略，实现了惠普家用打印机的深度市场渗透与品牌价值强化。值得肯定的是，团队巧妙利用孩子对奶龙IP的情感共鸣和年糕妈妈的权威背书，使品牌在亲子教育赛道建立起强影响力。在传播策略上，充分利用抖音的强转化能力和小红书的口碑积累优势，借助《米小圈上学记2》的场景式植入，将品牌巧妙融入目标人群的日常学习情境，进一步巩固品牌认知。

◼ 摩数 × 物美 30 周年社交媒体战役传播

执行时间： 2024 年 5 月 20 日—6 月 18 日

企业名称： 北京诺冉种子科技有限公司

品牌名称： 北京诺冉种子科技有限公司

代理公司： 北京摩数视界科技有限公司

获奖类别： 2024 金旗奖最具公众影响力社交媒体战役营销金奖

项目概述

作为我国连锁零售企业之一，物美超市始终坚持以数字化推进线上线下一体化，但随着"90 后""00 后"逐渐成为消费主力军，物美超市和年轻群体的关系好像越来越远，很多年轻人对于物美超市的核心认知仍然是"老一辈人逛的超市"，物美超市急需建立和年轻消费者的联系，刷新用户对自己的认知。

2024 年，物美在创立 30 周年之际，以周年庆为契机，整合线上主流社交媒体，打造物美超市 30 周年一系列热点事件，通过发布会、自有 IP 升级及创始人入驻抖音等一系列活动，打造高曝光度话题，快速和年轻用户建立沟通，实现品牌焕新。

项目策划

1.洞察

线上线下消费场景融合趋势明显，消费者决策过程从需求延伸向兴趣体验驱动，零售行业需要在线上线下提供无缝衔接的购物体验以满足消费者的期待。围绕本项目要求，将物美消费群体划分为已有消费群体和重点拉新用户。其中，已有消费群体对物美认知停留在"价格低"的基础认知层面，对物美超市的忠诚度不高；重点拉新用户对物美超市的品牌认知多为"老一辈人常去的超市"等，缺乏对物美的差异化认知和影响消费决策的情感链接。

物美的差异化特点不突出，如何增强用户对物美"好商品、好价格、好生活"的认知值得研究。

2.目标

（1）品牌端

围绕消费者核心场景，挖掘物美超市差异化认知，跨平台整合多种资源形式，高效传递物美30周年的品牌信息，进一步加深用户对物美"好商品、好价格、好生活"的品牌心智认知。

（2）产品端

以"粽有福端午礼盒""物美1994大小孩小卖部编织袋"为核心抓手，整合物美超市多款爆款商品进行高效"种草"，结合儿童节、端午节等节点持续沟通消费者，强化物美品牌内核，带动消费者购买。

3.传播策略

（1）多平台搭建传播矩阵，精准传递物美30周年活动信息及品牌理念，提升曝光度。

在微信、微博、抖音、小红书等不同平台进行内容传播。小红书以产品"种草"美图为主；微博重点透传发布会相关信息；微信社群告知用户感恩季活动信息，带动用户转化购买；抖音以线下探店类视频内容为主，告知用户感恩季信息，带动周边居民到店消费；辅以创始人IP向内容传播，快速破圈，吸引泛娱乐用户关注，并通过抖音热点话题吸引用户参与互动，增加品牌社交热点。

（2）通过多元达人内容场景化表达品牌"经营理念"，增强用户感知。

为了让物美的品牌理念更加清晰地被用户感知，通过生活化场景拆分"物美经济学"的"好商品、好价格、好服务"，引导用户主动参与讨论，进一步提升"物美经济学"和消费者的关联度。同时，将商品和消费者兴趣关联，实现兴趣破圈，增强用户记忆。

（3）IP传播年轻化，主动拥抱年轻用户群体，释放品牌活力，吸引年轻用户。

为进一步传递物美30周年的信息，针对物美自有IP1994系列，结合当代年轻人消费特点及情绪特点，打造"大小孩小卖部"系列周边，主动释放品牌年轻化信号，并通过生活社区类平台，邀请用户跟风打卡，主动晒照，通过此类方式自然地渗透进年轻用户生活场景中，并带动相关系列产品的销量增长。

（4）积极布局平台新流量风口，打造核心记忆点，增强用户信任。

为了更好地对外传达物美超市的品牌理念，传递品牌价值观，邀请创始人开设抖音账号，同时，通过#文中的小饭桌#系列内容打造，吸引更多用户关注，培养用户忠诚度和记忆度，为品牌搭建长期可持续流量变现路径。

项目执行

本次物美30周年感恩季活动以发布会为契机，通过线上多平台同步直播，吸引行业关注，同时，物美超市官方账号实现粉丝增长。本次传播对线上线下资源进行整合，并通过具象化话题打造，成功冲上抖音及微博平台的多个自然热搜。

1.微信平台

在物美超市核心区域通过社群进行活动，率先释放物美30周年感恩季活动信息，实现对物美超市核心消费群体的精准覆盖。

2.直播平台

发布会当天，同步在抖音、视频号两大平台开启直播，并邀请不少于50家媒体及零售行业品牌莅临发布会现场，共同庆祝物美30周年，并联合多家品牌共同成立"好生活"联盟，进一步夯实物美在零售行业的影响力。

3.微博平台

结合发布会内容，抛出"一棵白菜30年价格变化"作为讨论话题，带动用户讨论，强化用户对物美数智化供应链的感知。

4.小红书平台

通过高颜值达人"种草"，对物美"大小孩小卖部"相关周边进行晒照"种草"，快速破圈，吸引年轻用户讨论及模仿。

"大小孩小卖部"主题展

项目评估

#物美三十周年#相关话题在全网的曝光量高达134076000次。

抖音平台#物美30周年#话题共发布视频数量207条，曝光量超过9663.9万次，总互动量达26.4万次；关键词"物美超市"在抖音的搜索指数环比增长21.5%，内容指数环比增长22.14%；创始人IP推广相关话题#文中的小饭桌#、#物美创始人张文中入驻抖音#、#雷军做客文中的小饭桌#等相关话题KOL共发布内容30余条，创始人发布内容23条，曝光量超过3000万，共收获抖音热点榜及热点上升榜4个。

小红书#物美30周年#10位KOC发布笔记11条，浏览量11.7万，互动量总数超10000；小红书平台"物美超市"相关笔记总曝光量增长111%、总互动量增长67.9%。

自然话题"看看30年前北京的物价水平"话题成功登榜北京同城热搜第4位，话题阅读量超4000万次。

本次传播活动充分调动了内部员工的参与热情，通过超市实拍"俞敏洪逛物美超市""于东来逛物美超市"等内部活动，不但增强了员工参与感，同时，也为物美员工账号增加了粉丝。

亲历者说　嘉慕　摩数视界科技有限公司 COO

消费者对于物美老牌超市的认知较固化，随着"90后""00"后逐渐成为消费的主力军，物美和年轻群体之间的关系好像越来越远，很多年轻人将"物美"与"专属老一辈人的超市"画上等号，品牌缺少影响消费决策的情感链接。

本次物美30周年整合营销，我们通过对社交平台的高效整合，将多平台搭建传播矩阵，精准传递物美30周年活动信息及品牌理念，提升曝光度，增加品牌社交热点，通过生活化场景拆分"物美经济学"的"好商品、好价格、好服务"，引导用户主动参与讨论，增强用户感知，结合当代年轻人消费特点及情绪特点，主动释放品牌年轻化信号，在短期内为品牌带来的大量曝光度，有效焕新了品牌心智，建立和年轻消费者的联系，也充分释放了社交媒体营销的超级影响力。

案例点评

点评专家：吴志远　华中师范大学自媒体研究中心主任、教授，湖北省自媒体协会会长

整体而言，摩数×物美30周年社交媒体传播战役是一次较为成功的自媒体传播活动。该活动策划中规中矩，线上全平台传播与线下品牌方全力配合的形式，是这次活动的基本形式。

这次活动之所以顺利开展，得益于以下几个因素：一是明确了争取"年轻消费者"和突出"物美超市差异化特征"这两个核心传播诉求；二是在传播诉求的指引下，充分利用微信、微博、抖音、小红书等社交媒体平台的特点，让各平台的达人各自发挥；三是充分利用物美超市自身的属性，如物美超市的"新中式"风格、"好出片"的场景、在物美超市"同样的钱能买更多东西"等，形成与传播目标相对应的点；四是坚持以创意为导向，如结合传播诉求策划出"大小孩小卖部"这样针对年轻消费者的IP。

当然，若物美超市能进一步明确受众定位及品牌形象，有利于传播执行团队更精准地确定传播目标，取得更好的传播效果。

洽洽2023年SEO总结及2024年度规划方案

执行时间：2023年7月1日—2024年6月30日
企业名称：洽洽食品股份有限公司
品牌名称：洽洽
代理公司：玫瑰互动网络科技（北京）有限公司
获奖类别：2024金旗奖最具公众影响力社交媒体战役营销金奖

项目概述

1.洞察

国内市场已进入一个相对稳定的存量阶段，现有消费者群体成为维护和运营的重点对象。整体来看，消费群体正逐渐年轻化，其中，女性消费者比例较大。在这个信息泛滥的时代，坚果类产品的潜在顾客在做出购买决策前往往会浏览多个渠道的信息。作为一家拥有超过20年历史的知名品牌，洽洽紧跟社会发展步伐，采用新颖有效的沟通手段，直接面对日益年轻的目标市场。

在当前竞争激烈的商业环境中，保持进步至关重要，众多同行业品牌都在线上平台积极展现自我。面对这样的态势，洽洽需要思考如何更有效地传递品牌信息，不断提升消费者对品牌的了解，同时，要寻求通过改进运营策略来吸引更多消费者的关注。

2.目标

传播方面，将品牌宣传信息的覆盖面扩展至整个网络空间，加大传播力度，提高品牌的全网知名度。

运营层面，专注于进行关键平台上内容的多样性展示，丰富搜索引擎首页上品牌相关信息。

项目策划

从用户视角出发，确保每位潜在买家都能够轻松获取洽洽品牌相关信息。通过网络广泛传播触及更多潜在客户，全方位展现品牌形象。为此，我们提出了一个核心策略：利用多种社交媒体平台进行精准推广，构建一个全方位的品牌生态环境。

具体措施包括在主要社交平台开展活动，根据不同平台的特点采取不同的操作方法。

在内容创作方面，提高质量，保证所有平台都有高质量内容的呈现，以关键平台推动整体发展。对于第一层次的平台（如抖音、微信、百度），侧重于创造具有话题性、专业性及评价性的内容；对于第二层次的平台（如小红书、今日头条），强调专业知识分享、反馈及真实体验交流等元素。考虑到不同平台人们搜索习惯的差异性，调整各种形式的内容比例——图文占50%~70%，视频占30%~50%。社媒宣传以素人账号为主，联合权威媒体、自媒体，让消费者多角度了解洽洽品牌。日常稳步输出洽洽品牌产品信息，增强品牌认知，热点节点资源匹配，承接品牌搜索流量。

针对不同消费者的个性化需求，实施精准营销策略。增强消费者的品牌归属感，多角度展示品牌价值以加深用户对品牌的印象；完善品牌故事叙述，从洽洽的核心价值观、市场地位及国家层面的肯定等方面讲述品牌历程，增强消费者对品牌的好感与信任；增强产品类别教育，介绍坚果的优点及洽洽特有的技术优势，使消费者更加了解并认可产品；基于健康考量，强调坚果对人体健康的益处，突出洽洽坚果既美味又营养的特点。利用多种媒介资源扩大影响力，确保在各大搜索平台都有良好的展现效果。

进一步借助洽洽文化系列IP的力量，强化"品质"与"品牌形象"两大核心概念。围绕春节、中秋节等传统节日开展主题活动，结合线上直播等形式展现万亩葵园美景，让消费者近距离感受从种植到加工的全过程，从而加深对洽洽食品安全性和高品质形象的认知。此外，广泛传播洽洽长期支持地方农业发展的努力，彰显了企业社会责任感。

洽洽瓜子历史荣誉

在整个品牌推广过程中，持续优化搜索引擎表现并密切监控舆情变化。主要关注与品牌相关的关键词（包括核心词汇、质量相关术语和具体商品名称），同时，涵盖部分行业通用语，配合重大新闻事件或财务报告发布时间点，运用SEO技巧提升相关搜索结果中的可见度。特别是在年度报告公布或者特殊时期（如消费者权益日），增加监测频率以快速响应可能出现的问题，采取措施减轻影响。实行分平台细致管理，针对不同类型的风险采取相应对策，维护好品牌形象。

通过整合线上线下资源，形成全方位的品牌传播网络，引导公众舆论向积极方向发展，促进更多人喜爱并推荐洽洽产品，实现品牌知名度与口碑双提升的目标。

项目执行

1.项目进度

信息维护，对百度、今日头条等重点端口进行监测并扩大信息曝光，实现搜索环境快速净化。本阶段仍然存在不同的声音，但不良率减少比例超过70%，减少曝光超750000次，品牌词平均覆盖率超过90%，质量词平均覆盖率超过90%。截至2024年6月底，年度"种草"内容通过"种草"词进行品牌宣传，向外界传递真实、可信的洽洽品牌信息，合计稿件铺设超3000条等。

2.控制与管理

品牌曝光与品牌维护同时进行。全网范围传播品宣信息，重点维护核心平台多样化内容，同时，增加首页内容丰富度，增强消费者品牌认同感，重点传播洽洽的品质＋品牌。考虑各平台搜索需求的不同，不同类型内容在不同平台各有侧重，结合各平台内容形式特点规划运营。通过三大措施，在维护信息的同时使品牌获得更为坚实的防御能力，积极引导受众关注正确信息，形成扎实的口碑基础。定期监测与维护，提前预防，降低风险，SEO技术加持，稳固品宣信息。

项目评估

1.效果综述

在各平台不断维护良好声誉，促进洽洽品牌传播实现整体进步。全网多平台深入推广，不断增强品牌在各平台的口碑构建，优化品牌传播结构，吸引目标用户关注，增强了品牌知名度和产品形象。

2.项目亮点

（1）多平台精准"种草"，匹配不同场景进行沟通。

系统性规划传播，让品牌在每个平台都有身影，在核心平台有持续信息展现，多方位触达消费者。对于各平台搜索需求不同，不同类型内容在不同平台各有侧重，精细化运营各平台内容，高质量、高丰富度，用高频率传播图文、视频等方式丰满品牌形象，聚焦"品牌＋品质"的价值点，夯实"洽洽二十年，只为一把好坚果"的理念。

（2）传播助力洽洽文化IP，塑造立体化品牌人格。

借势"洽洽葵花节""洽洽中国年"系列IP活动，线上线下联动，广泛传播吸引消费者，加深消费者对洽洽的专属品牌记忆。通过升级传播洽洽文化IP，近距离向消费者展示品牌实力。IP传播融合品牌认知，向消费者传递洽洽食品"安全、新鲜、美味"的品牌印象，联动各媒体及社交平台实现品牌声音强效覆盖，提升洽洽品牌影响力。

（3）运营曝光＋维护升级。

围绕"实现全球领先的坚果休闲食品企业的伟大愿景"，优化搜索关键词，强化洽洽品牌形象，践行危机管理，实时监测维护。

亲历者说 何亚涛　玫瑰互动网络科技（北京）有限公司项目总监、COO

2024年炒货类休闲食品市场处于存量稳定状态，竞争激烈，不进则退。巨头之外，黑马频出，老牌领导者地位依旧稳健，新兴网红崭露头角。洽洽食品作为老牌企业，得益于过往的铺垫，在媒体网络有较高的声量。洽洽在运营上长期坚持为消费者创造良好的搜索环境，随搜随有。使用SEO技术去除杂质信息，可以帮助消费者快捷搜索到洽洽相关信息，助力洽洽文化IP传播，让更多的人了解洽洽食品的品质。

案例点评

点评专家：邵松岩　北京阶承传播顾问有限公司总经理

洽洽在品牌传播和SEO执行上表现扎实：秉持长期主义，着眼于口碑建设，不断夯实消费者对品牌及其产品的消费心智，通过精细化的内容打造，实现了"润物细无声"的传播效果。

在信息过载、消费者注意力分散的传播环境下，洽洽制订了较为精准的策略：守住搜索入口，抢占消费者"品类消费的第一认知"，运用IP联名和社交媒体的"组合拳"，把品牌形象渗透到消费者的日常生活场景中，比如"洽洽中国年""葵花节"自创IP活动，不但有趣，而且有效，强化了品牌"安全、新鲜、美味"的核心价值，加之3·15等节点的精准布局，品牌公信力和热度都上了一个台阶。

效果方面，数据表现也很亮眼。75%以上的关键词排名靠前，累计搜索量超过1577万，其背后不仅是技术的优化，也是内容与用户体验的双重发力。不仅让用户"搜得到"，还通过高质量的内容和精准的用户行为分析让用户愿意点、愿意看甚至愿意买，才是传播的真正价值。

■ 深藏BLUE小撒科技体验之旅营销事件

执行时间：2024年7月24日—7月26日

企业名称：深蓝汽车科技有限公司

品牌名称：深蓝汽车

代理公司：迪思传媒

获奖类别：2024金旗奖最具公众影响力社交媒体战役营销金奖

项目概述

2024年6月24日，深蓝汽车联合宁德时代荣获"国家科学技术进步奖"二等奖，深蓝汽车成为业内主流增程赛道唯一荣获此奖项的汽车品牌，深蓝超级增程获得国家权威认证。7月25日，深蓝S07即将搭载深蓝超级增程及华为乾崑智能上市，需在产品上市前策划大事件提升深蓝品牌关注度，传递深蓝品牌技术实力，触达目标用户心智，塑造深蓝S07"左手深蓝超级增程，右手华为乾崑智能"标签。

项目策划

在当前大量新车上市信息露出的媒介环境下，深蓝汽车S07"左手深蓝超级增程，右手华为乾崑智能"的技术标签需借助大流量开口及传播介质将技术路径通俗易懂地传递给目标受众，借势央视新闻社媒平台超高流量&撒贝宁趣味科普深蓝技术优势，打造"深藏BLUE小撒科技体验之旅营销事件"，以场景化、趣味化内容夯实产品高价值，实现上市信息爆破，完成流量和转化的双赢。

围绕深蓝S07上市发布活动，策划品牌大事件，冲榜话题热搜吸引用户视线，传递深蓝S07"左手深蓝超级增程，右手华为乾崑智能"的技术优势，树立用户信任，同时，邀约多圈层核心媒体，聚焦微博平台进行话题扩散，提升品牌关注度，助力产品上市。

1.传播策略

（1）强赋能：撒贝宁技术体验直播，打造爆款事件，借助爆点事件、热搜话题影响力，为深蓝品牌、技术及深蓝S07上市赋能。

（2）强背书：与央视资源深度合作，以央视权威形象为品牌技术领先性做背书，强化品牌"科技"标签。

（3）强曝光：借助深蓝S07上市大事件炒话题冲热搜，强势曝光深蓝S07上市及"左手深蓝超级增程，右手华为乾崑智能"技术优势。

2.媒体策略

（1）权威媒体权威定调

借助权威媒体，围绕撒贝宁探厂体验，为深蓝汽车"左手深蓝超级增程，右手华为乾崑智能"两大尖端技术做背书，为深蓝S07上市赋能。强调央视权威性以及搭载"左右手"技术的深蓝S07上市带来的高社会价值。央视频×撒贝宁，直播参观工厂，印证深蓝"全球领先的研发实力、智造工艺"及"左手深蓝超级增程，右手华为乾崑智能"的价值尖点，赋能深蓝S07上市声量。

（2）垂直、行业、科技类技术传递

基于深蓝S07上市及撒贝宁直播体验事件，邀请多领域垂直类、行业类、科技类媒体立体化解读深蓝全球顶尖的动力电池技术研发水平，印证深蓝超级增程铸造增程领域最高标准；解读深蓝S07同级领先智驾领航辅助、智能泊车功能，从制造、研发、动力技术、智驾技术等多方面展现深蓝S07产品力。

（3）民生类、营销类、资讯类用户利益点解读

筛选产出优质To C内容的民生类、营销类、资讯类媒体，围绕时事热点对深蓝S07上市、撒贝宁探厂体验事件进行视频二创，扩散深蓝S07两大核心技术，让深蓝S07上市带来的用户利益点深入人心，引导舆情，提升品牌美誉度和新品上市声量。

项目执行

1.预热期：爆梗打造话题，卷动多维圈层热议

聚焦央视新闻，打造"深藏BLUE小撒科技体验之旅"直播，围绕深蓝科技体验官撒贝宁"保送北大""央视名嘴""学霸没有短板"及深蓝汽车CEO"清华毕业""深蓝屡获大奖""深蓝S07十万用户"等标签，进行爆梗预热，话题迅速出圈，引发圈层热议。

2.引爆期：央视名嘴背书，撒贝宁IP流量导入，强化品牌热度

撒贝宁携手深蓝汽车CEO探访时代长安工厂电芯生产线，亲身试乘试驾深蓝S07，体验"不碰瓷儿"泊车挑战，通过强捆绑华为及央视背书，以场景化、趣味化内容夯实产品高价值，实现上市信息爆破，完成流量和转化的双赢。

3.延续期：二创营造氛围组，短时间实现内容爆破

通过二创内容，强势建立撒贝宁与深蓝S07的关联，微博、抖音、视频号多渠道加码，汽车圈、科技圈、跨圈层KOC场景化内容渗透传播，引发车圈热议跟进，积淀正向口碑，实现产品曝光量指数级增长。

项目评估

联合央视新闻，官方微博、视频号、抖音、快手组成新媒体直播矩阵，直播播放量超2000万次，相关切片视频曝光量超1亿次。

直播当日，相关热搜话题霸屏，引无数网友围观热议：微博平台#20万内唯一搭载华为智驾SUV#阅读量超1.4亿次、TOP11；热搜#深蓝S07上市14.99万元起#阅读量超1.2亿次、热搜TOP21；#华为联手深蓝剑指外资主流#阅读量超1.1亿次、热搜TOP13；#权威媒体点赞深蓝背后另有深意#阅读量超6000万次、热搜TOP12；#左手深蓝超级增程右手华为乾崑智能#阅读量超2.5亿次；抖音平台#左手深蓝超级增程右手华为乾崑智能#播放量超2.6亿次；#20万内华为智驾SUV#播放量超4.9亿次。一系列上市事件紧凑密集的传播，夯实深蓝S07"20万级华为智驾第一车"认知，有效提升车型印象及口碑。

亲历者说 孙海超　北京迪思公关顾问有限公司第六事业部助理总裁

依托于长安汽车，深蓝汽车在目标市场具有一定的影响力，但与理想、蔚来、比亚迪等品牌仍存在较大的品牌力差距。借助头部IP央视新闻及小撒人设，将技术优势趣味性地传递给消费者，助力深蓝S07在目标市场形成足够的影响力和美誉度，实现由"有趣"到"有效"的转变，进而全面、高效地提升品牌形象和产品销量。

案例点评

点评专家：邵松岩　北京阶承传播顾问有限公司总经理

技术传播的核心难点不仅在于信息传递，更在于让用户真正理解技术、建立认知并主动参与传播。

该项目策略清晰，事件传播与产品上市节奏高度协同，通过央视平台的公信力与撒贝宁的国民影响力，将用户难理解的"超级增程""智能交互"等技术优势转化为直观的用户体验，以直播互动、场景化演示等方式降低受众理解门槛，通过年轻化的表达、二创内容扩散递进式触达目标消费群体，兼顾短期传播声量与长期品牌认知强化，形成"技术标签强化+流量热度承接"的双轨传播逻辑。

该案例采用"资源+内容+渠道"的传统公关逻辑，但对各环节进行了场景化、年轻化、内容化策略性提升，守正出奇，符合当下品牌传播对风险可控性的需求，具备一定的可复制性，在资源整合效率、用户沟通方式上为技术传播提供了参考样本。

GOLDEN
FLAG
AWARD
金 旗 奖

2024
—
金旗奖最具公众影响力
国际传播金奖

vivo "Capture the Future" 孟加拉国企业社会责任项目

执行时间： 2024年2月28日—6月15日
企业名称： 维沃移动通信有限公司
品牌名称： vivo
代理公司： 罗德公共关系顾问（北京）有限公司广州分公司
获奖类别： 2024金旗奖最具公众影响力国际传播金奖

项目概述

作为全球领先的科技企业，vivo已深耕孟加拉国市场多年，不仅以卓越的品质赢得信赖，更以推动当地社区发展为己任。vivo洞察到，孟加拉国面临的教育挑战之一是关乎儿童想象力、创造力发展的素质教育课程稀缺，因此，vivo携手孟加拉国SOS儿童村，启动"Capture the Future"计划。

项目策划

1. 挑战

孟加拉国素质教育投入不足，市场上充斥着类似的科技驱动型公益教育计划，在保持项目独特性和影响力方面面临挑战。

2. 目标

（1）企业社会责任目标：以先进的摄影技术赋能创造力，为达成联合国可持续发展目标4（优质教育）贡献力量。

（2）品牌传播目标：强化vivo "Capture the Future" 的项目定位，突出影像在激发儿童想象力和创造力方面的变革性力量，将vivo与主要关注数字设备捐赠而非提升创造力的友商区分开来。

3. 洞察

（1）教育投入滞后于经济增长。

（2）通过政策改革，拥抱多维教育。

（3）通过"智慧孟加拉国2041"，实现数字化转型。

（4）技术和移动设备普及，助力高质量教育。

4.策略

（1）资源整合与教育创新：不仅捐赠智能手机和资金，更重视整合当地学术教育资源和非政府组织，定制能够激发孩子们想象力和创造力的课程，提升孟加拉国儿童受教育体验。

（2）构建独特叙事：专注于构建展示项目独特之处的叙事传播，使项目脱颖而出。

（3）展示真实影响：生动描绘孩子们的创造力，向利益相关方展示公益项目在现实世界中的影响。组织影展，制作真实公益纪录片，让利益相关方亲眼见证孩子们创造力的成长。

（4）有影响力的背书：为了扩大影响力并赢得更广泛的支持，邀请孟加拉国和中国政府、教育和技术领域的知名人士参加活动。他们的站台与背书，可以大大提升项目影响力，有助于塑造项目和品牌的良好形象。

5.创意

（1）为NGO教师提供教学培训工作坊，确保3年项目期的影像课程质量。

（2）组织一场影像游学之旅。

（3）由孩子自己策划一场充满创造力的影展。

（4）邀请中孟两国重要嘉宾出席项目启动仪式。

（5）发布一部鼓舞人心的纪录片。

6.传播规划

（1）"Capture the Future"启动期

社交媒体占比30%，主要由孟加拉国SOS儿童村及vivo孟加拉国instagram和facebook平台分享三天两夜影像之旅的精彩时刻；传统主流媒体占比70%，主要邀请其参与启动仪式、参观儿童影展，并采访vivo及NGO代表，由其分享此次公益携手的实际行动和价值。

（2）"Capture the Future"公益纪录片上线期

社交媒体占比100%，主要发布在vivo孟加拉国YouTube频道和微信视频号。

项目执行

1.准备阶段

（1）NGO合作

2023年9—11月：筛选。

2024年1月：确定合作。

（2）影像课程设计

2023年10—11月：筛选并确定公益导师。

2023年11月—2024年1月：开发并确定公益课程。

（3）影像游学团准备

2024年1月：策划并确定三天两夜游学团流程安排。

2024年2月：策划并确定影展安排。

（4）启动仪式

2024年1月：策划并确定启动仪式现场设计及流程。

2024年2月：邀请并确定启动仪式各重量级嘉宾。

2.项目启动阶段

（1）项目教师培训工作坊

时间：2024年2月14—15日。

地点：南亚传媒学院。

实施细节：教师参加"摄影课程"教学培训并模拟教学。

（2）影像游学团

时间：2024年2月29日—3月2日。

地点：达卡大学，达卡动植物园，达卡SOS儿童村。

实施细节：2024年2月29日上午，游学团开团仪式、摄影课堂教学；下午，前往达卡大学进行实地摄影练习，寓学于玩；3月1日上午，摄影课堂教学；下午，前往达卡动植物园进行实地摄影练习，寓学于玩；3月2日上午，学生自己布展属于自己的摄影展。

影像游学团儿童摄影作品

（3）捐赠仪式

时间：2024年3月2日。

地点：达卡SOS儿童村。

实施细节：下午，中方代表中国驻孟加拉国大使馆文化参赞、孟加拉国科技界代表、vivo代表、NGO代表等致辞；vivo与NGO捐赠仪式，项目启动；与会嘉宾参加摄影展。

3.项目传播阶段

时间：2024年6月1日。

地点：孟加拉国。

实施细节：在2024年六一儿童节当天，vivo"Capture the Future"公益纪录片中英文版本在YouTube和微信视频号同步上线。

项目评估

1.企业社会责任成果：素质教育支持与赋能孩子创造力

vivo"Capture the Future"项目超越了传统的资金和智能设备捐赠，通过影像教育深入激发孩子们的创造力。vivo与当地学术专家合作，开发了一套专注于实践和动手学习的定制课程。此外，项目对NGO教师进行广泛培训，以确保该项目的长期效果和可持续性。在未来3年内，vivo承诺通过432堂针对性的影像课程，赋能超过3000名孟加拉国儿童及青少年创造力发展。这一战略举措不仅支持了联合国的第4个可持续发展目标，也展现了中国企业的社会责任。

2.传播成果：媒体参与和认可

该活动邀请了众多媒体参与，通过策略性地与各类媒体渠道（从地方新闻媒体到全国性媒体）互动，最大化曝光度和影响力。这一策略带来了广泛的媒体报道，在各个平台上实现了超过6100万次的曝光量。该活动获得了极高的曝光度和积极的媒体反响，不仅提升了vivo的品牌声誉，也凸显了品牌在通过教育推动社会进步中的投入。

3.纪录片影响：展示儿童的创造力

《Capture the Future》纪录片在2024年儿童节首映，展示了孟加拉国儿童和青少年的创造力、想象力和梦想。在YouTube和微信视频号获得了10万+的观看量，向全球观众展现了教育和科技在孩子们生活中的变革力量。这一视觉叙事强调了项目的影响，让项目赢得了更大的支持。

亲历者说 李青洋 **vivo孟加拉国副总经理**

2024年是vivo进入孟加拉国市场的第7个年头，结合企业自身影像科技优势，vivo发起"Capture the Future"公益项目，希望与每一个孩子共同成长，共同建设孟加拉国更加美好的未来。

Enamul Haque博士　SOS国际儿童村孟加拉国负责人

孩子是国家的未来，非常高兴中国企业与孟加拉国公益机构合作，支持下一代更好成长就是支持这个国家更好的未来。

vivo "Capture the Future" 孟加拉国企业社会责任项目不仅是一次品牌与公益的深度融合，更是一次践行社会责任的重要行动。感谢项目团队所有人的努力，此次项目圆满落幕。

案例点评

点评专家：纪盈如　浙江大学传媒与国际文化学院百人计划研究员，博士生导师

vivo 以企业社会责任传播为切入点，积极响应联合国倡议，充分考量孟加拉国的实际需求，同时巧妙结合自身手机产品的摄影优势，开展了以技术赋能素质教育的企业社会责任实践。该项目最大的亮点，在于实现全球化视野与本土化策略的融合。

从全球化视角看，项目高度契合联合国可持续发展目标中"注重优质教育"的理念，vivo通过为当地儿童开设摄影培训课程，充分激发孩子们的创造力与想象力，推动当地青少年素质教育发展。在本土化实践方面，项目精准对接孟加拉国当地的实际需求，响应该国在数字化转型以及发展高质量教育的需要，进而为孩子们量身定制了及时且行之有效的摄影课程与培训。

vivo 这种兼顾全球化与本土化的企业社会责任实践，突破了传统的资金与智能设备捐赠模式，借助影像教育深度激发孩子们的创造力，有效提升自身品牌声誉，在履行社会责任的道路上树立了优秀典范。

GOLDEN
FLAG
AWARD
金 旗 奖

2024
—
金旗奖最具公众影响力
内部沟通金奖

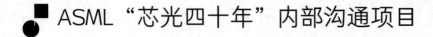 ASML "芯光四十年"内部沟通项目

执行时间：2024年4月1日—8月30日

企业名称：阿斯麦（上海）光刻设备科技有限公司

品牌名称：ASML阿斯麦光刻

代理公司：霍夫曼公关顾问（北京）有限公司

获奖类别：2024金旗奖最具公众影响力内部沟通金奖

项目概述

2024年是ASML成立40周年，借此机会，通过人物故事，展现40年发展历程中的关键里程碑，集中传播企业代表性的3C文化（挑战求精、合作共进、关爱致远）以及雇主品牌价值，旨在激发员工的品牌荣誉感和归属感。

项目策划

1.洞察

目标人群是ASML员工及潜在求职者，他们主要为半导体行业从业者及泛科技爱好者，对ASML的发展历程、核心技术、企业文化、公司福利有较强的关注度及敏感性。总体来说，具有以下特点。

（1）对技术认可度和共鸣度较高。

（2）对ASML企业文化及雇主品牌价值观已有一定认知。

（3）关心ASML在中国的发展历程。

（4）习惯于通过各种ASML自有渠道关注ASML信息。

2.创意

针对目标人群对信息的需求方式，充分利用"ASML40周年"这一时间节点及内外部资源，从技术与人两大维度，宏观与微观并举，打造"芯光四十年"内部沟通项目。在概念策划上，结合芯片产业和光刻科技两个核心语汇，创造性地提出"芯光"这个关键词，以此象征半导体芯片产业中值得纪念的"追光时刻"，致敬ASML四十年发展史里"芯光"璀璨的人与事。

在这样的创意主题下，希望通过该项目向员工及潜在求职者传递ASML挑战求精、合

作共进、关爱致远的价值观，以及在其引领下团队致力于推动科技与社会向前的使命感与责任感。

3.策略

在技术层面，结合时下热点的AIGC趋势，通过一支由AI生成的品牌视频讲述ASML不断挑战与超越，将摩尔定律推至极限的40年技术"芯光"征程，从宏观角度提升员工的自豪感与荣誉感。

在"人"的层面，从多位分属于不同部门、岗位且均在ASML就职超过20年、具有较强影响力的资深员工视角出发，在ASML就职真实体验、职业发展、情感联结三大维度，讲述他们与公司、行业数十年来共同发展、成长的故事。为公司庆祝生日的同时，真实、立体地展现ASML作为一家公司延续40年的价值观与发展前景，并通过内外部多个平台进行定制化共鸣式传播，从微观层面唤起员工的归属感并借特殊节点建立更强的集体凝聚力。

4.规划

（1）内容为王，以40岁生日为契机，串联ASML与ASML人不断突破技术极限的追光故事。

在ASML生日当天上线由AI生成的品牌视频"站在巨人的肩膀上"，向全体员工讲述40年来企业不断突破技术极限，推动科技与社会向前向善的愿景与使命。

聚焦Challenge挑战求精、Collaborate合作共进、Care关爱致远三大ASML企业文化，以挑战、合作、关爱三大关键词为核心主题，拍摄3支"'芯'光四十年，有你更无限"人物短片，从7位资深员工的视角出发，讲述他们在ASML价值观下获得归属感与长远发展、一同与企业和我国半导体行业共同进步的真实故事。

（2）内外部渠道齐动，10+媒介精准触达多元受众，提升传播广度。

从内向外逐渐扩大传播广度，利用现有物料触达多元受众。积极调动内外部资源，线下员工大会、员工朋友圈等内部渠道与微信、B站等对外社交媒体配合传播，在企业内部达成"高口碑、广传播"的传播效果，在社媒平台打造"40周年"特别IP，为外部粉丝群留下记忆点。

（3）打造多个激发讨论的UGC话题，扩大项目影响力，增加传播深度。

从情感层面深入受众内心，形成自发扩散效应，进一步扩大项目影响力。从ASML技术力与3C文化出发，聚焦员工的关心点与情感共鸣点，打动传播对象，借助内部邮件、社媒平台、员工朋友圈发起UGC送礼活动，调动内外部受众参与并积极分享真实感受，从内部视角传递企业长远发展的信心与决心。

项目执行

（1）ASML40岁生日当天内部正式上线栏目，庆生同时，以员工故事生动传递品牌价值。

通过ASML企业内部自有渠道，向全体员工集中发布品牌视频及人物故事，并以线下员工大会的形式发布预告视频，制造企业内部话题，达成"高口碑、广传播"的传播效果。

（2）多渠道配合扩散传播人群，吸引多元受众参与关注。

借由ASML对外社媒平台进一步扩散视频，并投放广告，向外部粉丝及潜在求职者集中传递品牌员工故事及长远发展，提升受众好感度的同时为中国市场传递更多信心。

（3）收集多元粉丝故事，与粉丝建立深度互动，引发广泛情感共鸣。

在内部邮件、微信公众号推文中征集员工与粉丝的故事，吸引员工与粉丝祝福ASML40周年生日的同时分享自己与ASML、中国半导体行业一起成长的真实感受。

项目评估

1.效果综述

此次"芯光四十年"40周年内部沟通项目，借助生动的人物故事，不仅在企业内部达成高触达、广覆盖、深触动，还收获了内部员工的众多好评；在外部平台也收获广泛热议，成功向内外部生动、多元地展示ASML雇主品牌形象与3C文化。

在传播层面，项目在企业内部的覆盖率达到99.85%，全网总曝光量超258万次，收获超200次高质量传递企业正面形象的员工反馈及UGC内容。

2.项目亮点

内容侧3个"首创"+传播侧多层辐射，有效平衡了企业内部需求并为对外宣传带来了正面效果。

·内容侧：ASML首支AIGC品牌大片，以AI技术讲述40年"芯光"技术路；ASML首次聚焦3C文化三大主题的"芯光"人物系列故事；ASML首次邀请内外部用户产出UGC内容，为ASML庆生。

·传播侧：作为内部沟通项目，线上线下双管齐下，ASML中国内部员工覆盖率近100%；以内部员工撬动外部潜在受众，外部曝光量超258万次，并收集了超100个真实UGC内容；传播带动招聘，积极响应内部人才痛点需求，带动内推率提升。

亲历者说 Catherine Liu　ASML阿斯麦光刻

阿斯麦成立40年以来始终坚持"以人为本"，将员工视为企业最宝贵的财富。在深入挖掘人物故事的过程中，我们看到阿斯麦3C文化（挑战求精、关爱致远、合作共进）激励着员工不断突破自我，推动技术达到新的极限。无论过去与将来，阿斯麦都会与员工携手共进，以技术革新为半导体行业的发展注入源源不断的动力。

案例点评

点评专家：刘畅，嘉吉大中华区副总裁

ASML"芯光四十年"内部沟通项目紧扣企业40周年重要节点，通过真实的人物故事和丰富的传播手段，成功增强了员工的品牌认同感和归属感。项目围绕ASML的3C文化（挑战求精、关爱致远、合作共进），以资深员工经历为切入点，展现企业在半导体行业不断突破技术边界、关注团队成长、传递企业使命与价值观的作为。

在传播方式上，项目采用了多层次、多渠道的策略，确保信息在公司内部广泛触达，吸引行业从业者及潜在求职者关注，扩大品牌影响力。此外，项目鼓励员工分享个人故事，形成用户自发传播，让企业文化更具感染力和影响力。

整体而言，ASML"芯光四十年"不仅是一次企业周年庆的沟通活动，更是一次品牌价值观深植的实践范例，为其他企业内部沟通和文化塑造提供了值得借鉴的思路。

共创理想职场，让爱常驻波家 —— 内部传播的数字化探索：爱筑波家小程序

执行时间：2023年3月31日—2024年6月30日
企业名称：波科国际医疗贸易（上海）有限公司
品牌名称：波士顿科学
代理公司：达睿思国际传播咨询
获奖类别：2024金旗奖最具公众影响力内部沟通金奖

项目概述

1.项目背景

波士顿科学是一家全球领先的医疗科技公司，于1997年正式进入中国，目前在中国区拥有千余名员工。与大部分跨国医疗公司员工结构类似，遍布在全国各地的一线销售人员（无固定办公场所）占波士顿科学员工的很大比例。作为一家连续6年荣膺"中国杰出雇主"的企业，波士顿科学始终致力于通过丰富多彩的内部传播活动为全体员工打造更有归属感的工作环境，推动企业文化建设，驱动个人与公司协同发展。近年来，随着波士顿科学业务覆盖范围的不断扩大，市场竞争日益激烈，这为波士顿科学内部传播带来了更为复杂、严峻的挑战。

挑战一：当下，公众期待跳脱宏大叙事，看见个体经历。在公司内部，普通员工情感抒发需要渠道，意见表达需要出口，传统企业内部传播的叙事方式亟待改变。

挑战二：传统的内部传播方式（如邮件、内部微信）呈现出单向传递信息的特点，缺乏让员工表达对企业大事件的看法、对企业价值文化理解的渠道。此外，邮件、内部微信单向的信息传递难以与员工真实反馈形成互动。

挑战三：随着波士顿科学业务覆盖范围的进一步提升，员工的地理分布也日趋分散。非办公室所在地员工如何对组织、文化形成归属和认同成为内部传播必须直面的问题。

2.项目目标

为员工表达真实感想、分享工作日常提供平台，看见个体奋斗、拼搏、成长的身影，传递波士顿科学独有的温度和生命力。

建立具有内容区分度的内部传播渠道矩阵，与公司内部每一件大事同频共振，通过公共讨论将传播效果再次放大。

以数字化方式为全国各地员工建立起有效的线上沟通机制，填补内部沟通公共空间的缺失，与员工携手共创理想职场，进一步提升企业凝聚力和向心力。

项目策划

项目组通过3个维度的策略和项目执行，让爱筑波家小程序真正走进员工的日常生活，打造包容、多元、精彩的波家内部沟通公共空间。

1.传播策略

（1）持续更新热门话题，吸引线上讨论。

小程序上线以来，项目组通过运营"爱筑波家小助手"社区账号，每周更新热门话题，涵盖生活分享、工作日常和热点事件，吸引并鼓励员工参与线上讨论，打开了员工的"话匣子"，营造了波家职场交流新生态。

（2）定期举办重大线上专题活动，保持热度。

· 年会隆重举办，人人都用爱筑波家小程序。2023年3月31日，"重启·迎新"2023波士顿科学中国区年会正式举办。项目组借此全员大会契机，在小程序搭载年会专题H5页面，涵盖活动安排、参会指南、现场互动、荣耀时刻、云相册等实用功能。此外，悦生活社区同步发起#波科3年#话题，鼓励员工登录小程序，生成专属于自己的成就图片并带话题分享。

· "WE爱聚步"活动发起，在爱筑波家小程序传递关爱之心。2023年6月9日，正值波士顿科学全球关爱周，项目组以爱筑波家小程序为活动平台，正式发起以"WE爱聚步"为主题的爱心捐步公益行动，鼓励全体中国区员工捐出自己日常走路＆跑步的线上步数，兑换为相应金额，助力青少年教育公益，持续践行波士顿科学"永续发展，关爱无界"的ESG理念。2024年6月，"WE爱聚步"在个人参与的基础上增加了跑团参与模式，并制订了捐出5000万步的宏伟目标。

· 企业文化迎来焕新，在爱筑波家小程序解读企业文化的内核。2023年8月，波士顿科学企业文化正式焕新，爱筑波家小程序顺势推出"光影里的瞬间"摄影作品大赛，邀请每一位员工以企业文化践行者和记录者的身份，用镜头解读企业文化关键词。

· 第六届进博会，小程序线上探展见证创新实力。2023年11月5日—10日，波士顿科学携70多款创新产品亮相第六届进博会。项目组运用数字技术，将进博会波士顿科学展台"还原"至小程序专题页面，让全国各地的员工足不出户也能轻松探展。与此同时，悦生活社区发起#寻找自己的进博身影#话题，鼓励参展员工分享自己的进博见闻与感触。

· 立体声持续上新，让更多人奋斗的身影被看见。"波科立体声"作为波士顿科学内部音频节目合集，早期以企业内部高光案例分享为主，旨在鼓励前沿探索和优秀经验的留存复用。2024年起，"波光剪影"员工故事专栏以每月约更新一期的频次上架波科立体声，通过聚焦一线员工的奋斗日常，讲述员工汗水与笑声交织的日常，将企业文化转化为一系列生动、可视化的故事。

（3）不断优化功能，提升用户体验。

2.项目洞察

培育内部沟通公共空间的内在生命力，激励与引导缺一不可。

建立顺畅的线上沟通机制，有助于消除跨部门、跨区域员工之间的认知隔阂，进而助力多元协作与企业共赢。

爱筑波家小程序作为双向、可互动的内部信息传播渠道，进一步放大了内部传播活动的影响力。作为一站式的信息获取平台，小程序整合了既有传播资源，并让既往的传播信息得以留存复用。此外，小程序填补了双向反馈渠道的空缺，让员工有机会表达看法、以创意形式线上参与互动，助力每一位员工与每一件"波家大事"同频共振。最后，小程序作为数字化平台搭载线上活动的便捷性，也让定期举办跨区域内部传播活动成为可能。

项目执行

项目通过每周热门话题的持续更新，吸引线上讨论。此外，定期以爱筑波家小程序为平台举办线上专题活动，保持热度。

（1）2023年3月31日，"重启·迎新"2023波士顿科学中国区年会，H5页面搭建（包括年会指南和"波科3年"），展现数字化玩法如何助力大型活动的成功举办，让爱筑波家小程序走进更多员工的生活。

（2）2023年6月9日，波士顿科学全球关爱周，"WE爱聚步"爱心捐步公益行动，通过持续一个月的活动培养用户习惯，同时，鼓励员工通过线上捐步，传递关爱之心。

（3）2023年9—10月，企业文化焕新，"光影里的瞬间"摄影作品大赛，鼓励员工以自己的镜头和视角解读企业文化的内涵，助力企业文化内化于心、外化于行。

（4）2023年11月5—10日，第六届进博会期间，进博会线上探展，助力员工感受波士顿科学创新实力，增强对波士顿科学未来发展的信心。

（5）2024年4月至今，"波光剪影"员工故事波士顿科学立体声上新，具象化展现波士顿科学企业文化的内涵，传递员工人才育留标准，打造自己的"小宇宙"。

（6）2024年6月3日，波士顿科学全球关爱周，"WE爱聚步"爱心捐步公益行动火热重启，"跑团"创意参与方式点燃员工的参与热情和团队精神，同时，向全体员工表明——备受欢迎的线上活动将常规化开展，进一步增强全体员工对爱筑波家小程序的使用黏性。

项目评估

项目执行期间，爱筑波家小程序总访问量超过 10 万人次，相当于员工平均每天访问小程序近 330 次，逐渐成长为真正活跃的内部沟通公共空间。悦生活社区里，"人人都爱用爱筑波家小程序"，8259 篇帖子涵盖日常见闻、工作瞬间和生活感悟，增进了员工对彼此的了解，营造着职场交流的新生态。此外，爱筑波家小程序以数字化参与形式以及丰富多彩的线上活动，消弭了距离的阻碍，也让内部传播回归到了员工本身，每一位员工都能通过线上互动参与共创，践行企业核心价值，解读企业文化，与每一件"大事"同频共振，促进了非办公室所在地员工对组织、文化形成归属和认同。

亲历者说 彭开风　波士顿科学中国区公共关系与传播部总监

从正式上线到"员工家必备"，爱筑波家小程序已经陪伴全体员工近两个年头了。通过爱筑波家小程序，全国各地的员工得以突破距离的阻隔，分享自己的生活，抒发自己的心声，与每一件"大事"同频共振。对于许多员工来说，爱筑波家小程序不仅仅是分享美好和碎碎念的"线上茶水间"，也是表达意见和心声的公共文化空间，更是员工最温暖的"精神角落"和最生动的企业文化展览馆。不止于依托数字化形式，而是让内部传播的核心议题回归到员工本身，我相信爱筑波家小程序对于内部传播的数字化探索有着积极开拓和借鉴意义。

案例点评

点评专家：李国威　闻远达诚管理咨询创始人

在很多企业中，内部沟通被视为不起眼的小职能，但是波士顿科学用数字化连接员工，建立雇主品牌，塑造企业文化，激励员工实现企业目标，真正让内部沟通成为企业战略的一部分。小程序使用便捷，内容丰富多彩，从公司年会、捐步公益、摄影大赛，到员工故事、进博会探展，还有发感谢信的功能更是将人力资源管理融入传播，让每个员工都能赢得赞美，获得激励，让温暖和文化认同无处不在。数字化让原本难以衡量的内部传播有了明确的效果标志。员工生成内容，主动参与评价互动，如果没有吸引员工参与的活动和内容，没有放手让员工主导的心态，内部沟通不可能有这样的效果。

GOLDEN
FLAG
AWARD
金 旗 奖

2024
—
金旗奖最具公众影响力
品牌创新金奖

大家乐 × 变形金刚整合营销项目

执行时间：2024年3月30日—31日

企业名称：广州大家乐食品实业有限公司

品牌名称：大家乐

获奖类别：2024金旗奖最具公众影响力品牌创新金奖

项目概述

大家乐集团于1968年注册成立并于1986年7月在香港联交所上市，经过多年的稳健发展，大家乐已由一间小店发展为一家大型的餐饮集团。

大家乐2022年起开始布局中国家庭儿童市场，每月都会推出国内外知名IP形象玩具的儿童套餐，俘获了一大批亲子家庭粉丝。此次与变形金刚IP的合作，更是重要的战略步骤，消费客群从家庭儿童拓展到更多年轻人，为不同年龄段的消费者带来中西融合美味乐享的餐品，助力实现品牌年轻化。

大家乐 × 变形金刚项目主视觉

项目策划

2024年正值变形金刚40周年，大家乐与其展开深度合作。一方面，将风靡多年的皇牌"一哥焗饭"系列与变形金刚形象紧密结合，推出含有变形金刚形象的独家周边与玩具，还精心打造了变形金刚40周年精品盲盒套餐，消费者随餐可抽取限定手机支架、徽章等共5款精美周边。另一方面，在广州、深圳两地甄选优质大型购物商场，举办"一哥焗饭·焗满能量 —— 大家乐 × 变形金刚 媒体 & 粉丝见面会"线下活动，邀请变形金刚"大黄蜂"及"擎天柱"参与。活动受到消费者热烈追捧，网上讨论热度高涨，实现了品牌与IP合作的双赢。

（1）强背书：10家权威传统媒体到场采编传播，拔高活动站位。

（2）高曝光：55位＋抖音＆小红书平台达人到场打卡，高曝光炒热网络话题。

（3）准定位：朋友圈LBS投放，精准拦截并锁定门店周围目标消费群体。

项目执行

2024年3月30日在广州举办媒体＆粉丝见面会，3月31日在深圳举办媒体＆粉丝见面会。

媒体主动多平台传播报道，多个主流新媒体平台铺垫声量，打爆活动热度。

**广州及深圳两地举行主题为"大家乐×变形金刚
一哥焗饭·焗满能量"的粉丝见面会，活动现场人头攒动**

项目评估

本次活动传播成效显著，营销推广期间为大家乐带来约1845万元的关联销售收入。

整体曝光量高达 33276168 次。其中，新媒体平台发挥关键作用，抖音凭借垂直类 KOL 大号发布原创内容，吸引大量用户关注，KOL 曝光量超 2737.9 万次、互动量达 20.2 万次，话题曝光量更是飙升至 4113 万次，有力提升品牌在目标区域的知名度。传统媒体也积极助力，10 家权威媒体现场报道，17 家媒体在 14 个平台发布 43 篇报道，总曝光量达 201 万次，增强了活动的公信力与影响力，全面提升了大家乐的品牌形象与活动热度。

活动亮点纷呈。线下活动氛围热烈，广深两地见面会现场，"擎天柱"与"大黄蜂"吸引众多消费者驻足围观，大幅提升了品牌的人气与话题性；商场宣传物料全方位覆盖，从海报到装饰，精心营造出浓厚的变形金刚主题氛围，增强了活动的视觉冲击力；权威媒体的深度参与，不仅现场报道，还多平台分发活动信息，为活动提供有力背书；KOL 与颜值达人现场打卡，其分享内容引发社交平台广泛传播，进一步扩大了活动的辐射范围；话题页沉淀的优质内容持续吸引用户，强化了品牌与用户的线上互动；闲鱼等平台的周边转售现象，充分体现了活动在市场的热度与影响力，激发了消费者的参与热情。

亲历者说 赖尹茹　广州市汇志文化传播股份有限公司总裁

与变形金刚 IP 所属公司的合作，经历了一系列复杂的沟通和谈判环节，从版权使用范围到如何有效融合大家乐品牌形象与变形金刚 IP 形象等，最终才实现本次传播超出预期的效果。

案例点评

点评专家：郑威　华硕电脑中国业务总部副总经理兼新闻发言人

大家乐借势变形金刚40周年，以"一哥焗饭×变形金刚"为核心，通过情怀共鸣＋场景体验＋全域传播，打造沉浸式消费场景，实现品牌年轻化升级与销售增长。

瞄准变形金刚40周年"怀旧流量"，推出"焗满能量"联名套餐及周边，结合 IP 经典"能量块"，激活"70后""80后""90后"的童年记忆，增强品牌情感联结。

以广深商圈擎天柱／大黄蜂见面会制造强视觉冲击，达人短视频推动"线下体验—线上裂变"，精准触达家庭客群与 IP 粉丝。

朋友圈 LBS 定向投放覆盖目标客群，配合权威媒体增强公信力，闲鱼二手周边交易发酵，形成"媒体造势—社交"种草"—即时转化—长尾传播"全链路营销，直接拉动销售额 1500 万元。

本次营销活动效果超越传统联名策划，"产品＋空间＋社交"三维融合，将 IP 势能转化为品牌增长动能，为餐饮 IP 营销提供了新范式。

《繁星｜2023卡萨帝会员年度嘉年华》

执行时间：2024年1月18日—20日

企业名称：海尔智家

品牌名称：海尔智家－数字化转型平台

代理公司：青岛深度传播集团

获奖类别：2024金旗奖最具公众影响力品牌创新金奖

项目概述

首届卡萨帝会员年度嘉年华于2024年1月19—20日举办，卡萨帝携手用户、客户共同创造年终感动事件，增强与用户情感链接，助力品牌美誉度提升。

项目策划

《繁星｜2023卡萨帝会员年度嘉年华》特别邀约50组会员家庭，与品牌携手共创，通过礼遇、启航、传承、归家四大篇章，构建极致体验。繁星，寓意每一位卡萨帝会员如同闪耀星辰，汇聚为卡萨帝繁星大爱之家，共同点亮不凡之路。

项目执行

聚焦用户体验，通过丰富的体验活动和仪式感的高端晚宴，与用户共创有温度的精"智"生活，让用户近距离感受卡萨帝的品牌及产品魅力。

1.从千万会员到邀约50组

通过定向精准邀约，招募50组会员家庭，汇聚各行各业精英人群，强化会员身份及品牌认知。

2.1场活动到创造N次惊喜感动再到裂变百万口碑的效果

打造"爱与陪伴"的全程会员感动体验范式，1V1会员经理服务、专业高尔夫教练团、知名作家分享及现场亲签、定制龙年伴手礼、高端晚宴等，创造10+项感动，用户主动在自己的社交圈分享，共打造了50支会员视频故事，并进行全网转发和裂变，以此激活、交互更多卡萨帝会员，提升与用户的紧密关系，从而提高会员忠诚度，品牌美誉度，拉动新购及复购。

运动、文化、家电、旅行相融合的交互新范式，乐在其中的沉浸式互动体验，以品味、健康、名人、服务等差异化亮点，成功圈粉。

3.由1场活动到收获N组订单

开展线上六大类触点、线下超3万家全国门店的用户交互和推广，活动期间（1月1日—1月20日）在卡萨帝小程序、卡萨帝官网、卡萨帝高端家电公众号/视频号、卡萨帝官方俱乐部公众号/视频号、卡萨帝全国企业微信社群、卡萨帝天猫/京东官方店六大类触点累计交互超3500万次，提升卡萨帝品牌声量、塑造高端形象，占领高净值人群心智，提升卡萨帝行业竞争力。

项目评估

活动全程从活动邀约、预热宣传到活动回顾、用户故事等多角度内容发酵，覆盖卡萨帝小程序、卡萨帝高端家电公众号/视频号、卡萨帝全国企业微信社群等触点，联动圈层达人、KOL、用户自有社交媒体、行业大号口碑裂变，公私域平台交互累计超3500万次。

亲历者说 唐志刚 海尔集团海南区域首席代表、海尔智家海南分公司总经理

很高兴首届卡萨帝会员之旅在海南举办，我们的客户、生态伙伴、用户都表示参与此次活动很有幸福感；持续的口碑发酵以及带来的市场反应，也让我们看到了用户经营的价值，坚定了我们的用户思维和长期主义。深度经营用户关系，与用户建立起情感连接和信任感，持续创造感动，陪伴用户成长，从传统交易关系升华为品牌的坚定拥护者，赢得用户口碑，最终实现从高端品牌到生态品牌和场景品牌的战略转型。

案例点评

点评专家：兰嘉 DHL快递中国区企业传播总监

卡萨帝通过策划、组织这场嘉年华活动，成功推动了经营模式、客户关系、品牌情感关联和美誉度等的转变和提升，这是一次卓尔有效的品牌活动。

从传播角度来看，在这场集品鉴和体验高端生活、经营圈层互动等于一体的生活美学"盛宴"中，令人印象最深刻的是客户代言模式。流量时代，明星代言比比皆是，但是从深耕品牌和长期主义角度来看，用户是更好的代言人，一方面，可以进一步彰显和释放品牌的口碑效应，并使之得到转化，甚至用户会由代言人角色进一步发展为带单人，带来复购，触发新购。另一方面，故事是最好的营销工具和传播工具，用户分享与卡萨帝有关的故事，既传递了品牌、产品和服务，也带动了情感共鸣。本案例在全网达到的千万量级交互规模也印证了这一点。

一汽奔腾 × 中国田径队合作整合营销项目

执行时间：2023年6月1日—2024年6月30日

企业名称：一汽奔腾汽车股份有限公司

品牌名称：一汽奔腾

代理公司：开普天下（北京）传媒广告有限公司

获奖类别：2024金旗奖最具公众影响力品牌创新金奖

项目概述

随着汽车行业竞争的加剧，一汽奔腾品牌亟待焕新。在当下的传播碎片化时代，聚焦公众注意力成为挑战。借体育热潮东风，奔腾携手中国国家田径队，启动"奔腾助力计划"，共筑中国品牌、体育精神新高地。通过世锦赛、亚运会等赛事，奔腾以体育营销为翼，展现"活力奔腾"新形象，于流量洪流中响亮发声，引领品牌向上，焕发新生机。

项目策划

1.洞察

体育人群的整体特征：男性，专科学历以上群体，以25~34岁青年为主，收入和消费能力普遍较高。

资深体育迷与整体体育人群相比，男性、高教育、青年、高收入方面的特征更为显著。

这一人群与一汽奔腾的目标用户完全重合。因此，与中国国家田径队合作，进行全民体育营销，有助于推动销量转化。

2.策略

三力协同，奔腾向上。1次品牌＆明星合作+2大新品助力+N个借势，打通品牌、产品和终端。

与中国国家田径队达成合作并签约两位明星运动员作为两款产品的代言人，由国家田径队及选手形象赋能品牌和车型。

国家田径队成为近两年互联网热点话题最强流量体，以内容话题营销为核心，借势国家田径队高流量，为奔腾品牌双向赋能。

田径国家队与汽车国家队强强联合，两款重点车型与代言人的深度捆绑，从线上话题贯通线下互动，让"奔腾"的品质与"奔跑"的热爱相互奔赴。

有比赛的时候就有奔腾亮相，有体育热点的时候就有奔腾事件，有明星话题的时候就有奔腾体验。

项目执行

三线并进，素材线产出丰富内容，助力线融合产品节点，借力线绑定赛事热点，汇聚重磅资源，打造传播资产。创意上，亚运会期间围绕"为中国田径喝彩"，通过TVC、签约仪式、祝贺海报、代言视频等，线上线下联动传播。传播策略上，构建权威媒体矩阵，线上线下融合覆盖，线上重内容扩散与话题互动，线下强用户触达与订单转化，精准优化渠道组合，实现品牌全面升级。

项目评估

一汽奔腾与国家田径队的深度合作贯穿全年营销，成功塑造了品牌新形象，深度链接用户情感。借势亚运会热潮，品牌曝光量远超预期，总曝光量突破41.6亿次，达成率高达158%，观看量与互动量也分别实现133%和215%的显著增长，百度指数更是攀升至12000+，超额完成150%的目标。这一系列亮眼数据，不仅彰显了体育营销的强大威力，也为一汽奔腾注入了年轻、新锐的品牌活力。

商业层面，体育营销的精准布局有力推动了销量增长，全年累计销售新车突破12万辆，同比增长59.4%，实现了销量与品牌价值的双重飞跃。通过绑定国家田径队及体育明星，一汽奔腾成功为品牌与产品背书，传递出积极向上的品牌精神，吸引了更多年轻消费者的关注与青睐。

营销目标方面，一汽奔腾不仅圆满达成百度指数、浏览量及互动量的KPI，更在社交媒体上引发广泛讨论。官方合作消息的发布，迅速在抖音、微信等平台形成热门话题，有效提升了品牌曝光度与用户参与度。尤其是邀请明星运动员作为奔腾T90的代言人，其积极向上的形象与家庭用户首选SUV的定位高度契合，进一步提升了品牌形象及产品认知度，为终端销售带来了显著的人流增长。

多家媒体对一汽奔腾的该次体育营销战役给予高度评价。

亲历者说 米萌　开普天下（北京）传媒广告有限公司副总经理

在前期的代言人选择上，除了充分考虑所代言的车型属性，还考虑了明星的自有流量，选定前进行了大量的调研和长时间评估，既要考虑本人的成绩及个性，同时，也要兼顾后续的合作风险。签订后，代言人的流量一路飞涨，平台粉丝量以及关注度大幅提升，成为田径队合作的亮点之一。

案例点评

点评专家：姚曦　武汉大学新闻与传播学院教授、博士生导师

一汽奔腾与中国田径队的整合营销项目，充分将汽车品牌内涵与体育文化精神深度融合起来，并在此基础上进行了一系列营销传播形式创新与内容创新。一汽奔腾通过精准定位目标受众，确定与中国田径队合作，不仅强化了品牌"进取不止"的核心价值，还借助田径运动的广泛影响力提升了品牌的知名度和美誉度。项目整合赛事赞助、线上线下互动、社交媒体传播等，成功将品牌形象与田径运动的"速度、力量、激情"相结合，在广泛的消费者群体中形成了强烈的品牌联想，进而达成品牌共鸣。

总体而言，这一合作项目，于短期来看，能够提升一汽奔腾品牌的曝光度，于长期而言，通过整合体育营销的方式，成功塑造了积极向上的品牌形象，为未来的品牌建设奠定了坚实的基础。

GOLDEN
FLAG
AWARD
金 旗 奖

2024
—
金旗奖最具公众影响力
实效营销金奖

短肠人，不服"输"——提升短肠综合征及其创新疗法认知传播项目

执行时间： 2023年9月1日—12月1日
企业名称： 武田（中国）投资有限公司
品牌名称： 武田中国
代理公司： 上海释宣商务咨询有限公司
参评方向： 2024金旗奖最具公众影响力实效营销金奖

项目概述

作为一种患病率极低的消化道罕见病，短肠综合征于2023年9月被正式纳入我国《第二批罕见病目录》，国内患者此前处于"缺乏有效药物"的治疗困境，只能长期依赖肠外营养和静脉输注支持维持生存和生长发育，生存质量堪忧，且面临着脱离社会的困境。

为打破痛点，填补治疗空白，武田中国围绕短肠综合征开展一系列科普传播活动，打造《短肠人，不服"输"——提升短肠综合征及其创新疗法认知传播项目》，旨在突出瑞唯抒®（注射用替度格鲁肽）在治疗短肠综合征方面的革命性创新及其为我国短肠综合征患者带来的显著获益，增强医患群体对短肠综合征和创新疗法的了解，并通过有效传播，提升公众对短肠综合征的知晓度和关注度，争取更多的政策支持和资源投入，改善患者的治疗和生活条件。

项目策划

1.项目洞察

短肠综合征患者又称"短肠人"，属于超罕群体，据估算，我国成人患病率约为0.73ppm（百万分率），有逐年上升的发病趋势。

短肠综合征的低疾病认知度是主要的传播挑战。对该疾病了解的普遍缺乏，不仅影响了患者的及时诊断和有效治疗，也限制了社会对患者需求的认识。此外，患者对于新兴治疗方案和创新药物认识的不足，加剧了这一挑战，使推广有效治疗和管理策略变得更为困难。

2.传播创意

（1）"短肠人，不服'输'"，主题简明深刻。

·核心信息：在肠道手术后，所有短肠综合征患者都需要肠外营养支持治疗以维持和改善营养需求，尤其对于肠道适应不完全的患者，可能需要终身依赖肠外营养，即与输液袋无法分离；使用双关语"不服输"，一"输"两意，既表示短肠综合征患者顽强与疾病斗争，不向命运低头，也表示革命性的创新药物可以帮助他们改变依赖输液袋的现状，迎来新的希望。

·传播手法：在传播中强调"短肠人"的生活状态和挑战，同时，展示瑞唯抒®是如何助力他们"不服输"，改写命运的。

（2）"巨型输液袋"装置，增强视觉冲击。

·设计理念：高达3米的"巨型输液袋"装置，具象化展示短肠综合征患者对输液袋的依赖及对其生活的束缚感，不仅能抓住观众的眼球，也能形象地表达治疗的必要性和挑战。

·展览效果：在进博会展台展出，通过震撼的视觉效果引发观众和媒体的广泛关注和讨论。这样的视觉焦点，有效地增加了瑞唯抒®和短肠综合征病症的曝光度，激发了公众和媒体的好奇心，增强了信息传播的深度和广度。

"短肠人不服输"巨型输液袋装置

3.项目目标及策略

（1）精准把握节点，有效触达核心受众。

利用重要传播节点，如进博会、博鳌先行先试及产品获批上市时机，通过官方媒体和主流媒体发声，提升短肠综合征疾病的整体社会认知度。

借助高影响力事件，提升瑞唯抒®在目标受众中的知名度和权威性，增强品牌信任。

（2）直击患者痛点，真实故事高效攻心。

通过视频、文章等多种形式广泛传播瑞唯抒®首例用药患者的真实故事，凸显其与传统治疗方法相比的明显优势，建立瑞唯抒®作为肠康复治疗最新疗法的认知。

深入探讨患者关心的治疗效果、药物安全性等关键问题，通过与权威医疗专家的访谈、病例研究等形式，增强信息的专业性和可信度。

（3）布局话题热点，打造创意视觉记忆点。

借助在进博会开幕式上特别提到的瑞唯抒®热点，迅速扩大话题覆盖范围。

在会场设置创意性的"巨型输液袋"装置，作为视觉焦点，不仅提升现场互动体验，也吸引主流媒体的关注和报道，有效提升曝光度。

（4）联动多方力量，提升传播影响力。

系统整合患者、医护人员、企业、患者组织及政府代表的力量，通过这种多方参与，汇聚各自的专业知识和传播资源。

通过组织采访、会议等形式，促进多方信息交流和共识建立，增强对短肠综合征疾病的认知和对瑞唯抒®治疗的理解。

项目执行

有药用—用得到—用得起—用得好，确保瑞唯抒®各个阶段的有效传播。

（1）有药用：2023年进博会传播，通过传播博鳌先行先试临床应用经验与患者获益，凸显对比传统疗法的优势，建立瑞唯抒®作为肠康复治疗最新疗法的认知。

（2）用得到：2024年获批传播，更新治疗观念，快速及时发布，官宣瑞唯抒®正式进入临床应用阶段，扩大医生、患者对疾病与创新药价值认知。

（3）用得起：上市后传播，将政策利好消息快速传递给患者，同时，追踪报道患者的实际获益故事，以提高治疗的可及性和公众接受度。旨在促进临床使用，让更多患者能够承担得起并获得这种治疗。

（4）用得好：以医院病房为中心的精准传播，关注医院内的患者、医护人员和医院管理层，传递肠康复治疗的信心和实际效果。通过教育性内容、病例研究和患者见证，增强对瑞唯抒®治疗效果的信任和满意度。

项目评估

1.效果综述

从进博会的广泛报道和3.2亿人次的覆盖，到获批通知的广泛转载和1000万人次的影响，以及消化健康大会上的专注报道，总计覆盖超过3.3亿人次。这些媒体活动不仅大幅提高了公众对短肠综合征及其治疗方法的认知，也有效增强了瑞唯抒®品牌的知名度和信任度，并显著提高了产品的市场接受度。

2.受众反应

医学专家A："瑞唯抒®不仅提供了一个治疗上的新选择，还为短肠综合征患者的肠道恢复提供了前所未有的希望。这是我们在消化系统疾病治疗领域中迈出的一大步。"

医学专家B："该药物的引入，代表了肠康复治疗领域的一次革命性进展。它使我们能够以更加精细化的方式去管理短肠综合征，大大提高了治疗的个性化水平。"

患者家属A："最想说的还是感谢，让孩子有机会用上创新药，有机会恢复正常生活。"

患者家属B："看到家人能够有更多自主性和生活的改善，让我们全家都感到非常的欣慰。这款药物带给我们不只是治疗效果，更多的是生活中的希望。"

3.市场反应

从瑞唯抒®在第五届进博会重磅首秀后仅6个月，2023年5月，瑞唯抒®在海南省琼海市乐城实现了紧急临床用药的落地应用。目前已经有多名患儿用上了瑞唯抒®进行治疗，且整体临床反馈良好。瑞唯抒®已准入17个省/地市惠民保海外特药目录及沪惠保厦惠保，最高报销比例达到80%，这也将降低用药患者的经济负担。

4.项目亮点

创意内容的设计极为有效，"巨型输液袋"的创意展示，以及进博会和药物获批时的深入教育活动，显著提高了公众对短肠综合征及其治疗方法的认识。

多元参与者增加了传播的深度和广度。企业领导的参与展示了企业文化和对患者的承诺，医学专家提供了科学权威的见解，而患者家属分享的真实故事则增加了情感的共鸣。不仅加深了公众对品牌的信任，也提升了整个信息传播活动的影响力。

多媒体和多平台传播确保了信息的广泛覆盖和高度影响力。通过电视、互联网和印刷媒体等多种渠道的综合运用，有效地触达受众群体，加速了政策和患者援助项目的认知，可降低患者的经济负担，提高治疗可持续性。

亲历者说　潘初霞　武田中国企业事务与患者赋能部产品传播高级经理

短肠综合征是一种消化系统罕见病，此前在我国一直处于无药可用的困境，患者只能长期依赖肠外营养和静脉输注支持维持生存和生长发育，生存质量堪忧。作为医疗行业从业者，我们深知"短肠人"这个超罕群体面临的挑战与困境，因此，从项目策划之初我们便坚持以患者为中心，联动多方资源，包括临床专家、患者组织以及媒体伙伴，共同构建一个全面的信息平台。通过一系列线上线下活动，不仅增强了公众对该病症的理解和支持，还为患者提供了获取最新医疗信息的渠道，帮助他们更好地管理疾病、提高生活质量。这个项目的成功，是我们团队与所有合作伙伴共同努力的结果，也是这种疾病向着更加包容和理解的社会迈出的重要一步。

案例点评

点评专家：陈先红　华中科技大学新闻与信息传播学院教授，中国故事创意传播研究院院长，中国新闻史学会副会长、公共关系专委会荣誉会长

武田中国"短肠人不服输"项目以罕见病认知重构为切入口，通过"叙事医学＋情感动员"双重路径，实现了健康传播的破圈效应。以"抗争叙事"重构患者身份，将患者故事转化为社会共情媒介，打破公众对短肠综合征（SBS）的认知壁垒；借势进博会，设置巨型输液袋装置，以视觉隐喻的方式将治疗困境符号化，推动小众医疗议题进入公共视野，完成从疾病科普到社会价值倡导的跨越。

在产品营销层面，围绕"有药用、用得到、用得起、用得好"构建四维穿透模型：通过医患教育破除认知障碍，借政策倡导铺垫支付基础，以临床数据强化疗效信任，精准对应创新药市场渗透规律。进博会"医药馆网红"的场景营销，将专业内容转化为大众可感知的互动体验，实现严肃性与传播力的平衡。项目宣传了新药瑞唯抒，体现了武田中国"以患者为中心"的理念。

但是，需警惕患者叙事伦理的边际效应，建议构建"患者社群—数据追踪—政策智库"的长效机制，推动传播势能向医保支付转化。

该案例证明，以人文叙事重塑传播范式，以生态思维整合多方资源，医疗健康传播可同时实现公共价值升维与商业逻辑落地。该案例为罕见病创新疗法推广提供了范本。

大宠爱品牌年度会员日新品上市全域营销

执行时间： 2024 年 2 月 20 日—4 月 30 日

企业名称： 硕腾

品牌名称： 大宠爱

代理公司： 杭州网营科技股份有限公司

获奖类别： 2024 金旗奖最具公众影响力实效营销金奖

项目概述

硕腾大宠爱脱胎于辉瑞动保，是全球知名动物医药公司，有数十年行业经验，业务覆盖全球 100+ 国家。硕腾正将旗下先进品牌逐步推向我国市场，为宠物大健康市场奠定良好基础。在我国驱虫市场，大宠爱是猫驱虫的绝对领导者，但在狗驱虫市场，其市场占有率低，与 TOP 竞品有一定差距。

2024 年第一季度，大宠爱犬内外同驱产品 —— 汪宠爱在我国上市。借助新品上市，通过线上线下整合营销，为大宠爱在行业渗透率不足 20% 的情况下，通过一个全新品的市场教育，带动整个行业用户的增长，从而带来新老会员和生意的进一步增长。

项目策划

1.项目目标

过往官方旗舰店会员以猫宠主为主，本次汪宠爱将通过事件营销，带动品牌曝光及狗宠主新会员的爆发式增长，刺激现有会员的消费，提升会员黏性及复购率，同时，进一步强化驱虫产品的使用频率和渗透率。

2.营销策略

结合汪宠爱产品"驱虫一粒内外全搞定"特点，以"驱虫新'净'界，友好无边界"为会员日主张，以"汪的 Land"为营销主题，打造线下"汪的 Land"汪星人街区。线上线下整合营销，打爆新品会员日，使其成为品牌撬动狗驱虫市场的重要支点。

3.营销洞察与创意

汪宠爱强大的内外同驱能力，为人宠打造和谐美好的全新"净"界，站内外宣告新品上市，同时，在魔都打造线下"汪的 Land"，开启极致宠物友好幸福。"汪的 Land"是专为

线下"汪的Land"街区

汪星人打造的宠爱街区，用汪宠爱带来的强大守护力，为狗狗们带来健康新"净"界。

4.媒介策略

以小红书为核心，沉淀产品驱虫专业性口碑，辐射微博及抖音，进一步放大内容。联合小米营销，全域覆盖。同时，所有社媒"种草"通过评论区维护淘口令回淘，通过Boss直播、线下活动直播、小米连麦和宠物医生做客直播间等多种直播形式，精准承接活动流量。

汪宠爱小红书传播

5.传播规划

（1）塑认知：汪宠爱上市，打造驱虫新"净"界。

全新TVC及平面上市，14型虫全驱杀，带来一粒内外全搞定的驱虫新"净"界。

（2）造势能："汪的Land"强势登陆魔都。

魔都上海世博文化中心沉浸式畅游"汪的Land"，不仅有汪宠爱的新"净"界守护，更有吃喝玩乐的极致宠物友好在这里幸福启程。

（3）拓流量：小米联合营销，全域内容"种草"。

汪宠爱联合小米，家里也可变身成人宠友好的"汪的Land"。小红书、抖音、微博全域联合宣发"种草"。

项目执行

（1）预热期：2—3月上旬，全新TVC及平面上市，驱虫新"净"界来临。小红书产品前置"种草"，树立驱虫新"净"界专业形象，专业测评＋驱虫科普＋场景植入＋素人口碑"种草"。

（2）爆发期：3月底—4月big day，"汪的Land"登陆上海，小红书＋微博"汪的Land"集中打卡引爆线下活动及各城市路线分享。

（3）热销期：4月，与小米跨界营销，"汪的Land"线上延续，全方位打造宠物友好装备。在小红书进行产品带货"种草"，发布购买攻略，在微博进行品牌跨界小米话题营销。

项目评估

媒体曝光量累计超1亿，全店GMV环比增长737%，会员成交人数环比增长563%，AIPL人群量级数据增长1300万＋。同时，位居多个行业TOP列——天猫大宠爱品牌交易TOP1，天猫大宠爱旗舰店交易TOP1，天猫猫狗药品类目单品交易TOP1，新品汪宠爱行业类目单品交易TOP7。

同比2023年，店铺会员互动人数增加306%，老会员召回率增加30%，新会员转化率增加54%，同时，会员客单价为非会员的1.42倍。

亲历者说 Kevin　硕腾宠物市场营销与电商总监

汪宠爱是硕腾集团新一代犬类驱虫药，2020年在美国上市以来，仅用时不到4年就成为美国排名前列的兽医处方驱虫药，说明了其强大的产品力；在我国，宠物消费者的用户教育较为薄弱，宠主的驱虫使用率远远低于美国、日本等国家，本次会员日活动我们结合线上媒体、电商、线下展会等，以形式多样、强互动、重体验的方式为用户呈上了别开生面的品牌及驱虫产品营销，在带给用户良好体验的同时，也推动了驱虫类产品在我国市场的用户教育。

案例点评

点评专家：曲佳钰　复旦大学广告系青年副研究员，国际传播学会公共
关系分会会员

　　本案例是宠物健康品牌本土化营销的典范。硕腾大宠爱通过三重创新实现了市场突破：其一，精准定位品类痛点，以"内外同驱"产品力为支点，构建"新净界"价值主张，将功能性诉求升维至人宠情感共鸣高度；其二，首创"场景化会员运营"模式，线下打造"汪的Land"沉浸式体验场域，线上构建跨界小米居家友好场景，实现O+O闭环转化；其三，构建"KOL+平台+跨界"三维传播矩阵，小红书专业"种草"奠定公众信任基础，抖音/微博扩大传播声量，小米生态延伸场景联想，最终实现GMV环比增长737%的效果。项目亮点在于精准识别汪宠市场，并将新品上市与会员体系深度绑定，通过AIPL模型实现超1300万人群资产沉淀，老客召回与新客转化双提升，破解宠物药品低频消费困局。

■ 2024年金典包装营销项目

执行时间：2024年1月1日—7月25日

企业名称：内蒙古伊利实业集团股份有限公司

品牌名称：金典

代理公司：内蒙古众拓营销管理有限公司

获奖类别：2024金旗奖最具公众影响力实效营销金奖

项目概述

金典牛奶诞生于2006年，作为伊利高端品牌代表，自上市起便秉承奉献高品质的理念，致力于打造我国"高品质的天然牛奶"。2024年，金典打造包装营销项目，借势"春节"和"奥运"，打造"金喜官"形象，推出"箱箱有金喜"的营销概念，以温馨喜庆、诙谐可爱的创意形式推出系列短片，展现了金典品牌，并凭借自身强大的自媒体矩阵，获得了广泛关注和强势曝光。

项目策划

春节不仅是团聚的时刻，更是品牌与消费者深度联结的契机，逢年过节囤年货，走亲访友送礼品，过年回家带东西，解锁新年购物愿望，全社会都沉浸在购物的氛围中。春节期间，居民出游意愿回升，文旅市场加速回暖，金典也迅速抓住文旅新趋势，搭配推广创意，将品牌带到更多人的眼前。2024年下半年迎来四年一届的奥运会，作为全球性的体育盛事，奥运会向来是品牌吸粉引流、创意营销的绝佳契机。

包装营销项目较为直接和商业化，如何深入绑定"春节""奥运"场景，持续影响人群，让消费者锁定金典，奠定独特的品牌印记，需要在创意规划阶段不断深耕探讨。

项目执行

金典期望为顾客带来惊喜和温暖的"呼伦贝尔"春节，从创意角度，以"金喜官"的"扫"的动作串联场景，寓意手机"扫一扫"就有好事发生。通过连贯的镜头及蒙太奇的切换，加深惯性理解，每位金喜官都提出"箱箱有金喜"的口号并反复提醒消费者购买。以新年仪式感切入，深耕礼赠领域，奖品设置更是以39998元的呼伦贝尔专列旅行大奖强势吸引目光，将呼伦贝尔与春节巧妙融合，引发参与热情。龙年文旅的"第一把火"在哈尔滨"烧"起，本片借助春节期间哈尔滨的巨大热度，融入哈尔滨旅行元素，强化地方文旅特色与品牌的关联度，促使金典破圈。

金典包装营销·箱箱有金喜

奥运篇创意新颖，"金喜官"采用复古国潮风格，结合古代运动与"扫出金喜"的奖励，一秒穿越时尚巴黎，整体而言诙谐幽默、悬念迭起、趣味十足，深度结合巴黎奥运会的主题，在各视频平台达成较高的完播率，反馈良好。

项目评估

金典趁春节之势推出年货礼盒并推出"箱箱有金喜"线上活动，助力线上线下销售和品牌传播。

奥运会作为体育运动，自带正能量属性，顺应国民注重健康的主旋律，金典作为守护国民健康的食品之一，与奥运主题调性相契合。延续春节的成功经验，"箱箱有金喜"活动返场，并与巴黎奥运会巧妙结合，瓜分奥运会巨大流量，助力销售。

活动充分利用了金典丰富的社交媒体平台，通过创意视频的推广、话题营销等扩大品牌营销力，诙谐幽默又洗脑的内容营销互动性极强，形成了金典在新春和奥运两大节点的传播热度，收获粉丝一致好评。同时，在春节及奥运档市场反馈良好，线上参与人数超出预期，两档活动期间均取得线上线下销量提升、有效抢占关键期市场份额的效果。

富有仪式感的中国人更倾向于购买具有礼赠惊喜的礼盒，金典从新年和奥运的仪式感切入，"扫一扫"解锁"箱箱有金喜"贯穿整个活动，包装上以春节的雪国列车、奥运的复古幽默等充满变化和创意的形式吸引人群关注。此次营销，金典提供了一份差异化的营销示范，既有效提升了销量，也提高了品牌营销声量。

亲历者说 宫旭　内蒙古伊利实业集团股份有限公司推广经理

为了提升消费者体验，带来消费者价值提升，推动品牌会员拉新及提升品牌会员忠诚度，金典2024年不断迭代创新，以包装营销为抓手，持续打造会员营销。如何让更多的受众参与品牌活动，是本次活动的重中之重。通过箱内码的营销方式，以金典小程序为载体，让会员得到更多的尊享福利，是金典提升品牌美誉度的方式。通过创意视频拍摄，线下海量物料投放，线上多平台视频分发，提升曝光度及有效触达人群，金典营销实现了品效合一。

案例点评

点评专家：叶文君　济川药业文化与品牌负责人

在竞争激烈的乳品行业，金典"箱箱有金喜"项目是一次颇具创意和策略的营销公关活动。

项目巧妙抓住春节和奥运两大热点场景，精准洞察消费者在节日和体育盛事中的情感需求与消费习惯，将品牌与场景深度绑定，实现了品牌与节日、体育的深度融合，为品牌传播提供了天然的流量入口。

"金喜官"人设和"箱箱有金喜"降低了消费者参与门槛，借助魔性洗脑的口号和创意视频，强化了品牌记忆；利用社交媒体矩阵和短视频平台，推出诙谐幽默、形式多样的创意内容，春节篇结合文旅热点，奥运篇融入复古国潮风格，满足了不同受众的喜好，实现了高完播率和广泛传播，品牌声量得以提升。

以礼赠为切入点，推出具有仪式感的年货礼盒和高额奖品，激发了消费者的购买欲望，带动线上线下销售增长；差异化的内容营销，让金典在竞争激烈的市场中脱颖而出，为品牌塑造了独特的标识，积累了用户好感；另外，箱内码的营销方式，以金典小程序为载体，让会员得到更多的尊享福利，提升了顾客品牌忠诚度，为后续社群和品牌的精细化运营打下了基础。

总之，金典"箱箱有金喜"项目凭借精准的场景洞察、创意互动和高效的媒介策略，以及短期销售及长期品牌资产的积累，为品牌营销提供了优秀范例。如果能在案例中加入更数字化的内容，如预算范围、ROI、营销结果与同期对比等，则更直观。

正官庄 × 《长相思》IP联名

执行时间：2023年8月28日—9月30日

企业名称：正官庄六年根商业（上海）有限公司

品牌名称：正官庄

获奖类别：2024金旗奖最具公众影响力实效营销金奖

项目概述

作为知名人参品牌，在2023年中秋佳节来临之际，为提升消费者红参滋补品送礼认知并带动销售转化，正官庄进行了一系列市场推广活动，充分满足消费者对于送礼的要求与期待。

项目策划

以送礼为核心，在正官庄代言人热播电视剧《长相思》第一季推出IP联名礼盒及限量周边，联合"天猫大牌日"IP，线上线下全链路进行营销，触达IP及艺人多方粉丝群体。在设计上，充分利用并结合电视剧中的角色，发售可以让用户自己DIY的中秋礼盒，传播口号为"中秋月正圆，礼遇长相思"。

项目执行

（1）官方SNS发布。官方SNS发布23次（微博13次/小红书7次/微信3次）。9月8日，官方发布《长相思》IP联名礼盒消息；9月21日—24日，"天猫大牌日"期间发布礼盒购买攻略。

（2）代言人微博发布。9月21日（"天猫大牌日"爆发期第一天）发布中秋问候ID视频。

（3）线下CGV活动。

（4）媒体投放。利用《长相思》IP联名礼盒素材，进行腾讯视频/百度开屏/UD广告投放，KOL&KOC发布《长相思》IP联名礼盒"种草"笔记。

·腾讯视频。使用代言人TVC视频素材，在腾讯视频对《长相思》电视剧进行定贴片/暂停广告投放。

·百度开屏。9月25日，使用代言人TVC视频素材进行广告投放。

·UD。9月25日，使用代言人TVC视频素材、《长相思》IP相关图片素材、RTB视频素材进行广告投放。

·Social"种草"推流。

项目评估

电视剧《长相思》IP联名礼盒上线后，官方SNS发布23次，代言人微博发布1次。KOL&KOC发布《长相思》IP联名礼盒"种草"笔记50篇，"天猫大牌日"期间在北京、上海进行线下活动，腾讯视频/百度开屏/UD广告投放。

阅读量2.07亿次，互动量306万次，天猫销售额超212万元，同比增长5.8倍，《长相思》IP联名礼盒开售首日，传统滋补品&参类滋补品多榜单霸榜。

项目亮点如下。

（1）礼盒制作及传播

通过代言人热剧《长相思》，提升正官庄品牌在《长相思》剧粉中的认知度；《长相思》IP联名礼盒及周边上线后，天猫销售表现良好，同比增长5.8倍；《长相思》IP联名礼盒上线前，正官庄官方微博开展有奖互动活动以吸引目标人群关注，在逐步揭秘过程中实现品牌与粉丝的紧密互动；CGV线下派发正官庄样品，为消费者提供了产品试饮机会，并收获产品口感爽口、饮用方便的好评。

（2）媒体

9月UV 3174484，购买转换率0.98%，客单价300.79元，GMV 9386743元。同去年相比，UV增长10倍，GMV增长2.7倍。9月站外广告引流方面，UV为1917458，约占9月总流量的60%；大贸店销售额TOP10产品中，站外广告投放产品占比约为79%，均为代言人同款及《长相思》IP联名礼盒产品；KOL内容方面，短剧、Vlog、产品饮用场景相关Contents反响优秀。

亲历者说 施云 正官庄六年根商业（上海）有限公司市场营销负责人

中秋佳节前夕，正官庄借势《长相思》第一季IP热度，推出中秋联名礼盒，旨在提升红参滋补品类认知度，强化正官庄送礼认知，抢占目标用户心智并有效带动销售转化。Campaign传播周期内，曝光量2亿多次，微博话题阅读量4671万次，抖音话题播放量2242万次，天猫销售额实现同比5.8倍的爆发式增长，正官庄《长相思》IP联名礼盒开售首日在传统滋补品&参类滋补品等多榜单霸榜。

案例点评

点评专家：张洁　金科股份华东大区品策总经理

正官庄 2023 年中秋 Campaign 以"IP 联名+明星效应+全链路营销"为核心策略，成功实现品效双赢。项目总曝光量和天猫销售额有效提升，印证了"内容破圈+粉丝经济"的爆发力。借势暑期爆款剧《长相思》，以"IP 内容情感共鸣+粉丝圈层裂变"为核心，实现从垂直受众到泛人群的破圈传播，并激活粉丝经济，实现高效转化。同时，聚焦高转化资源（如百度开屏 CTR 6.01%、腾讯暂停广告 CTR 5.36%），差异化内容匹配小红书、抖音等平台调性，采用 ASMR 等创新形式，强化记忆点，使媒介投放更加高效、品牌记忆度显著提升。依托"天猫大牌日"，节点爆发力显著，攻略式内容精准引流+明星 ID 视频高效转化，这一组合拳不仅贴合了大促节点的用户行为特征，更通过"理性说服+感性触发"双重路径缩短了消费决策链路。

GOLDEN
FLAG
AWARD
金 旗 奖

2024
—
金旗奖最具公众影响力
互联网产品推广营销金奖

美团外卖闪购鲜花 —— 母亲节 social 传播项目

执行时间：2024年5月10日—12日

企业名称：北京三快在线科技有限公司

品牌名称：美团外卖

代理公司：北京众行互动数字文化传媒有限公司

获奖类别：2024金旗奖最具公众影响力互联网产品推广营销金奖

2024金旗奖最具公众影响力互联网行业案例金奖

项目概述

母亲节是一年中重要的情绪消费节点，消费者在这一天为母亲购买鲜花的需求远超平常。但是在母亲节这一节点，鲜花赛道过于单一和拥挤，康乃馨仍是销售主力。如何创造其他种类鲜花的销售需求，打开市场，实现美团外卖站内业务的实际增长，是本次项目要重点解决的难题。

美团外卖延续妈妈与花之间有温情、有温度的人文联系洞察，从"大部分妈妈的名字里有花"的视角巧妙切入，增强妈妈与康乃馨以外的鲜花品类的联系。美团外卖在站内上线以妈妈的名字中的花为灵感的新中式花束，打造暖心营销；联合小红书IP，通过站内送花、社交晒花，多场景售花，形成闭环情绪营销，加深高颜值鲜花心智，带动业务增长。

项目策划

1.项目目标

（1）品牌心智渗透

通过节点性的社会化营销，持续传播通过美团外卖可以买到"好看的、有艺术感的、有调性的"鲜花的信息，强化用户"买高颜值花束上美团外卖"的印象，为品牌带来有温度的营销及销售勾连转化。

（2）实现业务增长

通过全网热点营销打造美团外卖母亲节爆款花束，吸引用户母亲节期间上美团外卖买好看的花，拉动康乃馨以外的鲜花品类需求，有效助力业务增长。

2. 策略与洞察

在鲜花种类层出不穷、设计配色花样迭出、特殊节点被某种鲜花占据销售大盘的今天，市场需求趋于饱和，鲜花进入产品生命周期的成熟期。美团外卖尝试通过联名、花艺师精搭等方式为鲜花带来附加价值，给用户以新鲜感，从而创造新的需求，为市场注入新的活力。

美团外卖洞察到很多妈妈的名字与花有关：秀兰、玉芬、雪莲、冬梅、金香、桂枝……由此，本次营销的策略应运而生 —— 通过人名与花名相同的字眼，拉动情绪层面的共鸣。

以此洞察为基础，美团外卖深入挖掘母亲节节点用户对于礼赠鲜花的仪式感和专属感需求，以花为载体，向母亲们传递爱意，打造独属于母亲们的具有定制感的礼赠鲜花，关注用户对归属感和爱的情感需求，为母亲节节点礼赠鲜花提供新的选择。

3. 内容策略

打造《世上最美的花》短视频，并将其作为核心传播物料，短片以不同年龄段的母亲收到她们同名鲜花为内容，在短时间内迅速与用户建立情感联系，以独特的角度表达了品牌对每一位母亲都如鲜花一般美丽的赞美和情感关怀。

通过线上线下多渠道曝光和小红书"妈妈名字美如花"专题活动刺激用户真实分享，导流站内，站内以"妈妈的同名花"活动页承接流量，同时，上线以妈妈名字中的花为灵感的"新中式花束"，引导新鲜花品类购买，开拓市场，形成营销闭环，以有温度的情绪营销引发用户共鸣，提升品牌美誉度。

4. 媒介策略

场景化、沉浸式媒介场景"种草"。

线上微博、小红书等 App 开屏及达人投放、KPL 直播赛事植入、线下电梯及三里屯大屏投放，线上线下多渠道覆盖，最大化曝光，传播品牌信息。

5. 传播规划

（1）线下渠道

·线下投放：5 月 10 日—12 日在北京三里屯商圈定向投放大屏广告，以有温度有情感的去营销化文案引发情感共鸣，精准覆盖本次项目核心受众人群，直接触达潜在用户，激发年轻用户群体买花给妈妈的需求；线下电梯 TVC 投放，触达更广泛人群。

·赛事植入：电竞粉丝与购买"妈妈同名花"的消费者高度重叠，在 KPL 线下植入露出，触达年轻消费者，带动花束销售，有效助力业务增长。

（2）线上渠道

·微信渠道：美团外卖官方视频号发布《世上最美的花》TVC，大量用户自发留言。

·美团外卖 App：线上 App 开屏页增加项目曝光，直接跳转母亲节"妈妈同名花"活动页，缩短路径，提高销售转化。

· 微博渠道：美团外卖官方微博发布《世上最美的花》TVC，同步上线热搜话题＃美团外卖妈妈同名花＃，集中爆发，聚拢热度。

· 小红书渠道：美团外卖借势小红书母亲节节点营销IP"妈妈的留白"，打造"妈妈名字美如花"专题活动，并通过送100束鲜花的事件让用户感受到美团外卖的品牌格局和温度。同时，多圈层KOL对美团外卖母亲节鲜花进行多场景强势"种草"，以"最美的花送给最美的妈妈""妈妈名字里有花""分享妈妈与花的故事"等为创作方向，紧扣"妈妈同名花"进行内容输出，利用故事性与情感向内容强势露出主推花束，通过精准洞察解读＋真挚故事分享带动用户参与讨论，进一步促进UGC内容释出，吸引大量优质UGC参与话题并分享真实故事，成功渗透活动信息。

项目执行

项目执行期间，线上部分聚焦于小红书IP合作。如何挖掘真实用户故事，找到那些妈妈名字里有花的达人并进行内容创作，是重点与难点。项目组对达人进行了深度筛选，最终合作了各类型博主，产出了非常多感人的关于"妈妈和花"的故事，也因此带动了大量UGC用户自发分享。

项目评估

1.效果综述

本次母亲节营销，美团外卖通过精准、巧妙的洞察，将鲜花业务与妈妈的名字进行关联，线下大屏和TVC通过去文案化的宣发语言，在打动用户的同时传递品牌价值和温度，打造情感营销出圈案例，吸引众多用户购买妈妈同名花并分享自己和妈妈的故事。

2.项目效果

（1）线下硬广直达人群：5月10日—12日在北京三里屯定向投放大屏广告，吸引大量路人自发打卡讨论，累计辐射超240万人（车）次；写字楼电梯TVC投放，直接触达广泛人群；大流量电竞赛事KPL直播中植入母亲节鲜花促销信息，强势曝光（曝光量9000万次），有效触达潜在用户。

（2）官方矩阵提高曝光度：美团外卖官方微博＆视频号上线《世上最美的花》TVC和微博热搜话题＃美团外卖妈妈同名花＃，累计阅读量1.4亿次，讨论量10.6万次，互动量21.9万次。大量用户自发参与话题讨论并晒花等。

（3）小红书IP合作，"种草"用户心智：联动小红书平台母亲节节点营销IP"妈妈的留白"打造的"妈妈名字美如花"专题活动，赠送100束鲜花给最美的"她"，有效吸引了母亲节精准人群用户，话题总曝光量达1.29亿。在KOL故事分享和H5话题活动的加持下，吸引了6000多个UGC参与此次活动，并沉淀了30多篇优质内容，从故事分享到大屏打卡，以真实互动数据佐证传播有效触达目标用户，成功渗透活动信息，完成心智"种草"，笔记数累计达6100多篇，成功打造了一次全民参与的爆款活动。

三里屯大屏投放

（4）有效实现销售增长：传播过程中，注重"中式花名"与站内产品的勾连，持续推动新中式的同款传播趋势，母亲节营销首次尝试打造"新中式花束"，站内销售数据飙升，从0开始，销售数据暴涨至40多万束，成为站内所有花束风格销售TOP4。

3.项目亮点

（1）走心洞察引发共鸣：精准巧妙的洞察，将鲜花业务与妈妈名字进行关联。中国人愿意用寓意好的花作为名字，这是独属于中国人的浪漫，用"新中式花束"呈现"妈妈同名花"，更能表达"人如其名"的美好寓意。有效打开康乃馨以外其他鲜花品类的下单需求，线下大屏和TVC通过去文案化的宣发语言，在打动用户的同时传递品牌价值和温度，吸引众多用户到App下单购买妈妈同名花，成功打造了情感营销出圈案例。

（2）真实用户故事分享：《世上最美的花》TVC一经上线，收获大量用户好评，同时，小红书达人紧扣"妈妈同名花"进行内容输出，精准洞察解读＋真挚故事分享，带动用户参与讨论，吸引6000多个UGC参与话题并分享真实故事，沉淀了30多篇优质内容，成功渗透活动信息，沉淀独有品牌资产。

（3）行业主动收录解读：本次项目被SocialBeta、数英网、经济观察网等行业媒体主动收录；广告文案、黑马营销等多个行业公众号和小红书广告类KOL纷纷发文，深度解读项目洞察及内容，在打动用户的同时传递品牌价值和温度，打造情感营销出圈案例，行业内外一致点赞，为市场提供了母亲节期间情感营销的范本。

亲历者说 姜源 美团外卖品牌经理

妈妈名字里有花和给妈妈买花之间的关系：花是妈妈那代人认为美好的事物，所以被用于取名，我们要把妈妈认为最美的东西送给她。在表达上克制创作欲，克制在辞藻上用力，克制文案感，另外提醒自己，要站在消费者的第一感觉上思考问题：鲜花真的是母亲节必需的吗？不是。它只是一个选择，我们不只卖花更要让妈妈开心。只有认清品牌在这次营销中的角色，才能做更有温度的沟通。

案例点评

点评专家：李国训 东方甄选副总裁

在人所共知的情绪消费节点，能否精准且独辟蹊径地洞察情绪与消费的结合点，是衡量一个 To C 营销是否成功的重要指标。在内容上，美团外卖洞察到许多妈妈的名字与花有关，通过这一独特视角，将鲜花与妈妈名字巧妙结合，创造情感共鸣。这一策略不仅为鲜花赋予了特殊意义，也成功地将品牌与用户情感紧紧联系起来。在情感上，紧扣当代年轻人"表达爱意迟滞"的情感痛点；在价值上，将"即时配送"的履约能力转化为"即时关怀"的情感价值。

以《世上最美的花》短视频为核心传播物料，通过线上线下多渠道曝光，如微博、小红书、KPL 直播赛事植入等，形成闭环情绪营销。线下大屏广告和电梯 TVC 投放，精准触达目标用户，激发消费者购买需求，互联网的营销手段和渠道无限放大了情感价值和品牌温度，成功将消费者情感共鸣转化为消费行动，彰显本地生活服务平台"即想即得"的生态优势。

美团此役不仅重新定义了节日营销的时效边界，更验证了情感营销与即时零售融合的可能性，为行业提供了"品效销一体"的新范式。

GOLDEN
FLAG
AWARD
金 旗 奖

2024
—
金旗奖最具公众影响力
电商战役营销金奖

奔腾小马 × 京东汽车 6·18 电商营销传播

执行时间：2024年6月1日—8月31日
企业名称：一汽奔腾汽车股份有限公司销售分公司
品牌名称：一汽奔腾
代理公司：迪思传媒
获奖类别：2024金旗奖最具公众影响力电商战役营销金奖

项目概述

京东汽车&一汽奔腾充分发挥各自品牌优势，携手小马盟友、小红书达人及德芙、橘朵等潮流品牌，打破传统汽车销售及服务体验模式，开行业先河，成功推出京东白条免息全款购车、6·18快乐联盟跨界直播、跨品合作、京东MALL快闪活动等一系列汽车销售创新模式，助推奔腾小马上市两个月订单便突破20000份，助力奔腾小马品牌在线下和线上均实现口碑和业绩双丰收，创造了充满潮趣的新体验、新销售、新服务模式，为电商时代的汽车销售打通了一条全新链路。

项目策划

1.项目目标

（1）品效合一：助力奔腾小马6·18强势曝光转化。

（2）用户破圈拉新：基于精准用户画像，与线下用户直接接触，完成用户破圈拉新。

（3）线上线下引爆：电商平台6·18，借势平台资源，新品上市即引爆。

（4）销售业绩增长：整合转化型资源，以线上电商、线下超体形式打通转化路径。

2.目标受众

目标受众主要为三~五线城市的理性务实，既注重性价比又乐于为"美"埋单的25~40岁的女性，以家庭增购为主，主要用途是上下班代步和接送小孩，购车核心关注点为好开好停、外观时尚、性价比和安全性能高。

3.主要信息

（1）产品端：国货精品小车，好安全、好玩、好看、好开、好省，为安心出行保驾护航。

（2）用户端：快乐、美好生活的出行搭档，宝妈代步、接送家人的实用工具，精致girl的悦己空间，潮趣玩咖的开心大玩具。

（3）品牌端：小小车，大世界。奔腾小马，让你与快乐同行，是始终伴你左右的快乐守护者。

4.传播策略

双线出击，社媒平台制造IP事件+热点话题，引爆传播，多方联动，跨界出圈。

（1）理性价值：国货精品小车，产品核心优势+新车权益+更多特享权益=获得感。

（2）感性价值：快乐守护者、开心+美好+幸福感=认同感。

5.传播主题

快乐联盟，潮趣驾到。

6.营销玩法

创新跨界玩法，整合全域资源，实现品牌声量、产品销量齐升。

（1）跨界话题破圈：聚焦社交场域（微博、小红书、抖音、微信），实现数亿级曝光量传播。

（2）跨品权益突破：跨界品牌联合会场、联合开卡会员转化、联名大礼包等。

（3）线上店铺联合：跨品店铺互链、大促短信互通、店铺产品绑赠。

（4）精准场景搭建：线下快乐出行场景共建、产品搭配组合、传播内容共建。

7.营销内容

五大营销动作，通过全域社交媒体/电商平台/线下大颗粒资源，最大程度制造热度及声量，实现销售链路闭环。

（1）1个京东6·18大事件

·流量主持人线上/线下助阵：为6·18热度加温，覆盖直播周期全链路。预热期，授权海报、ID视频预热；爆发期，直播间带货互动；延续期，车型美图扩散传播。

·京东独家权益放送：联合奔腾BOSS、技术工程师、京东BOSS、跨品高管、京东汽车采销组建快乐联盟，京东平台首秀，狂撒福利。

·话题扩散，联合宣发：预热期，跨品微博联动、明星预热；爆发期，直播战报；延续期，美图、直播切片、花絮等视频二创。

（2）两大品牌跨界

与橘朵、德芙两大品牌话题共振、权益互通、玩法共创，实现跨圈传播+销售转化。

√ 跨品合作话题共振

·跨品共创：联动橘朵制作美妆礼盒，联动德芙制作贴纸、帆布包及产品周边，累计1500份。

·联合宣发：跨品社交媒体发布联合海报，炒热话题。

·KOL"种草"：10位小红书达人对跨界礼盒进行"种草"。

√跨界权益赋能

·京东跨品会场：联动奔腾汽车、橘朵、德芙，打造为期3个月的线上会场。

·全域资源推广：站内资源点位、跨品核心资源点位推荐。

√焦点营销，跨圈增量

·独家权益：设置"小马天天送"活动，以超诱人权益引导用户参与活动。

·跨界转化：跨店开卡、互动等权益，促进流量＆会员转化。

（3）六城京东MALL入驻

六城京东超体落地执行，依托线下京东MALL，开展试驾会等用户体验活动，增进用户认知，促进购买考虑快速转化；六城社区广告投放；六城京东MALL快闪活动；6位汽车类KOL+跨界类KOL"种草"，以及6场品牌直播宣传。

（4）1种全新销售模式——线上全款卖车

探索行业第一次：京东汽车×奔腾小马白条购车；实行电商平台全款卖车机制，打造行业新标杆；制作传播物料，全渠道分发。

（5）1套全渠道资源投放

·站内用户精准触达：两大汽车频道主推、直播间采销、圈层资源跨品合作、RTB精准投放、集团6·18互动资源包投放。

·站外渠道曝光补足：垂直媒体平台资源占位、兴趣社媒话题炒作、PR稿件物料扩散、小红书资源"种草"。

·线下战略资源支持：六城超体入驻＋广告霸屏、京东独家物流DM单、线下社区广告、全国奔腾经销商传播。

项目执行

奔腾小马与京东汽车6·18电商营销项目在进度控制与管理方面展现出了高效与创新特点。项目团队采用敏捷项目管理方法，确保了快速响应市场变化和灵活调整策略的能力。通过明确的项目计划和里程碑设定，团队能够清晰追踪进度并及时调整以应对挑战。

项目管理工具的运用提高了监控效率，实时更新的任务状态让团队成员能够与项目进展保持同步。沟通机制的建立保障了信息顺畅流通，风险管理计划则有利于提前识别潜在问题，减少了不确定性对项目的影响。

此外，项目团队鼓励创新和协作，不断优化执行流程，提升了工作效率。这些综合管理措施的实施，确保了项目按计划推进，并在6·18期间成功实现了销售目标，展现了项目团队在进度控制与管理方面的专业性和高效性。

项目评估

1.效果综述

项目整体累计曝光量超14亿次；收集线索超24000条；奔腾店铺订单量超7000个，奔腾小马全款订车超2000辆。

2.市场反应

奔腾小马在6·18期间推出了多项优惠政策，包括京东白条免息购车服务等，吸引了大量年轻消费者。直播夜活动吸引了350万人次观看，并带来了1768个小马订单。

3.市场表现

奔腾小马上市后快速获得了用户认可，累计订单破2万，成为一汽奔腾新能源转型的标志性产品。

4.媒体统计

媒体方面，通过微博、微信、抖音、小红书的整合营销传播，奔腾小马的营销活动得到了广泛的报道和讨论。

5.营销创新

（1）创新先行：首创性推出购车打白条服务。京东汽车携手一汽奔腾推出京东白条免息购车服务，直接破解了传统线下购车手续烦琐、流程冗长等痛点，用户无须付定金，也不用等贷款审批，即可享受至高12期0息0首付超级福利，并且支持30天内退款免利息，在汽车业界率先实现了线上全款购车、线上"一键"购车，将其他品类产品成熟、高效、完善的线上电商购物体验与汽车销售有机融合。

（2）跨品合作：多维联动，激发品牌共振能量。小马通过与知名主持人、巧克力品牌德芙、彩妆品牌橘朵跨界合作，成功打造了网络销售闭环，实现了从吸引关注到购买的全链条衔接。

（3）奔腾小马&京东汽车快闪活动：入驻多城京东MALL，破解汽车线上销售痛点。奔腾小马不仅在线上取得了成功，还将陆续登陆东莞、石家庄、天津、武汉、沈阳等城市的京东汽车新能源体验中心，为消费者提供更加便捷的潮趣体验。

亲历者说 宋成龙 迪思传媒客户总监

作为项目主体负责人，我为能领导奔腾小马与京东汽车的6·18电商营销项目而深感荣幸。我们团队通过创新思维，打破了传统汽车销售模式，首次在行业内推出京东白条免息购车服务，简化了购车流程，降低了消费者购车门槛。跨界合作，结合明星效应等，我们成功打造了一个网络销售闭环，实现了从吸引关注到购买的全链条衔接。这次活动不仅提升了品牌影响力，也为汽车电商零售开辟了新方向，引领了汽车行业的新潮流。

案例点评

点评专家：赵晖　爱奇艺市场与公关副总裁

购买该款汽车的用户以年轻人为主，他们无论是经济实力还是媒介习惯、口碑引导需求，都有着典型的年轻人特质 —— 需要分期服务、热爱社交媒体、受明星和达人影响较大。该案例最大的意义在于，极致简化消费者购车闭环中的每一环节，信息传播直接，互动性强，购车下单可使用京东白条，减少传统分期的复杂手续，从而在6·18大促节点实现了不错的传播效果和销售效果。和德芙等跨界品牌的合作又添亮点 —— 从传统习惯来看，汽车和糖果看似毫无关联，但正因为这种反差，在话题和用户重叠度上产生了奇妙的化学反应。

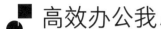 高效办公我AI了 —— 科大讯飞电商 "种草"

执行时间： 2024年5月13日—6月18日

企业名称： 合肥讯飞读写科技有限公司

品牌名称： 科大讯飞

代理公司： 优力联动科技（北京）有限公司

获奖类别： 2024金旗奖最具公众影响力电商战役营销金奖

项目概述

聚焦站内内容场，整合京东淘宝优势资源，将产品深度融合使用场景，配合6·18平台节奏，通过多渠道矩阵式铺排内容精准触达潜在客群，占领用户心智，实现从认知到销售的闭环转化。

讯飞办公本在站内日常持续 "种草"，已有存量基础，在6·18大促期间继续根据平台新动向，调整内容生产策略，打造更具吸睛力的站内 "种草" 内容，以获得更好的流量曝光及销售转化。

内容创作上，紧跟平台 "娱乐化、标签化" 趋势，娱乐型视频与导购型视频双向协同，同时，与6·18活动紧密结合，提供优惠促销，吸引用户购买；渠道上，深度参与淘宝BIGDAY商单活动，聚合人格化优质内容，集中曝光转化。

目前内容已有靠前展现效果，领先于竞品，在站内有较好的流量；优质爆文连续输出，淘宝多篇文章获得 "逛逛亲测" 打标，获得平台流量倾斜，有效提升了科大讯飞办公本的品牌知名度和产品销量。

项目策划

1.项目目标

科大讯飞6·18营销项目的主要目标是提高品牌知名度、增加产品销量、拓展客户群体，并在激烈的市场竞争中脱颖而出。具体目标如下。

（1）实现销售额的显著增长，超过去年同期水平。

（2）提升品牌在消费者心目中的形象和认知度。

（3）吸引新客户，提高客户忠诚度。

（4）推广新产品，拓展产品线的市场份额。

2.问题分析

（1）市场竞争激烈：6·18期间，各大品牌纷纷推出促销活动，竞争异常激烈。科大讯飞需要在众多品牌中脱颖而出，吸引消费者的关注。

（2）消费者需求多样化：不同消费者对产品的需求和偏好各不相同，如何满足不同消费者的需求，是一个挑战。

（3）品牌知名度有待提高：虽然科大讯飞在智能语音领域有一定的知名度，但在大众消费者中的认知度还有待进一步提升。

（4）传播渠道选择：如何选择有效的传播渠道，将品牌和产品信息传递给目标客户，是一个关键问题。

3.策略推导

（1）投放节奏：迎合平台大促时间，分为"前置蓄水期—售卖期—正式期"3个阶段，循序渐进，前置蓄水期测试娱乐型内容、沉淀数据，售卖期开始大量发布"种草"内容，强"种草"、引加购，正式期参与平台BIGDAY玩法、全域曝光引收割。

（2）内容策略：导购型视频与娱乐型视频双向协同，娱乐视频吸引兴趣人群，导购视频精准收割流量；不断优化内容封面、场景，结合实际使用指出职场记录痛点，突出产品优势，强调科大讯飞产品的智能化、创新性和实用性，配合热门音乐和特效清晰展示科大讯飞办公本和青少年阅读本的特点和功能，如语音识别、手写笔记转换、万册书籍等。

（3）达人策略：结合办公本产品人群画像，定位25岁＋的职场人群，投放领域聚焦数码科技、职场、居家办公等垂直领域类达人，同时，辅助少量时尚类、母婴类达人破圈传播。结合青少年阅读本产品人群画像，定位3~9年级中小学生，投放领域聚焦母婴类达人，安排少量数码类达人的内容辅助，同时，结合效果广告投放技术，精准定向对办公本、阅读本有需求的用户。

（4）平台策略：增强与电商平台的合作，提高产品的曝光率和转化率，吸引潜在客户。京东平台聚焦短视频，投放在"逛"场域，淘宝平台重点合作BIGDAY商单资源，以及首次参与BIGDAY品牌联合营销精选优质达人矩阵，助力品牌参与6·18大促内容营销，真正实现从内容"种草"到转化拔草的有效闭环，预订预售黄金期档，获得大量流量倾斜。

（5）贴合平台玩法：根据6·18活动特点和用户兴趣，使用与科大讯飞办公本、青少年阅读本相关的热门话题和标签，如＃高效办公6·18必备好物＃。在执行过程中密切关注效果数据，根据用户反馈及时调整策略和创意，不断优化内容和传播素材，以提高营销效果和转化率。同时，确保内容质量高、有价值，符合平台规则和用户喜好，以提升用户体验和品牌形象。

4.洞察与创意

消费者洞察：消费者在6·18期间更注重产品的性价比和实用性；年轻消费者更倾向于通过社交媒体、短视频等渠道获取产品信息；消费者对智能化产品的需求不断增加，希望产品能够更好地满足他们的生活和工作需求。

项目执行

1.进度管理

（1）项目规划阶段。提前制订详细的6·18营销计划，明确各个阶段的目标和任务。确定推广渠道、活动形式和产品策略，为后续执行奠定基础。

（2）筹备阶段。按时完成宣传物料的制作，如相关物料、视频等。与合作平台沟通协调，确保活动页面按时上线。

（3）预热阶段。监测市场反应，根据反馈及时调整宣传策略。

（4）活动阶段。严格按照时间表推进各项工作，实时监控销售数据。

（5）收尾阶段。对活动进行总结评估，整理销售数据和客户反馈。

2.控制管理

（1）预算控制。合理分配营销预算，确保资金用在关键环节。

（2）内容质量控制。确保宣传内容的准确性和吸引力。监督内容质量，确保无低级错误产生。

（3）风险控制。提前识别可能出现的风险，如库存不足、内容拍摄未按期进行等。制定应急预案，确保在出现问题时能够及时解决。

3.项目管理

（1）团队协作。明确团队成员的职责分工，确保各项任务有人负责。定期召开团队会议，沟通项目进展和问题。

（2）数据分析。收集和分析销售数据，为决策提供依据。根据数据分析结果，调整营销策略和活动方案。通过有效的控制和管理，执行人员确保了科大讯飞6·18营销项目的顺利进行，为公司带来了良好的经济效益和品牌影响力。

项目评估

1.效果综述

科大讯飞6·18营销项目取得了显著的成效。在销售额方面，成功超越了去年同期水平，实现了大幅度的增长。品牌知名度得到了进一步提升，产品在市场中的占有率也有所增加。同时，通过此次营销活动，吸引了大量新客户，提高了客户忠诚度，为公司的长期发展奠定了坚实的基础。

2.受众反应

许多消费者对科大讯飞的产品质量和性能给予了高度评价，他们认为产品智能化程度高、实用性强，能够满足他们在学习、工作和生活中的各种需求。

消费者对6·18期间的促销活动表示满意，限时折扣、满减、赠品等优惠措施刺激了他们的购买欲望，让他们觉得物超所值。

3.市场反应

（1）市场份额扩大。科大讯飞在6·18期间的强势营销，使其在智能语音领域的市场份额进一步扩大。与竞争对手相比，科大讯飞的产品销量和销售额均有明显优势。通过推出新产品和拓展产品线，科大讯飞成功进入了一些新的市场领域，为品牌的未来发展开辟了更广阔的空间。

（2）行业影响力提升。科大讯飞在6·18营销项目中的出色表现，引起了行业内的广泛关注。其创新的营销策略和优质的产品服务，为其他企业提供了借鉴和参考。科大讯飞的品牌形象和行业地位得到了进一步提升。

4.项目亮点

（1）超额完成预期目标：回报＞投资，获得不错的转化效果，累计进店UV人数224万次，达成率117%，成交金额超182万元，达成率161%，其中，淘宝BIGDAY商单效果为单UV成本0.8元，ROI 0.9。

（2）电商后台数据转化：通过电商后台数据的分析，可以清楚地看到用户在各个环节的转化情况，再次验证了双平台各自的优势，京东渠道转化精准，淘宝平台更适合建立初步的兴趣人群。

通过多类型、多达人的内容"种草"，实现产品声量的突破提升，推动销售整体蓄势和助力转化，科大讯飞上榜6·18逛逛BIGDAY数码品牌榜单＆智能电玩品牌销售榜＆办公文教品牌销售榜，以及BIGDAY精选达人资源。本次合作达人在官方带货榜覆盖5个领域，其中垂直领域类科技/家居榜单覆盖最多。

综上所述，本次6·18营销活动不仅超额完成预期目标，还通过电商后台数据验证了实际的转化效果。这些成果的取得得益于对媒介的创新应用、精准的目标受众定位以及优质的内容创意。

亲历者说 彭聪 **优力联动科技（北京）有限公司项目执行人员**

作为执行人员，我们全力以赴执行计划。项目前期，精心策划营销方案，深入分析目标客户群体需求，确定重点推广产品，分析市场趋势、竞争对手策略以及消费者需求。

在6·18营销项目的执行过程中，执行人员面临着各种挑战和压力。时间紧迫、任务繁重，但大家没有丝毫抱怨，相互协作、相互支持，共同攻克了一个又一个难关。自己的努力不仅仅是为了完成工作任务，更是为了让更多的人了解和认可科大讯飞的产品，实现营销目标。

当6·18大促落下帷幕，看着那一串串喜人的销售数据，大家的心中都充满了成就感。我们用自己的行动诠释了团队的力量，也为公司的发展写下了浓墨重彩的一笔。

案例点评

点评专家：汪珺　GE航空航天大中华区品牌公关传播总监

科大讯飞6·18营销项目的一个突出特点是精准的市场分析和策略实施。通过分阶段的内容发布和推广策略，科大讯飞成功应对了6·18期间激烈的市场竞争，确保了营销活动的有序进行和效果最大化。此外，科大讯飞在执行过程中密切关注效果数据，根据用户反馈及时调整策略和创意，不断优化内容和传播素材。最终，科大讯飞在6·18期间实现了销售额大幅增长、品牌知名度和市场份额显著提升的营销效果。

#健康凉风看得见#海尔健康空调节产品力营销

执行时间：2024年3月1日—31日

企业名称：海尔集团

品牌名称：海尔空调

代理公司：北京值得买科技股份有限公司

获奖类别：2024金旗奖最具公众影响力电商战役营销金奖

项目概述

在当今信息爆炸时代，消费者面临着海量的软性广告信息和购物决策，他们在有购买需求的时候被性价比、健康化、产品力、个性化、品牌影响力等因素困扰，消费市场的繁荣反而增加了决策成本。如何在纷杂的信息中为消费者抽丝剥茧，是亟待解决的问题。

项目策划

项目将用户的模糊消费需求分为功能选择模糊消费需求和品牌选择模糊消费需求两大类，通过不同的内容方向和资源类型有的放矢，高效精准地解决用户在模糊消费状态下面临的问题。用户不再被纷杂的信息干扰，直截了当地获取自己想要的答案，从而对品牌、产品产生认可，进而形成转化。

项目执行

（1）内容"种草"。

（2）视频传播。在值得买站内、微博、视频号、京东、淘宝等平台传播视频。

（3）销售节奏把控。3月初布局内容，本次合作销售峰值在3月26日，空调产品平均决策期为1~1.5个月。关键节点布局搜索流量拦截，保证在重点节点期集中爆发，整体资源投放节奏符合销售数据表现。

项目评估

海尔健康空调节是海尔空调举办的一项年度活动，旨在为广大用户带来健康、舒适的生活体验。通过这一活动，海尔向市场推出了一系列创新产品和技术，以满足消费者对健

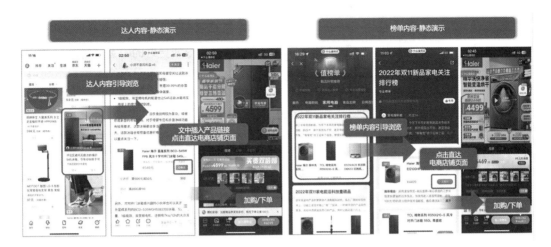

内容"种草"链路

康空气的不断增长的需求。

北京值得买凭借庞大的用户消费数据库和精准的用户"种草"能力，成为每次健康空调节的重要传播媒体之一，此次健康空调节的传播主题是"健康凉风看得见"，海尔空调与北京值得买共创的"科学消费实验室——走进海尔工厂"系列视频，通过官方和达人，探秘海尔空调全国首家"灯塔工厂"的生产线，亲眼见证一台高品质健康风的空调从零部件生产到成品的全过程，科学的工序，严谨的检查，每一个流程都在向消费者表达着海尔空调坚持高品质交付的一贯原则。同时，通过值得买官方的选购榜单和达人评测内容的"种草"，为广大"功能选择模糊"的用户提供专业的空调选购策略和产品的推荐，提升海尔空调的产品力和健康舒适的卖点。通过与全民口碑挑战赛的合作，意在针对全网用户征集海尔空调真实的使用感受以及日常真实使用情况，强化海尔产品优质的使用体验和售后口碑，提升海尔空调的口碑。

海尔健康空调节项目评估

官方视频科普、达人使用"种草"、用户口碑反馈三管齐下，着重突出海尔空调高品质、健康风、看得见的主题，让用户对海尔空调的整体品质形成更好的心智"种草"，取得了远超预期的传播效果。

亲历者说 **周士超** **北京值得买科技股份有限公司高级商务经理**

海尔与值得买是很好的合作伙伴，值得买是海尔健康空调节合作媒体之一。此次合作重点打造海尔空调舒适、健康、高品质的产品心智，通过官方行业背书+达人产品实测"种草"+新媒体视频探秘工厂+关键词搜索拦截等营销工具的组合，全方位触达空调选购意向用户，实现了产品心智的全面渗透并带动了整体品牌的销售增长，得到用户一致好评。

案例点评

点评专家：董斌 **科大讯飞品牌市场中心副总经理**

海尔空调此次推广的成功，首先在于选对了"什么值得买"这样一兼具强内容属性与电商平台导流功能的平台。对于用户卷入度较高的家电品类，知识内容型媒体对满足用户的资讯需求非常适合。更重要的是，针对媒体用户中需求（功能和品牌）模糊和需求明确这两大类型的人群（占比95%）开展了精准施策的内容营销。面向功能模糊的人群，结合品质、能效和健康这三大关注点，通过用户口碑全民挑战赛、图文评测进行内容"种草"；面向品牌模糊的人群，通过组织媒体和达人走进海尔空调首家全国"灯塔工厂"，以探厂视频揭秘严谨生产流程管理带来的高品质；面向需求明确的人群，则发布海尔空调的选购攻略来引导品牌倾向。整体战略的内容布局紧扣用户类型，官方视频科普、达人使用"种草"、用户口碑反馈三管齐下，让用户对海尔空调整体的品质有了更好的认知和认同，超预期的传播效果水到渠成。

金领冠2024年天猫超级会员日营销战役

执行时间：2024年5月20日—7月28日
企业名称：内蒙古伊利实业集团股份有限公司金山分公司
品牌名称：金领冠
代理公司：北京大颜色信息科技有限公司
获奖类别：2024金旗奖最具公众影响力电商战役营销金奖

项目概述

当前，母婴亲子消费市场面临前所未有的挑战，市场呈现低位运行状态。同时，消费者群体年轻化趋势显著，新世代[①]父母在育儿理念上追求品牌专业度与情绪价值的双重满足。在这一背景下，作为我国奶粉销量位居前列的品牌，金领冠为夯实品牌心智，激活潜在消费群体，携手天猫品牌超级会员日，以品牌超凡溯源之旅为营销主线，以#超凡宝宝的第一支MV#为最大亮点进行系列营销，提升品牌影响力，打造行业会员营销标杆。

项目策划

1.项目目标

（1）引领消费者心智：通过差异化营销策略，传递金领冠品牌的专业性与独特性，让新世代父母深刻认同并信赖金领冠品牌。

（2）打造行业标杆：树立行业会员营销标杆，引领创新母婴亲子消费市场的会员营销潮流。

（3）激活潜在会员：通过一系列定制化、互动性强的营销活动，激活潜在会员，提升会员转化率和活跃度。

（4）实现成交增长：借助活动势能，促进金领冠品牌销售额的快速增长，同时，提升会员成交额和成交量。

2.策略推导与定制

（1）品牌四大势能洞察

·超凡品牌：金领冠是我国奶粉销量位居前列的奶粉品牌，拥有五大核心配方专利，

[①] 指在科技发展、社会观念变革中成长的年轻群体。

十四大海外授权专利认证。

·超凡会员资产：2024年一季度金领冠天猫新增会员行业No.1，会员渗透率为行业第一梯队，会员购买价值同比增长54%，会员渗透率为87%。

·超凡场景大势：7月亲子游旺季来临，研学旅游热度上涨203%，凉爽草原成为避暑热门胜地，精致小团和自然科普路线更受欢迎。

·超凡城市大势：位于北纬48°黄金奶源带的呼伦贝尔，是继淄博、哈尔滨后的又一热门旅游城市，有机牧场享誉世界。

（2）策略制订

·精准定位：借7月亲子游旺季、品牌增长、呼伦贝尔旅游城市大势，精准定位"金领冠超凡乐夏草原"会员活动。

·定制化会员体验：围绕"超凡守护"传播主题，打造亲子溯源游，与安达组合合作拍摄MV大片《超凡守护之约》，利用创新溯源直播等形式进行产品展示和互动，全方位夯实品牌心智，增强会员的归属感和品牌认同感。

·多渠道媒介传播：利用小红书、微博等社交媒体平台进行话题预热，结合明星ID、开售攻略图文、多形式推广的传播形式，配合运用优质达人资源、平台资源，全方位展示产品功能点，引导用户购买。

·销售激励与转化：通过会员限定礼盒、加赠礼等权益设置，激发会员购买欲望，促进销售转化。

3.创意动作与媒介策略

（1）创意动作

·超凡溯源：定制呼和浩特＆呼伦贝尔两条亲子溯源游路线，让新老会员亲身体验金领冠产品的纯净源头，增强品牌信任感。

·超凡MV大片：特邀草原文化瑰宝的代表安达组合对品牌经典单曲《守护》进行全新改编，沉淀品牌独家音乐营销资产，并邀请安达组合拍摄《超凡守护之约》限定版MV，同时，官方和达人在社交媒体"打call"宣传，引爆7月超级会员日超凡溯源。

·超凡礼遇：为会员提供定制溯源礼盒及赠品，提升会员满意度。

·超凡直播：创新溯源直播、慢直播及草原音乐会等形式，多维度展现产品特性与品牌魅力，实现销售与口碑双提升。

（2）媒介策略

·社交媒体矩阵：在小红书、微博等社交平台构建多维度、多层次传播矩阵，通过明星ID、KOL定制礼盒"种草"、UGC溯源招募征集、站内开屏首焦①等多种内容投放形式，

---

① 首焦，"首页焦点图"的简称。

实现品牌信息的广泛覆盖和深度渗透。

·内容创新：结合年轻父母的消费偏好和情感需求，创作富有创意和感染力的内容素材，提升内容的传播力和转化率。

·精准投放：利用大数据分析工具，对目标用户进行精准画像，实现广告的精准投放和效果最大化。

4.传播规划

蓄水招募阶段，通过站内招募页面并结合6·18大促打榜，有效招募新老会员；预热阶段，发布预售攻略与溯源先导片，引发会员期待；接近爆发阶段，发布定制MV大片《超凡守护之约》，品牌官方及达人转发预热，头部KOL助力，引爆会员日溯源话题；爆发阶段，品牌多渠道发布开售攻略，达人ID视频"打call"超级会员日大促，KOL充分扩传大促信息。

项目执行

1.蓄水招募阶段

站内上线呼伦贝尔亲子溯源游招募页面，对老会员进行溯源招募，同时，上线呼和浩特溯源招募小程序，借势6·18大促对新会员开启打榜招募，并发布"超凡草原乐夏"溯源先导片，预热亲子游。

2.预热阶段

品牌官微、公众号发布会员日预售攻略长图，预热会员日定制的超凡礼赠、独家预售专享福利、超凡溯源直播。品牌官方发布爆点大事件物料，重磅预告会员日合作安达组合MV大片、呼伦贝尔&呼和浩特亲子溯源游、新老会员独家定制好礼、超凡溯源直播等惊喜。

3.接近爆发阶段

品牌官方全平台发布《超凡守护之约》限定版MV，邀请头部KOL转发扩传，引爆7月会员日超凡溯源，助力会员日活动话题爆发。

4.爆发阶段

品牌官微、公众号等多形式发布会员日开售攻略长图，预热会员日开售专享福利、超凡溯源直播、慢直播、专家直播及草原音乐会线下直播大事件等。官微发布达人会员日ID视频，"打call"会员日超凡溯源季，预告会员日超凡回馈福利，为会员日大爆造势。

项目评估

金领冠×天猫品牌超级会员日，全渠道聚合声量品牌传播，实现亿级曝光，以四重升级焕新营销事件制胜母婴营销品效角斗场，完成会员日资源的最大释放，多个关键指标均取得显著增长，展现了品牌强大的市场号召力与消费者的高度认可。

活动期间，金领冠的爆品奶粉以强劲之势突围，领跑细分品类，成功刷新了"超高端+"

奶粉成交高度。店铺成交GMV突破千万元大关，成交金额同比飙升39%，会员成交人数也同比增长58%，完成了对潜在会员的有效激活和转化。

与安达组合共创的草原限定版音乐作品《守护》，不仅为品牌积累了独家音乐营销资产，更为后续的行业合作树立了新的标杆。《超凡守护之约》限定版MV，全平台曝光量超5000万次，互动量超100万次，实现了品牌声量的巨大飞跃。配合优质的达人资源在小红书、微博等社交媒体平台的话题预热与"种草"，以及明星ID加持的爆品图文推广，形成了多渠道、多形式的内容曝光矩阵，实现了本次活动全域曝光量破亿的好成绩。

金领冠与天猫联合举办的品牌超级会员日活动，精心策划了12场超凡溯源直播，全方位展示了奶业的品质生产力，不仅增强了消费者对金领冠品质的信任，更通过直播的即时互动与深度讲解有效实现了潜在会员转化。特别是草原音乐会直播大事件，以其独特的场景设置与高质量的视听享受，吸引了超过22万名观众在线观看，直接引导成交量超77万元，充分展现了直播营销在激活市场潜力方面的巨大能量。会员日的创新直播更是多次登顶天猫母婴榜小时/总成交额，这一系列专业且富有创意的直播活动，不仅提升了金领冠的品牌形象，更为其带来了可观的销售增长，为母婴行业的营销创新树立了新的标杆。

亲历者说 蒲奕初　内蒙古伊利实业集团股份有限公司金山分公司营销经理

我们深知要触动会员消费者心智，必须创造独特且更深刻的情感联结。因此，创新性地携手草原传奇安达组合，共同孕育了音乐资产草原版《守护》，这不仅是一首歌，而且是金领冠品牌理念与草原纯净之美的完美融合。《超凡守护之约》MV的诞生，更是将这份情感推向了高潮，我们希望通过这支MV，让消费者感受到金领冠奶粉背后那份源自大自然的纯净力量，以及对宝宝成长的无尽关怀。

案例点评

> **点评专家：胡文娟　元气森林副总裁**
>
> 金领冠属于婴幼儿奶粉，品牌方巧妙借势亲子游活动，为品牌开启溯源之旅。在这个过程中，用愉快的方式完成宣传品牌高品质和直接转换销售两个任务，一箭双雕。与宣传销量第一、渗透率多少等干巴巴的数据相比，亲子游更能引起消费者情感共鸣，溯源可以让消费者感受品牌的开放透明，会增加用户黏性，可以说这是一场有价值的"围炉"营销，用温暖和轻松的方式收获了消费者的好感。

喜临门40周年"更新好梦"电商营销项目

执行时间： 2024年3月1日—4月30日

企业名称： 杭州喜临门电子商务有限公司

品牌名称： 喜临门

代理公司： 北京青藤科技股份有限公司

获奖类别： 2024金旗奖最具公众影响力电商战役营销金奖

项目概述

2024年喜临门推出了40周年限定款新品白骑士——喜礼床垫。喜临门锁定以抖音为核心的转化平台，通过一场电商营销战役，打造品牌在平台的流量焦点，帮助喜临门传递40周年的品牌价值和成绩，用年轻化的方式和资源传递年轻焕新的品牌形象，快速实现40周年新品喜礼的销售提升，完成品牌40周年抖音营销品效合一的目标。

项目策划

1.目标

基于喜临门40年技术积淀和品牌初心，结合喜礼新品在支撑、舒适、除菌等方面的核心产品竞争力，在抖音平台打造流量爆点，提升品牌和新品的曝光，实现新品销售转化。

2.洞察

（1）消费洞察：失眠焦虑、腰酸背痛、久坐带来的腰椎不适等亚健康症状，使当下年轻用户对于床垫的使用需求发生变化，他们需要更具有针对性的产品来改善睡眠质量。

（2）品牌洞察：喜临门虽然给大众留有"老牌子"的印象，但没有停滞不前，而是一直致力于新功能、新科技、新品类的研发，持续给用户提供更优质的产品体验。

（3）产品洞察：喜临门在产品力上一直主打"深睡床垫"，为用户的"好梦"提供强有力的保障，成为广大用户的"守梦人"。

3.策略

以抖音为主阵地，前期流量精准有效覆盖，后期以抖音开新日的大场直播做紧密的销售转化承接；小红书、微博作为外围话题引流平台，与高热度艺人话题结合，提升话题讨论度和品牌曝光度。

选择高流量演员作为资源加持，邀请明星作为深睡头号玩家，开启一场穿越40年时光的深睡之旅，为国民更新亿万好梦。以玩家通关的方式，逐一解锁品牌40年关键词及新品喜礼的产品价值点。

4.传播规划

（1）前期：在抖音平台，以明星的深睡之旅为主线，预埋内容并引流，聚集关注；在微博平台，联动品牌蓝Ｖ打造深睡联盟，提高微博话题热度、粉丝互动率。

发布明星悬念短视频、明星预热口播短视频、明星直播创意预热短视频。

（2）中期：4月14日抖音开新日bigday直播，明星作为深睡头号玩家现场通关，现场的视觉美术以时光元素贯穿呼应，通过温暖明亮的基调打造沉浸式直播氛围。在游戏环节，通过时光胶囊解锁带出任务，完成产品互动体验，将喜礼产品的分区、强支撑、除菌透气、亲肤等功能，以综艺互动闯关方式一一呈现出来；直播过程中实时互动、粉丝远程连线，保持直播间高黏性和高互动率。明星专场直播结束，衔接品牌专场带货直播，高效承接明星直播的流量高峰，实现从话题、流量入口到产品兴趣、产品"种草"转化的高效闭环。

（3）后期：明星晚安语录、明星热梗素材二次传播，在抖音做长尾发酵；微博平台做收官内容发布，热度持续升温；小红书平台达人"种草"，蓄力长尾的产品转化。

项目执行

1.项目进度

3月初启动，3月中下旬确定资源，3月底制作完成方案及内容，前期宣传物料率先发布上线，4月14日直播bigday执行，直播素材二创2周左右。

2.团队配置

执行团队分为内容组、媒介组、线下执行组、舆情应急小组。

3.控制与管理

（1）舆情管理：本项目选择大热明星，正值影视剧曝光高峰期，粉丝流量巨大，针对品牌发布内容以及直播当天的互动效果，制定舆论管控预案，从话题引导、评论引导、互动引导等方面做了细分预案；化流量为销量，撬动粉丝效应，但同时，避免狂热粉丝的过激言论在平台造成的负面品牌影响。

（2）沟通管理：投入制作执行的周期非常短，因此，项目对甲方、媒介、执行供应商的协同高效要求极高，通过高频多方沟通会、扁平化的头脑风暴＋决策会议，提升沟通和决策效率，保证项目的顺利推进。

项目评估

1. 效果综述

传播层，全网曝光量超4亿，微博#更新好梦#话题当天破百万，3700多个UGC内容产出；销售层，销售额达262万元，活动期总GMV达成4930万元。

2. 受众反应

新品首发当天，晚安语音词条流量暴增，受众自发剪辑二创的直播素材，在微博、小红书、抖音等平台自然流量破百万，外围营销号自然转发率较高；实现粉丝群体、目标群体、消费群体在传播层面的破圈和拓客；抖音开新日电商直播，明星专场互动量超5万次，带货直播全周期互动量超50万次。

3. 市场反应

新品首发销售量突破1400件，4月14日新品首发全店爆发系数达927%；活动期货架场爆发系数创喜临门入驻抖音平台以来最高，高达3009%，货架场目标达成率达102%。

4. 媒体统计

全网百余家媒体、账号主动转发#更新好梦#的高能视频片段，从家居达人账号到新闻热点账号，全方位覆盖；营销案例类网站自发收录成功案例。

5. 项目亮点

（1）在品牌年轻化升级方面，具有时代感的品牌，选择娱乐话题热梗炒作等营销方式，更符合当下传播环境，提升了品牌年轻活力，也给40周年的新产品提供了极大的曝光流量。

（2）在新品的卖点展示、销售力提升方面，直播当天明星以"40年深睡时光之旅的超级玩家"身份做客直播间，在综艺式地解锁喜临门新品床垫各大功能体验之后，通过古法睡姿、盲盒破解、拼图解锁、晚安语音几大看点保持直播间流量，也通过现场实验、明星现场试睡互动直观地展示产品卖点，极大地带动了消费热情。

（3）在创意互动和网感内容打造方面，直播过程中现场连线粉丝的晚安语音成为全场亮点，"温柔版深睡晚安语音""东北话深睡晚安语音"被网友自动转发，从"商业直播"内容转化为"互联网内容"，经过二次发酵，产品成功持续曝光。

（4）在长尾"种草"转化方面，明星直播后，小红书、抖音产品测评体验等"种草"内容迅速上线，以更新好梦爆款产品为引流切入，结合话题热点，将兴趣人群快速往消费决策链路转化。

亲历者说 李璐　北京青藤科技股份有限公司创意策划

好的结果需要天时地利人和。在抖音电商讲新品简单，但要兼顾品牌40周年、抖音生态调性、新品"种草"价值多个命题，挑战还是很大的。因此，我们回到了传播的终点——内容性上去思考，先从热点着手，当明星的名字一出现，#为亿万国民更新好梦#就跃然纸上了，品牌、产品、看点，都有了！喜临门、明星都是更新好梦的造梦人，用一场探索之旅，用年轻的玩家心态，去感受40年时光里的深睡梦境。最重要的是资源的契合以及落地，让直播里贡献了很多互联网名场面，到现在还能看到品牌和产品被网友打趣讨论的内容，成就感满满。

案例点评

点评专家：董斌　科大讯飞品牌市场中心副总经理

这是一个亮点丰富的案例。案例整合了明星代言、社媒"种草"、直播带货等营销手段，营销组合运用得合情合理，实现了整体"品效合一"。从明星代言来看，喜临门作为一个拥有40年历史的品牌，需要借助年轻流量触达年轻用户，邀请明星作为代言人，为国民#更新好梦#。在媒体组合上，以抖音为主平台，微博则承担话题扩散和互动的功能。活动借一场电商直播推向高潮，明星以"40年深睡时光之旅的超级玩家"身份做客直播间，商业直播转化为具有社交属性的明星互动，实现了用户自主传播。在营销目标多元的背景下，实现了流量、品牌、销量的多方共赢。

GOLDEN
FLAG
AWARD
金 旗 奖

2024
—
金旗奖最具公众影响力
短视频营销金奖

经典验方的现代转身 —— 胆宁片溯源探秘之旅

执行时间：2023年9月1日—2024年3月31日

企业名称：上海和黄药业有限公司

品牌名称：上海和黄药业有限公司

代理公司：上海派美瑞公关顾问有限公司

获奖类别：2024金旗奖最具公众影响力短视频营销金奖

项目概述

和黄药业出品的胆宁片以多种传统中药材为原料，通过科学配伍制成，旨在为现代人的健康提供保障。

本项目以溯源拍摄+科普的形式，走访并记录和黄药业位于四川川北、山东平邑和浙江衢州三地的中药材种植基地，探索胆宁片七味药材中的四味药材 —— 大黄、山楂、陈皮和青皮从种植、采摘到加工的全过程，展现传统中医药文化与现代科技。

项目策划

1.项目背景与目标

当前社会，中医药文化正逐步受到全球的关注。和黄药业致力于中医药的传承与创新，希望通过本次科普视频项目深入展现中医药文化的博大精深，同时，提升公众对中成药的认知，通过展现和黄药业对药品质量从源头到生产全流程的严格把控，进一步提升品牌公众曝光度。

2.内容策划

（1）山楂系列篇：《当加国枫叶红遇到中国山楂红》

· 寻药之旅：山东平邑站

用视频展示胆宁片主要成分 —— 山楂的特点和用途，呈现中成药现代化生产与管理，以及古老药方的前世今生。

（2）陈皮、青皮系列篇：《千橘尽成陈，香随青史传 —— 陈皮、青皮篇》

· 寻药之旅：浙江衢州站

陈皮与青皮不仅是家庭日常的一部分，也是胆宁片的重要成分，视频由老陈家三代种植椪柑的故事徐徐展开，展现标准化生产和国际化视野，以及和黄药业让这一传统药材焕发新生、远销海外的作为。

（3）大黄系列篇：《匠心独运，造就药中将军》

· 寻药之旅：四川北川站

大黄历经5年才能入药，是胆宁片的关键成分。视频讲述了在四川北川，当地人对大黄进行挖取、筛选、清洗、切片、烘干等一系列传统的药材加工过程。科学管理和传统工艺相结合，大黄从田间地头被加工成药材，并在现代化的生产线上制成胆宁片，最终远销至国外市场。

3.情感共鸣

系列视频通过细腻的镜头语言和深情的叙述，将中药的生长环境、传统种植技艺与现代制药技术相结合，展现了中药文化的深厚底蕴与时代活力。无论是山楂的"中国红"，还是陈皮、青皮的世代传承，抑或是大黄的匠心独运，都在诉说着中药背后的人文故事和匠人精神。视频通过讲述药农与药材的不解之缘，传递中药与人们生活紧密相连的信息，触动观众心中那份对于传统文化的认同感与自豪感，同时，激发人们对现代中医药发展的兴趣与信心。

4.专业性与可信度

邀请中医药医学专家解读中药药材生长、挑选、功效及"君臣佐使"的作用，食品药品检验研究院专家讲解药材成分检验，药材基地药农及工作人员展现日常种植、采摘、挑选、加工过程，充分展现并保证内容的真实性、科学性和专业性。

此外，视频展示了和黄药业在药品研发、生产、质量控制等方面的严格标准与先进设备，进一步增强和黄药业的专业性。

5.效果评估

通过观看量、点赞量、评论量等数据指标，评估视频的传播效果；通过评论互动等方式，了解观众对视频内容及品牌形象的认知与评价；根据评估结果，对后续宣传项目进行优化与改进。

项目执行

1.项目进行前期：进行中成药知识学习，了解道地药材和产区

与药材基地员工、医药专家等进行电话及书面沟通，并参考、阅读相关资料进行前期的科普及材料收集整理。

确定具体拍摄时间地点、拍摄行程及跟片人，邀请专家出席，药材基地帮忙找视频所需角色，提前为拍摄做好准备。

2.项目进行中期：脚本创作

确定脚本故事方向，脚本创作，内部反馈，脚本修改，脚本确认及出分镜脚本，完成

准备、拍摄、剪辑、剪辑调整、成片等环节。

文案负责人员整理意见，给出多个脚本故事方向，然后会议讨论确定脚本故事大致方向。

内审并确认脚本后，导演及文案负责人员共同根据终版脚本整理出分镜脚本，用于拍摄，并一一整理角色脚本，预订机票、酒店和车，确认视频角色。

3.项目收尾期：进行成片发布，传播推广，传播数据监测

成片上传至和黄药业官方媒体及合作媒体；在企业内部群转发、朋友圈转发分享等；在内外部相关大会上发布。

项目评估

企业视频号发布的视频吸引了更多观众，播放量和转发量较以往科普视频显著增长。用户反馈大多积极，认为视频内容丰富、形式新颖、易于理解，提升了对中药文化的认知和兴趣。同时，视频也显著提升了和黄中成药的品牌形象，消费者对品牌的信任度和好感度有所增加。

和黄中成药溯源科普视频项目是一次成功的尝试，通过视频形式生动展示了中药产品的生产过程和质量控制体系，传播了中药文化的魅力和价值，有效提升了品牌形象和消费者信任度。

亲历者说 胡耀钧　上海和黄药业有限公司总裁

"创新传统中药，服务健康中国"是和黄药业一直秉承的宗旨，创新精神深深刻在每一个和黄人的基因里。除了做药，我们坚持出品更优质的科普内容，回报社会。后续，我们将继续聚焦中医药的疾病科普和患者教育，还将更多地融入文化、生活方式等元素，以更贴近现代大众的需求和关注点。我们相信，创新的内容形式不仅有助于我们传播中医药的现代化进程，也能够更好地与公众沟通，提升品牌的社会责任感与行业影响力。

甘凤轶　上海派美瑞公关顾问有限公司总经理

接触承载中华智慧的中成药溯源项目，提高了我对中药文化的认知。溯源之旅中，每片叶子、每株草药背后故事的生动展现，让我深入了解人与自然和谐共生，将大自然馈赠转化为宝贵资源。作为亲历者，我见证了中药企业的匠心与对药材的严谨态度，这深深触动了我的内心。这段经历赋予我使命感——传承与发展中药文化。我体会到了现代传播对中药文化推广的重要性，只有让更多人认可这份智慧，才能焕发生机。展望未来，我希望能以微小的力量推动中药文化前行，为健康中国添砖加瓦，让文化遗产照亮健康之路。

案例点评

点评专家：张洁　金科股份华东大区品策总经理

本案例以创新传播策略构建中医药文化立体叙事，在创意、形式与效果层面均有显著突破。

在传播创意维度，项目跳出传统纪录片框架，构建"科技＋人文"双线叙事。将道地药材的物理属性与文化属性深度融合，形成既有数据说服力又具有文化感染力的复合传播符号。

在形式创新层面，首创"工业旅游＋科普教育"的沉浸式传播矩阵。通过360°全景工艺流程短片，实现古法炮制与现代车间的时空对话，利用多媒介融合策略，既保留了传统纪录片的知识深度，又具备新媒体传播的交互特质。

在传播效果方面，项目实现从流量到信任的价值转化。播放量与转发量的倍增印证了内容的强吸引力，为中药国际化构建了"可验证的质量叙事＋可感知的文化认同"双重信任体系，树立了行业创新标杆。

新红旗HS5创意视频项目

执行时间：2023年3月1日—6月30日
企业名称：一汽红旗汽车销售有限公司
品牌名称：一汽红旗
代理公司：北京百孚思广告有限公司
获奖类别：2024金旗奖最具公众影响力短视频营销金奖

项目概述

2023年新红旗HS5改款上市，该产品缺少舆论关注度，产品存在认知不足的问题，需在上市期间建立产品标签认知，夯实核心的产品优势，实现声量大幅突破。新红旗HS5，汲取东方美学，不仅带来更好的用车体验，也让体悟其中的国人获得更大的信心，乃至更强的内心。

项目策划

本次合作为红旗汽车首次和国粹京剧联合呈现，有机会弘扬民族传统文化并打造#国车 × 国粹#话题热度。京剧本身是高雅的艺术，既符合近年来对于传统文化弘扬的主旋律，又有利于呈现品牌质感和调性：产品力强的特点；与竞品相比存在优势的亮点；改款受关注的焦点。

项目执行

1.安全守护：主动制动"对峙篇"

两个武生从舞台两侧向中间连续翻跟头，翻跟头镜头衔接新红旗HS5车轮转动镜头。

快速翻动间，眼看就要相撞，武生突然止住动作，近距离对峙。此时，镜头特写新红旗HS5在一辆自行车面前停住。

2.精妙操控：2022中国十佳底盘"泼墨篇"

老生举着巨大的毛笔，时快时慢地舞动。只见地上写出一个非常流畅的草书字"强"，新红旗HS5应对不同路段，犹如老生手中的毛笔般收放自如。以平行剪辑的手法，将两者融为一体。

3.智慧科技：支持连续指令"发令篇"

扮作武将的老生扔出1枚"令牌"，一个小兵听令而去。老生随后连续扔出2枚"令牌",两名小兵听令而去。老生一次性扔出多枚"令牌",道"你好红旗"。新红旗 HS5 车内,旗偲 1.0 智联系统回答指令。

4.中式美学:最新家族语言"化妆篇"

武生对镜化妆,镜头展示红旗 HS5 车身腰线。武生用毛笔在印堂处纵向画一条红印,红光闪耀前旗标灯。高底靴落地,"红旗之翼"迎宾光毯亮起。武生出场摆定姿势,身后新红旗 HS5 车灯亮起。灯光映照下,呈现东方美学姿态。

项目评估

新红旗 HS5 上市产品视频,跳脱出传统的广告化思维,首次以国粹京剧的创意呈现,多平台发酵,内容破圈,总曝光量超 10 亿次。

亲历者说 李响　北京百孚思广告有限公司 高级客户经理

本次合作是红旗汽车与国粹京剧的首次结合,既弘扬了民族传统文化,又完美诠释了新红旗HS5的产品优势。

案例点评

点评专家:张辉　亚虹医药企业传播及公共事务总监

新红旗 HS5 改款营销案例以"国车×国粹"为内核,开创性地将东方美学基因注入汽车营销,实现文化价值与商业传播的双重突破。案例精准把握新时代民族文化自信崛起的脉搏,通过京剧艺术与工业美学的深度对话,打造了"国粹技法造车"的独特认知标签,在高度同质化的汽车营销中开辟出极具辨识度的叙事路径。

创意执行层面,4 支短片以武生翻腾隐喻主动制动系统、老生挥毫比拟底盘操控等创意呈现,既保留了京剧艺术的美学高度,又将技术参数转化为可感知的情感共鸣,展现了"文化解码产品力"的高阶传播思维。

超 10 亿次曝光量的背后,是民族文化 IP 与主旋律传播势能的高效叠加。案例不仅重塑了新红旗 HS5 的认知锚点,更通过文化赋能为品牌注入精神势能,树立了本土品牌借力传统文化实现高端突破的标杆。这种兼具商业价值与文化使命的营销创新项目,是当之无愧的短视频营销金奖项目。

GOLDEN
FLAG
AWARD
金 旗 奖

2024
—
金旗奖最具公众影响力
娱乐营销金奖

畅玩来电用超霸

执行时间： 2023年7月1日—12月31日
企业名称： 东莞超霸电池有限公司
品牌名称： GP超霸
代理公司： 广州阿海德数字科技有限公司
获奖类别： 2024金旗奖最具公众影响力娱乐营销金奖

项目概述

GP超霸电池是港资老品牌，在海外市场强势但在内地市场认知较低。2023年，GP超霸碱性电池新品上市，具有超长续航、电量升级200%的特点。然而，内地电池市场早已被头部品牌占领，且电池耐用换电需求低，用户感知弱，用户很少日常囤货电池。

行业曝光率低，传统电池品牌如何破圈、如何提升品牌销量？

该项目面临以下挑战。

挑战1：行业寡头占据80%市场份额，急需找准高频换电增长人群。

挑战2：内地市场已被行业寡头占领。

挑战3：如何把"超耐用""很环保"的核心卖点打出去？

项目策划

项目洞察总结：玩得起才拿得下，得年轻人者得天下。

洞察1：年轻家庭才有高频换电池需求 —— 大多数家庭平时不储备电池，没电才想起。只有年轻家庭才会为孩童玩具高频换电池。

洞察2：演唱会经济爆发，市场红利新蓝海 —— 演唱会经济集中引爆演出应援场景换电需求，荧光棒&灯牌互动场景增强年轻人对电池感知，后援会加速口碑发酵，快速拉动话题曝光。

洞察3：citywalk街拍火爆，CCD相机电池需求旺盛 —— 户外露营/citywalk/多巴胺穿搭引爆年轻潮流，CCD相机/拍立得复古回潮，电池成出街新标配。

非买不可的时刻就是没电的时候，其实用户对电量增强的诉求有非常大的渴望。

基于此，为客户GP超霸品牌撕开一道营销新风口至关重要。

根据各社媒平台流行趋势、各年龄段用户分析洞察、爆款事件综合评判营销风口，最终聚焦年轻带娃家庭为 GP 超霸品牌核心战略人群，年轻群体为核心储备战略人群。再结合社媒热点趋势，将年轻人和年轻家庭的共鸣场景，聚焦于亲子互动、演唱会经济、citywalk 三大年轻风潮新场景。

项目执行

为了巩固家庭基本盘和口碑，GP 超霸以"父亲节"为契机，与 KOL 共创亲子创意互动视频，用 GP 超霸电池 +200% 超级电量，助力亲子畅玩不停歇。

在"父亲节"后，紧接发起 #超来电时刻 场景互动，不论亲子、情侣、兄弟姐妹都能一次玩个尽兴，畅玩每一刻。

在实现新品大曝光方面，锁定顶流明星，在演唱会官宣之际火速与粉丝后援会联动合作。借助庞大后援会力量及明星超级流量，极速达成优质口碑沉淀，将超级流量直接转化为超级销量。

此外，还结合 citywalk 浪潮，以拍立得、CCD 为"种草"场景，推广"超持久 GP 超霸，年轻人出游首选"的信息，吸引"Z 世代"和潮流达人。

项目评估

成功破圈营销，拓展消费人群至年轻家庭及年轻人圈层，成功向年轻人群体强力灌输新品很环保很耐用的信息并提升品牌产品销量；活动实现 12 亿曝光，占领年轻人风潮新场景；活动实现超 2087.5 万次互动，社交平台好评飙升 262%；销售增长 170%。

亲历者说 周迪攸　GP 超霸数字营销经理

"畅玩来电用超霸"营销案例的成功之处是勇于打破行业习以为常的传统广告形式，通过明确品牌年轻人＆年轻家庭的目标受众人群，抓住他们购买电池的需求，进行新社交媒体传播沟通，以小预算投入四两拨千斤，实现了品牌曝光与产品生意的双向收割，更是行业创新之作。

案例点评

点评专家：赵晖　爱奇艺市场与公关副总裁

电池这个品类很传统，在日常生活中司空见惯，用户对其并没有太多新鲜感。这个案例的成功在于，对年轻用户群体的生活习惯进行了清晰的洞察，无论是爸爸比孩子更喜欢玩玩具还是年轻人追星，对目标用户来说，都是十分熟悉的场景，既不违和，又能感同身受，因此成功"种草"。这个案例并不只是讲空调、电视遥控器等需要电池 —— 那种场景没有讨论度，而是从更鲜活的角度抓住了亲子和追星，这是一种新颖的表达。

2024年辽宁卫视春节联欢晚会整合营销项目

执行时间：2024年1月1日—2月15日

企业名称：辽宁广播电视集团（辽宁广播电视台）

品牌名称：2024年辽宁卫视春节联欢晚会

代理公司：北京沃姆互动行销策划有限公司

获奖类别：2024金旗奖最具公众影响力娱乐营销金奖

项目概述

2023年辽宁卫视（以下简称"辽视"）春晚为全国观众打造了一台"最'暖'合家欢"晚会。2024年辽视春晚致力于实现IP升级并打造差异化卫视春晚，打造破圈热梗并强化省级晚会口碑形象，从而实现东北地域文化的破圈，展现全民文化自豪感，在春晚大战中突出重围，通过极具辽宁属性的创意，吸引以一、二线城市"90后""00后"为主的泛娱乐人群观看。

项目策划

1.调研与洞察

（1）竞品分析：湖南卫视春节联欢晚会的娱乐属性强、年轻用户关注度高，且节目娱乐化年轻化，嘉宾艺人流量化；天津卫视春节联欢晚会的地域特色强，也是首档以"相声"为主题的春晚，与知名IP强捆绑。

（2）自身拆解：2023年辽视春晚以"新时代·合家欢"为主题，以情入题，以暖动人，强调温暖、温馨、温情。辽代乐舞《散乐图》惊艳出圈，欢乐喜剧特色深入人心，口碑破圈，彰显了辽宁文化，传递了东北精神气质。

2.传播策略

2024年辽视春晚IP强化升级，提出"龙腾盛世中国年"的主题。

（1）Social端策略：重组东北基因密码的共感式营销，宣推节点迎合受众情况，持续渗透辽视春晚印象，打造国民情绪话题，炒热氛围，官方&平台&受众共创仪式感内容。

（2）PR端策略：重点舞台发酵，PR传播输出，持续维护晚会口碑，TOP爆款单品/深度解读双线并行，打造辽视春晚售后"强服务"，权威背书"辽视春晚"特色，强化升级

"辽视春晚" IP。

3.媒介策略

精细化宣发平台，策略"分工"有序：晚会类宣发最重要的两件事是"内容"种草""和"阵地经营"，前者帮助晚会内容迅速突破圈层，覆盖更多用户，后者则带来长尾效应，让晚会内容能够维持热度，拉长生命周期。

4.传播规划与创意

（1）蓄水期：抢占关注（1月12日—24日）

·官方运营活动——花式整活，一站式体验"东北er"的快乐。

1月12日，官方打造2024年辽视春晚心愿墙，释放心愿征集活动长图，提高网友积极性，征集网友心愿，突出"只要你敢想，我们就敢实现"的主题，打造辽视春晚整活概念，增强全民期待感，强势抢占蓄水期话题。

·抖音挑战赛——全民整活，官方回应，线下特色席位等你拿。

利用辽视春晚众多名场面，联合抖音发起挑战赛，结合东北特色洗浴文化，在全国洗浴中心设置特色东北观众席位，吸引更多网友参与挑战，赢得特色席位，邀请网友前来参赛，快速炒热辽视春晚，引发期待。

·节目路透事件——官方花式路透，承包话题。

节目录制期间官博开设#2024辽视春晚辽一下#板块，用辽视春晚小编的视角专门输出录制期间的艺人路透、现场路透等话题，引发网友关注和猜想。

（2）强预热期：特色超车（1月25日—2月7日）

·创意一：官宣但没完全官宣，信息"井喷式"预热。

以"官宣但没完全官宣"的操作释放加盟嘉宾信息，辐射泛娱乐圈层，创造全新预热官宣形式，搅动舆论场，引发用户猜想，玩梗不断，既打造辽视春晚"城会玩"的形象，又加深辽视春晚的群众印象，实力出圈。

·创意二："轰炸式"官宣，阵容亮相，聚力狂欢，成为全网焦点。

2024辽视春晚阵容亮相、晚会倒计时、艺人花絮视频等物料接连发布，密集发力，拔高热度及期待值。

（3）爆发期：热度爆发（2月8日—9日）

·节目单创意：一起开麦，畅聊辽视春晚初、现印象。

制作初印象（看节目前）vs现印象（看节目后）表格物料，在腊月二十九辽视春晚上线前与正式的节目单一同发布。

·官方运营活动："我和2024辽视春晚的合影"。

2024年辽视春晚开播当天，官博向网友征集和2024年辽视春晚的大合影，后续官博制作照片墙视频，并将相册制作出来作为春晚伴手礼。

· 节目话题传播：全视角扩散辽视春晚内容热度。

传播节目向、艺人向、舞台向、城市文化向等多维度话题。

· 艺人互动花絮：想春晚的风还是吹到了辽宁卫视。

将网红路牌"想你的风还是吹到了这里"做成简易的手持立牌，让嘉宾艺人填空："我在××很想××""想×××的风还是吹到了×××"等。

（4）长尾期：口碑升级（2月10日—18日）

· 幕后花絮创意："龙的传人"龙年接力组龙墙。

在辽视春晚后台设置一个"龙墙"（类似签名墙的活动宣传大板，含有空白龙头形状），邀请辽视春晚的嘉宾艺人在小画板上手绘一条"龙"并签上名，同时，写上2024年新春寄语，并让嘉宾将画好龙的小画板贴在辽视春晚的龙墙上，待节目播出后还可随机抽取互动网友，送出艺人签名的手绘龙图。

· 主创连麦事件。

联动《人民日报》等媒体，采访幕后团队，与辽视春晚嘉宾进行连麦直播，分享辽视春晚幕后故事及现场趣事。

· 辽视春晚口碑传播：彰显辽视春晚形象。

将2024年辽视春晚节目及以往出圈节目制成"辽视春晚名场面立牌"，并设置在全国各地的商场，二度强扩散2024年辽视春晚经典舞台的同时，利用路人猎奇心理，卷入更多用户参与，并且强化传播辽视春晚的节目形象。

· 辽视春晚深度专访。

请《人民日报》《新京报》《光明日报》等媒体来到2024年辽视春晚彩排现场或者与之电话连线，深度采访主创团队或者嘉宾，了解2024年辽视春晚背后的故事。

项目执行

该项目于2024年1月初正式开始执行，撰写执行方案、策划创意内容的时候，同步驻组跟进拍摄录制，于2024年1月23日录制完成。

强预热期，不间断释出UGC活动及春晚大集相关预热物料，强化新春氛围的同时，强输出东北地域文化。

1月31日—2月7日为官宣期，1月31日官宣嘉宾阵容，发布采访ID视频物料及倒计时海报。

2月8日—9日为爆发期，释出舞台亮点内容，打造话题并发布年夜饭视频、新年祝福表情包等。

2月11日—24日，《人民日报》专访等，内容推进及PR口碑稿件发布等。

录制拍摄阶段，沟通人员较多且较为分散，在点对点沟通的同时，申请艺人对接负责人；宣推期间，从纸质版汇报沟通到线上工作群汇报再到全程线下沟通，审核推进更加高效。

项目评估

1.项目效果（综述、受众＆市场反应、媒体统计）

2024辽视春晚电视及网络收视率双双夺冠。国家广播电视总局"中国视听大数据"显示，《2024辽宁卫视春节联欢晚会（首播）》在全国网收视率为1.435%，收视份额为5.669%，位列省级卫视综合频道春晚收视率第一；酷云数娱实时数据显示，全国网直播收视率峰值破3.173，全国、34城、52城、55城、71城、29省网全域第一名；欢网大数据显示，全国网、55城双网峰值收视均破3，全频道第一名，晚会开播仅4分钟，全网实时直播收视率破1，25分钟破2，74分钟破3，辽宁本地直播收视率突破28.19%。优酷平台直播观看数据，同时最高在线人数表现创近3年之最，站内热度达5943，热度飙至站内五大榜单第一名。

在微博、抖音、快手、B站等平台，2024辽视春晚收获1115个全网热搜，全网总粉丝量35.47亿个，全网曝光量近18亿次，话题总阅读量超10亿次，海外媒体阅读量破千万；《人民日报》《光明日报》《中国日报》等权威媒体报道点赞，《广电独家》《广电头条》《主编温静》等行业领袖点赞认证；冷淞、单霁翔、张颐武等业界专家撰文热议，积极"打call"；海外达人评论内容发布至YouTube平台，展现辽视春晚的海外影响力；《人民日报》（海外版）电话连麦采访主创团队并发布报道，助力2024辽视春晚圆满收官。

2.项目亮点

官方花式活动拿捏用户情绪，从共情到共创，为辽视春晚蓄热；借势文旅及春运热点话题，强化与用户的情感联系；节目文化氛围拉满，权威人士接力"打call"；热搜破千，聚焦全网视线，多维话题展现辽宁变化；联动社交平台，辐射短视频人群，实现分层场景覆盖；42位嘉宾惊喜联动，强势渗透节目，各平台氛围火热；海外达人走心评论，中国传统文化走向世界；多平台推流，实现流量跨平台扩张，合力助推节目内容；《人民日报》深度采访，点赞认证创作匠心；权威媒体高度关注，盖章文化名片影响力；行业媒体争相报道，多维解读辽视春晚；海内外媒体倾情推荐，传递辽宁文化自信；主流媒体持续报道，全面展示文化魅力。

亲历者说 李青　北京沃姆互动行销策划有限公司项目总监

2024辽视春晚以"龙腾盛世中国年"为主题，将传统文化、地域特色、当地人民的个人生活以及国际视野紧紧联系在一起，传递辽宁声音，讲好辽宁故事，持续向大众传播正能量和引领力，让观众从中汲取勇敢奋进、自强自信的精神力量。传播层面我们以

"聚""拉""引""建"4个核心策略关联实时热点，从而实现内容共鸣、话题破圈，并结合各地美食和城市特色，以节目嘉宾表现为抓手，制造多元话题，辐射不同圈层。整合资源，将不同视角下的城市文化探索与商业赋能结合起来，得到了权威媒体的认同，完善了辽宁卫视的内容布局。

案例点评

点评专家：刘力　京东集团公共关系部高级公关总监

任何成功都是合力的结果，该整合营销项目对辽视春晚发挥了扩大影响力、拉动收视率的重要作用。其成功缘于做好了3件事：一是晚会前持续、高强度输出筹备期的内容物料，综艺类节目的整合营销，最关键的就是在前期持续传播内容物料，这是营销成功的关键一招，辽晚整合营销这件事做好了；二是打造与观众或粉丝丰富、有趣的互动，这让每年一次的营销活动不枯燥，从而让传播产生涟漪效应；三是充分且娴熟运用抖音、快手、微博等渠道，当前整合营销得短视频渠道者得天下，这3个渠道各自特色鲜明，玩法不同，该项目细致运用不同玩法，将渠道势能最大化。其实，以上这3点是所有综艺类活动整合营销的成功秘籍。

海昌独家总冠名西瓜PLAY嘉年华年度盛典营销传播

执行时间：2023年7月9日—8月31日

企业名称：海昌隐形眼镜有限公司上海分公司

品牌名称：海昌隐形眼镜

获奖类别：2024金旗奖最具公众影响力娱乐营销金奖

项目概述

当前"Z世代"逐渐成为消费主力，他们对个性、品质、创新和体验感的追求推动了市场变革。作为深耕隐形眼镜行业数十年的资深品牌，海昌隐形眼镜积极顺应这一趋势，确立年轻化品牌战略，致力于做年轻消费者的陪伴式品牌。

为实现人群资产规模与结构的高价值韧性增长，海昌再次冠名2023西瓜PLAY嘉年华年度盛典。此次活动在2022年成功基础上进一步升级，海昌通过创新娱乐营销模式，强化其行业领先地位，扩大消费者心智影响力。本项目的目标是打造S+级别的营销爆款事件，增强品牌话语权，并深化"专业可信赖、时尚舒适、年轻前沿"的品牌记忆。通过持续的冠名与营销，海昌以娱乐化、互动化的方式拉近与年轻消费者的距离。

项目策划

1.洞察

年轻消费者正以强大的购买力主导市场。相对其他群体来说，以"Z世代"为代表的年轻消费群体更注重个性、品质、创新和体验感。然而，在当今快节奏、高信息量的社会中，"注意力"和"影响力"已成为稀缺资源，传统营销手段因套路化而难以真正打动消费者。品牌年轻化已然成为必然趋势，但这并非简单的包装形象升级，而是一项需要深刻理解年轻人需求、与其进行真诚交流的长期工程。只有真正站在年轻消费者的立场上，用创新与共鸣赢得心智，品牌才能在竞争中脱颖而出，实现长远发展。

2.创意＆策略

海昌精准洞察了"Z世代"消费者对内容价值的关注，深度绑定年轻化流量高地，再次总冠名西瓜PLAY嘉年华年度盛典。通过追光音乐会、体验站台和创作者闭门会等多元化泛娱乐形式，打造了一场持续4天3夜的品牌与创意狂欢与年轻消费群体的走心"交流"互动，实现深度绑定。海昌借此实现与核心消费圈层的心智占领与直接对话，达成情感共振。

此外，在品牌年轻化探索中，海昌通过与西瓜视频平台头部创作者的跨界深度合作，共同打造一系列高质量的视频内容，同时，对活动进行全域范围内的推广传播，进一步提升品牌的市场影响力和用户认知度。在盛典期间，海昌还举办多场与年轻消费者互动的娱乐活动，如主题挑战赛、达人直播打榜等，进一步增强品牌与年轻消费者之间的情感联结和品牌认同感。

3.媒介策略

（1）用户圈层深化

在品牌年轻化战略的价值驱使下，海昌连续两年总冠名西瓜PLAY嘉年华年度盛典，旨在通过重复性、多渠道输出强化品牌文化，逐步渗透年轻用户圈层，加深"Z世代"受众对海昌的品牌记忆和认知。同时，海昌在盛典活动中用音乐会、论坛等当代年轻群体喜爱的方式持续深度"对话"，做年轻群体的"陪伴式品牌"。

（2）营销深度拓展

海昌以娱乐化正能量营销为核心，持续深度撬动用户心智和价值偏好。以更立体生动且具象沟通的传播语境，强化营销本身的品牌赋能，占据生态年轻化品牌战略话语权。包括以创作者闭门会的形式，与当代先锋创作达人进行走心对谈，深化文化关系和影响力，并借由年轻KOL的优质内容来做品牌影响力的有效辐射。

（3）传播广度扩展

以抖音、西瓜和头条平台为主阵地，同时，覆盖小红书、微博、微信等多个流量平台，海昌形成了从预热到爆发再到长尾延续的全域传播体系。全网联动对品牌以及事件进行整体持续高热造势。

4.传播规划

（1）线上多维强势推广联动狂欢，打造S+级爆款事件

本次活动在线上以抖音、西瓜视频为主阵地，对品牌以及事件整体持续高热造势。

在预热阶段，活动上线前为最大化吸睛，设计了2个月的预热营销活动，具体包括定制平台热榜话题曝光、邀约优质达人合作拍摄产品视频、设置各大头部平台开屏广告、定制UGC追光视频频道等，并开启独家线上PK赛道等进行提前造势，形成流量蓄水。

在活动期间，全程直播盛典精彩现场。同时，邀约西瓜视频创作者进行创意合作和直播打榜互动，讲述自己的"追光故事"，吸引无数用户和众多顶级流量创作者与海昌达成精彩的内容联动。

（2）深度内容与多样形式传播结合

通过媒体组合拳与官方多渠道发布，强化品牌行业领军地位和年轻化形象。

·媒体覆盖与全域扩散：百家媒体内容同步扩散，官方平台通过微博、小红书、微信等渠道放送盛典内容，精准吸引年轻用户关注，助力品牌破圈传播。

·灵活内容配置：稿件灵活配置更多契合品牌活动造势标题，优化搜索引擎表现，并增强各平台首页推荐权重，提升品牌曝光。

·行业深度报道：联合专业媒体，深度剖析活动亮点与行业意义，激发业内思考与认同。

·多样化传播形式：官方渠道以"图文＋视频"的组合"直播"，提升用户关注兴趣；采用海报、长图等形式复盘活动亮点，增加社交传播生动性、趣味度。

项目执行

海昌围绕"追光拾野 演绎真我"双向传播主题输出品牌年轻化文化，围绕有温暖有态度的核心观点，深化品牌价值观和品效夯实的成长之路。

在项目预热期，以平台热榜话题大曝光助力多次直播，陆续释放盛典信息，引发全民讲述"追光故事"、瓜分万元奖励赢上岛名额热潮，配合剧情、美妆多维度达人KOL预埋，打造全平台创作者盛事，各大头部视频平台开屏广告、线下大屏、定制UGC视频形成全渠道差异化物料铺设，形成流量蓄水。

在项目爆发期，4天3夜的创作者沉浸式盛宴，集创作者闭门会、金秒奖颁奖暨西瓜PLAY年度盛典、"海昌·追光拾野"主题打卡体验空间、追光音乐PARTY于一体的极致盛宴，让参与者在创意休闲娱乐中激发灵感，在盛典上见证荣耀、在体验区场景互动，在海风与音乐中回归自然，以全程直播展现营销4.0时代的产品别样体验，为大众缔造虚实共生的沉浸式互动"乐土"。

在项目复盘期，长尾延续活动热度，对海昌年轻化战略进行深入阐释和内容升华，对现场活动亮点进行呈现，借势年轻人更感兴趣的话题点的软性营销方式突围品牌传播。

项目评估

海昌与西瓜视频的第二次"携手"，借力娱乐化正能量营销深度撬动用户心智和价值偏好，实现从人群资产规模到人群资产结构的复合性高价值韧性增长，建立了品牌价值高地。

1.受众反应

西瓜视频庞大的年轻用户基数与海昌年轻化战略高度契合。通过冠名西瓜视频盛典以及多样互动活动，海昌与用户实现深度交流，不仅拉近了与年轻消费者的联系，还展示了品牌年轻化、时尚化的形象。这种战略的实施让海昌得以吸引更多年轻消费者的关注和喜爱，实现用户圈层的破壁深入。

2.市场反应

海昌突破往年与用户的"社交关系"再次沉淀进化，与大众"文化关系"形成纽结，围绕"追光拾野，演绎真我"的主题，通过4天3夜的精彩内容，促成了更深层的沟通，实现了海昌隐形眼镜年轻化品牌战略的自我韧性增长。

3. 数据统计

· 项目曝光量：整体曝光量超138亿，强势覆盖目标人群，全面提升品牌声量。

· 抖音热度：话题曝光量达11.9亿，引发强烈关注。

· 线上参与人数：突破4000万，吸引了海量用户参与互动，展现了海昌与年轻消费者深度互动的吸引力。

· 品牌搜索指数：环比提升27.36%，显著提升品牌在线热度。

· 品牌5A人群资产：总资产环比提升24.66%，海昌核心消费用户结构优化升级。

· 媒体传播覆盖：二次传播共计扩散268篇次，覆盖超260家门户媒体，横跨覆盖微博、微信、小红书等多元社交平台，实现全面传播扩散效果。

4. 项目亮点

（1）持续聚焦用户有效破圈：海昌重复多次地以年轻用户喜好的渠道和泛娱乐化方式输出年轻化品牌形象和文化，加深新世代受众对海昌的品牌记忆和认知。同时，海昌在盛典活动中用音乐会、论坛等当代年轻群体喜爱的方式持续深度"对话"，既是与平台KOL和受众实现共同成长，更是为新兴创意内容提供支持助力，做年轻群体的陪伴式品牌。

（2）深度内容构成走心营销：连续两年独家总冠名借力娱乐化正能量营销，持续深度撬动用户心智和价值偏好。

（3）全面布局实现广泛传播：以抖音、西瓜视频和头条平台为主阵地，同时，覆盖小红书、微博、微信等流量平台，以预热、爆发、长尾延续串联整个传播线，全网联动对品牌以及事件进行整体持续高热造势。

亲历者说 张守陀　海昌隐形眼镜高级副总裁

当前，传统的品牌营销增长路径逐渐面临失效，博弈局面愈发凸显，如何开启可持续的韧性增长新周期，真正融入新生代消费者圈层，是所有品牌面临的共同课题，而总冠名西瓜PLAY嘉年华年度盛典为海昌提供了与目标消费者深度建联沟通的合适契机。

在这里，我们和万千优秀的创作者共同见证了备受用户喜爱的内容如何诞生，并深度参与其中，以此为新世代消费者提供更具温度和灵感的品牌体验。在不断变化的经济形势和市场格局中，海昌也将强化内生力和深耕内容力，持续迭代品牌年轻化战略部署，探索国民品牌新质生产力的可持续发展之道，为更多中国消费品牌提供具有借鉴价值的破局增长新思路。

案例点评

点评专家：张辉　亚虹医药企业传播及公共事务总监

案例以"陪伴式品牌"为内核，精准捕捉"Z世代""内容价值消费"的核心诉求，通过娱乐化营销的深度创新与全域布局，成功构建了品牌与年轻群体的情感共生关系。

案例以"追光拾野·演绎真我"为主题，跳脱传统赞助逻辑，通过西瓜视频平台的年轻基因与泛娱乐生态，打造了"追光音乐会""创作者闭门会""主题体验空间"等沉浸式场景，将品牌植入年轻人热衷的创意、社交与娱乐场景中。其核心策略不仅在于流量收割，更通过"共创内容"和"文化对话"实现价值共振。

项目亮点在于战略定力与创新锐度的平衡：连续两年冠名深化品牌印记，借势平台生态构建"陪伴感"；以文化共鸣替代单向输出，用年轻化语言重构"专业可信赖"的品牌内核。这种既抓流量红利又筑心智护城河的策略，让海昌在隐形眼镜赛道中给消费者树立了"年轻化领军者"的强势认知，其以娱乐为载体的品效协同模式，为娱乐营销提供了优秀的案例。

杰出的offer —— 启源带你见杰伦

执行时间：2024年4月5日—7月31日

企业名称：中国长安汽车集团有限公司

品牌名称：长安启源

代理公司：北京浙文天杰营销科技有限公司

获奖类别：2024金旗奖最具公众影响力娱乐营销金奖

项目概述

长安启源面临品牌初创阶段知名度不高和市场环境不利的境遇，需要解决增强品牌影响力与提升ROI的双重问题。这两个问题看似相互矛盾，但项目组通过深入了解目标受众的喜好与特征，洞悉到通过"品牌代言人"将传播力最大化成为解决问题的关键。

同时，为了克服单一信息长期传播造成的受众注意力失焦问题，并进一步拉长品牌传播热度，通过多频次事件话题打造，形成脉冲式持续传播，实现品牌关注度与讨论度始终处于高位。

项目策划

1.目标

在长安启源"品牌知名度尚未打开、产品价值'种草'不足"的大背景下，通过"超级IP流量加持、全民偶像带动效应"快速破局，实现品牌"曝光度、知名度、美誉度"全面提升，赋能产品，助力转化。

2.消费者洞察

千禧一代成长于互联网时代，他们追求个性化、多元化的生活方式。对于品牌互动有着更高的期待，渴望成为品牌故事的一部分，获得独特的体验和情感共鸣，愿意为与自己价值观相符的品牌买单，同时，也注重产品所带来的体验和情感满足。

3.核心创意

项目成功将一个IP放大为多个"IP级事件"，成功打破代言人TVC上线前无着力点的尴尬境地，创新通过权益预释放卷动全网参与，扩大全网关注度；同时，通过"侧拍＋并线原创"等加持动作，在广告、泛娱乐、话题、公关事件多维度充分撼动受众；通过粉丝、地域等特有因素增加资源独特性。更值得分享的是，一系列动作为"代言人"与"品牌自有大V"产生了密切联合与互相引流。

全链路破圈，三阶激活共赢，充分利用明星影响力，以全周期链路营销，拉起关注度破局，助力品牌向上。

（1）用户共鸣，强卷入。春节借势宠粉互动"杰出的offer"海选，促进粉丝及互联网关注力增强。

（2）爆点事件，强代入。微电影《启源时光机》全网首映宣发，借势打造启源顶级流量。

（3）多元发酵，强扩散。热点话题打爆多维度，持续扩散话题声量。

4.传播策略

（1）高流量阵营强爆破：以腾讯视频、微博、抖音、快手等高流量平台为渠道主阵营。

（2）自媒体矩阵强发酵：紧贴代言人热度话题，以车主、粉丝为原点的同时，融合更多自媒体资源，助力全网发酵。

（3）线下商圈体验强辐射：线下通过热门商圈、标志性建筑等增加现场体验感。

项目执行

1个超级IP、1部微综艺、1支微电影，三波热浪层层递进，助力事件热度持续飙升。

"杰出的offer——启源带你见杰伦"金曲大赛"真人秀"，将金曲大赛打造成为记录全程的微综艺栏目，直通代言人新作品出演，实现网友亲见偶像的愿望。

"杰粉请上车"代言人演唱会外围应援事件，2场线下应援活动充分联动粉丝、当地资源，展现品牌与代言人的"宠爱"关系，增强品牌热度标签。

·品牌大咖团：自有大V天团助力启源带你见杰伦社交话题打造，包括社交平台发起招募、代言人躬身入局撼动粉丝圈层、代言人出席"真人秀"综艺等。

·音乐粉丝团：代言人演唱会营销，包括品牌产品登陆演唱会，打造最强应援团；全民金曲挑战赛，App+直播+综艺+杰伦见面，一唱打通。

·经销商转化：打造购车季留资促单，包括终端促购话术、全民偶像形象物料赋能；购车用户直达演唱会现场；赠送车主真香好礼。

·娱乐话题裂变：娱乐八卦媒体花式话题吸睛。

项目评估

整体项目达成总曝光量40亿次，互动量超1000万次，24小时关注度超10万的品牌声量传播，以及2024年交付超7万辆的销售成绩，有效打造启源"宠粉"品牌IP形象，提升了长安启源品牌知名度及喜好度，实现用户与品牌情绪价值共鸣，助力品销双收。

1.借热度 —— 借势新年热点，打造系列宠粉互动

围绕超人气启源大使元旦官宣，结合热门节点，策划红包封面、集字活动、明星拜年、品牌贺岁视频等打通线上全链路，配合硬广资源强转化，以美好寓意带动用户自发传播，其中，代言人掀起全网互动云拜年，共计发布超10.1万频次，总计观看量超4152万次，长安启源视频号转发量首次突破10万次。

2.强卷入 —— 以助演招募为契机，实现流量自营、内容破圈

围绕#杰出的offer —— 启源带你见杰伦#话题，联动代言人发布官宣招募视频，开启全国用户购车和金曲挑战招募、4·15福利官天团直播、4·21微电影助演嘉宾终选及杭州演唱会启源宠粉风暴等活动，扩大启源品牌认知，引爆品牌、区域、用户三大圈层。

3.强代入 —— 参考电影宣发模式，打造微综艺＆微电影首映礼

借势代言人福州演唱会热度，参考电影宣发模式，开启首映礼形式前置预热，长安×腾讯高层联袂出席，主创团队、媒体、用户等近50名嘉宾参与，通过产品价值创意造梗、直播福利放送等形式，现场金句频出，有梗有趣。

4.强扩散 —— 携手多元媒体扩散，多话题维度持续打爆声量

制造热点话题，霸屏快手、微信、腾讯新闻三大热榜，宣发模式开创传播新实践，聚焦官方核心账号打爆声量，其中启源官方快手号播放量达6750万次，视频号播放量超1135万次，平均上涨300倍，创历史新高。央视网领衔报道，多位名人连同90多位达人多维解读，传播高度及流量兼备。

亲历者说 **牛明玥** **浙文天杰客户经理**

长安启源通过与代言人"嘉年华"演唱会的合作，成功提升了品牌曝光度，卷入杰粉，拉升品牌声量，吸引了大量的粉丝关注。并打造"杰粉请上车系列"活动，不断赋能品牌声量传播，展现品牌宠粉实力。"杰粉请上车"系列活动的创新实施，不仅扩大了品牌声量，与杰粉产生深度链接，还展示了品牌对粉丝的关怀及一起向美好生活跃迁的品牌理念。活动期间，粉丝的积极参与及社交媒体的广泛传播，有效提升了品牌形象和市场影响力。

案例点评

点评专家：李莎 碧迪医疗大中华区企业品牌公关及数智化传播总监

"长安启源"品牌营销项目以"周杰伦超级明星IP+圈层共振"为核心策略，精

准锚定千禧一代情感需求，通过全链路事件裂变与资源协同，实现品牌破圈与品效合一，亮点如下。

以周杰伦IP为核心支点，"权益预释放+侧拍花絮"双轨并行，将单一代言事件升级为覆盖广告、话题的泛娱乐全域传播矩阵，破解预算紧张下的传播瓶颈。首创"微电影宣发+线下首映礼"模式，将品牌价值深度植入泛娱乐场景，以沉浸式体验强化用户对"科技平权"品牌定位的感知。

通过UGC挑战赛、金曲招募、宠粉福利等强互动形式，构建"粉丝—品牌—明星"共生生态，实现私域流量自驱增长。整合腾讯系高流量平台、自媒体矩阵及央视网等权威媒体，结合跨界资源背书，全域触达千禧一代目标群体，单日关注超10万，总曝光量达40亿次。

项目成功塑造"宠粉"品牌IP形象，验证情感共鸣驱动转化的可行性，为行业提供了"轻预算重创意"的破圈样本：通过IP裂变、内容共创与圈层穿透，突破传统代言边际效益瓶颈。未来可进一步深化数智化技术基因与营销叙事的融合（如强化SDA平台传播），巩固"科技平权"心智认知，激活长线增长动能。

GOLDEN
FLAG
AWARD
金 旗 奖

2024
—
金旗奖最具公众影响力
体育营销金奖

2024年伊利端午整合营销项目

执行时间: 2024年6月5日—9月14日

企业名称: 内蒙古伊利实业集团股份有限公司

品牌名称: 伊利集团

代理公司: 上海希遐广告有限公司

获奖类别: 2024金旗奖最具公众影响力体育营销金奖

项目概述

1.项目背景

品牌基于现有端午奶粽IP，以年轻人为核心沟通对象，持续占位传统节日，沉淀奶粽IP资产，强势捆绑和持续深化伊利和奶粽的关联性。

项目主KV

2.目标及要解决的问题

在保留国风感的调性基础下，进行年轻化人群的沟通，让更多年轻人关注、认知并参与到端午节。

沉淀奶粽IP认知度，覆盖年轻核心消费群，深耕品牌文化根基，话题曝光量预计1亿次，互动量5万次。

项目策划

近年来，随着本土文化的自信和认同感上升，对于传统文化的重新审视和重视成为一种趋势，国风升温，年轻人热捧传统节日，划龙舟、包粽子等看似一成不变的传统被"玩"出了仪式感，如何借势传统节日热点，以品牌现有奶粽IP持续拓展消费者认知？

伊利端午整合营销借助巴黎奥运热度，以"奶粽迎端午 伊起游龙舟"为主题，从端午热门关注龙舟切入，进行奶粽IP的年轻化及全球化创新营销，将两大习俗"食奶粽"和"游龙舟"深度绑定，串联成一场别开生面的奶粽龙舟行，打造端午节跨国联动事件。

伊利×端午龙舟，联动江门开平龙舟赛与巴黎华人龙舟赛，海内龙舟赛联动营销热点大事件打爆话题关注，助力品牌生意。

江门大事件："伊"起游龙舟，国内端午节日热点营销，引爆话题。

巴黎大事件："伊"起龙舟向巴黎，海外奥运热点营销，承接助燃。

以年轻化AIGC形式，进一步触达年轻消费者。

（1）伊利、法国龙舟委员会、中法友谊互助会联合举办巴黎国际龙舟嘉年华，将传统划龙舟从国内引爆到巴黎塞纳河。

（2）中法联动制造话题，法国重要人物站台为品牌活动背书。

（3）冠名龙舟队夺得冠军，为品牌实力及传播助力。

（4）项目传播聚焦，形成符号化的品牌印象，国内端午节日热点营销引爆话题，海外奥运热点营销承接助燃。

项目执行

借势奥运热度，伊利将两大习俗"食奶粽"与"游龙舟"深度绑定，打造2024年端午大事件，为消费者打造一场生动深入的端午体育赛事，为奶粽IP加持，在传承发扬中国传统文化的同时，提升了品牌声量。

1.预热期

奶粽迎端午，一套年轻化视觉，触达年轻消费者；奶粽IP率先发声，"伊"起做奶粽；6款AIGC概念奶粽亮相；中法国际龙舟赛事联动，官宣伊利×三全端午联名礼盒出街。

2.爆发期

"伊"起游龙舟活动主KV发布，年轻化画风，进一步触达年轻消费者；巴黎大事件"伊"起龙舟向巴黎活动举行，伊利、法国龙舟委员会、中法友谊互助会联合举办巴黎国际龙舟嘉年华，将传统划龙舟从国内带到巴黎，奥委会代表等重要人物出席；江门大事件"伊"起游龙舟，冠名龙舟队勇夺冠军。

3. 持续期

伊利端午大事件收官，赛事内容发酵，社媒平台霸榜，端午事件圆满落幕。

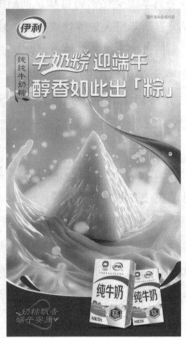

活动海报

项目评估

1. 传播层面

活动话题曝光量1.5亿次，互动频次超20000次；抖音多个榜单霸榜，话题热榜TOP3，话题曝光量1亿次；微博本地热搜冲榜第8，众多龙舟话题中脱颖而出，话题曝光量5254万次。

2. 品牌层面

中法赛事联动倒计时，吸引关注及话题讨论。中法联动制造话题，不仅在国内引发讨论，海外华人圈也形成舆论。

伊利、法国龙舟委员会、中法友谊互助会联合举办巴黎国际龙舟嘉年华，重要人物出席站台，将传统划龙舟从国内带到巴黎塞纳河。伊利引领龙舟文化走向国际，在输出中国传统文化的同时，更提升了品牌声量。借奥运热度，中法建交等热点，以中国传统佳节为背景，实现项目出海，达成文化输出。伊利产品海外露出，聚焦传播，形成符号化品牌印象。

冠名龙舟队夺得冠军，加持品牌实力及传播，国内端午节日热点营销引爆话题，海外奥运热点营销承接助燃。

赛事发酵，社媒平台强势霸榜，赛后热度持续，国内 KOL/KOC 围观造势，抖音 / 微博双平台强势霸榜，提升品牌声势及影响力。

年轻化视觉，以年轻化 AIGC 形式，结合产品力创作 6 款新式奶粽强势占位伊利奶粽 IP，将传统文化向年轻人传播、延续、继承。

亲历者说 **钟海琳　上海希遐广告有限公司客户经理**

国风升温，年轻人开始重视传统节日的现象对于本次项目的开展是有效的助力，但同时，各种传统节日被当下年轻人"玩"出了新花样，也给伊利本次奥运节点的营销提出了新的挑战。我们希望这样一场别开生面的奶粽龙舟行，可以增强与年轻人群的沟通，让更多年轻人关注、认知并参与端午节，而引领龙舟文化走向国际，输出中国传统文化，是我认为本次项目最大的价值所在。

案例点评

点评专家：李雪峰　内蒙古财经大学公共管理学院教授

伊利作为家喻户晓的乳制品企业，以年轻人为核心目标受众，占位传统节日，沉淀 IP 资产，以强势捆绑和持续深化伊利和奶粽的关联为热点，以中国传统佳节为背景，实现项目出海、文化输出。

一方面，伊利产品跨境传播，形成符号化品牌印象；另一方面，激发年轻人关注、提升认知并促使其参与端午节活动。引领龙舟文化走向国际，输出中国传统文化，是该案例最大的价值和意义。

vivo × 欧洲杯体育热点营销项目

执行时间：2024年5月15日—6月25日

企业名称：维沃移动通信有限公司

品牌名称：vivo

代理公司：北京帕索市场营销咨询有限公司

获奖类别：2024金旗奖最具公众影响力体育营销金奖

项目概述

多年持续参与顶级体育赛事，vivo作为两届欧洲杯的全球赞助商，也是2024年德国欧洲杯官方手机合作伙伴。适逢体育营销热点，我国品牌多有"出海"，而如何完成从产品力到价值表达的高质量有效"出海"，是vivo在本次热点营销上想解决的。尤其是在这样一个全世界关注的热点期间，如何不仅让vivo品牌"出海"，更将一份能触动我们民族共鸣的热爱一同带向世界舞台。

延续品牌心智的有效触达，夯实vivo作为热爱成就者、热爱见证者的用户印象标签。

在品牌心智之上，vivo X100系列尤其是新品vivo X100 Ultra的产品力需进一步触达受众。

项目策划

1.案例创意与亮点

欧洲杯作为代表世界顶级足球竞技水平的赛事，集聚了人们对足球运动最纯粹、本真的热爱。在欧洲杯这个节点上，"出海"品牌众多，vivo的营销传播重点不仅是品牌"为每一份热爱喝彩"的价值主张，更希望将牵动我们民族共鸣的热爱一同带向世界舞台。

vivo将视角从民族、球队、传奇球星这些"大我"转到热爱球迷的"小我"身上，选择携手贵州村超，助力村超小将圆梦欧洲杯。六一儿童节，vivo联合欧足联，在贵州村超共同举办了一场足球小将友谊赛，邀请小球员代表村超足球小将们前往欧洲杯现场观赛欧洲杯揭幕战，为最纯粹的热爱喝彩。

主物料视频的镜头聚焦代表中国"快乐足球"的贵州村超，聚焦村超小将代表，讲述一个朴素的热爱故事、圆梦之旅，源自纯粹热爱的动人力量。

《人民日报》深度关注，全程跟踪报道。

vivo在赛事节点上做出针对粉丝、用户群体的相关动作：产品在欧洲杯期间上线定制欧洲杯水印、壁纸、蓝心小V赛事问答等全新亮点功能；欧洲杯特别观赛活动持续进行，首站杭州站不仅有巨幕观赛点，还能打卡体验vivo X100 Ultra超清晰2亿长焦，赢取vivo欧洲杯限定周边等超多惊喜礼品；喝彩之夜线下球迷观赛派对；线上欧洲杯竞猜活动等。

2.内容创意与技术创新

整体项目主物料视频偏纪录片形式，真实刻画一个普通村超小球员的热爱足球日常和圆梦时刻，比起创新性的技术应用，整个项目更倾向于用契合度、精准度和足够的情感共鸣来传达品牌价值观，触达用户。

用初心的热爱与世界顶尖赛事碰撞的化学反应，带出关乎热爱、关乎梦想，我们每个人都会有的朴素共鸣。

回溯营销诉求，不只做出一支高点内容，更做出一场能引发共鸣的社交事件，"对足球的热爱不止一种，但每一种热爱都算数，vivo懂得并看到每一种热爱，不只为球星喝彩，更为每一个热爱足球的球迷喝彩"，这就是对vivo一直以来"为每一份热爱喝彩"品牌价值主张的最好注解。

项目执行

整个项目的媒介执行分为头部权威媒体的深度合作共创、热搜冲榜、二次传播投放、复盘定调总结4个部分，策略上以深度合作共创为绝对重点。

（1）联合《人民日报》，深度共创从六一儿童节村超少儿友谊赛事开始跟踪报道。

（2）微博热搜冲榜＃贵州村超少年圆梦欧洲杯＃。

（3）在前两步拓宽传播覆盖幅面之后，二次传播重点在多圈层的解析、传播，官方媒体账号、体育圈层账号、贵州本地媒体账号、广告营销圈层账号等的多角度搬运传播。

（4）最终以广告营销圈层头部账号的复盘定调作为项目收尾。

项目评估

＃贵州村超少年圆梦欧洲杯＃登上微博热搜榜第12位。

6月24日上线后，《人民日报》全程跟踪报道，主题片《带啥子去》全网破2亿次播放。《人民日报》视频号、微博账号发布数据大好，视频号转赞收藏均破10万次，贵州本地媒体、体育圈层、广告圈层等多圈层账号二传解读视频，为这个圆梦故事共鸣，同样创高赞高互动数据。

除了投放数据，贵州当地民众自发共鸣转发、分享自己的热爱故事。

6月24日主物料上线后，行业观察圈层头部账号SocialBeta次日（25日）对项目进行了复盘解析，并从营销行业角度进行了项目肯定。

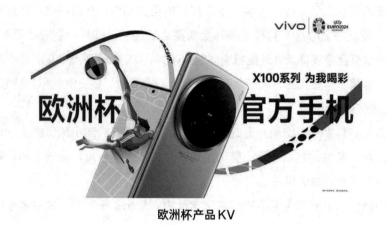

欧洲杯产品KV

亲历者说 阿布来江　北京帕索市场营销咨询有限公司资深客户总监

欧洲杯作为一个现象级热门赛事热点不断翻新，每天都在刷新大众的期待，各品牌方也纷纷开启自己的"欧洲杯营销"事件。

vivo作为深耕体育营销的老手，如何在本次欧洲杯通过情感故事＋热点事件玩转本次的体育营销呢？

本次我们从整个项目筹备到落地，打造了一支高点视频并在社交平台进行传播，同时，通过抖音、B站头部KOL事件内容＋营销账号外围传播扩散高点视频，激发全民用户共鸣并引发大众关注。《人民日报》率先发布，收获3个10万＋视频，我们用贵州村超足球小球员对足球的热爱与世界顶尖赛事碰撞的化学反应，带出关乎热爱、关乎梦想的核心价值主张，表达vivo通过科技产品来拉近每个人对热爱的追求。

案例点评

点评专家：吴焕宇　万事达卡大中华区市场营销及公共关系副总经理

从营销视角看，vivo此案例极为成功。在目标设定上，紧扣体育营销热点，直面中国品牌"出海"从产品力到价值表达的关键难题，目标明确且极具挑战性。在创意层面，跳出聚焦球星、球队的传统模式，将目光投向贵州村超小将这一"小我"，借由助力圆梦欧洲杯，巧妙融合品牌"为每一份热爱喝彩"的主张与民族情感，极易引发大众共鸣。

执行过程中，与《人民日报》深度共创，为传播奠定高起点与权威性，从村超少儿友谊赛起跟踪报道，全程紧扣热点。多渠道、多圈层的媒介策略，涵盖热搜冲榜、二次传播等，极大地拓展了传播广度与深度。

从成果而言，《人民日报》报道视频播放量破2亿次，微博热搜登榜，多圈层账号互动数据亮眼，口碑极佳，行业头部账号复盘予以肯定。不仅品牌价值得以广泛传播，产品力也借助KOL记录赛事等方式精准触达消费者。若能在活动后续针对村超小将等资源做长期运营，强化品牌与热爱群体的持续关联，影响力将更为深远。整体来看，该案例堪称体育营销佳作，是品牌出海及价值传播的优秀范例。

伊利液态奶"全民亚运伊起上场"整合营销项目

执行时间： 2023年7月23日—10月10日

企业名称： 内蒙古伊利实业集团股份有限公司液态奶事业部

品牌名称： 伊利液态奶

代理公司： 内蒙古众拓营销管理有限公司

获奖类别： 2024金旗奖最具公众影响力体育营销金奖

项目概述

全民瞩目的杭州亚运会如期而至，伊利作为杭州亚运会官方指定乳制品独家供应商，持续以"热爱"为主线，秉持"大体育战略"推动体育和健康同频共振，为全民提供营养助力。借助杭州西湖现场启动仪式，既启动杭州亚运会的倒计时，也向世界展示中国乳制品的"奥运品质"。

亚运会期间恰好是伊利液态奶销售旺季，伊利液态奶事业部在全平台发起"全民亚运伊起上场"线上线下活动，快速聚焦全体营销关注，做好内部动员，振奋上下精神，共同为2023年度亚运营销做冲刺。本项目旨在打造抢占行业声量的品牌事件，同时，引流电商，助力销量转化，完成整合营销闭环。

项目策划

1.传播策略

全民热议的杭州亚运会自带社会话题属性，伊利作为其官方指定乳制品独家供应商可自然借势体育赛事流量，抢占天时地利；以一场活力健康跑活动，启动亚运会倒计时，用"热爱常在，活力必胜"来表现伊利的亚运精神与双节营销雄心。

伊利深耕体育圈层多年，深度合作体育运动员打造品牌形象，同时，合作流量明星助力亚运营销，撬动粉丝经济，助力品牌声量扩散。

媒体专访报道，软性植入，有效增强消费者对品牌信任度，树立品牌形象。

液态奶子品牌金典、安慕希、优酸乳等积极参与线上社交媒体平台话题互动，提高对消费者的触达率，配合线下完成促销营销闭环。

2. 内容策略

流量明星作为"全民亚运 伊起上场"动员官，率先发声，在全网拉动声量，带动全民一起关注亚运会，调动参与体育赛事活动热情。伊利与明星在社交平台发起活动邀约，深度覆盖社交平台，分享转发抽取资格与明星现场互动机会，玩转粉丝营销。同时，搭配粉丝群应援预告明星合影C位邀约，完成明星营销破圈。

全民皆可参与的接地气体育活动引发全网关注热议。线上发起#超燃亚运，冠军之约#等社交话题，邀请全民进行霹雳舞合拍趣味活动，同时，在线下发起全民亚运公益挑战赛，参加Mini Show可积分兑换礼品。

伊利品牌凭借多触点营销活动及较好的内容沟通表现，包括明星效应、体育运动员合拍和共创创意活动以及一系列社交话题等，在传播力、影响力及沟通力上表现优秀。此外，还在产品端推出38款定制包装，助力产品销售。

3. 媒体策略

在全网传播平台统一传播主题，全面占位热点话题。包括合作天猫超级品牌周发布创意视频引流电商，与权威媒体合作定制创意海报，与天猫校园合作覆盖年轻用户，扩散品牌声量。

线下占据渠道端优势，多渠道互动，实现全方位全时段体验。发起万人翻金共助亚运夺金活动，线下商超门店搭建伊利智慧奶站等活动，联动线下终端门店和商超助力销售转化。

线上全网联动KOL、达人等进行娱乐互动，以社交媒体平台为主阵地，借助明星流量带动品牌声量，借势奥运赛事推出创意TVC和趣味性话题等内容，线上线下齐联动，引爆全网。

户外媒体投放扩大人群触达率，与电商新零售深度绑定阿里平台，促进销售引流。

媒体专访&报道，带出产品软性植入，有效提升品牌知名度、树立品牌形象、增加品牌可信度和促进品牌与消费者的互动。

4. 活动策略

品牌内部员工在亚运会开幕式前率先开启动员大会，既是亚运营销季备战，也是伊利内部动员大会。以一场1.5千米活力健康跑，启动亚运会150天倒计时。内部员工可通过获取热爱火炬，在以火炬启动倒计时的过程中，表现伊利品牌的体育精神。伊利从内部员工做起，深度贯彻体育精神，全力以赴做好亚运营销。

创意活动全民皆可参与，联动线上话题和线下挑战赛，激发全民参与活动热情。通过五大阶段活动深度诠释和展现伊利体育精神。其中邀请明星到场支持挑战赛，与夺冠运动员合作增添趣味性。同时，伊利发起的全民亚运公益挑战，所有参与线下Mini Show产生的全民亚运积分，将以1:1比例转换为向贫困地区公益捐赠运动器械的捐赠款，以公益"结尾"升华品牌活动。

和明星动员官"伊起上场赢积分",开启打卡"全民亚运"之旅。包括液态奶提供的营养补给站,支持全民进行美食DIY,更有贴合亚运会体育赛事的全民朝气彩虹跑、竞速自行车和亚运投篮等参与性活动。此外,热爱知识性竞赛邀请全民以热爱为亚运会加油,还有系列创意盲盒抽取,将全民热情推向高点。

项目执行

首先,锚定一个目标,集合所有资源,亚运会营销恰逢伊利液态奶营销旺季,伊利液态奶品牌及子品牌调动全员和内外部资源,助力品牌声量打造和销量转化。为更好地进行亚运会营销,伊利先后发起内部动员大会及国民参与度较高的一系列体育趣味活动,同时,调动渠道终端和门店承接流量,完成整合营销闭环。

其次,多样性趣味内容以情感链接全民,打造明星动员官链接粉丝圈层,助力营销破圈。贴合亚运赛事的创意挑战赛,以低门槛高参与度活动吸引用户参与。通过引导用户参与抽取盲盒及积分捐赠公益活动传递品牌体育热情和形象。

再次,全矩阵布局,线上线下联动营销,线上发起多样性趣味话题,液态奶子品牌线上积极参与联动明星与运动员推广,话题引流互动;线下承接社交平台流量,助力销售转化。

最后,媒体专访报道,深度探讨产品,树立品牌形象,增加品牌可信度和促进品牌与消费者的互动;终端门店、商超和地铁等人流量大区域投放户外媒体广告等,全方位多触点传递品牌形象,占位用户心智。

项目评估

1.效果综述

伊利本次借势杭州亚运会流量,调动全民进行全方位体育营销,成功凭借多触点营销活动及出色的内容沟通表现,分别在传播力、影响力、沟通力及转化力上取得显著成绩。尤其是年轻人群对品牌的喜爱度显著提升,亚运会品牌身份总认知显著优于对标品牌,亚运会项目品牌声量实现全网全压制。将体育赛事、夺冠运动员和明星流量齐汇聚,同时,以创意内容和热爱体育精神的情感链接,引发全民对伊利品牌的关注度,展现了伊利作为国民大品牌对全民健康的关注度和重视度,体现了伊利对国家体育赛事的大力支持和作为行业引领者的品牌态度。

2.受众反应

全民积极参与伊利"全民亚运 伊起上场"运动会,踊跃参与累计积分卡兑换礼物及抽奖活动,在全网深受用户好评。

3. 市场反应

借助伊利品牌强大的体育营销能力，伊利亚运会品牌身份总认知显著优于对标品牌，位列所有赞助商 TOP3，助力华东市场高端白奶等重点品牌生意提升，同时，实现华东市场业绩份额增长。

4. 媒体统计

活动引爆社交媒体平台，"全民亚运 伊起上场"亚运会社交话题收获近 2 亿曝光量，讨论量超 8 万。此外，伊利还联合杭州亚组委，在钱塘江邮轮上举办了一场以"热爱，勇立潮头"为主题的发布会。伊利线上联合新华网发布关注亚运会主题视频——《全民亚运 伊起上场》，用实际行动响应践行亚运使命的号角，让更多群众关注和了解亚运，有效提升品牌形象。

5. 项目亮点

（1）合作主流媒体，以情感链接全民完成传播。伊利与新华网合作推出亚运会主题视频《全民亚运 伊起上场》，同时，还联合新华网一起为各行各业的"亚运选手"送上伊利牛奶，为他们的营养保驾护航。伊利作为乳制品行业的引领品牌，呼吁更多人感受体育比赛的活力与激情，倡导全民与运动健儿的体育精神共振。

（2）将明星效应发挥到极致的体育营销活动。邀请明星作为全民亚运伊起上场动员官，伊利线上线下全方位发起全民运动会，借势代言人的明星效应扩大活动声量。将明星流量与亚运会结合，带全民玩转挑战赛，通过高频活动与粉丝玩在一起，同时，触达扩散多圈层人群，借势亚运将体育赛事和明星流量转化为品牌自身影响力。

亲历者说 潘伟　内蒙古伊利实业集团股份有限公司推广经理

从项目前期的洞察、策划再到创意内容和落地执行，我都在全程跟进，其中让我最难忘的是伊利和新华网的合作。在此期间，伊利向所有亚运会服务者致敬，包括制作外卖员和清洁工等各行各业代表性人物海报，联合新华网一起为"亚运选手"送上伊利牛奶等。执行下来，我直观体会到了伊利在亚运会期间成功弘扬体育精神、倡导全民关注亚运会的作法。作为大众健康的后期补给者，伊利还认真讲好了大众体育的故事，支持大众"伊起上场"。我为能参与并负责这个项目而感到自豪。

案例点评

点评专家：吴焕宇　万事达卡大中华区市场营销及公共关系副总经理

该整合营销项目展现出卓越的营销实力。从目标设定来看，巧借杭州亚运会热度，紧扣伊利液态奶销售旺季，将品牌事件打造、行业声量抢占与电商引流、销量转化紧密结合起来，目标清晰且极具商业价值。

在策略层面，极具创新性与综合性。传播策略上，凭借亚运会自带流量及自身体育圈层深耕优势，借势效果显著；内容策略多元，流量明星拉动粉丝经济，接地气的体育活动激发全民参与，定制包装助力销售。媒体策略线上线下全方位覆盖，线上全网联动 KOL 娱乐互动，线下占据渠道优势促进转化。活动策略更是别出心裁，内部员工动员大会彰显体育精神，五大阶段活动兼具趣味性与公益性。

执行过程高效有序，整合内外部资源，打造多样内容，全矩阵布局，线上线下联动。从成果而言，在传播力、影响力、沟通力及转化力上均表现出色，品牌声量全网领先，年轻人群喜爱度提升，市场份额增长。与主流媒体合作，传递情感，最大化明星效应。后续可进一步挖掘活动长尾价值，强化与消费者的长期互动。总体而言，该项目为体育营销及品牌整合传播提供了绝佳范例，值得行业学习、借鉴。

GOLDEN
FLAG
AWARD
金 旗 奖

2024
—
金旗奖最具公众影响力
整合营销战役金奖

"JBL耳机 天声敢出彩"整合营销传播项目

执行时间：2023年12月1日—2024年4月1日
企业名称：哈曼（中国）投资有限公司
品牌名称：JBL
代理公司：高诚公关顾问有限公司
获奖类别：2024金旗奖最具公众影响力整合营销战役金奖

项目概述

作为一个成立于1946年的高保真至潮音频品牌，JBL 获得了很多音乐发烧友的关注和青睐，但面对日益年轻化、多元化的市场趋势，JBL 的既有目标消费群体相对固化，亟须在新时代破圈。随着真无线耳机市场的爆发性增长，JBL 作为音频领域的领军品牌，面对手机大厂及友商在耳机市场的强势地位，JBL 需以差异化市场营销策略吸引并扩大目标客户基础，以拓展并巩固在耳机领域的市场地位。为此，JBL 耳机在2023年提出"JBL 耳机 天声敢出彩"的口号，并为耳机品类邀请青年代言人，实现JBL 耳机品类的扩圈。

本次营销活动的目标是明确JBL 耳机的市场定位，提升JBL 耳机产品线在年轻一代及女性消费群体中的认知度和声量，占领消费者心智，实现年货节活动期间销量转化。

项目策划

精准定位，找到最合适的代言人。

基于JBL 耳机年轻化的定位和对年轻客群的重点关注，JBL 在2023年为耳机品类打造了全新定位，并推出了"JBL 耳机 天声敢出彩"的全新Slogan。品牌和代理公司利用大数据工具从社交媒体平台抓取相关数据，力图找到最能代表品牌新形象，同时能够打动"Z世代"和年轻女性用户群体的代言人。

（1）品牌契合度：JBL 与代言人于适都有"新"的属性。JBL 新入耳机领域，在外形设计和声音技术上不断创新，包括2023年新推出的半透明耳机JBL TUNE FLEX 及带电子屏的耳机JBL TOUR PRO2，而代言人作为在2023年下半年出圈的"新人"，也不断通过篮球、骑射等新技能给粉丝带来新惊喜，个人热度不断上涨。

（2）明星热度：代言人在2023年下半年凭借电影出圈，收获大量关注。作为"内娱活人"，其在爆火之后仍然不断分享自己的爱好，同时，他出街穿戴的各类品牌也被粉丝不断"种草"；而 JBL 耳机因其"天声敢出彩"的属性，也不断通过各种年轻有趣的营销活动贴近"Z世代"和女性群体，二者合作一起"整活"，能为目标消费群体带来更多新奇的互动体验。

（3）用户画像：根据品牌的用户画像，代言人的粉丝群体以女性为主，年龄集中在20～29岁，分布地域集中于一、二线城市；她们的活跃度高，消费能力强，也是社交媒体平台的主要用户；在产品购买时会着重考虑产品的外观特征，对于与代言人相关的产品也有较高的消费热情。

（4）带货能力：2023年代言人先后与一系列时尚品牌开展了合作，帮助品牌实现声量与销量提升，营销效果较好。

综上所述，选择于适作为代言人能够很好地吸引品牌的目标受众关注和了解JBL耳机，并通过其年轻活力的形象帮助品牌触达更多年轻消费者，实现在耳机赛道中的声量和销量增长。

项目执行

代言人选定之后，根据代言人以及品牌目标受众的特点，结合活动期内跨年、农历新年、情人节等多个特殊时间节点，推出了一系列线上、线下的活动，多层次提升品牌在年轻人圈层中的影响力。

为更好地利用代言人资源，拓展活动传播边界，JBL 在项目执行期间策划了360°整合营销活动。例如，在代言人官宣期间，在北京、上海等九大城市的核心地段投放户外广告，覆盖更多目标人群的同时，也结合城市特点和互动主题鼓励粉丝线下打卡，提升品牌活动的知名度。

此外，JBL 还在2024年打造了"'于'你一起 出彩奇妙夜"线下活动，将营销声量拉至顶峰。作为本次营销战役的重头戏之一，品牌特别邀请了几百名代言人的粉丝来到现场，让他们能够近距离与代言人见面，拉近了代言人与粉丝之间的距离；同时，JBL 还基于粉丝的喜好，在活动现场设置了花海、鲜花翅膀等艺术打卡装置，吸引粉丝打卡赢取专属周边。这同时，也激发了 UGC 的创作，有效将其转化成了销量与社交媒体声量。代言人更是首次在品牌活动上进行了钢琴弹唱，同时，进行了"天声传真""花式转篮"等互动游戏，现场"整花活"，粉丝为此在社交媒体上广泛进行代言人弹唱视频的发布，当天"JBL直播"话题冲上微博热搜第25位。

JBL 还策划了一系列线上活动，结合产品和代言人的特点，最大化激发用户热情。结合活动期间的重要时间节点，推出了一系列活动与内容。临近年末推出的2023"还有什么适我不知道的"年终总结互动活动，邀请粉丝分享自己今年的收获和与代言人相关的故事。此外，结合JBL主推耳机可定制的设备特点，打造的"你的名字，如图所适"活动，鼓励粉丝分享自己设置的耳机创意设备名称，有效展示产品的独特特性。品牌还鼓励用户通过手绘、拼图等形式，对代言人海报进行二创，让品牌宣传物料能够有更多的露出方式。以上活动都将限定周边作为奖励，有效激励用户发布相关内容，让用户从观看者变成参与者，从活动中获取更多个性化、定制化的内容。同时，这些内容也可以有效地促进用户UGC的产出，提升品牌活动的参与度。

项目评估

活动总曝光量3.79亿，微博活动相关话题总浏览量超过2.3亿，线下活动当天相关话题登上微博热搜。

总互动量达510万，粉丝通过参加品牌设置的线上线下活动，贡献了许多有趣、有效、有意义的内容。

品牌代言人官宣当周，热度位列新宣品牌代言声量榜前三。

成功将粉丝转化为新用户，活动期间JBL天猫耳机旗舰店销量同比上涨175%，京东旗舰店销量同比增长近50%。

亲历者说 Dennis Ding　哈曼（中国）投资有限公司市场部负责人

在前期规划当中，我们详细分析了当前中国市场潮流和现状，选出了最适合品牌的代言人，此外，在执行过程中，我们也根据品牌调性和消费者喜好，推出了多种多样的互动活动和内容。整个传播活动实现了声量和销量的双重提升。未来，JBL将继续开展更多富有创意与活力、贴合消费者需求的市场活动，以创新的活动形式、精彩的内容呈现，吸引更多消费者参与其中，深入感受"天声敢出彩"的音乐魅力。

案例点评

点评专家：李莎　碧迪医疗大中华区企业品牌公关及数智化传播总监

JBL耳机营销项目实现了技术驱动下的用户体验革新与场景破圈。

该项目有如下亮点。

亮点1：产品技术与营销场景深度耦合。

JBL以"轻量化设计＋开放式音频技术"为核心卖点，将硬件创新转化为体验差异点。通过快闪店，将降噪性能、防水特性等参数具象化为"运动场景抗干扰""潮酷生活方式"的感知标签。这种"技术可视化＋场景沉浸化"的策略，成功打破了音频行业"参数内卷"困局，让消费者在互动中自然建立起"专业≠厚重"的认知。

亮点 2：从明星流量到技术信仰的跃迁。

尽管依托于适的粉丝经济实现了初期爆发，但 JBL 并未止步于流量收割。通过与攀岩运动员伍鹏合作，以"勇攀新境"精神绑定耳机降噪技术，将明星效应升维至"技术信仰"高度。同时，针对运动人群定向优化开放式耳机产品线，以 IP54 防水、3D 转轴设计等细节，精准卡位健身、户外等垂直场景，实现"Z世代""科技潮品"与"实用工具"的双重心智占领。

亮点 3：长效运营启示。

项目验证了"硬科技＋软体验"融合的有效性：线下"出彩奇妙夜"通过耳机定制涂鸦、音乐空间打卡，将声学技术转化为用户可参与的创意内容；快闪店则通过巨型耳机装置＋攀岩互动，将 JBL TOUR PRO3 的商务属性重构为"都市探险"符号，拓宽品牌外延。

未来可进一步强化技术特性的娱乐化延展（如开发 AR 声场体验、运动数据与音效联动功能），将"敢出彩"从营销口号升级为可感知的用户价值。

来伊份2024年货节整合营销

执行时间： 2023年12月18日—2024年2月9日
企业名称： 上海来伊份股份有限公司
品牌名称： 来伊份
代理公司： 北京沃姆互动行销策划有限公司
获奖类别： 2024金旗奖最具公众影响力整合营销战役金奖

项目概述

2024年1月12日，来伊份在北京望京昆泰酒店举办2024龙年新春嘉年华活动，邀请代言人粉丝、媒体、KOL、来伊份品牌高层及其好友们参与。本场活动分为外场和内场两大区域，外场设置领取伴手礼、打卡拍照、游玩及产品体验区域，内场则为代言人直播互动区域，邀请三大人群进入内场与代言人共同参与盛典活动直播，并抓取直播重点进行二次宣传，冲击热搜榜单。同时，年货节期间沟通艺人进行ID录制及宣发工作。

项目策划

年货节为来伊份全年最重要的营销节点，多年来持续沉淀"新鲜中国年"主题，打造团圆氛围，同时，围绕年礼及年货节礼盒主推品，完成业绩提升。2024年来伊份年货节，紧承9月7日代言人官宣&9月17日品牌周年庆，希望借助全新代言人传播物料及线下活动将明星势能最大化，完成声量&流量&销量多维丰收。

1.洞察与策略

打造全渠道直播大事件，全渠道销售导流承接。2024龙年新春嘉年华，联合代言人打造一场年度行业盛典&粉丝狂欢节，打造来伊份全明星贺岁档，联合众多明星挚友"种草"，打造"明星们都在送的礼盒"的形象，全域开启传播年货年礼场景模式。

2.项目创意简述

来伊份·新春嘉年华年度线下大事件，携手品牌代言人引发粉丝狂欢；新春线上话题营销，直播话题热搜冲榜，年货场景氛围营造；打造全渠道直播大事件，赋能全渠道销售导流承接。

3.媒介策略

新春嘉年华活动采取KOL邀请策略，以线下邀请结合线上传播的形式打造受众真实体验感，引流直播转化销售。

22位娱乐营销号，其中10位抖音KOL、2位小红书KOL、10位微博KOL助力外场互动环节曝光，以及直播现场物料释出。

邀请KOL及相关粉丝共同发布内容。

4.传播规划

（1）热搜层面：热搜冲榜微博多话题上榜，直播热点话题抓取跟进。本次活动共上榜5个话题词条，累计上榜11个热搜，自然发酵热搜2个。

（2）直播环节设置层面：设定代言人趣味直播互动环节，产品礼盒强捆绑露出。代言人趣味直播互动与冠军产品露出＋品牌IP伊仔曝光＋礼盒强势露出，成就本场直播三大名场面。

（3）用户体验感层面：设置外场场景互动区域，引发粉丝及KOL打卡参与。作为代言人首次在北京地区开展的商业类（有粉丝现场参与的）线下活动，本场活动得到了相关部门的高度重视，粉丝由大巴车接送，现场工作人员及嘉宾入场须人脸识别（一次识别）＋保密夜光印章二次验证，两者缺一不可，保密工作到位。

项目执行

1. 2023年12月18日—2024年1月12日

年度线下大事件——2024龙年新春嘉年华，联合代言人打造一场年度行业盛典＆粉丝狂欢节，因艺人方及品牌方需求，活动前两天新增走播直播推流，天猫、京东、抖音、快手、云店、视频号六大平台8个账号同推艺人直播，现场物料模块新增直播现场互动设备道具、桌椅、玻璃贴、地贴等物料，以及美陈区画面调整等设计画面，以上内容均在一天内配合完成。

2. 2024年1月1日—2月9日

来伊份全明星贺岁档，联合众多明星挚友"种草"，打造明星们都在送的礼盒，进行新年线上话题营销。

全域传播年货年礼场景，3700家门店＋私域＋App等，通过抖音、小红书、微信等社交媒体，营造年货场景氛围。

项目评估

1.效果与数据

京东超市来伊份旗舰店播放量19万次，点赞量143.5万次；来伊份京东自营旗舰店播放量32.6万次，点赞量225.7万次；来伊份云店播放量23.3万次，点赞量55.2万次；天猫来伊份官方旗舰店播放量6.8万次，点赞量35.7万次。

根据线上直播画面，预埋热点事件，监测直播场景及时拟定话题，监测实时上榜话题词条，沟通微博KOL追踪话题发布，共上榜5个话题词条，累计上榜11个热搜。

来伊份B站标签与代言人、直播、新年好礼强势捆绑，近30天的时间里新增88条视频，58位粉丝发布相关内容，播放量总计66.07万次，点赞量总计4.18万次，3300条弹幕，其中，1月12日来伊份商业直播观看数据、弹幕量远超近期发布其他内容。

同时，邀请KOL及相关粉丝共发布49条内容，阅读量达1274.2万次，点赞量达10.2万次，互动量达1.6万次。

2. 项目亮点

热搜冲榜微博多话题上榜，直播热点话题抓取跟进，本次活动共上榜5个话题词条，累计上榜11个热搜，自然发酵热搜2个。

代言人趣味直播互动环节设定，产品礼盒强捆绑露出，品牌IP伊仔曝光+礼盒强势露出，成就本场直播三大名场面。

审批场地安保措施及粉丝、KOL接车及入场环节设置，由大巴车进行粉丝接送工作，现场工作人员及嘉宾入场需人脸识别，还有保密夜光印章进行二次验证。

外场场景互动区域设置大型打卡装置，引发粉丝及KOL打卡参与。

3. 直播亮点

（1）名场面1：代言人趣味蒙眼罩猜零食+冠军产品露出。通过代言人蒙眼罩猜零食活动，提升来伊份的大众认知度；凭借产品的口感、气味等特点猜出产品，给粉丝留下深刻印象，从而增加消费者对来伊份的信任；创造话题，引发网友们的讨论和分享，产生话题效应。

（2）名场面2：代言人惩罚环节全场参与+品牌IP伊仔曝光。增强来伊份与代言人的互动性，可以吸引粉丝的注意力，激发观众的购物欲望；品牌IP形象曝光，代言人的个人魅力和影响力可以帮助提升品牌形象，有趣和创新的表达方式也使品牌IP形象在观众心中更加深刻。

（3）名场面3：代言人打包礼盒环节各显神通+礼盒强势露出。提升知名度和曝光率，具有娱乐性挑战性的游戏环节引起观众的好奇心和兴趣，观众深入地了解和记住产品；增强品牌产品的认同感。代言人是品牌的形象代表，从而产生共情，增强对品牌和产品的忠诚度，刺激销售和推动产品体验，粉丝看到"塞满礼盒"的视觉效果，产生强烈的购买欲望。通过直播抽奖等方式送出礼盒，进一步激发粉丝的参与热情。

亲历者说 李青　北京沃姆互动行销策划有限公司项目经理

本次活动象征着品牌及其代言人粉丝的年度狂欢。代言人因为是流量级艺人，对线下活动安全、报批等各方面要求较高。为确保安全及用户体验，安排了三辆大巴接送粉丝入场，内场设有多种打卡活动区。直播互动兼顾品牌露出及趣味性，七位成员的爆笑名场面复刻吸引了大量关注。当天话题传播不仅有KOL参与，还吸引了大量粉丝自发安利品牌直播。最终在活动体量、宣传声量上完成产品销售的转化。

案例点评

点评专家：胡文娟　元气森林副总裁

品牌方在浓厚的节日氛围里，巧用代言人吸引粉丝关注，利用线下场景迅速破圈，实现了代言人收益最大化。不仅如此，品牌在小红书这种粉丝集中的平台进行了精准植入，相当于把粉丝和"流量"做了强绑定，强化了品牌的年轻化、时尚感，增加了消费者选择。

◗ Stage On 8 粉丝富养计划

执行时间：2023年3月24日—2024年8月31日

企业名称：新濠影汇

品牌名称：新濠影汇

代理公司：蓝色光标

获奖类别：2024金旗奖最具公众影响力整合营销战役金奖

项目概述

1.项目背景

为突出澳门世界旅游休闲中心的国家定位，加速产业多元化，澳门特区政府在2024年施政报告中提出推动文化及体育产业持续发展，建设"演艺之都"的新方向。澳门各大度假村集团积极响应政府号召，着力开展各项演艺活动。新濠影汇作为澳门顶级度假村品牌之一，打造了亚洲首个巨星专属驻唱系列演唱会—新濠尊属系列演唱会，将驻唱演出文化带入澳门。这是前所未有的演艺形式，与传统的明星巡演相比，这种演唱会不仅有量身打造的舞台设计和灯光舞美，还有先进的音响设备及专为演唱会打造的室内封闭空间，可以给游客带来前所未有的视听盛宴。和传统演艺推广宣发广告模式的PGC内容不同，蓝色光标和新濠影汇共同打造了依托腾讯生态体系的跨境融合粉丝培养模式。

2.项目目标

集中火力，选择腾讯生态进行粉丝的深耕，通过3个巨星驻唱演唱会令新濠影汇这个"澳门新星"成为"澳门巨星"，令新濠影汇标志性的"8"字形摩天轮深深刻在来澳门娱乐的消费者脑海里。

"新濠风尚"微信公众号粉丝增长一倍。将各渠道的粉丝聚集在腾讯生态系统中，便于更高效地触达、沟通和维护，因此，微信公众号粉丝的增长是重要目标之一。通过吸引粉丝关注公众号，在微信私域中培育粉丝，与粉丝做朋友、产生更深层次的互动，促进粉丝及潜在关联群体在新濠影汇相关产业的转化。

"新濠尊属系列演唱会"销售目标是比新濠演唱会平均票房提高70%。

推广提升品牌相关词如"新濠影汇""新濠""新濠演唱会"等在百度指数及微信指数的搜索量及热度。百度指数、微信指数反映了酒店品牌在消费者心中的知名度和选择倾向，以此作为营销目标能更客观真实地展示营销效果。

项目策划

1.洞察

澳门演唱会市场长期被其他巨头占领，新濠影汇在娱乐营销方面经验比较薄弱，而且新濠尊属系列演唱会横跨周期之长、预算相对之紧俏，这使其必须瞄准一个精细且正确的方向作为营销重点。

传统的娱乐营销选用抖音等平台，运用的是CAR（Content, Attention, Renew）的模式，强调内容+广告投放。虽然这些平台流量大且能通过平台成熟的广告产品精准触达用户，但是后续的销售转化与粉丝维护则显得后劲不足，且没有完善的转化链路。

相比起其他社交媒体，微信的核心是DTC（Direct to Consumer），腾讯生态拥有很强的"聚集"特点，而新濠风尚会员系统就是一个可以让粉丝聚集的空间。粉丝通过了解到演唱会从而了解新濠影汇，就会聚集到腾讯生态这个主阵地。通过把粉丝聚集起来，和粉丝玩在一起，充分利用粉丝对明星的黏性，创造多个触达点和销售转化点。

考虑到新濠尊属系列演唱会持续时间长、演唱会场次多、预算有限的特点，我们利用RAR（Recruitment, Activation, Recall）的模式，这个模式比起做一场演唱会做一次广告不同，它强调拉新和打入微信平台、强调社交关系，是一个"粉丝养成计划"。这个模式能充分利用粉丝对明星的黏性，转化为对平台、对演唱会品牌的黏性，从而使粉丝持续关注新濠风尚、持续在新濠影汇各种产业中进行消费。

2.策略

本次项目的核心策略是紧扣超级巨星的粉丝群体，将各平台的潜在粉丝"圈粉"到腾讯生态中，依托腾讯生态体系的跨境融合粉丝培养模式，实现销售转化和带动周边消费增长，使新濠影汇度假村品牌成为来澳门旅客的首选。

观众来澳门看演唱会并不是一次单一的演唱会消费，所以本项目的核心创意是不同于只单一提供演唱会门票，而是会从用户体验出发逆向定制演唱会产品，丰富用户从踏入新濠影汇一刻开始的观演、餐饮、购物、住宿等方方面面的体验。要想制作更多独特的娱乐体验，就必须紧扣超级巨星的粉丝群体，充分调动受众的情绪。

具体的媒介和内容策略如下。

（1）利用粉丝对明星的黏性，将明星的粉丝转化为新濠影汇的粉丝，聚集在腾讯生态当中。在腾讯生态中新濠影汇可以与粉丝直接沟通，创造多个触达点和销售转化点，延长粉丝生命周期总价值。

（2）蓝标帮助新濠影汇在腾讯生态中打通跨境会员管理系统和跨境支付系统，实现在内地、澳门、香港三地的粉丝从营销、会员管理到购票的全链路畅通，使新濠影汇成为澳门唯一一家可以在腾讯生态DTC售卖演唱会票务的度假村酒店。

（3）通过长时间的微信直播，与粉丝直接互动，了解粉丝的需求，逆向定制演唱会产品，从单纯的观演延伸到演唱会前、后期；注意关于新濠尊属系列演唱会在社交媒体上的评价正负面程度，保持定时的微信直播去正面了解消费者的反馈，通过消费者的真实反应，及时向相关方面提出建议，以更好地优化新濠尊属系列演唱会的所有体验。

（4）利用小红书"种草"，传播演唱会信息、新濠影汇的餐饮、娱乐、住宿体验，将新濠影汇打造成演唱会＋度假胜地；采用自有社交媒体渠道和KOC/KOL采买，达到大量快速传播的目标；同时，观察社交媒体上关于新濠尊属系列演唱会的声量、搜索量、词性正负面程度，去评估口碑的建立程度。关注舆论风向，及时解答消费者疑问，在首发上先要站稳脚跟，建立比较正面的口碑形象。

（5）利用微博话题和明星的粉丝超话群进行强曝光和精准传播，定位核心客群和传播正向口碑；在演唱会开始后，合作传统媒体和KOL等，邀请他们来体验新濠尊属系列演唱会，以及在新濠影汇能享受到的住宿、消费、餐饮、娱乐。媒体和KOL以第一人称体验的视角，输出真实的感受和反馈。

（6）门户网站、传统媒体中采取新闻报道的方式，详尽地介绍演唱会从筹备到召开到圆满结束的盛况，积累正向的舆论口碑。

项目执行

由于新濠尊属系列演唱会由3位明星开唱，每位明星演唱会都有一个项目执行周期。

1.首发－预售阶段

微信推文会详细宣传演唱会内容，加上购票相关信息促进转化；定时开展微信视频号直播，更直接地介绍新濠尊属系列演唱会，同时，了解用户对于演唱会的期望和需求，反哺逆向定制演唱会前、中、后的娱乐体验；小红书井喷式爆发，输出各种演唱会套票优惠购买方式、演唱会攻略等利他内容，在提高演唱会口碑的同时，帮助促进销售转化；微博KOC、媒体号等强曝光，广泛宣传演唱会信息。

2.公售阶段

由于公售周期较长，这段时间会持续进行微信视频号直播，不断强化演唱会在即的信息；结合明星的动向和热梗创作更有噱头、更便于传播的内容；利用抖音二次创作幽默诙谐的内容，利用内容掀起演唱会的讨论热度。

3.演唱会首唱后

此阶段为口碑爆发期。微信生态中持续活跃，丰富和延长用户的演唱会体验；抓紧红利为各个平台上关于新濠尊属系列UGC的投流和加热，使真实的演唱会和在新濠影汇的娱乐体验口碑广而告之。受邀KOL、媒体到场进行观看并参与了一系列的新濠之旅，KOL输出真实的新濠影汇体验视频并分发在多个媒体渠道；媒体发布演唱会内容及新濠影汇一站式游玩。

4.演唱会结束

此阶段为口碑收尾期，持续关注各平台上的评价，做好口碑维护和用户反馈收集。

项目评估

1.效果综述

新濠影汇成功地在腾讯生态中建立了完整的从获取粉丝到销售转化的链路，打入内地市场；新濠影汇成为澳门唯一一家可以在腾讯生态DTC售卖演唱会票务的度假村酒店。

演唱会共32场次的门票全部售罄，超额完成商业目标的140%；客房预订量及餐厅上座率比起同期有演唱会的时段分别增长了43%和61%。2023年项目结束后，"新濠风尚"微信公众号粉丝量实现1.8倍增长，2024年演唱会项目期间粉丝量增长是平时的3～4倍。

新濠影汇获得高度赞誉，成为众多澳门游客首选酒店，初次体验令他们留下深刻印象。新濠尊属系列演唱会让大众了解到"驻唱"这一演出形式，利用粉丝群体使新濠尊属系列演唱会在大湾区热度不断，结合新濠影汇成熟的度假村资源，带动了周边产业的增长。新濠影汇的品牌形象显著提升，客户满意度增加，为澳门文旅事业发展做出积极贡献。

2.受众反应

受邀KOL、媒体对"新濠尊属系列演唱会"给予积极的反馈与评价，初次体验就让他们对新濠影汇留下深刻印象。在演唱会上观众不仅享受到3位巨星为新濠演唱会专门设计的服装和歌单，还可以在新濠影汇度假村内体验全新打造的休闲玩乐设施、更全面的酒店服务和更新颖的娱乐表演。这些让参加演唱会的游客可以享受更多娱乐活动，将短暂的演唱会之旅转变成丰富多彩的境外之行。新濠影汇由此获得了观众的高度赞誉，形成口碑效应，成为许多澳门游客首选的酒店。

3.媒体统计

社媒平台累计曝光量超3.5亿次，视频门户网站及视频社媒平台累计曝光量超4234万次，电视平台累计曝光量超4303万次，线下及线上文章阅读量超39万次，实现总共超4亿次的传播。"新濠尊属系列演唱会"让澳门、香港、内地游客对于新濠影汇有了更深入的认识，提升了品牌形象。东方卫视、海南卫视等多个电视频道，新浪、网易、微信等主流门户网站以及《新民晚报》等纸质媒体发布个性化报道，让新濠影汇在受众中获得了高口碑。

4.市场反应

小红书中"澳门演唱会"关键词下"新濠"的声量由项目开始前的第42名跃升至最高时候的第1名。项目期间，新濠影汇百度指数较传播前与传播后都有极大的差距，传播期间，整体日均值上升至291，整体同比上升99%，传播后整体日均值再次下降为127。

由此可见，新濠影汇在传播期的曝光度及关注度迅速提升，品牌形象得到进一步提升。

5.项目亮点

充分利用腾讯生态，将各渠道的粉丝导流至微信公众号"新濠风尚"会员系统，与粉丝深度"做朋友"，增加粉丝的黏性，促进粉丝自发传播口碑，从而在7个月的时间里完成粉丝量1.8倍的高增长；打通跨境会员管理系统和跨境支付系统，实现在内地、澳门、香港三地的粉丝从营销、会员管理到购票的全链路畅通，充分利用资源整合提高管理效能，也有利于持续打造新濠尊属系列演唱会的品牌形象。

在本次营销推广项目中，蓝标为新濠影汇培育了一批忠实的用户，提升了消费者对于新濠影汇作为演唱会和娱乐消费重要选项的商业认知，使新濠尊属系列演唱会超越竞品同类活动，一跃成为澳门地区品类冠军。同时，利用营销活动提升品牌在腾讯生态的粉丝数量，进一步带动了旗下产业的消费转化。

自新冠疫情开放后，人们对于生活的享受逐渐由物质层面转移到精神层面，而新濠影汇提供了更高质量的观演体验以及更优质的旅游体验。参加演唱会不再是短暂的停留，而是一次快乐的旅行。全新建设的休闲玩乐设施、更全面的酒店服务、更新颖的娱乐表演，让参加演唱会的游客有了更多的娱乐活动，让短暂的"新濠尊属系列演唱会"之旅进化为长时、丰富的境外之旅。新濠影汇以客户为导向，不断建设更贴合客户的娱乐设施、优化贴心的酒店服务、增设更全面的周边配置，只为给客户提供更省时、更省心的旅行体验，为澳门文旅事业发展贡献了巨大的力量，为澳门打造"演艺之都"的目标添砖加瓦。

亲历者说 黄丽婷　蓝色光标高级客户主任

为响应澳门特区政府"1+4"适度多元发展策略和澳门旅游局深化"旅游+"跨界融合，新濠影汇推出了亚洲首个巨星专属驻唱系列演唱会。通过整合营销策略，能够充分利用各个渠道的优势，形成协同效应，打造了"新濠尊属系列演唱会"的品牌和口碑，令新濠在澳门各大娱乐集团、酒店集团中脱颖而出、独树一帜。项目过程中需要不停打磨内容，时刻把握着社会的热点，为的就是打造能与受众产生共鸣的内容，从而令"新濠尊属系列演唱会"和新濠影汇品牌在受众心中留下深刻的印象。这种不断输入、不断输出、灵活应变长周期项目与多任务并行的经验，虽然不断有更新更高的要求，但也让每一天的工作充满挑战和成就感。能参与孵化出首个巨星专属驻唱系列演唱会，我感到非常荣幸。

案例点评

点评专家：叶文君　济川药业文化与品牌负责人

新濠影汇"新濠尊属系列演唱会"项目凭借精准的市场洞察和创新的营销策略，成功打造了澳门文旅的新标杆。

精准选择以腾讯生态为主阵地，通过RAR模式深耕粉丝经济，将明星粉丝转化为品牌忠实用户，实现了粉丝生命周期价值最大化。

项目构建全链路营销闭环，打通跨境会员管理和支付系统，为内地、港澳粉丝提供了无缝购票及消费体验。从用户体验出发，逆向定制演唱会产品，将观演与餐饮、住宿、娱乐等结合，打造一站式服务，有效提升了用户满意度和品牌口碑。商业成果显著，门票售罄，客房和餐厅上座率大幅提升，微信公众号粉丝量增长1.8倍，社媒曝光量超3.5亿次，为澳门文旅注入新活力。

项目在跨平台整合及品牌长期价值挖掘上仍有提升空间。一方面，需将小红书、微博等平台的流量转化为私域流量，实现更高效的粉丝转化和留存。另一方面，将"新濠尊属系列演唱会"的成功经验复制到其他演艺活动或产业中，进一步提升新濠影汇的品牌影响力。

GOLDEN
FLAG
AWARD
金旗奖

2024
—
金旗奖最具公众影响力
营销创新金奖

畅意100%×西塔老太太奥运营销项目

执行时间： 2024年7月26日—8月31日
企业名称： 内蒙古伊利实业集团股份有限公司
品牌名称： 畅意100%乳酸菌
代理公司： 上海希遐广告有限公司
获奖类别： 2024金旗奖最具公众影响力营销创新金奖

项目概述

先"癫"的人先享受世界！当代年轻人已经明白了"情绪稳定"的精髓：生活可以常规，但是精神需要放飞，适当"发癫"有利于缓解身心疲惫！北京32家烤肉门店颠覆上新"畅快吃"乳酸菌烤肉套餐，线上线下联动传播，扩大畅意嗨吃场景。

项目策划

作为年轻人的美食搭子，畅意100%携手烤肉界的OG（元老）西塔老太太，首次上线"畅快吃"乳酸菌烤肉套餐，为大家带来味蕾和精神的双重"癫"覆享受！

以"发癫界'癫'太畅意，烤肉好过瘾"为主题，双向奔赴，以癫治癫，用发癫场景，开启一场颠覆味蕾新体验，让世界"癫"成你喜欢的口味！

（1）职场"癫疯"时刻，狠狠共情打工人。从职场场景出发，通过"打工总有想发癫的时刻，每天脑子演了八百场戏，表面还是好平静"的角度切入，打造创意视频。

（2）畅意100%乳酸菌味儿的海报，分分钟颠覆你的味蕾。爆炸式漫画元素与实拍场景颠覆组合，符合大家的精神状态，更符合大家的口味。

（3）从线上"癫"到线下，畅意烤肉君现场烤肉。畅意100%烤肉联动北京32家门店同步上新，特设活动主题门店，邀请畅意烤肉君到店烤肉，现场人气爆棚，消费者纷纷合拍互动。

（4）原创话题热度高涨，线下的客流量成就线上的流量。

从"世界癫成了我喜欢的样子"的情绪洞察，到畅意"癫"到出烤肉！畅意100%始终与消费者同频，致力于为大家提供无负担的味蕾享受，也希望大家畅意碰杯，共享人生尽兴体验。

项目KV

活动海报

项目执行

1.预热期（7月26日）

畅意100%和西塔老太太官微互动，畅意烤肉事件预热，联名悬念海报释出。

2.官宣期（7月27日）

（1）"品牌联合官宣，畅意出烤肉啦！"主KV上线。

（2）创意视频官宣。

（3）畅意刮刮乐上线。

3.爆发期（7月27日—28日）

场景海报释出，畅意烤肉君（菌）集结。乳酸菌味儿的烤肉正式上线，畅意烤肉君（菌）现烤投喂，营造超嗨观赛氛围；点畅意烤肉套餐，领畅意刮刮乐，抽中霸王餐，畅意烤肉君（菌）现场送出礼品兑换券。

4.持续期（7月29日—8月31日）

畅意刮刮乐持续抽霸王餐。

项目评估

畅意100%携手西塔老太太，在北京32家烤肉门店颠覆上新，销售套餐超5000份，至8月31日活动结束，预计销售额超60万元。

线下跨界打造主题门店，加速拉动销售和转化，线下活动当天客流量超15000人次，活动当天"畅快吃"乳酸菌烤肉套餐销售量超500份。

畅意烤肉君现场烤肉，线下趣味周边互动。32店同步抽畅意霸王餐，参与活动人数过万。

原创话题引爆打卡，消费者自发宣传互动。原创话题#畅意出烤肉啦#、#西塔老太太喊你吃烤肉#引起热议，大众点评/美团相关笔记数量超9000个，笔记总浏览量超561万次，全网话题曝光量超600万。

亲历者说 鲁爽 上海希遐广告有限公司资深策划

人生须尽兴，烤肉配畅意，期待我们下次再创佳绩！

案例点评

点评专家：陈先红 华中科技大学新闻与信息传播学院教授，中国故事创意传播研究院院长，中国新闻史学会副会长、公共关系专委会荣誉会长

在消费市场趋向情绪化、场景化的当下，畅意乳酸菌与欧基西塔老太太烤肉跨界联合，以"美食搭子＋品牌联盟"的创新模式，完成了一次从产品功能到情感价值的双重渗透。这一案例不仅展现了品牌对消费场景的深度洞察，更折射出Z世代消费逻辑的变迁，是品牌联合营销的破圈典范。

一、品牌内涵：功能互补与价值共振

双方合作本质是消费场景的精准互补。畅意乳酸菌以"助消化"功能切入烤肉餐饮场景，直击消费者"油腻负担"的痛点，而欧基西塔老太太烤肉则通过联合产品强化"畅快饮食"体验。更深层的价值共振在于对"年轻态生活方式"的共同主张——"先癫的人先享受世界"这一口号，将功能性消费升维为情感认同，构建"放纵与节制"的平衡哲学，精准回应了年轻人"既要快乐又要无负担"的矛盾心理。

二、新品策略：场景化设计的破壁逻辑

套餐的核心创意在于重构消费场景。线上线下的联动传播将单纯的餐饮消费转化为沉浸式体验事件。32家门店的"空间改造"不再局限于物理场所，而是成为内容生产的线下据点。消费者在"乳酸菌解腻—烤肉满足"的味觉循环中，完成对品牌主张的具身体验。这种将产品功能嵌套于社交场景的策略，成功将"套餐"转化为可传播的社交货币，形成"体验—分享—裂变"的闭环。

三、消费者洞察：代际情绪的价值锚定

品牌精准把握"Z世代"消费心理：即时满足（套餐获得感）、社交资本（美食搭子分享）、反焦虑宣言（"先享受世界"）。活动通过降低决策成本、强化场景仪式感，激活了年轻人对"活在当下"的情感需求。特别是"让世界变成我喜欢的样子"的传播语，精准捕捉了后疫情时代年轻人重构生活掌控感的集体情绪。

四、传播效果：流量池的生态化运营

营销活动构建了"话题—场景—数据"的立体传播矩阵：原创话题通过KOC探店、UGC内容生产形成社交裂变，线下门店成为流量枢纽——客群既是被传播内容的生产者，又是二次传播的中继站。这种O2O的流量互哺模式，使品牌突破了传统餐饮营销的地域限制，北京门店的在地化活动通过数字化传播转化为全国性话题事件。从传播数据看，"先癫的人先享受"主张引发的共情传播，成功将产品特性转化为价值观输出，实现了品牌资产的情感沉淀。

五、优化思考：从爆款到长效IP

建议强化会员体系的跨品牌权益互通，开发限定周边产品延长营销长尾效应，并通过数字化手段沉淀用户饮食偏好数据，为精准营销提供支撑。唯有将事件营销转化为持续的价值输出，才能实现品牌联盟从"流量搭档"到"心智CP"的质变。

这场跨界营销的本质，是品牌在红海市场中重新定义消费场景的突围尝试。它证明：当产品组合能同时满足功能需求与情感共鸣时，品牌就能在消费者心智中构建不可替代的生态位。

"7·17爱奇艺会员节"整合营销

执行时间：2024年7月12日—19日

企业名称：北京爱奇艺科技有限公司

品牌名称：爱奇艺

获奖类别：2024金旗奖最具公众影响力营销创新金奖

项目概述

每年暑期是各大品牌选择与用户对话、产生情感共鸣的重要时间点，也是品牌吸引年轻群体的黄金档期。以往，爱奇艺对于会员服务的营销，更多集中于结合热播IP的传播。2024年，爱奇艺将会员服务的整合营销进行升级，策划推出"7·17爱奇艺会员节"，内部联动活动、会员运营、公关及品牌等多个部门，在暑期集中为会员提供线上加线下的高价值优惠和福利活动。同时，通过年度低价折扣、全国文旅联动和IP互动嘉年华直播，给爱奇艺会员的追剧日常增加了夏日仪式感，增强会员与爱奇艺平台之间的情感连接，提升会员忠诚度和品牌认同感。爱奇艺也希望将暑期会员节变成品牌与会员对话的固定阵地。

项目策划

1.项目目标和策略

（1）主要目标：通过持续的会员服务运营，提升会员的价值感、忠诚度及品牌认同度。

（2）问题及挑战：如何在用户注意力拥堵的暑期做出品牌差异化？如何将福利、营销玩法等匹配会员的切实需求？

（3）核心策略：将内容、特惠活动、线下文旅、艺人直播等做强强联动，由自造节外延出多元化福利，从不同角度为爱奇艺会员带去生活的仪式感和满足感，让品牌营销"破屏跨界"，更好地融入用户生活。

2.创意创新

（1）借势暑期，给会员节打造品牌仪式感：7月12日—17日位于暑期档开端，会员节迎合了年轻用户的收看习惯，抓住暑期黄金时间段，向用户相对活跃的高峰阶段借到更大的势能。

（2）配合平台暑期更新节奏，满足更多期待：随着迷雾剧场新作、新晋国漫顶流、热门IP续作等内容的渐次上线，爱奇艺暑期档用不同类型的优质内容充分满足了会员观看需求，同时，引发了广泛的话题讨论。会员节趁势邀请更多主创直播推荐待播IP内容，承接并延续大众对爱奇艺内容的高期待，让用户注意力长久地停留在平台后续作品中。

（3）分节奏推出线上+线下多重福利，满足会员个性化诉求：7月12日，会员节上线了"超值订阅优惠""专属信函和徽章""积分秒杀景区门票"等福利；又于7月17日当天推出两波惊喜福利：超30位明星嘉宾开启IP互动嘉年华直播，以及正式官宣爱奇艺VIP推荐官。通过有节奏的福利上线，让爱奇艺会员能够长时间与品牌产生互动。

（4）有效结合剧务宣发、文旅、IP衍生等多方位资源，跨界创新：将线上线下更多品牌、跨界福利结合到"7·17爱奇艺会员节"互动中，由自造节外延成全民事件，从不同角度为用户带去满足感。

3.媒介策略及传播规划

由点及面的会员传播进化升级。本次会员节，除分三阶段各有侧重地传播会员超值福利，还将爱奇艺会员服务做了整合输出。

会员福利传播一直是爱奇艺日常营销中的一大重点。以往的传播动作，最开始是以影视IP为单位，侧重内容售前、售中、售后的案例包装和沉淀，推出"爱奇艺VIP惊喜一天"栏目。基于影视IP的会员福利渐成常态，爱奇艺开始更系统化的尝试，从2024年4月推出"桃厂会员日"，为会员集合呈现丰富的新片推荐、线下IP活动、忠实会员权益等，在常态化、高频次的线性沟通中，为会员带去更高效精准的会员服务体验。到本次会员节，爱奇艺实现了点—线—面的传播形式进阶，更全面系统地将会员服务规模、会员传播体量扩大化。

沟通文娱、营销等不同领域媒体进行多角度报道。

举办会员行业首届"To C悦享会"，联动超100位艺人为"7·17爱奇艺会员节""打call"。7·17会员节期间，沟通百余位艺人通过在线直播、录制ID等方式为会员节热情"打call"。同时，于7月17日当天举办的IP互动嘉年华也是视频行业首个面向非广告主、真正面向用户举办的内容推荐活动。直播期间，营销上还设置了IP投票赢"2024爱奇艺尖叫之夜"门票的福利玩法，大大提升了用户热情和参与感。

项目执行

1.预热期（7月12日）

集中释放7·17会员节的多重福利，整体强调爱奇艺VIP会员可享"订阅优惠、超值追剧""专属信函和徽章""积分秒杀或直接抽取线下娱乐、文旅景区门票"等权益，为IP互动嘉年华提前造势预热。

2.持续发酵期（7月13日—7月16日）

结合已推出的多重福利和感谢信回忆杀等，强化内容制作的爆款认同及爱奇艺暑期造节的会员体验价值。

3.高潮期及收官总结（7月17日—19日）

7月17日当天集中发布所有艺人"打call"物料，将会员节关注度推向高潮，引发多轮自然热搜；同时，根据IP互动嘉年华直播发布的超100部内容片单强化内容储备；最后系统化输出从点到面的会员运营策略。

项目评估

（1）用户价值感知提升：用户对首次"To C悦享会"——片单推荐直播"IP互动嘉年华"，展示了积极的参与和讨论热情。直播累计观看量超3000万。

（2）社交平台反响热烈：爱奇艺与微博双平台直播，收获全网热搜热榜超200个，"7·17爱奇艺会员节"官方话题微博阅读量超1.6亿次，相关话题阅读总量达9亿次，全站讨论量超5000万次。

（3）品牌影响力强化：超130部优质内容的影片计划上线，近100位明星的推荐引发了广泛讨论，促进平台的口碑传播，进一步提升了品牌形象和影响力。

（4）媒体认同：40余家媒体共输出报道超130篇。"7·17爱奇艺会员节"官宣后，获诸多媒体的广泛关注报道，认可爱奇艺暑期造节对于提升会员体验的价值，充分肯定爱奇艺持续输出优质内容的创作能力和系统化服务会员的运营策略。

亲历者说 爱奇艺市场公关团队

此次"7·17爱奇艺会员节"是爱奇艺成立以来，首次为会员专门举办的节日，爱奇艺内部各个部门协同，拿出了非常大的诚意。例如，比电商节期间还优惠的订阅价格、配合暑期会员出行便利的各地文旅门票福利等，还特意举办了首次纯面向用户的IP互动直播，集结了超30位艺人7小时不间断直播、推荐待播片单，让大家的订阅更放心、更透明。我们也欣喜地看到爱奇艺首个会员节收获了大家的喜爱，获得了超200个热搜，同时，也推动了多部内容预约破百万，实现了提升用户体验的目标。

案例点评

点评专家：朱肖洁　武田中国企业传播部总监及负责人

"7·17爱奇艺会员节"整合营销案例在跨界融合与数字化传播领域开拓出全新模式，为新时代下的数字化文化营销树立了新标杆。

  在活动策划上，由自造节外延出更多元化的内容、形式和触达，从不同角度为爱奇艺 VIP 会员带去生活的仪式感和满足感，让品牌营销"破屏跨界"，更好地融入用户生活。活动策划巧妙锚定了暑期档这一黄金节点，精准对接用户活跃高峰，与平台热播内容深度绑定，实现内容与营销的同频共振，牢牢抓住用户目光。

  在数字化传播层面，案例实现了从单点到全面覆盖的传播升级。借会员节整合长期会员营销策略，通过分阶段、有侧重地传播会员福利，强化会员服务体系。涉及多渠道的媒体矩阵排列、广博的输出报道和关注，是对于该案例输出优质内容的创作能力和系统化服务会员的运营策略的背书和认可。而携手超百位艺人"打 call"，利用 IP 互动嘉年华等创新玩法，激发用户参与热情，使传播声量最大化。通过数字化传播提升会员体验感、参与感，不仅提升用户黏性，更以创新的跨界和数字化传播模式，为平台品牌发展注入强劲动力。

优酷动漫《少歌宇宙英雄会》洛阳城国风活动

执行时间：2023年8月26日—8月31日
企业名称：优酷信息技术（北京）有限公司
品牌名称：优酷动漫
代理公司：北京铭茹科技发展有限公司
获奖类别：2024金旗奖最具公众影响力营销创新金奖
2024金旗奖最具公众影响力文旅创新金奖

项目概述

少歌宇宙包含3部高人气优酷动漫IP，播放量破亿，自开播以来好评不断，凭借少年武侠系列得天独厚的内容优势，加以专业团队的品质护航，达到了许多热门电视剧的热度，成功跻身热度榜单TOP1。少歌宇宙系列作品以其跌宕起伏的剧情和情深意重的江湖群像，在国漫市场拔得头筹，成为新国风国漫的代表之作。

此次少歌宇宙IP跨次元联动洛阳文化圣地隋唐洛阳城，开启一场"行走洛阳城，满城国风少年"沉浸式少歌国风体验英雄会，撬动地方活动感知力，助推话题曝光，强化"看新国风，上优酷动漫"优酷国风剧场感知度。

项目策划

1. 目标

借国漫之力，赋能文旅，共同打造洛阳遍地都是少歌宇宙国风少年破圈事件。

2. 策略及传播

（1）以少歌IP为核心，精准触达少歌系列核心粉丝

借势动漫开播艺人"打call"，发起少歌宇宙空降"洛阳"举办少歌宇宙英雄会活动，提炼IP高热角色、动漫名场面，在隋唐洛阳城的明堂天堂、九洲池、应天门1:1还原动漫场景，增强动漫代入感。

（2）洛阳文旅×百万达人联动助推，有效扩散至活动地游客

线上线下联动多平台合作，IP艺人在线"打call"，地方媒体亲临现场在线发声，IP矩阵多平台宣发活动亮点内容；联动地方城市在地铁、公交、商业街等多地铺设主视觉海报、

视频露出活动信息，撬动地方活动感知力，助推话题地方上榜率，进一步扩展活动声量。

（3）主流媒体点赞实现品牌增值，有效撬动全网用户实现感知

提炼动漫内角色，从少歌宇宙角色还原出发，联动百万级 coser（角色扮演爱好者）达人进行内容输出，通过达人号、权威媒体、地方媒体等线上合力宣发，制定多维度话题内容助推活动出圈上榜，视频冲击高赞，为优酷动漫引流。

项目执行

在隋唐洛阳城景区明堂天堂、九洲池、应天门完美还原动漫场景。

由百万量级红人、超人气 coser 组成的少歌男团、女团齐聚洛阳，高度还原动漫角色。

洛阳媒体、百万网红、小红书达人超百人齐聚现场，游客自发打卡热情高涨，提高大众对少歌 IP 及对优酷动漫的认知。

项目评估

1.项目亮点

以国漫之力为文旅赋能。此次少歌宇宙 IP 跨次元联动洛阳文化胜地，在明堂天堂、九洲池、应天门、洛邑古城、大运河五大活动景区发起活动，开启一场"行走洛阳城，满城国风少年"沉浸式少歌国风体验英雄会。高度还原动漫角色、场景，撬动地方活动感知，活动持续 1 个月，整体曝光量超 1 亿次。

2.主要成绩

微博及主流媒体成绩：线上曝光总量达 4.7 亿次。

人民文娱携近百家主流媒体鼎力支持。人民文娱发微博点赞优酷活动，#同一部动漫告别 8 月 # 话题播放量累计 516 万次、互动总量 0.3 万次，# 人民文娱点赞国漫新国风 # 话题播放量累计 458.1 万次，互动总量 0.3 万次；《大河报》《洛阳晚报》、洛阳网等多家洛阳权威媒体集体助力；洛阳信息之窗、洛阳信息网、东方今报网（河南本地稿）、正观新闻（时代报告·瞭望）等 23 个主流网站持续曝光，为活动铺垫热度。

微博热搜超 12 个，其中 #90 后小伙为塑造动漫形象剃成光头 #、# 洛阳遍地都是国风少年 #、# 洛邑古城汉服长红在雨中的态度 #、# 动漫人物闪现洛阳皇宫 #、# 来洛阳沉浸式体验少歌江湖 # 等话题荣登微博同城高位榜。

抖音爆款视频 57 支，其中点赞量超 50 万次的 1 支，超 30 万次的 3 支，超 20 万次的 6 支，超 10 万次的 7 支。

小红书发布安利向内容图文超 50 篇，总曝光量超 1.5 亿次。

亲历者说 于梦婕　优酷动漫市场负责人

凛然江湖梦，少年正当燃！本次初衷是想借势三部高人气国漫 IP 之力，开启一场跨次元国风盛宴。结合地方本土特色风貌，落地洛阳地标建筑，品味少年江湖行的英雄意气；激活现代每个人的武侠 DNA，沉浸式圆梦江湖；打造洛阳遍地都是少歌宇宙国风少年破圈事件，赋能"国风文旅"标签。

案例点评

点评专家：陈小桃　海南大学国际旅游与公共管理学院教授

体验洛阳汉服已然是人们除了去看牡丹花外，第二个想要去洛阳旅游的重要理由，洛阳汉服成为人们心中新的洛阳文化象征。如何进一步推动洛阳文旅发展？该案例给出了很好的答案：通过潮玩动漫游戏与古城国风的碰撞，打造一个新潮而又有着千年古韵的文化之城。新与旧的碰撞、时尚与古老的交融，少年与千古城都的相逢，充满了故事性和吸引力，必然能够吸引民众和媒体的高度关注。充满创意和文化特性的策划，使"借国漫之力，赋能文旅，共同打造洛阳遍地都是少歌宇宙国风少年破圈事件"公关目标得以实现，国风版的优酷游戏将被更多玩家热爱。

智界S7及华为全场景新品发布会

执行时间： 2023年11月22日—28日

企业名称： 华为技术有限公司

品牌名称： 鸿蒙智行

代理公司： 智者同行品牌管理顾问（北京）股份有限公司

获奖类别： 2024金旗奖最具公众影响力营销创新金奖

项目概述

在电动汽车浪潮的席卷之下，中大型纯电轿车市场竞争越来越激烈，且同质化现象越来越严重，从设计趋同到技术趋同，甚至干脆堆砌智能配置，陷入智能化的"军备竞赛"，导致品牌产品区隔模糊，缺少心智壁垒。面对这种情况，智界S7如何让消费者建立差异化心智壁垒成为亟须解决的难题。

此次智界S7作为华为首款智慧轿车，与其他友商最大且最明显的区隔点就在于首搭华为最新黑科技，结合这一特性，亟须在营销传播上打出差异化，让新品破圈的同时，与目标人群达成价值认同。

项目策划

1.传播目标

确立智能时代纯电轿车领导者地位，以全域高能、市场第一的姿态击中用户心智。

2.目标人群

单身人群，0孩或1孩年轻中产家庭，年龄26~34岁首购或30~40岁增换购。

（1）主要受众及需求契合度调研

当下年轻消费者正成为汽车消费主力，以"95后"为代表的"Z世代"对个性化、智能化方面的需求更加明显。智界S7个性化的高颜值外观以及领先的华为黑科技加持与消费者契合度最高，而领先的华为黑科技是改变消费者认知的最好抓手。

（2）受众获取信息渠道调研

潜客群体获取新产品信息渠道偏好特征明显，短视频成为构建"新沟通"的抓手，本次智界S7可借此渠道抢占潜在市场用户的心智。

智界S7上市发布

3.传播策略

采取两步走战略：①上市前夕小资源大曝光预热渗透，通过泊车代驾超级场景，独特优势卖点场景化曝光，抢先科技实力占位；②发布期大资源集中爆发，以"首发华为八大黑科技"为产品核心烙印全面释放智界S7新品优势产品力，集中资源全平台打透，全面霸占公众视线，形成规模化转化。

4.传播形式

结合当前用户停车难的痛点场景，以短视频形式打造爆款话题事件，高曝光的同时，撬动销售转化；聚焦华为黑科技，多物料、多形式、多渠道、全周期贯穿落地，构建智界S7行业竞争壁垒。

5.解决方案

上市前夕，通过新技术"炫技"，以行业首发无人代客泊车卖点为抓手，精心策划爆款事件，小资源撬动大流量，集中引爆关注。

聚焦华为最新黑科技，多卖点提炼包装组合，以"首发华为八大黑科技"为产品核心烙印贯穿全传播周期，持续推动内容落地，构建智界S7行业竞争壁垒。

项目执行

2023年11月21日，策划智界S7将于11月28日发布热点资讯话题，围绕产品即将上市，联动媒体、KOL集中造势，提前锁定用户关注，拉升用户期待。

11月24日，以行业首发无人代客泊车卖点为抓手，以车圈首创的民间应用视频为核心素材，精心策划热搜爆款话题，小资源撬动大流量，集中引爆，并撬动销售转化。

11月28日，智界S7正式上市发布，聚焦华为黑科技赋能，多卖点提炼包装组合，以"首发华为八大黑科技"为产品核心烙印贯穿全传播周期，同时，聚焦新品优势功能点，在微博、知乎、今日头条等多个平台策划多个热点话题集中爆发，全面吸引公众视线，构建智界S7行业竞争壁垒。

项目评估

1.项目效果

智界S7无人代客泊车视频一经曝光,迅速引发全网关注、热议、报道,成了刷屏级视频,话题#华为无人代客泊车视频曝光#迅速登上微博、B站、今日头条、知乎、懂车帝、汽车之家等热榜。同时,在此期间销售转化明显,日均订单量有明显提升。

上市发布会期间,通过多个易感话题形成更大的讨论声量场,将智界S7首发华为八大黑科技在多个平台形成热议氛围,全面构建智界S7与粉丝用户的沟通桥梁,最大化强化用户对智界S7是"含华量"最高的纯电轿车的感知。当天各社交平台、新闻资讯平台累计85个热搜热榜,总阅读量破7亿,出现现象级霸榜。

2.项目亮点

(1)"用视频认识我"—— 以爆款短视频精准人群营销转化,打造低成本出圈标杆案例,让智界S7快速进入人们视野

原先传统的广告宣传片、媒体评测等方式已不足以吸引年轻用户眼球,相反,快速兴起的短视频成为吸引年轻受众的最有效途径。对此,结合人无我有的"无人代客泊车"功能点,精准营销,制作爆款吸睛短视频,以小资源撬动大流量,集中引爆并快速引起用户关注与讨论。

(2)打造产品专属"社交名片"—— 智界S7首发华为八大黑科技,构建竞争壁垒

一个成功的产品,不仅是对功能卖点和利益的表达,更是满足消费者心理上的一种"认可"和"被肯定"。聚焦华为黑科技多卖点提炼包装组合,以"首发华为八大黑科技"为智界S7核心烙印,锁定追逐华为智能科技的消费群体,让用户产生身份认同,从而实现销售转化。

亲历者说 李振琦 智者同行品牌管理顾问(北京)股份有限公司项目经理

"自嗨"一直是广告人或者说公关人难以摆脱的标签,但在熟悉的"相亲相爱一家人"群里看到熟悉的智界S7无人代客泊车"小视频"时,第一次切实感觉到它真的爆了!这种成就感是多少个10万+"热搜榜""曝光量"无法比拟的。

案例点评

点评专家：朱肖洁　武田中国企业传播部总监及负责人

智界S7的营销堪称在同质化市场中突出重围的典范。面对中大型纯电轿车市场激烈竞争与严重同质化，它精准锚定华为最新黑科技这一差异化核心。

在策略上，以新技术为突破口，上市前夕凭借无人代客泊车这一卖点，用小成本的民间应用视频策划热搜，成功撬动大流量，实现销售转化增长，足见其对消费者兴趣点的精准把握。上市时聚焦"首发华为八大黑科技"，多平台多话题集中爆发，全方位构建竞争壁垒。

在传播节奏上，前期资讯话题联动造势，提前预热；发布期热点话题霸榜，引发全民关注。这种环环相扣的节奏有效维持热度，不断强化消费者认知。整个营销过程紧密围绕产品独特技术，借热点话题、多平台传播实现破圈，成功在消费者心中建立起"含华量"最高的纯电轿车印象，为产品打开市场、提升销量，也为同类产品营销提供了可借鉴的思路。

GOLDEN
FLAG
AWARD
金 旗 奖

2024
——
金旗奖最具公众影响力
医药行业案例金奖

"童年旁观者"呼吸道合胞病毒预防艺术科普项目

执行时间： 2024年3月1日—3月15日
企业名称： 赛诺菲中国
品牌名称： 乐唯初
获奖类别： 2024金旗奖最具公众影响力市场公关传播金奖
　　　　　　2024金旗奖最具公众影响力医药行业案例金奖

项目概述

呼吸道合胞病毒（RSV，以下简称合胞病毒）是一种常见的、具有高度传染性的呼吸道病毒，我国是全球因合胞病毒感染导致儿童罹患急性下呼吸道感染（ALRTI）人数较多的国家之一，然而，调研显示，这一常见且对婴儿危害巨大的病毒，却成为"被无视"的健康威胁。

在赛诺菲看来，疾病科普不应是单向的宣教展示，而应提供一种设身处地的真实感受。为此，我们发起了"童年旁观者"呼吸道合胞病毒预防艺术科普项目，期待能让合胞病毒带来的危害"可视化"，唤起公众对这一病毒的重视，提升预防意识。

项目策划

1.围绕艺术表达和沉浸式感官体验，构思项目创意

合胞病毒对孩子肺功能带来的长期影响如同一堵无形的墙，阻隔了孩子正常感受世界的道路，让他们成为自己童年的旁观者。我们希望他们的痛苦与落寞能被看见、被感知到。

（1）艺术表达与沉浸式感官体验，让痛苦长期影响被"看见"

·绀色雕塑，让无法感受游戏的童年"被看见"。

·急促的喘憋声，让呼吸困难的折磨"被听见"。

（2）互动沉浸体验引发深层共鸣

围绕"童年旁观者"艺术装置的，是一幅幅描绘出孩童趴在窗户上向外眺望的画作。孩子们眼睛望向的方向，是室外的篮球架、缤纷的跳绳台，是孩子们嬉戏的欢声笑语。置身整场展览，观众通过视听双重刺激，感受到健康孩子的欢乐与绀色雕塑的孤立形成的强

烈对比。全方位的感官体验让观众在此刻"成为"玻璃罩中的绀色女孩，真切地感受到合胞病毒剥夺了孩子们的健康与正常的生活与欢乐，从而引发他们深刻的情感共鸣。

艺术科普展

2.制订传播策略，以情感链接驱动和热议话题扩散传播

（1）孤独和静止vs热闹和跑跳 —— 打造"童年旁观者"具象化场景，引发妈妈群体共情和主动传播。邀请小红书博主现场参观"童年旁观者"艺术装置，感受"童年旁观者"场景，并以图文或视频形式记录观展体验，在小红书上发布内容，利用个人影响力精准触达目标人群（父母），引发广泛讨论和关注，扩大传播范围。

（2）深度挖掘"聚不齐的童年"，将无法言说的痛苦带到读者身边，触动受众痛点。与每日人物深度合作，围绕"聚不齐的童年"这一情感主题，深入挖掘与合胞病毒相关的真实故事。通过采访家长、专家和艺术家，将情感共鸣点与专业科普内容结合，增强故事感染力，发布在广泛媒体矩阵上并形成话题引导，推动公众对合胞病毒预防的关注和参与。

（3）打造可靠医学信息传播通道，实现核心信息的长尾传播：借势多类型媒体矩阵扩大影响力。邀请媒体参加现场的科普沙龙，亲自体验"童年旁观者"艺术装置，聆听专家对合胞病毒的深入解析，真实感受合胞病毒对儿童健康的影响。权威媒体的背书与垂直健康领域媒体的深度报道相结合，确保了合胞病毒预防信息的广泛传播与公信力的提升。此外，借助社交平台的广泛传播性，进一步扩大话题的社会渗透力，实现从广度到深度的全面覆盖。

项目执行

1.选址+展期+搭建，"三位一体"打造"沉浸式艺术科普网红打卡点"体验

项目组选址于北京市民周末出行、户外亲子活动的地标性热门场地奥林匹克森林公园，并将雕塑的展示区域定在了奥林匹克宣言广场。项目组决定在这个对现代奥林匹克与运动

具有特殊纪念意义的场地，讲述一个只能旁观别的小朋友肆意玩耍的难过故事。项目组特别在艺术装置附近搭建了儿童活动区，设置了投篮区、摸高区、跳绳区。同时，项目展期选择在2024年3月8日、9日两天，路过的儿童及家长不仅注意到了展览区的艺术装置和科普信息，更是积极参与到活动区的各类体育运动中——利用周末奥林匹克森林公园的自然人流，"展区+环境"之间形成了"童年旁观者"和"童年参与者"的天然对比，为公众奉上了一次"三位一体"的"沉浸式艺术科普"体验。

2.突破专业壁垒，"故事化圆桌对谈"拉近科普与现实生活的距离

不同于以多轮主旨演讲为主的传统的医学科普论坛，本次科普采用了更为亲民的圆桌讨论形式，邀请医生、艺术家、家长代表和企业代表四方嘉宾共同参与，以故事化的方式讨论合胞病毒相关话题。各方嘉宾从他们各自的视角出发，分享亲身经历和感受，将疾病科普信息以自然流畅的对话方式传递给观众。这种设定打破了过于专业、高高在上的传统科普形式，使疾病预防的知识更贴近公众日常生活，真正达到了拉近与观众距离的目的。

3.打破传统医学科普传播框架，以权威媒体为核心层向外辐射，选择多元媒体以扩大目标受众覆盖

（1）以医学科普的常规媒体选择——权威媒体、健康类媒体和大众类媒体为传播核心，建立公信力和权威性后向外扩散。在此基础上进一步拓展传播渠道，增加多元媒体的参与，实现层层扩散的传播效果，覆盖面大幅扩展，精准触达不同层次的目标受众。

（2）邀请小红书博主参与，他们不仅是活动的受众代表，还亲自带孩子参加沙龙，并在户外体验"童年旁观者"装置与健康儿童活动区，以此为媒介深入触达垂直受众。

（3）邀请艺术类媒体，通过独特的视角解读艺术装置的设计理念，科普与艺术有机结合；邀请本地生活类媒体进行活动预告和报道，使项目得到更广泛受众的关注。

项目评估

1.扩大合胞病毒认知覆盖面，推动健康意识提升

（1）引发父母群体真实共鸣，潜在推动合胞病毒预防行动

每日人物媒体矩阵累计阅读量及互动量达到34万，小红书博主图文及视频阅读量近16万，评论区许多父母分享他们与合胞病毒相关的育儿经历和对合胞病毒感染的担忧，表达对合胞病毒预防的强烈关注和行动意愿。项目成功引起父母深度共情并潜在推动父母采取合胞病毒预防行动方面的实际效果。

（2）广泛媒体覆盖，提升项目公信力

通过多渠道、多平台的传播，累计获得了368篇媒体报道，其中包括权威媒体的参与，显著提升了项目的公信力，强化了赛诺菲在疾病预防领域的领导地位，并有效提高了公众对合胞病毒预防重要性的认知。

2.创造艺术化叙事场景，打破传统医学科普传播框架

打破传统健康传播框架，通过跨界艺术联名和感官体验，成功将复杂的医学知识转化为易于理解的公众认知。巧妙结合视觉艺术、音效互动和真实案例，创造出引人入胜的叙事场景，令合胞病毒的潜在威胁不再只是医学数据，而是成为每一个观众心中鲜活的警示。

亲历者说 **猛强　母婴博主、活动嘉宾**

作为需要持续在工作和家庭中寻找平衡的职场妈妈，最让我费心的就是孩子的健康。参加"童年旁观者"科普沙龙时，那个被封闭在玻璃罩内的绀色雕塑小女孩深深触动了我。我想起那些夜晚，当孩子因为轻微的感冒而无法入睡时，我也会陪在他的身边，守护他的每一次呼吸。耳机中传来的急促喘息声，提醒着我那些患有严重呼吸道疾病的孩子，他们和父母承受的焦虑和无助要比我想象得更加沉重。这次沙龙跟各位专家和家长的交流让我意识到预防像合胞病毒这样的疾病有多么重要，我也想提醒所有父母都重视这个问题。

案例点评

点评专家：尚恒志　河南工业大学新闻与传播学院教授、硕导、学术委员会主任

该项目有以下亮点。一是以沙龙形式拉近科普与生活的距离。各方嘉宾从各自的视角分享经历和感受，将疾病科普信息以自然流畅的对话方式传递给观众，使疾病预防的知识更贴近公众日常生活。二是围绕艺术表达给人以沉浸式感官体验。绀色雕塑，让无法感受游戏的童年"被看见"，急促的喘憋声，让呼吸困难的折磨"被听见"，置身整场展览中，通过视觉和听觉的多重刺激，观众真切地感受到合胞病毒如何剥夺孩子们的健康与正常的生活与欢乐，引发他们深刻的情感共鸣。三是借势多类型媒体矩阵扩大影响力。新华网、人民日报健康客户端等权威媒体的参与，确保了信息的广泛传播与公信力；小红书博主的参与，借助社交平台进一步扩大话题的社会渗透力。

GOLDEN
FLAG
AWARD
金 旗 奖

2024
—
金旗奖最具公众影响力
To B 行业案例金奖

触达、影响、转化 —— 英飞凌科技产品内容精准营销项目

执行时间： 2023年8月1日—2024年8月30日
企业名称： 英飞凌科技（中国）有限公司
品牌名称： 英飞凌
代理公司： 霍夫曼公关顾问（北京）有限公司
获奖类别： 2024金旗奖最具公众影响力 To B 行业案例金奖

项目概述

绿色转型发展正在成为全世界的共识。作为全球功率系统和物联网领域的半导体供应商，英飞凌科技正在积极推动低碳化与数字化转型，为实现高效绿色的能源、安全清洁的出行及安全智能的物联网，提供颠覆性的解决方案。为此，英飞凌科技需要持续"扩大朋友圈"，增加品牌影响力，提升其产品在各个垂直领域的知名度，让用户和客户能从更多渠道、多维度地了解并且认可英飞凌和英飞凌的产品。

B2B企业的营销难点，一直都在于精准地触达以及营销链路的闭环，从而提升市场营销效能，助力业务发展。在数字时代，如何实现更有效的营销产出，既有机遇，也更有挑战。

围绕一系列实用的产品选型手册，英飞凌此次数字营销活动，除了集中展示了技术亮点、应用案例及解决方案，更通过整合的内容营销活动，实现了精准触达和有效产出。

项目策划

基于B2B行业的商业决策流程以及半导体行业的发展趋势，围绕"用户""精准""全流程"3个核心思路，英飞凌制定了精炼、整合、完善的推广策略。本次项目的策略思路：以高质量的内容吸引精准受众，以一站式体验促进营销转化。

1.用户洞察

针对目标用户，基于行为数据，准确勾勒用户的画像及行为路径。

借助布局多年的营销自动化工具，根据用户与"英飞凌官微"的日常互动，自动为用户打上数据标签，持续积累对于用户行为偏好、兴趣数据的洞察。通过分析英飞凌官微

2023 年的用户数据，我们发现"功率器件""碳化硅氮化镓产品""传感器""MCU""电源管理 IC"为用户最感兴趣的年度前五关键词；同时，菜单栏的"产品介绍"和"内容中心"为用户频繁使用的板块，体现出用户对于技术深度内容、产品和应用信息的兴趣。

2.内容产出

以产品选型手册为核心，为不同渠道产出多形态的内容素材，实现与目标用户的强关联。

基于上述洞察，英飞凌锚定了微信内容营销的整体方向，并有针对性地向业务部门收集技术白皮书素材。其中，《英飞凌电源与传感选型手册 2024－2025》《英飞凌 EiceDRIVER 栅极驱动 IC 选型指南》《英飞凌传感选型手册 2024》《2024 年预测 —— 氮化镓功率半导体》《碳化硅白皮书》等与上述用户兴趣高度匹配，被选为此次项目主推的内容素材。此外，针对不同渠道和受众的特点，围绕产品选型手册，英飞凌制作了不同类型的推广物料，以最大化地吸引目标受众的注意，并促使他们主动留资和下载。

3.推广节奏

制定多元且精细的推广渠道组合，分层次、渐进式地布局，实现精准有效覆盖。

首先，一系列产品选型手册在"英飞凌官微"进行官宣，除了内容简介，还通过文字、海报、视频、白皮书预览等多维度呈现内容亮点。官方微信发布后，英飞凌自有社交媒体矩阵的其他平台（包括微博、头条、B 站等）触发跟进，以触达更多的目标受众。同时，在微信公众号、朋友圈和搜一搜广告，英飞凌借助定向广告投放白皮书，凭借人群筛选、关键词设置等，精准触达更多潜在目标受众，为内容推广聚集起更多流量。

其次，英飞凌与行业权威媒体、KOL、经销商伙伴等合作推广选型手册，借助他们触达更多目标人群。值得一提的是，针对该项目，英飞凌筛选了一批专注于深耕电源、传感、电子电力等垂直领域的微信 KOL，与他们进行内容共创合作。这一类 KOL 大多是工程师背景，其粉丝黏性更高，用户群体更精准。英飞凌借助不同合作伙伴，媒体及多方账号资源的第三方视角、活跃的自媒体社群，触及更多元化但背景精准的受众，进一步推广各类针对性技术的选型手册，相关投放收获了高转化率、高投入产出比的效果。

最后，英飞凌还积极延长选型手册的"热度期"，通过埋设丰富的触点，不断激活这一内容资产的价值。例如，通过技术分享栏目吸引用户阅读完整白皮书；在微信视频号直播、线上研讨会的嘉宾分享中，植入白皮书下载二维码；亦在各类活动的报名链路中，设置一键下载白皮书或访问内容中心的入口，持续产生数据引流。

搭建顺畅、闭环的营销流程，结合营销自动化工具，实现全流程智能体验。

在每一个推广渠道，英飞凌都设置了可追踪的二维码。在营销自动化平台上，英飞凌能够实时了解用户扫码、访问以及下载的统计数据，便于追踪比较各个渠道的推广效果。

用户扫码之后即来到表单页面（留资），对于已经留过资料的用户，系统会自动填充，以方便用户使用；填写表单后，用户即可以在PC端或移动端一键下载保存白皮书，从而完成丝滑、无缝的营销闭环。

对于有兴趣获取更多资料的用户，搭建在"英飞凌官微"之上的"内容中心"作为整合落地页，承载更多流量涌入及落地转化，既方便用户一站式地检索、查看和下载白皮书，也使英飞凌能够获取更完整、更精准的用户行为数据。所有的用户数据资产均沉淀在官微营销自动化平台，通过集中化管理，及时同步与跟进，帮助业务部门持续孵化潜在销售线索，从而驱动业务增长。

项目执行

1.准备期

英飞凌官微内容中心上线并更新相关产品选型手册，搭建营销基础设施；对于营销自动化系统积累的用户数据进行深入分析，提取有用的用户洞察，支持下一步的内容营销策略制定。

2.启动期

明确整体策略及方向后，英飞凌与各业务部门深度沟通，了解他们内容资产情况，统筹内部资源，配合产品及活动的各类推广，整体布局，合理安排推广节奏与各阶段重点。

3.执行期

官微首发产品选型手册后，英飞凌自身社媒矩阵及时跟进，并通过微信广告、搜一搜和朋友圈广告扩大影响力。随后，英飞凌通过行业权威媒体、经销商伙伴、微信KOL、线上线下活动等渠道，持续推广产品选型手册。定期汇总推广数据，及时跟进潜在销售线索，促进销售转化。

项目评估

1.传播和互动层面

一系列产品选型手册的推广，帮助英飞凌扩大了品牌影响力，赢得了超过510万的曝光量（认知度），以及超过12万的互动量（兴趣度），并且有效促进了官方媒体矩阵的粉丝增长。

（1）官微推文：1.8万次阅读量，100次互动，文件下载800多次。

（2）KOL投放：1.3万次阅读量，290次互动，粉丝增长近1000个，文件下载近500次。

（3）微信广告：曝光量超506万次，点击数超1.2万次。

（4）直播：观看量超6.6万次，11万次互动。

（5）内容中心：自上线以来，累计已经获得了约5400次、近3000人次的访问量。

2.业务层面

白皮书的下载表单有效地帮助英飞凌获取销售线索，目前已经收集到了近3000个潜在线索。其中包含数百个具有明确购买意向的高潜力线索。

亲历者说　朱琳　英飞凌科技企业传播部大中华区负责人

在市场"越来越卷"的今天，各大品牌都面临着预算少却要求回报高的难题，因此，我们需要通过更加精细化、数字化的方式来巩固品牌认知、拓展业务。英飞凌积极推动企业数字化转型战略，借助数字化工具提升数字化沟通的效率，为更精准的用户提供更有价值的信息，进而提升英飞凌产品在各个垂直领域的知名度，从而提升市场营销效能，助力业务发展。

案例点评

点评专家：汪珺　GE航空航天大中华区品牌公关传播总监

在B2B行业中，用户需求复杂且多样，如何转化为销售利润是最核心的诉求。值得一提的是，每一个推广渠道，英飞凌都设置了可追踪的二维码。在营销自动化平台上，实时了解用户扫码、访问以及下载数据，便于追踪比较各个渠道的推广效果，进行即时调整。用户扫码后，系统自动填充联系信息，方便用户使用，确保了无缝的营销闭环。这不仅提高了用户体验，还帮助英飞凌获取了大量潜在销售线索，真可谓"内容精准营销"。在品牌普遍面临"预算少却要求回报高"的难题面前，英飞凌做出了有效尝试。

中国移动第八届创客马拉松大赛

执行时间：2024年5月29日—30日

企业名称：中国移动通信集团有限公司

品牌名称：中国移动创客马拉松大赛

代理公司：北京华瑞成业管理顾问有限公司

获奖类别：2024金旗奖最具公众影响力品牌创新金奖

2024金旗奖最具公众影响力To B 行业案例金奖

项目概述

为深入贯彻落实党中央、国务院关于发挥中央企业龙头带动作用，深入实施创新驱动发展战略，搭建开放协同创新平台，促进科技成果转化、大中小企业融通发展，中国移动自2016年起打造"创客马拉松大赛"品牌赛事，遴选高质量科技创新项目，丰富数字化产品体系。

项目策划

在策划第八届中国移动创客马拉松大赛时，全面考虑国家关于科技创新、大众创业及数字经济产业融合的政策导向，目标是创建一个既能吸引年轻创客又能促进科技创新与数字经济深度融合的平台。

以科技学院风为核心主题，打造现场环境。这样的设计不但强调了教育与学术的重要性，而且营造了一种将学习与实践相结合的氛围。场地布置结合了古典与现代元素，如将仿古书籍、阶梯、复古桌椅与高科技展示屏和现代化互动设备相搭配，突出了科技与文化融合的主题。

赛前安排重磅嘉宾参与互动，参赛者们通过采访式的破冰活动表达自己的观点和想法，了解其他参赛者的背景和动机。同时，安排专家导师加入各个小组，以讨论模式提供指导，他们的参与不仅为大赛增添了实践商业智慧，还对参赛项目从投资角度进行了专业的评估和指导，他们的经验分享和行业洞察对于引导参赛者将创意转化为商业机会尤为重要。此外，对于那些期待在创业路上获得支持的参赛者来说，导师们的行业影响力和资源网络价值不可估量。

项目执行

1.准备阶段

设计详细的风格、流程、赛制等。运用多种传播渠道进行预热宣传，线上宣传与活动执行相结合。同时，详细规划场地布局，进行舞台、嘉宾区、选手区、休息区等主要功能区划分及搭建。此外，就住宿、交通和餐饮等与各方会务进行多轮沟通，确保为参与者提供优质的服务体验。

2.执行阶段

赛事期间，所有工作人员按照既定的流程和时间节点严格执行活动日程。从签到、暖场、破冰、分组交流、导师指导到总决赛的各个环节，保证高效率和有序执行。特别是在高峰时段，工作人员迅速响应，有效解决现场出现的各种紧急问题。同时，通过实时更新的社交媒体内容和网络直播，扩大赛事的影响力，让无法到场的观众"参与其中"。

项目评估

1.效果综述

第八届中国移动创客马拉松大赛圆满落幕，取得了令人瞩目的成效。活动不仅成功提升了中国移动双创品牌的行业影响力，还广泛传播了数字经济的创新理念。大赛吸引了大量优秀的科技创新项目并促成了多个合作机会，为参赛者提供了展示自我、实现创业梦想的舞台。通过精确的策划与执行，赛事的品牌知名度和影响力得到显著提升。

2.受众反应

参赛者和观众对大赛的整体体验给予了高度评价。科技学院风的场地设计、导师的专业指导以及团队合作的形式，都为参与者带来了独特的体验。不少参赛者表示，通过此次赛事，他们不仅在技术和创新上得到了提升，也拓展了行业人脉，获得了宝贵的创业指导和合作机会。

3.市场反应

本次大赛在科技创新领域引起了广泛关注，不仅吸引了众多初创企业和创新人才的参与，还得到了投资机构的高度认可。赛事期间，多家科技企业和投资方表达了对参赛项目的浓厚兴趣，并有部分项目在赛后获得了进一步的融资支持和合作机会。这不仅为中国移动的品牌形象增添了科技和创新的标签，也助推了科技成果的市场化转化。

4.媒体统计

大赛得到了各类主流媒体和行业媒体的广泛报道。通过新闻稿、专题报道、社交媒体传播等多渠道的整合营销，赛事的在线曝光率显著增加。数据显示，大赛期间累计在线曝光超过5000万次，相关报道覆盖了超过30个核心媒体平台，微博话题讨论量超过200万次。媒体对赛事的积极评价进一步扩大了中国移动创客马拉松品牌的社会影响力。

5.项目亮点

此次大赛的一大亮点是场地的创新设计和多元化的互动体验。科技学院风的场地布置，不仅将学术与实践相结合，还通过细致的视觉呈现和场景布置增强了赛事的参与感和观赏性。此外，导师团队的深度参与也为赛事增添了商业智慧与实际指导的层次感。赛事的成功举办不仅展示了中国移动在科技创新领域的领导力，也为未来的创客马拉松活动树立了标杆。

亲历者说 杨凯　北京华瑞成业管理顾问有限公司高级客户经理

作为中国移动创客马拉松大赛的项目负责人，这次经历对我来说充满了挑战与收获。在执行过程中，我们不仅要确保赛事的顺利进行，还要关注每一个细节，确保参赛者能够获得最佳体验。比赛前夕，为了确保场地布置与计划完全吻合，团队连续多天加班到深夜，最终呈现出的效果让所有人都倍感骄傲。比赛当天，当看到参赛者在导师的引导下，迸发出无限创意，团队间默契配合时，我深刻感受到我们所做的一切都是值得的。

案例点评

点评专家：姚曦　武汉大学新闻与传播学院教授、博士生导师

中国移动第八届创客马拉松大赛充分体现了企业在数字化转型背景下对创新生态的重视与支持。中国移动通过创客马拉松大赛，展示了其作为科技领军企业的技术实力，为众多开发者、创业者和技术爱好者成功构建出一个开放、协作的创新平台。

本项目以科技学院风为核心主题，打通线上线下参与渠道，扩大赛事影响力，使更多观众能够参与其中，增强了品牌的曝光度和用户黏性。同时，大赛还通过媒体报道和行业传播，提升中国移动的品牌形象，为中国移动的品牌形象增添了科技和创新的标签。

可以看出，中国移动第八届创客马拉松大赛不仅是一次成功的品牌营销活动，更是对行业创新生态的有力推动，展现了企业在数字化转型中的战略远见和社会责任感。

GOLDEN
FLAG
AWARD
金 旗 奖

2024
—
金旗奖最具公众影响力
互联网行业案例金奖

天猫榜单新书榜世界读书日传播项目

执行时间：2024年4月16日—4月25日

企业名称：浙江天猫技术有限公司

品牌名称：天猫榜单

代理公司：北京尚诚同力国际品牌管理顾问有限公司

获奖类别：2024金旗奖最具公众影响力整合营销战役金奖

2024金旗奖最具公众影响力互联网行业案例金奖

项目概述

作为阿里平台以所属用户真实消费行为及消费者评选结果推出的天猫榜单新书榜，在生活快节奏、时间碎片化的时代，旨在帮助用户快速找到优质书籍，降低选择成本。但作为新生事物，其潜力尚未被充分挖掘。如何让年轻人关注天猫榜单新书榜，点燃他们的阅读激情，成为本次传播活动的关键。为此，天猫榜单结合文艺青年钟爱的阅读与咖啡文化，携手咖啡品牌Seesaw，通过场景化营销，直接触达消费者，强化天猫榜单新书榜的价值感知。我们让阅读与咖啡时光相融，不仅满足年轻群体对品质生活的追求，也巧妙传递天猫榜单新书榜为优质读物发现平台的信息。

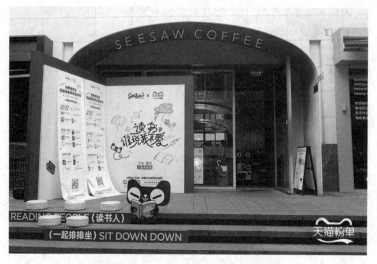

天猫榜单×Seesaw上海线下快闪店

项目策划

1.洞察

我们的洞察源自对市场趋势的深刻理解：众多知名书店纷纷引入或自创咖啡品牌，将阅读与咖啡文化完美融合。这表明在当下的消费环境中，咖啡与书籍已不仅仅是简单的商品组合，而是理想生活态度的体现。年轻消费者在享受咖啡带来的悠闲时光的同时，渴望通过阅读来丰富精神世界，寻求心灵的慰藉和成长。

2.策略

（1）明确天猫榜单新书榜的定位。作为高质量图书的权威指南，精准捕捉市场需求，为用户呈现经过市场验证的畅销书籍。

（2）在世界读书日，通过与文化调性相似的咖啡品牌合作，设计联名产品，在实体场景中展示天猫图书榜，实现线上线下的流量互引。

（3）在执行层面，与图书名家、文化意见领袖合作，通过直播、短视频等形式，分享他们的读书心得与推荐书籍，借助KOL的影响力，增强榜单的权威性和吸引力。同时，推出限量版"读书人盲盒"，激发消费者的探索欲和分享欲，促进社交媒体上的自传播。

3.创意

（1）联名咖啡：知识墨水和书香拿铁；产品杯套为展开的书本形状，与世界读书日相呼应。

（2）读书人盲盒：任意购买两款咖啡可得一个读书人盲盒，盲盒中为榜单上榜好书。

（3）一平米图书馆：全国Seesaw线下门店设立"一平米图书馆"，定期更新天猫榜单上榜好书，将线上清单实体化。

（4）线下快闪：在上海设立快闪活动区，吸引用户前来打卡，为用户的社媒发布提供活动场域。

（5）名家直播：特邀新书榜上榜作者携新书做客天猫官方直播间，并与青年作家、天猫榜单新书尝新官展开一场关于读书的深度对谈。

（6）话题传播：以＃经常读书和不读书有什么区别＃、＃书香拿铁到底是什么味儿＃为传播话题，激发网友对书香拿铁的味道展开趣味联想，引发大众讨论，引起粉丝自发传播。

4.媒介策略

（1）小红书平台："轻松有趣的话题＋简单有梗的UGC内容"搭配，是打造爆款产品的有效参考路径。我们将书香拿铁和知识墨水当成奇特的、有话题度的爆品去打造，以＃书香拿铁到底是什么味儿＃为话题，激发粉丝求知欲，通过不同立场的素人不断带节奏，将书和书香拿铁强绑定，迅速在社交媒体上成为话题中心。

（2）微博平台：以＃经常读书和不读书有什么区别＃为热搜话题，引导大家对读书做出讨论，借此植入联名咖啡。同时，截取名家直播金句制成视频，引发大家讨论，吸引大家关注直播内容与天猫榜单图书榜。

（3）豆瓣平台：以新书和Seesaw新品咖啡为内容重点，邀请图书相关小组撰文，为天猫榜单新书榜"种草"引流。

（4）抖音平台：以新书为传播重点，选取知识类、图书类KOL对其进行拆解，同时，引导大众关注天猫榜单新书榜和其联名活动。

（5）微信平台：选取头部营销公众号SocialBeta对本次传播进行复盘。

5.传播规划

巧借读书天选搭子"咖啡"这个品类，与Seesaw联名推出两款咖啡新品，辅以"读书人盲盒"集成"读书人套餐"一齐推出，在小红书平台围绕#书香拿铁到底是什么味儿#话题进行引导讨论，打爆新品！同时，在Seesaw线下门店设立"一平米图书馆"，吸引大家打卡阅读。与此同时，特邀新书榜上榜作者携新书做客天猫官方直播间，并与青年作家、天猫榜单新书尝新官展开深度对谈。直播结束后，截取名人金句，引导微博网友讨论，成功登上微博热搜。豆瓣、微信、抖音、小红书、微博多平台KOL&KOC利用联名咖啡、图书盲盒、三位作家联合直播等素材进行视频分享和推文撰写，为天猫榜单新书榜做宣传。

项目执行

4月19日，#经常读书与不读书#话题冲上微博热搜，引导大家对读书话题及书香拿铁进行讨论。

4月21日，Seesaw买两杯新品咖啡送图书盲盒活动开始，上海线下快闪店同步搭建完成，众多红书KOL线下打卡为其宣传；抖音、红书、微博多平台KOL&KOC利用联名咖啡、图书盲盒等素材进行视频分享和推文撰写，为天猫榜单图书榜做宣传与流量收割。

4月22日，上榜作者携新书与青年作家、天猫榜单新书尝新官一起做客天猫官方直播间。

4月23日，营造微博热搜话题，SocialBeta同步发文为项目做复盘。

4月20日—25日，多个豆瓣图书类小组为天猫榜单新书榜做引流。

4月24日—25日，多家权威媒体对该事件进行扩散报道。

项目评估

1.效果综述

传播总曝光量13.4亿次，全网热搜3个。其中，#经常读书和不读书有什么区别#热搜第23位，话题阅读量2亿次，#读书谁说我不爱#传播主话题阅读量6.8亿次；小红书平台，

#读书谁说我不爱#话题浏览量31.8万次，#书香拿铁到底是什么味儿#话题浏览量31.6万次。

2.受众反应

"读书人套餐"一经推出，就受到年轻群体的广泛好评，1万份盲盒在发布当天秒空。

3.市场反应

图书盲盒收获大量粉丝，"交换图书"已成读书日社交新方式。是谁说年轻人不爱读书了，图书盲盒真的"炸"出了许多热爱读书的年轻人，大量网友在小红书发帖线下"求换书"，图书盲盒为爱读书的年轻人们筑起了线下沟通交流的桥梁，"交换图书"已成天猫榜单新书榜为大家开辟出的读书社交新方式。

4.项目亮点

读书人套餐线上线下遭疯抢，各路好奇网友自发分享咖啡味道，更有广大好奇宝宝围绕#书香拿铁到底是什么味儿#展开热烈讨论，对书香拿铁的味道展开趣味联想；图书盲盒收割大量粉丝，"交换图书"已成读书社交新方式；小红书相关词条暴增，网友自发发布小红书笔记，讨论读书人套餐；3位新书榜上榜作家联动直播，为天猫榜单新书榜背书预热；豆瓣各读书小组讨论氛围浓厚，热帖频出，为天猫榜单新书榜强势引流；头部营销公众号SocialBeta为活动站台，自发给予大量资源支持；64家头部媒体联合扩散活动盛况，获得前排占位。

亲历者说 **王菲　北京尚诚同力国际品牌管理顾问有限公司助理客户经理**

当接到这个项目的时候，我们开始思考当代年轻人对于读书的态度，我们采访了很多人，也翻阅了很多数据，能看出年轻人其实不是不爱读书，而是找一本好书太难了。天猫榜单新书榜是基于消费者们的真实销售数据形成的图书排行榜，这个榜单本身的价值感是有的。如何让这个榜单被广大受众所知呢？我们采取了当下最受年轻人喜爱的联名以及盲盒创意形式，希望能够借助"读书搭子 —— 咖啡"这样的实体产物，让大众对天猫榜单新书榜这个互联网产品有所感知。

案例点评

点评专家：李国训　东方甄选副总裁

"权威内容+场景化运营"重构文化消费体验，是天猫榜单新书榜借势世界读书日的整合营销案例成功的核心。

具体来说，一是精准切中"选书焦虑"，构建决策信任链，面对用户"信息过载、选书困难"的痛点，采用创新点额营销手法，如与书圈内知名作家、文化意见领袖合作，通过直播、短视频等形式，分享读书心得与推荐书籍，以此降低用户决策门槛，强化用户心智。

二是创新形式，用联名咖啡和盲盒等形式，触动年轻人的情感，激发消费者的探索欲和分享欲，使品牌与用户之间建立了深厚的情感联系，增强了用户对品牌的好感度。

三是多维场景渗透，打通"'种草'—购买"闭环，整合站内外资源，构建立体传播矩阵：线上热搜话题激发用户晒书互动，线下主题快闪，将"榜单"从虚拟符号延伸至实体文化空间。

活动带动新书销量同比提升152%，印证其成功将文化情怀转化为商业增量。天猫此役不仅彰显了电商平台从"交易场"升级为"文化内容策源地"的潜力，更以"内容营销＋场景零售"的创新模式，为行业提供了品效协同的新解法。

GOLDEN
FLAG
AWARD
金 旗 奖

2024

—

金旗奖最具公众影响力

文旅创新金奖

勃林格殷格翰国内首次携宠包机出境游

执行时间：2024年5月13日—6月26日
企业名称：勃林格殷格翰（中国）投资有限公司
品牌名称：勃林格殷格翰
代理公司：明思力中国
获奖类别：2024金旗奖最具公众影响力营销创新金奖
　　　　　2024金旗奖最具公众影响力文旅创新金奖

项目概述

　　在出境游市场迅猛复苏及消费升级的趋势下，携宠出游的旅行需求持续增长，宠物友好项目应运而生。勃林格殷格翰以专业的预防和治疗药物守护有宠家庭的健康，此次勃林格殷格翰携手爱宠游打造宠物健康同行项目，以品牌专业力普及宠物健康出行教育，并通过专业宠驱方案助力宠物友好环境的构建，守护人宠健康，旨在通过改善每一次的宠物旅行体验，让"宠物友好"的理念影响更多人，携手各界开启人宠关系新时代，为改善动物和人类的福祉贡献力量。

勃林格殷格翰国内首次携宠包机出境游

项目策划

1.品牌痛点

（1）企业层面：勃林格殷格翰，作为私有制药企业，其旗下的宠物驱虫业务、品牌定位和市场认知亟待增强。

（2）品牌层面：勃林格殷格翰宠驱，一直倡导的"释放动物自然天性，提升人宠健康"的品牌价值未得到有效树立和传播。

（3）产品层面：核心的创新驱虫防治解决方案的创新引领性有待提升，核心产品与品牌的连接度不够紧密。

2.目标

（1）提升品牌知名度和美誉度：凭借在宠物体内外寄生虫预防和治疗领域的专业优势，勃林格殷格翰提供广谱驱虫药物支持，并为宠物主人普及宠物出行安全和驱虫知识，助力人宠共享无忧旅行，提升品牌在宠物健康领域的知名度。

（2）产品功能软性植入：在宠物出境游的场景中自然植入驱虫产品，增强用户对产品的认知和认可。

（3）有限预算内实现大曝光：借助媒体报道宣传本次事件，扩大整体事件曝光度。

（4）留存品牌资产：人宠健康同行的照片、视频均可复用作为品牌资源，增强用户黏性和忠诚度。

（5）树立行业标杆：通过高标准的项目实施，在宠物行业树立品牌标杆，展现社会责任和品牌实力。

3.洞察与创意

（1）宠物主对宠物健康的关注：宠物主对宠物健康的关注度日益提升，驱虫产品作为宠物健康的重要保障，是用户关注的重点。

（2）宠物友好"携宠出游"理念：出境游对宠物主和宠物来说都是一次新奇的体验，具有较强的吸引力。

（3）社交媒体的传播效应：宠物主喜欢在社交媒体上分享宠物的生活点滴，通过社交媒体传播可以快速提升品牌影响力。

4.问题与策略

（1）有限预算，最大声量——如何最大化曝光？

携专业宠物包机承办方，联动泰国国家旅游局和吉祥航空，通过创新的宠物包机出境游活动，抓住端午小长假节点、宠物出行话题高峰，撬动新闻媒体力量为品牌背书，有效放大全媒体社交影响力。

（2）如何在活动中自然植入产品功能？

·出行前：品牌专业技术人员进行"行前宠物出行安全知识科普教育"。

·出行中：派发宠物主品牌礼包，设计与驱虫产品功能相关的互动环节和体验活动。

（3）如何确保符合法律法规？

宠物包机出境游需要符合各个国家和地区的法律法规，包括进行宠物出入境检疫、疫苗接种，提交健康证明等。

与专业且有经验的伙伴合作（如爱宠游、吉祥航空），确保整个流程的合法性和安全性。

5.媒介策略

（1）线上推广：通过品牌官网、社交媒体平台（如微信、微博等）、活动承办方爱宠游官方平台招募进行活动预热和宣传，吸引目标用户的关注和报名。

（2）线下推广：活动承办方爱宠游携吉祥航空，进行首次宠物包机出境游，扩大活动影响力。

（3）分梯队的媒体策略：行业媒体通过行业视角做深内容输出，强化品牌行业先驱形象；民生新闻类媒体做权威多元化内容植入，提升品牌形象与口碑；大众综合类媒体与宠物KOL，巧妙融入生活方式，触达更广泛目标客群。

6.传播规划

（1）前期预热（1个月）

通过官网和社交媒体平台发布活动预告和报名信息，爱宠游App及官方微信招募报名。

（2）中期活动执行（活动期间）

·出行前：在出发当日的机场，品牌专业技术人员进行"行前宠物出行安全知识科普教育"，当天新闻媒体进行采访报道。

·出行中：派发宠物主品牌礼包，设计与驱虫产品功能相关的互动环节和体验活动，在宠物出境游的过程中自然植入产品信息，让用户在实际使用中感受到产品的价值。

（3）后期总结（活动结束后1周）

权威媒体等进行宣发报道。

项目执行

1.项目启动与准备阶段（第1~2周）

确定项目团队成员及职责分工；制订详细的项目计划和时间表；与宠物包机服务提供商签订合同；确认出境游线路及相关活动安排。

2.宣传推广阶段（第3~6周）

制作并发布宣传素材，包括海报、社交媒体帖子和宣传视频；联系宠物行业KOL及相关媒体进行合作推广；开展线上线下活动，引起目标用户的兴趣。

3.预订与确认阶段（第7~8周）

开启预订通道，接受用户报名；确认用户信息及宠物健康状况，确保符合出境要求；最终确定出行名单及相关细节。

4.出行与体验阶段（第9~10周）

组织宠物及其主人进行出境游活动；安排宠物驱虫产品的体验环节，结合实际场景进行展示和使用；收集用户反馈及体验感受。

5.总结与反馈阶段（第11~12周）

汇总活动数据及用户反馈；撰写项目总结报告，评估项目效果；与客户进行项目总结会议，讨论改进方案。

项目评估

宠物包机出境游项目成功地将勃林格殷格翰的宠物驱虫产品与高端宠物旅游体验相结合，实现了品牌曝光和产品推广的双重目标。通过精心策划和执行，我们不仅提升了品牌在目标受众中的知名度，还成功传达了产品的核心卖点 —— 高效的驱虫功能。活动期间，用户参与度高，反馈积极，进一步证明了本项目的成功。

1.受众反应

受众对本次宠物包机出境游活动表现出了极大的兴趣和热情。

（1）体验满意度高。大部分参与者对整个行程安排和服务表示满意，尤其是对宠物包机服务和出境游线路的选择给予了高度评价。

（2）产品认可度高。在驱虫产品体验环节，很多宠物主人亲眼见证了产品的高效性和安全性，表示愿意在未来使用该品牌的产品。

（3）品牌忠诚度提升。通过此次活动，用户对勃林格殷格翰品牌的认知度和忠诚度显著提高，许多宠物主人表示愿意继续关注和购买品牌的其他产品。

2.传播数据

总曝光量破亿，2次热搜霸榜，引发社会广泛关注，实现破圈传播；在微博、微信等平台发布的相关内容获得了超过100万次浏览和30多万次互动，话题分别登上微博、抖音同城热搜榜，进一步扩大了品牌的影响力；3家上海权威电视媒体，4大上海主流报社的3大头条，共计约950万次曝光量；多家知名宠物媒体杂志和新闻媒体对活动进行了报道，累计曝光量超过50万次。

3.亮点总结

（1）创新营销方式：首次将宠物包机出境游与品牌推广结合，携手爱宠游承办，联动泰国国家旅游局和吉祥航空，实现20余只宠物狗随主人包机前往泰国。

（2）破圈传播：央视新闻主动播报，人民网、光明网、上海市消保委等权威媒体争先报道。

（3）有效植入：在整个活动过程中，巧妙地将驱虫产品的使用场景和优势展示给用户，达到了潜移默化的宣传效果。

（4）影响海外：随着新闻热度的不断上升，国际媒体敏锐捕捉到我国人宠出境游的热度，同步报道了本次宠物友好出行项目，让勃林格殷格翰的宠物友好理念走向国际舞台。

亲历者说 Pauline Yu　明思力中国客户总监

"人类和动物的健康相互依存"，身为宠物主，也是传播者，一直希望为打造人宠和谐的社会贡献力量，也希望将正确的动物健康理念传递给每一位宠物主。勃林格殷格翰一直致力于推动动物健康领域的创新发展，我有幸参与了一个非常有意义的创新品牌传播项目，实现了国内首次人宠同舱出境游的历史性突破。这一项目不仅成为新闻焦点，还引起了各大媒体的争相报道，它证明了当创意与责任感相结合时，我们可以创造出真正有价值的品牌体验，不仅能够促进人宠关系的和谐发展，还能为整个社会带来积极的影响。

案例点评

点评专家：陈小桃　海南大学国际旅游与公共管理学院教授

良好的消费者洞察以及根据消费者需求策划具有突破性的创意项目，从而使品牌获得市场的认知和好感，收获认知度和美誉度是该案例获得成功的重要基础。策划者通过调查发现我国宠物数量的稳步攀升，与视同家庭成员的宠物一起出行成为养宠家庭的重要需求，"宠物友好"社会是未来发展的必然趋势。为此，策划者联动"泰国旅游局"和"吉祥航空"，创新营销传播方式，策划了首例人宠同舱出境游的品牌传播事件，该事件的首发性和安全性、可行性等问题引发国内主流媒体和社交媒体，甚至是海外媒体的高度关注，为品牌迅速出圈带来高关注度和声量。在开展该项活动过程中，品牌方高度关注人宠健康和安全的态度亦是获得公众好感的重要原因。重视消费者的需求，关注人类和动物的健康和安全，是今天公众对社会组织的基本要求，也是社会组织能够通过价值理念和态度行为表达对社会进步发展的关注和责任的重要方式。

GOLDEN
FLAG
AWARD
金 旗 奖

2024
—
金旗奖最具公众影响力
电视剧推广金奖

● 电视剧《惜花芷》全案营销

执行时间：2023年5月1日—2024年5月1日
企业名称：苏州剧有想法影视文化传播有限公司
品牌名称：优酷星河工作室
代理公司：北京众行互动数字文化传媒有限公司
获奖类别：2024金旗奖最具公众影响力电视剧推广金奖

项目概述

电视剧《惜花芷》为优酷平台古装自制剧集，团队从拍摄期就深入项目，调查发现：

项目启动初期，正逢IP剧集改编市场饱和，许多大热IP和流量艺人参与市场，而《惜花芷》的原作和主演较同期改编作品而言影响力有限，除了制作班底有前序爆款作品加持，市场接收效果未知，需有效的传播策略来持续刺激关注。

剧集定位为生活流女性群像古装剧，可能无法满足古装偶像剧受众对高刺激内容的追求。针对进场慢且弃剧率高的风险，团队在传播内容上更需注重观众的留存率。

随着女性意识的崛起，团队制订以剧集立意为口碑突围点、辅以声量型话题营销的传播策略，在传播过程中及时扩大宣传男主打戏、角色适配度等亮点，有效对冲负面舆情，以超优质剧集标签激发观众自发性的安利行为，成功拉动更多观众成为剧粉。

项目策划

1. 洞察

当下剧集市场观众常常呈现"买股"心态，因此，在项目前期不能持续让负面声量占领剧集的舆论广场，固化观众对剧集的初印象，所以在剧集开播前矫正口碑，尽可能完善对观众的认知教育，成为所要完成的核心任务。

近两年古装偶像剧扎堆上线，市场题材同质化严重，观众对"IP+流量"这样的固化爆款公式已出现审美疲劳，只有通过更为优质、更能与观众产生共鸣的内容来把握观众心智，才能在流量饱和的古装偶像剧市场"异军突起"。

2. 策略

基于以上洞察，《惜花芷》在拍摄期重点建立观众正确认知，矫正剧集口碑，通过有效路透对冲负面舆情；在播出期，重点放大剧集内容本身的优势，集中展现女性元素，以女主视角讲述家族复兴的同时兼顾塑造男性角色的优良品质，打造真正意义上当代年轻观众想看爱看的双强CP（配对），整体剧集内核以成长励志为主，以情爱为辅，提高剧集女性市场的发声占比，通过粉丝的口口相传，持续收割剧播长尾效应。

3.传播规划（创意）

《惜花芷》开机时间为2023年5月，临近5·20营销节点。为反击外围针对男女主不适宜古装、无CP感等言论，在开拍前策划男女主合体拍摄新中式风格的湖畔呢喃芭莎大片，在以新中式的视觉提前带动观众感受古色古香氛围的同时，通过两人现代装的高CP感知，增强大众对男女主的认可与自信。

在集体官宣时，参考格莱美红毯的视频创意，利用慢动作镜头打造《惜花芷》剧组人均天选古人仪态，持续输出剧集群像及质感向内容。

在杀青前一个月，联动优酷，站内发起"剧组茶话会"主题探班活动，撬动艺人合体直播，在通过游戏环节的预埋提前对外输出核心角色人设的同时，强化剧组熟络氛围，外围持续引导"惜花芷好氛围剧组必产高质量剧集"口碑。

在杀青节点，全员晒剧组合照告别角色，官博逐一互动，文案中暗透角色故事线，持续强化群像剧集的大众感知。

在剧集播出期，官方运营着重强调剧集的经营感及代入感。例如，用游戏任务页的设计拆解《惜花芷》单日剧情，在提炼剧情感知的同时，通过完成游戏任务获取金币的方式直观展现故事核心经营逻辑，增强观众代入感。

在宣传上，前期官方以2支长达5分钟的幕后特辑、角色特辑，带领观众深度感受《惜花芷》作为一部落地古装剧，其中暗藏的"女性力量"与"群像成长"，助力外围各渠道口碑发酵。

同时，在开播首周，举办《惜花芷》微博主创发布会，沟通导演、总制片人、编剧参会，艺人提前在微博发布会预告下留言提问，并邀请微博剧集领域KOL一同连麦提问，对外输出剧集制作向思考与深度价值表达，在维稳已有剧粉关注的同时，外围持续扩散主创诚意满满的制作态度，拉动新用户进场。

以"入花门"的概念玩梗剧名，联动花家品牌，使其在开播日前来打call助力，线下联动"一朵小花"鲜花驿站，产出角色定制向花束，持续输出"花门大群像"感知。

在剧集热播期，随着男女主CP"芷争朝惜"声量的逐渐拔高，沟通艺人拍摄生活感大片及双A大片、线下举办微博抖音追剧团，持续针对古装偶像剧受众输出CP嗑点，增加剧集在微博渠道的社交讨论量。下沉渠道联动抖音博主、体育生博主，结合剧情玩梗"南方人害怕的台词出现了"等内容，覆盖多领域受众，持续制造剧集梗向爆点，助力剧集出圈，完成热度的进一步提升。

4.媒介策略

依据《惜花芷》剧集女性群像成长励志的调性，在传播扩散渠道上，选择小红书领域，进行深度传播。与以往剧集传播仅将小红书作为UGC内容的发酵渠道不同，团队在拍摄期就在小红书上搭建了花芷的角色号——花芷的记账本。拍摄全周期，账号定位剧集拍摄地并且实时更新"花家经营向"内容，包含但不限于更新花家姑娘们的上工日常、花芷经营技能等，通过Plog、攻略等小红书定制化内容的产出，借助平台用户兴趣及算法推广，持续吸引女性用户。剧集播出期间，微博、抖音、B站也提高了自主追剧产出投放的占比，微博渠道主要撬动KOL针对女性表达相关话题自主发声，下沉渠道则以视频形式的安利、创作达人们追剧上头的玩梗模仿短视频为主营造热播剧集氛围，持续激发泛娱乐用户的追剧兴趣。

项目执行

《惜花芷》项目全周期预算，拍摄期与播出期的整体消耗比例为2：8。

在整个拍摄期需要做的是观众侧的口碑矫正，因此，项目团队可以精简开销，适当地选取几个必要的大营销节点，将剧集较为核心的要素面向观众投放出去即可。例如，开机节点临近5·20，因此，提前安排男女主芭莎的拍摄，并通过一系列玩剧名梗、氛围向侧拍物料，在项目启动之时强化男女主CP感，而针对外围部分男女主古装不适配的言论，也及时安排路透物料在UGC渠道扩散，通过特殊妆造与男女主互动氛围强化角色标签，拉动古装偶像剧受众关注；全阵容官宣、拍摄中的探班活动策划及杀青策划，则是为了重点对外释放群像的剧集感知。

剧集播出期，从故事线上看男女主的情感发展是细水长流式的，因此，开播初期整体的宣传侧重以口碑向话题词、女性向话题点位为主，在剧集有了基础声量且男女主CP有明显发展后，沟通艺人合体，再度进行大片的拍摄与线下见面会的举办，趁热打铁，从流量和口碑两方面圈住古装偶像剧受众。播出中后期，除了沟通总制片人、导演亲自参与访谈，安排稿件持续输出，搭建剧集良好口碑，加大下沉渠道及长视频渠道的投放力度，以多维度安利态势持续强化剧集的热播氛围。

项目评估

1.效果综述

《惜花芷》凭借新颖的女性经商题材、独特的双线成长立意、利落的叙事节奏及鲜活的家族群像、诚意满满的实景落地制作等优秀特点，成为2024上半年难得的热度与口碑双丰收的高品质剧集。女主角凭借在《惜花芷》中饰演的"花芷"一角获得了2024年釜山电影节亚洲内容大赏最佳新人女演员的提名。

2.受众反应

观众好评率从开播首周的20%提升至播出中后期的85%，实现了剧集口碑的全正向输出。德塔文数据监测显示，该剧对各年龄层实现了无差别"收割"，18~40岁轻熟龄、女性观众的偏好度更为突出。同时，凭借观众的"自来水"式口碑传递，该剧在各线级城市关注度倾向均衡，全民取向愈发明显。

3.市场反应

2024年优酷唯一云合＆酷云单日播放量破5000万剧集；优酷2024年第3部热度破万剧集；优酷2024上半年云合集均年冠，热播期正片集均3476.1万次有效播放，截至6月26日，集均播放量超4000万次；云合评级连跳两级，飙升至S+；猫眼网络剧热度周榜蝉联4周TOP1，猫眼网络剧热度榜TOP1×30，猫眼全网有效播放榜TOP1×30；灯塔全网剧集正片集均播放量蝉联29天日冠；Vlinkage网剧播放指数TOP1×30，蓝鹰美兰德剧集网络剧榜TOP1×30；IMDB评分8.9，Mydramalist评分8.7。截至8月26日，《惜花芷》猫眼全网有效播放量破26亿；《惜花芷》2024暑期档有效播放量5.23亿次，成为2024暑期档有效播放日冠最多网剧、日冠次数最多网剧。

4.媒体统计及项目亮点

全剧虽没有一位思想超脱的"穿越型"女主，却仍能凭借女主自身的阅历与思考感染大众；《惜花芷》抛弃了传统女性群像剧中常见的剧情，转而聚焦于女性的独立成长与相互扶持，契合了当下观众对于女性力量与自我价值实现的强烈需求。

亲历者说 张筱雨　优酷星河工作室宣传统筹

最初拿到这个项目的时候，我们第一时间捕捉到了关键词"生活流""女性经商题材"，虽然生活流剧集已经出现过一些爆款案例，但以"女性经商题材"为核心的生活流剧集在市场上并不多见。尽管后来也陆续出现了不少同题材的大女主剧集，但毋庸置疑，《惜花芷》在"女性经商赛道"里仍然是首部接受市场检验的剧集，因此，我们在制订传播策略及规划时必须尤为谨慎。我们认为早期框定内容类型、拉高单一受众群体水位不利于观众的预期管理，所以在整个项目前期我们采用的都是稳步前进的策略，定时定点产出适当声量内容以吸引受众注意力，但不会过于搞噱头、整活，以免观众误判剧集基调。在正式拿到剧集成片，对剧集内容及播出效果有了基本的预判后，我们整个团队才开始向口碑之外的新媒体侧发力。这样"先守后攻"的打法，在剧集正式播出后收到了良好的效果反馈，《惜花芷》剧集开播前期一路走高，开播首周观众口碑舆情正向反馈飙升，真正成了经商题材里的"年度黑马"。

案例点评

点评专家：周朝霞　浙江传媒学院教授、硕士生导师，中国国际公共关系协会学术委员，浙江传播学会公共关系学会副会长

　　本策划案的成功在于充分的市场洞察和分析，发现了环境的不利因素：正逢IP剧集改编市场饱和，而《惜花芷》同为IP改编作品，没有特别的优势；剧集定位为生活流女性群像古装剧，日常记叙题材与剧情发展极大可能无法满足当下古偶受众对高甜高虐刺激性内容的追求。于是，项目组找到"生活流""女性经商题材"这两个定位点来打造剧情，收到了很好的效果。在不同节点，通过一系列的新奇策划，在外围持续引导好的口碑。拍摄期间，在小红书上创建了花芷的角色号——花芷的记账本，这种"先守后攻"的传播手法，在剧集正式播出后收到了良好的效果反馈。

电视剧《微暗之火》整合营销

执行时间：2024年4月27日—5月11日
企业名称：东阳启蒙影业有限公司
品牌名称：《微暗之火》
代理公司：北京鼎意文化传媒有限公司
获奖类别：2024金旗奖最具公众影响力电视剧推广金奖

项目概述

《微暗之火》是由众多演员联袂出演的情感悬疑剧，讲述了千禧年夜，一桩疑点重重的杀夫案引出的小镇隐秘。作为市场稀有的文艺派悬疑类型剧集，该剧是导演与启蒙影业在悬疑赛道的首次大胆尝试，同时该剧也面对着同期高热作品竞争激烈的市场环境。

如何打破观剧门槛及固有受众圈层，向更广泛的大众用户营销剧集亮点，实现破圈传播，助力剧集热度与播放量跃升，成为剧集营销的重点。

项目策划

1.项目策略

（1）剧集层面：这类剧集的市场反馈声量天然弱于主流类型，在营销方面要一直与剧集保持"同频共振"的节奏，"紧抓每一处细节"的用心贯穿始终。

（2）品牌层面：在热播剧集取得成绩与影响的基础上，盘点孵化中及待播项目，强化品牌方"启蒙影业"不设限的创作基因，带给市场更多惊喜。

2.传播规划

在剧集预热期间，前置的"黑莲花vs天才少年人设""家暴"等现实问题深深抓住了网友的好奇点。开播前的预告海报，从人物关系、剧情、人设等各个方向展现了剧集故事基调，让观众产生对悬疑、中式梦核、社会暴力等内容的初步印象。播前释放的预告，在一定程度上扭转了该剧集前期被营销号贴上的"姐弟恋"等不准确的剧集标签，协同剧情，将观众拉进这场"千禧年谜案"。

3.创意亮点

内容上，挖掘"《微暗之火》是国产剧中一抹罕见的异色"这一特点，在公众平台上对该剧"独特的气质""社会痛点问题的揭露""大胆的表现手法""细腻的故事讲述""极致的人物设定"等特点及人物、剧情进行深度分析、解读与点赞，促使抖音、B站和小红书等平台涌现越来越多的粉丝。

导演、总制片人等主创在媒体与社交平台上对选择、创新、创作这个故事的前后始末进行解读，更有犯罪心理学、教育心理学专家提炼反熟人社会暴力的要点，科普自我保护的多种手段，观众在理解其理念与细节的同时进一步与整个故事产生共鸣，放大社会意义。

事件上，策划了区别于传统追剧团的"艺人营业形式"，如艺人扫楼后骑车"翘班"出游，与媒体组织火锅局边吃边聊，甚至艺人为媒体上菜抻面等，引发热议，同时，媒体积极讨论火锅局直播的创新形式和互动性，真诚表达和趣味互动获得业内认可。

同时，剧集更带动了江西婺源的文旅人气，引发众多观众、游客到拍摄地打卡留念，江西文旅、婺源文旅纷纷在社交平台回应，产生了"影视＋文旅"的协同效应，扩大了市场声量。

线上＋线下的协同宣传，以及戏内＋戏外的花式联动，弥补了剧集声量较小的短板，促使剧集舆情热度连续3天全网超高，新颖的营销模式使《微暗之火》在社交媒体平台上讨论度不断攀升，微博主话题阅读量超4.6亿次，小红书主话题浏览量达7046.9万次，短视频平台主话题播放量达51.3亿次，口碑传递趋势愈加明显。

项目执行

1.预热期

前置女主黑莲花vs男主天才少年人设、家暴舆论等现实问题，扭转剧集前期被营销号贴上的"姐弟恋"等不准确的剧集标签，协同剧情，将观众拉进这场"千禧年谜案"。

2.热播期

联动各行业专家教授、媒体，肯定剧集现实意义，主流媒体等点赞背书，同时，线上＋线下协同宣传，以及戏内＋戏外花式联动，弥补剧集声量较小的短板，越来越多的用户成为粉丝，为剧发声。

3.收官期

抓住剧集长尾效应，导演及制片人采访发声，策划主创进清华校园，与领域专家对谈交流，通过剧集的热播成绩，在行业内打出"启蒙影业"的品牌效应。

项目评估

1.全网数据成绩突出，收获全平台关注

《微暗之火》多次获得央视八套收视日冠，优酷热度破8000。全网收获热搜795个，微博相关话题阅读量破15.75亿次，讨论量破1210万次，互动量破100万次；抖音相关话题播放量破90亿次，主话题播放量达56.3亿次，累计点赞1124.8万次，超万赞爆款视频163支。

2.拓宽悬疑边界，多面呈现复杂人性

《微暗之火》在悬疑剧类型赛道中，具备很多不同的新意和突破。悬疑剧如同镜子，反映社会对道德和正义的深刻关注，映照社会真实面貌。《微暗之火》深入挖掘基于"小镇生态"的复杂人性和多面社会，深刻洞察女性面临的困境，并给予深厚的社会关怀。随着剧情推进，破案不再只是简单的胜利，而成了一次次对人性善恶的审视，它不回避社会的阴暗面，而是通过剖析案件背后的动机和心理，引领观众深入思考这些问题的根源。

3.剧集观照现实，揭开"后真相时代"面纱

《微暗之火》呈现了处于社会暴力旋涡中的主人公的悲惨遭遇，在让观众揪心于人物命运的同时，呼吁大众关注"家暴"痛点。同时，对于清水镇众生相的刻画，深刻地描绘出社会暴力对受害者所产生的恶性且持续的影响，社会暴力会逐步蚕食优良的民风民俗，更会对少年儿童产生不可逆的身心伤害。剧集引发了观众对自己日常行为与互联网舆论环境的反思，将"不知全貌，不予置评"的观念深植人心。

4.打造立体人物，构筑"慢悬疑"沉浸感

《微暗之火》所呈现的主角关系是相互救赎的，且每个角色有其自然生长的人物弧光，剧集在文艺风格浓厚的镜头语言、悬疑类型创新的叙事改编中，抛出了很多让观众产生讨论欲望的"钩子"与"伏笔"，让观众被持续"锁定"，在追逐真相的过程中与故事、人物产生共情。在短视频内容碎片化、快节奏的生活环境下，《微暗之火》构筑的"慢悬疑"沉浸感，将观众从倍速的追剧习惯中拉出来，使其重新体味正常速度追剧的体验之美。

5.呈现女性困境，拓展"她题材"视角

以往的"她题材"电视剧多关注职场焦虑、婚姻焦虑、生育焦虑等现实痛点，集中展示年轻、美貌、富裕的女性形象，《微暗之火》则聚焦"小镇女性"，拓展女性故事视角，触及不同的生活情境，在题材上更细腻、更具想象力地表现女性个体的生存处境，表现真情实感，超越模式化窠臼，真切地表现女性在原生家庭、婚姻生活、小镇熟人社会中面对感情背叛是如何保持自我的。

对女性意识与女性独立的书写离不开社会的整体进步，一方面，剧集塑造了勇敢正义的男性形象，并未夸大两性矛盾；另一方面，在女性故事和女性形象方面呈现的突破，也承载了社会进步与性别平等的文化意义。

6.描摹时代痛点，感知"她权利"进步

剧集通过千禧年的家暴反杀案件，让观众通过"个例悲剧"，关注到"她权利"的不断进步，感知到经过多年的努力发展，保障女性权益法律体系的逐渐完善，相关制度的不断健全，女性权益保障的跨越式提升。

7.创新"诗意悬疑"，引发诗意生活向往

"诗歌是打开人心灵的一把钥匙"，现代人因为生活与工作的压力常常被焦虑裹挟，《微暗之火》选取了极具诗意的取景地，极为优美的镜头语言，采用诗一般的叙事节奏，再用大量诗句穿插点缀，将诗意和悬疑这看似相悖的二者完美地兼容在了一起，鼓励人们通过诗歌丰富精神世界，引发了大众对诗歌的审美热潮与对诗意生活的向往，是一针快节奏生活中诗意的"抚慰剂"，也使观众获得灵魂的升华。

亲历者说 **郭世伟　北京鼎意文化传媒有限公司总经理**

该剧集未押宝于流量型艺人，卡司阵容上也大胆起用新人及更符合角色的艺人，同期还要对打《哈尔滨一九四四》这样的流量型谍战剧集。即便市场反馈声量天然弱于主流剧集类型，但我们对剧集品质和内容有信心，所以在营销方面一直与剧集坚定保持着"同频共振"的节奏，越来越多的用户成为粉丝，为剧发声，最终剧集收获热度和口碑。通过成功的整合营销，这部"国产剧中一抹罕见的异色"得以被更多观众看到。

案例点评

点评专家：周朝霞　浙江传媒学院教授、硕士生导师，中国国际公共关系协会学术委员，浙江传播学会公共关系学会副会长

该项目面对同期高热作品竞争激烈的市场环境，采取多种创意方式，使剧集脱颖而出。剧集层面，"紧抓每一处细节"的用心贯穿始终。品牌层面，强化品牌方"启蒙影业"不设限的创作基因。传播规划方面，深深抓住网友的好奇点。开播前的预告海报协同剧情，将观众拉进这场"千禧年谜案"。内容上，挖掘特点，促使抖音、B站和小红书等平台涌现越来越多的"自来水"。导演和专家的宣讲，使观众在理解其理念的同时进一步与整个故事产生共鸣。剧集带动了江西婺源的文旅人气，引发众多观众、游客到拍摄地打卡、留念，江西文旅、婺源文旅纷纷在社交平台回应，拉动了"影视+文旅"的协同效应，扩大市场声量。线上、线下的协同宣传，以及戏内、戏外的花式联动，使剧集的口碑效应愈加明显。由于在营销方面一直与剧集坚定保持着"同频共振"的节奏，越来越多的用户为剧自主发声，最终剧集收获热度和口碑，获得很好的声誉。